Ulrike Siebauer

LEO PERUTZ – »Ich kenne alles. Alles, nur nicht mich«

Eine Biographie

Bleicher Verlag

Die Arbeit wurde im Jahr 1998 von der Philosophischen Fakultät IV – Sprach- und Literaturwissenschaften – der Universität Regensburg als Dissertation angenommen.

Die Deutsche Bibliothek – CIP-Einheitsaufnahme

Ulrike Siebauer:
Leo Perutz – »Ich kenne alles. Alles, nur nicht mich« :
Biographie / Ulrike Siebauer.
– 1. Aufl. – Gerlingen : Bleicher, 2000
Zugl.: Regensburg, Univ., Diss., 1998
ISBN 3-88350-666-4

Umschlag: Atelier Reichert, Stuttgart
Herstellung: Freiburger Graphische Betriebe, Freiburg
ISBN 3-88350-666-4

Inhalt

Einleitung

Leo Perutz ist heute immer noch weitgehend unbekannt. Dabei war der in Prag geborene, in Wien lebende jüdische Autor in den zwanziger und dreißiger Jahren berühmt wegen seiner spannenden Bücher. Seine Geschichten trieben als Fortsetzungsromane die Auflagen der *Berliner Illustrierten Zeitung* in die Höhe. Bedeutende Zeitgenossen beurteilten ihn positiv, ja feierten ihn zum Teil sogar enthusiastisch. Theodor W. Adorno schätzte Perutz' »Meister des jüngsten Tages« als genialen Spannungsroman.[1] Carl von Ossietzky schrieb: »Er ist ein Dichter mit der Fähigkeit, ungewöhnlich fesselnde Romane zu schreiben. Ich betone: ein Dichter.«[2] Begeistert äußerten sich Kurt Tucholsky, Friedrich Wilhelm Murnau, Alfred Hitchcock, Walter Benjamin, Richard A. Bermann, Hermann Broch, Jorge Luis Borges und Ernst Weiß.[3] Egon Erwin Kisch war sich sicher: »In Leo Perutz, seiner sprachlichen, konstruktiven und romantischen Begabung haben wir den Meister des spannenden Romans der Gegenwart, ein Talent, wie es seit Dumas nicht gelebt hat und innerlicher als dieser.«[4] Doch hatten es spannende Romane von jeher schwer, sich im Bewußtsein der deutschen literarischen Öffentlichkeit einen Rang zu sichern. So mutmaßte Perutz' Freund Ernst Weiß 1918 in Bezug auf den Roman »Zwischen neun und neun«:

> »Ihr Buch habe ich erhalten und gelesen. Es ist in seiner Art das fabelhafteste, das ich gesehen habe, ich bin überzeugt, wären Sie ein englischer oder amerikanischer Autor, so würde Ihr Werk in 100.000 Exemplaren von London bis zum Sudan gelesen werden.«[5]

Durch den Nationalsozialismus und den Zweiten Weltkrieg brach Perutz' Popularität ab. Perutz war vom Buchmarkt verschwunden und wagte es von Palästina aus kaum mehr, einem »unbekannten Verleger als ein ihm unbekannter Autor wie ein Anfänger (...) Manuskripte anzubieten«.[6] Zwar erschienen viele seiner Bücher in neuen Auflagen, für historische Romane und Perutz' manierierte Schreibweise fanden sich aber nach dem Zweiten Weltkrieg kaum mehr Leser. In den fünfziger Jahren erinnerten vereinzelte Rezensionen und einige Nachrufe an den einst berühmten Autor, die wissenschaftliche Beschäftigung setzte aber erst Ende der siebziger Jahre ein.

Der Literaturwissenschaft fällt es schwer, für Leo Perutz einen angemessenen Platz zu finden. Eigentlich verbietet schon Perutz' Lebensgeschichte, die zahlreiche Epochen und literarische Gruppierungen streift, eine klare Einordnung. Perutz wurde ein Jahr vor Kafka in Prag geboren, begann im Wien der Jahrhundertwende zu schreiben, hatte seine größten Erfolge im österreichischen Ständestaat in der Epoche der Neuen Sachlichkeit, wurde ins Exil nach Palästina gedrängt und versuchte vergeblich eine Rückkehr nach Österreich. Dennoch wird er in der Forschung bislang vorwiegend in zwei bereits vorgegebene Raster eingeordnet: als Autor historischer oder phantastischer Romane.[7]

Zugegebenermaßen erschweren Perutz' Bücher die klare Zuordnung, sie sind eigenartige Mischungen. Logisch begabt, erfand der gelernte Versicherungsmathematiker meist phantastische Romane auf historischer Grundlage und konstruierte sie durch bis ins Detail. Er blieb logisch bis zum Schluß oder brach wohlüberlegt mit dem logischen Ablauf des Geschehens. Leo Perutz gab sich Rätsel vor und löste sie für sich – und für seine Leser. Seine Bücher geben nie ein letztgültiges Bild vom Geschehen. Immer ist noch eine andere Lesart möglich, bleiben am Ende beim Leser Zweifel. Bei Perutz sind die Protagonisten oft ihrer Identität beraubt, Identitäten vermischen oder verdoppeln sich, Mystisches mengt sich mit Realem. Seine Werke existieren in der Spannung zwischen Traum und Wirklichkeit, zwischen Wahrheit und Täuschung, zwischen Erinnern und Vergessen. Stets versteckt er Modernes im historischen Gewand.

So vielschichtig das Werk ist, so schwer machte es Perutz den Forschern auch, ein Bild seiner Person zu gewinnen. Ganz bewußt verbarg er sich hinter vielen Fassaden, führte Umwelt und Nachwelt in die Irre. Es gilt, hinter diese Fassaden zu sehen, wenn man den Zusammenhang von Werk und Leben ergründen möchte. »In meiner Brust war seit jeher Raum für zwei oder noch mehr Seelen«,[8] schrieb Perutz in den vierziger Jahren an seinen Bruder. Boshaft, aggressiv, streitlustig gab er sich gegenüber seinen Stammtischfreunden. Wochenlang redete er kein Wort mit seinen Bekannten aus dem Kaffeehaus und war – scheinbar oder tatsächlich – beleidigt. Während er Freunde verprellte, kümmerte er sich großzügig um unbekannte Dichter und sorgte für ihre Kontakte zu Verlegern. Er verschleuderte sein Geld und ließ sich von seiner Familie aushalten, wenn er in finanzielle Engpässe geriet.

Die Dokumente offenbaren zahlreiche Brüche. Perutz galt als Frauenheld, über seine Eroberungen führte er akribisch Buch, als ob er beweisen müßte, wozu er in der Lage ist. Er vertrieb ungeliebte Gäste, die Klobürste schwingend, aus dem Kaffeehaus, forderte mehrfach zum Duell. Doch hinter der Fassade verbarg sich eine verletzliche und verletzte Person, ein Mensch, der von seiner Familie nie für voll genommen worden war, der, immer das Vorbild seiner erfolgreichen Brüder vor Augen, eine Reihe von Mißerfolgen verkraften mußte, der sich nach Ansehen, Achtung und Liebe sehnte.

Leo Perutz kokettierte mit seinem Ruhm, täuschte Bescheidenheit vor, versuchte, seine Eitelkeit zu kaschieren – mit mäßiger Überzeugungskraft, wie sich aus den Quellen schließen läßt. Perutz verschanzte sich hinter dem Dogma, stets das Werk, nie die Person in den Vordergrund zu stellen. »Bitte schreiben Sie nichts über mich und alles über meine Bücher«,[9] beschwor er Joseph Kalmer kurz vor seinem Tod in einem Brief. Gezielt umgab er sich so mit einem Mythos. 1927 schrieb er an seinen Verlag, der um ein Porträtphoto gebeten hatte: »Seien Sie nicht böse, aber ich bin ein principieller Gegner dieser Art von ›Publicity‹ (...). Ich bin immer sehr dankbar, wenn eine Zeitschrift ihre Leser auf meine *Bücher* aufmerksam macht, aber meine Physiognomie dürfte (oder sollte) für den Leser doch gänzlich uninteressant sein.«[10] Neun Tage später begab sich Perutz zum Photographen.[11] Die Vorankündigung seines Romans in der *Berliner Illustrierten Zeitung* erschien mit seinem Photo.

Perutz förderte die Bildung von Anekdoten über seine Person, er benutzte Freunde und Bekannte, damit sie diese Anekdoten über ihn veröffentlichten, Anekdoten, die ihn als schlagfertigen, boshaften, klugen und sarkastischen Menschen auswiesen, Anekdoten, hinter denen er sich versteckte. Robert Musil, zum Opfer einer solchen Anekdote geworden, schrieb an den Chefredakteur der Zeitung, die den Text gedruckt hatte:

> »Diese Perutzanekdoten (die gleiche stand auch in einem Wiener Blatt und es ist in ihrer Art nicht die erste) wachsen sich langsam zu einer gemeingefährlichen Form des Eigenlobs aus, das so geschickt einem anderen in den Rücken plaziert wird, wie die Eier der Schlupfwespen; denn der eigentliche Autor ist natürlich Herr Perutz selbst.«[12]

Perutz unterschätzte seine Person nicht. Er hatte Interesse an seiner eigenen Biographie, katalogisierte seine Ahnenreihe, notierte seine Erlebnisse in Tagebücher. Sicher über seine Wiederentdeckung, bewahrte er seine Briefe auf, bereitete den Nachlaß vor. Sporadisch gab er auch Auskünfte über seine Person. Die das Bild von Perutz prägende Aussage, er habe in seinem Leben »nicht ein einziges Interview gegeben«, auch keine »autobiographischen Mitteilungen (...) veröffentlicht«,[13] erliegt bereits dem Mythos, den Perutz um sich aufbaute.[14]

Eine große Zusammenschau des Lebens und des Werkes von Leo Perutz, die die verschiedenen Blickwinkel vereinigt, fehlt bislang. Die Voraussetzung für eine derartige Arbeit besteht erst seit 1986. Zu diesem Zeitpunkt kam Perutz' Nachlaß auf Vermittlung des Literaturwissenschaftlers Hans Harald Müller ins Deutsche Exilarchiv nach Frankfurt. Der 1989 von Müller mitherausgegebene Ausstellungskatalog[15] macht einen Teil dieses Nachlasses der Öffentlichkeit zugänglich.

Die vorliegende Arbeit beruht auf einer breiten Materialgrundlage. Neben dem Nachlaß, der sich im Deutschen Exilarchiv in Frankfurt befindet, wurden die Perutz'schen Tagebücher weit umfassender als bislang berücksichtigt. Neu hinzu kamen eine große Anzahl bisher unbekannter Briefe von Leo Perutz aus Privatbesitz sowie Schilderungen und Erzählungen von Menschen, die Perutz noch persönlich erlebt haben. Diese Dokumente bilden das Rückgrat der vorliegenden Biographie, doch wird zugleich versucht, einen Rahmen, ein

Handlungsfeld unabhängig vom Protagonisten zu konstruieren, in dem seine Handlungen sowie das Ausbleiben von Handlungen kritisierbar und vergleichbar werden.

1 Von Prag nach Wien. Der Aufstieg der Familie Perutz (1882-1903)

»Ich bin aber das ganze Leben lang vom Prag meiner Kindheit nicht losgekommen.«[1]

Geburtsort Prag. Deutsche Muttersprache. Jüdische Abstammung. Fabrikantenfamilie. Mit diesen Eckdaten läßt sich Perutz' Herkunft umreißen.

Neben Wien und Budapest gehörte Prag zu den Metropolen der Donaumonarchie. Alles war ein wenig kleiner als in Wien, ein wenig beschaulicher. Neben der repräsentativen Altstadt mit den drei-, vier-, auch fünfstöckigen Häusern, den großen Plätzen und Straßen krümmten sich die verwinkelte, enge, unübersichtliche Judenstadt und unterhalb des Hradschin enge Gäßchen. Das Stadtgebiet Prags war noch nicht besonders groß, nur etwa 200.000 Menschen lebten hier;[2] im Gegensatz zu Wien gab es vor der Jahrhundertwende kaum Eingemeindungen.[3] Die Entfernungen innerhalb der Stadt ließen sich zu Fuß bewältigen. Von seinem Elternhaus in der Mariengasse bis zur Volksschule mußte der 1882 geborene Leopold Perutz fünf bis zehn Minuten gehen, zum Gymnasium einige Minuten mehr, die Judenstadt war in einer halben Stunde zu erreichen.

Lange galt Prag als die Stadt des Typhus. Immer wieder grassierten Epidemien, mußten Brunnen gesperrt werden.[4] Die »Regelung der Canal- und Senkgrubeneinrichtungen«[5] war daher um die Jahrhundertwende eine vieldiskutierte politische Aufgabe, die den Wandel Prags zur modernen Stadt markierte. Daneben begann man mit der Regulierung der Moldau, nachdem verheerende Überschwemmungen 1890 sogar die historische steinerne Brücke zum Einsturz gebracht hatten.[6] Bereits 1886 war eine Gasanstalt gebaut worden,[7] acht Jahre später ersetzte das elektrische Licht die Gasbeleuchtung der Straßen.[8]

Die elektrische Straßenbahn hatte die Pferdetrambahn verdrängt.[9] Zum Stadtbild gehörten die Drahtseilbahn auf den Lauritzenberg, ein Panorama, mehrere Kinos.[10] Seit 1891 hatte die Firma von Perutz' Vater ein eigenes Telefon.[11]

In den Vorstädten Prags konzentrierten sich große Industriebetriebe. Der Anschluß ans Eisenbahnnetz um die Mitte des 19. Jahrhunderts hatte diese Entwicklung ermöglicht.[12] Als besonders modern galt damals die Textilindustrie, in der auch die Familie Perutz eine Rolle spielte. »Dieser Industriezweig fand als erster aus der Enge der zünftigen Schranken über die dezentralisierte Manufaktur zur maschinell ausgestatteten, arbeitsteiligen, modernen Fabrik.«[13] Prag wollte sich als moderne Industriestadt präsentieren. 1891 wurde eine Jubiläumsausstellung geplant, die den hohen Standard der Industrie zeigen sollte. Als das Ereignis jedoch durch ein einsprachig tschechisches Werbeplakat angekündigt wurde, sagten die deutschen Industriellen beleidigt ihre Teilnahme ab,[14] so daß die Ausstellung zu einer Manifestation des nationalen Stolzes der Tschechen wurde. Sie lockte innerhalb von fünf Monaten über zwei Millionen Besucher an. Dafür sorgten auch die eigens erbaute Drahtseilbahn, die Tierdressuren und die Ballonflüge.[15]

Wie diese Episode zeigt, war das Zusammenleben zwischen Deutschen und Tschechen in Prag gegen Ende des 19. Jahrhunderts nicht immer spannungsfrei. Zu Beginn des Jahrhunderts hatte in beiden Volksgruppen noch kaum ein Nationalbewußtsein existiert. Viele Bewohner Böhmens hatten sich gar geweigert, sich einer der beiden Volksgruppen zugehörig zu fühlen, hatten sich weder als Tschechen noch als Deutsche betrachtet, sondern als Böhmen.[16] Die Habsburger Regierung drängte massiv auf Germanisierung; für Tschechen, die sozial aufsteigen wollten, war die Beherrschung der deutschen Sprache noch bis zur Mitte des 19. Jahrhunderts selbstverständlich.[17] Dann verringerte sich der Anteil der Deutschen in Prag durch den vermehrten Zuzug tschechischsprachiger Menschen. Gegen Ende des 19. Jahrhunderts waren die Deutschen eine Minderheit,[18] aber eine angesehene, sozial meist privilegierte Minderheit mit großer Furcht vor einer tschechischen Vorherrschaft.

Traditionell waren die Deutschen in Prag stark präsent in den höch-

sten Landesbehörden, in Versicherungen, Banken und Industrie, als Rechtsanwälte und Ärzte. Über die Hälfte war selbständig, ein Drittel angestellt, nur wenige verdienten ihren Lebensunterhalt als Arbeiter.[19] Der Lebensstandard war hoch. Etwa die Hälfte der deutschen Haushalte verfügte über eine Hausangestellte, viele beschäftigten sogar zwei oder mehr Personen.[20]
Die Sozialstruktur innerhalb der tschechischen Bevölkerung unterschied sich deutlich von der der deutschen. Über die Hälfte der Tschechen waren Arbeiter.[21] Sie wohnten in den Randgebieten Prags, nahe den großen Industrieansiedlungen. Der Zuzug der überwiegend tschechischsprachigen Bevölkerung aus dem Prager Umland verdoppelte die Bevölkerungszahl Prags zwischen 1880 und 1910.[22]
Das tschechische Bürgertum entwickelte um die Jahrhundertwende im engen Kontakt mit den europäischen Metropolen eine eigene nationale Kultur. Kunst und Bildung waren ihm ein hohes Gut. Ein eigenes tschechisches Nationaltheater entstand, eine neue nationale Musik, tschechische bildende Künstler hatten einen hohen Rang. Zwar gab es vereinzelte Verbindungen zur Kultur der Deutschen in Prag durch zweisprachige Künstler, Musiker, die in beiden Orchestern spielten, oder durch Übersetzer. Doch meist war es ein Nebeneinander, nicht ein Miteinander[23] – und das gehörte zum guten Ton.

Als Leopold Perutz am 2. November 1882 geboren wurde, hatten sich die Beziehungen zwischen der deutschsprachigen und der tschechischen Bevölkerungsgruppe bereits rapide verschlechtert. »Der Bereich des Prager Alltagslebens, der am schärfsten entlang einer nationalen Demarkationslinie trennte, war das politische Leben«.[24] Vor allem unterprivilegierte Tschechen begannen gegen die Deutschen zu agitieren. Die tschechische liberale Idee forderte ab 1860 »die volle Wiederherstellung der staatspolitischen Eigenständigkeit Böhmens«.[25] Die Tschechen versuchten, den Bildungsrückstand durch die Gründung neuer, tschechischsprachiger Schulen wettzumachen. Deutsche Zeitungen sprachen gehässig von einem »Vormarsch tschechischer Schulen«[26] und forderten Deutsche auf, ihre Kinder nur in deutsche Schulen zu schicken; um dort eine ungehinderte Einschreibung zu ermöglichen, mußte die Polizei patrouillieren.[27] Im Geburtsjahr von

Leo Perutz trennte sich die Universität in eine deutsche und eine tschechische.[28] »Durch nationale Schul-, Schutz- und Kampfvereine, zuerst der Tschechen, später auch der Deutschen, wurde der Nationalitätenkampf allmählich in alle Lebensbereiche und Bevölkerungsschichten getragen.«[29] Tschechische Zeitungen forderten Tschechen auf, nur bei Tschechen zu kaufen,[30] die Deutsche Zeitung Bohemia eröffnete eine eigene Rubrik, betitelt: »Zur tschechischen Agitation«.[31] 1884 streikten die ersten tschechischen Arbeiter, 1891 wurden Straßennamen für zwei Jahre nur in tschechischer Sprache angezeigt, später doppelsprachig.[32] Die Deutschen forderten eine Teilung des Landes und eine eigene Verwaltung.[33] Zwischen 1893 und 1895, Perutz' elftem und dreizehntem Lebensjahr, verhängte die Polizei den Ausnahmezustand über die Stadt.[34] 1897 verschärfte die »Badenische Sprachenverordnung« die Krise. Der österreichische Ministerpräsident, Graf Kasimir Badeni, wollte die Voraussetzung für eine liberale Zusammenarbeit der beiden Volksgruppen schaffen und verfügte am 5. April 1897, daß Tschechisch als Amtssprache zugelassen werde. Gerichte und Ämter müßten künftig alle Eingaben in der Sprache erledigen, in der sie vorgebracht wurden. Alle Beamten mußten demnach beide Sprachen beherrschen.[35] Diese Verordnung wurde von den Tschechen als Triumph gefeiert, von den Deutschen heftig kritisiert. Im Dezember 1897, kurz nach Perutz' fünfzehntem Geburtstag, lieferten sich deutsche und tschechische Studenten eine Woche lang Straßenschlachten.[36] Badeni mußte abdanken. 1899 wurde seine Verordnung aufgehoben.[37] Amtssprache war nun die im jeweiligen Amtssprengel von der Mehrheit gesprochene Sprache.[38] Deutsche und Tschechen waren sich der unsichtbaren Trennlinie bewußt. »Selbst Instrumentalkonzerte waren einsprachig«, spottete Egon Erwin Kisch, »einsprachig die Schwimmanstalten, die Parks, die Spielplätze, die meisten Restaurants, Kaffeehäuser und Geschäfte.«[39]

Doch ist dies nicht die ganze Wahrheit. Wenn ökonomische und berufliche Unterschiede nicht zu groß waren, gab es durchaus gesellschaftliche Kontakte zwischen den Volksgruppen.[40] Viele Familien waren tschechisch-deutsch, Kinder wurden für einige Zeit in anderssprachige Haushalte gebracht, damit sie beide Sprachen erlernten,[41] tschechische Kindermädchen betreuten deutsche Kinder, fast alle deut-

schen Kinder hatten Tschechisch in der Schule als Unterrichtsfach,[42] Literaten, Schauspieler und Übersetzer arbeiteten in beiden Sprachen; Deutsche und Tschechen besaßen somit »bedeutende Kontakte, wo immer sie arbeiteten, einkauften und wohnten.«[43]
Die jüdische Bevölkerung mußte sich im Lauf der Geschichte für die Zugehörigkeit zum deutschen oder zum tschechischen Volk entscheiden. Drei Viertel von ihnen gab 1890 Deutsch als Umgangssprache an,[44] und über 90% aller Juden schickten ihre Kinder auf deutsche Schulen.[45] Für das tschechischsprachige Prag waren daher Deutsche und Juden »fast identisch«, erinnert sich der Schriftsteller Willy Haas, »und beide, Deutsche und Juden waren gleich verhaßt.«[46] Die politisch motivierte Abneigung gegen die Deutschen übertrug sich auf die Juden.

> »Es ist bezeichnend und zeitlich charakteristisch, daß sich gerade in der Zeit der zugespitzten tschechisch-deutschen Beziehungen (...) im tschechischen Milieu auch antisemitische Tendenzen stärker bemerkbar machten, die in einer Massenhysterie im Zusammenhang mit der sogenannten Hilsner-Affäre im Jahre 1899 mündeten.«[47]

In der Zeit der großen antisemitischen Prozesse[48] um die Jahrhundertwende ließen die Nationalitätenkämpfe den Antisemitismus auch in Prag wieder auflodern, der immer latent vorhanden gewesen war. Von tschechischer, aber auch von deutscher Seite fanden antisemitische Kundgebungen und Ausschreitungen statt. Die deutschsprachige Presse berichtete kontinuierlich über Ritualmordanschuldigungen und antisemitische Ausschreitungen.[49]
Wenn diese Auseinandersetzungen zwischen den Volksgruppen auch das deutschsprachige Bürgertum selten direkt betroffen haben dürften,[50] so war die Atmosphäre der Spannung von Kindern – auch von Leo Perutz – sicher nicht fernzuhalten. Egon Erwin Kisch, der zur gleichen Zeit wie Perutz die Piaristenvolksschule besuchte, bestätigt, daß die Rivalitäten zwischen den Nationen auch für Kinder ein Thema waren: »Vor dem Schulgebäude fingen oft Tschechen mit uns Streit an: es waren Buben aus der Übungsschule der Lehrerbildungsanstalt von nebenan und eigentlich selbst Musterknaben (...). Sie griffen uns nur an, weil das nationale Pflicht war.«[51]

Leo Perutz' geschäftstüchtiger Vater, Benedikt, betätigte sich in der Textilbranche. 1870 hatte er zusammen mit seinem Bruder Eduard die Firma »Josef Perutz Söhne«, ein Geschäft für »Manufakturwaren handelsverbunden mit Comissions- und Speditionsgeschäften« gegründet.[52] Am 1. Oktober 1877 verlegten sie die Hauptniederlassung ihrer »Cottonerzeugung und Cottondruckerei«[53] in den Prager Vorort Lieben. Die Zweigniederlassung, in der auch der Verkauf stattfand, befand sich in Prags Renommierstraße, am Graben 39. In den Adreßbüchern der Stadt Prag wird Benedikt Perutz zudem 1884 zum ersten Mal erwähnt als Besitzer einer Fabrik für Karton und Kartonwaren.[54] Ob es sich hier um eine zweite Firma gehandelt hat oder ob sich nur der Produktionsbereich verändert hatte, konnte nicht ermittelt werden.[55] Seit 1884 hatte die Firma sogar eine Zweigniederlassung in Wien.[56]
Diese Fakten belegen einen steilen Aufstieg der Familie innerhalb einer Generation. Etwa 50 km von der Hauptstadt entfernt lag der kleine Ort Rakonitz. Dort war die Familie von Benedikt Perutz seit 1730 ansässig.[57] Rakonitz war eine Kleinstadt mit fast dörflichem Charakter. Alte, zerfallene Häuser mit Zu- und Anbauten, Schuppen und Ställen prägten das Bild. Der Boden war meist gepflastert, das Judenviertel mit dem jüdischen Friedhof und der Synagoge von der übrigen Siedlung abgegrenzt.[58]
Josef Perutz, der Großvater von Leo Perutz, war ein wohlgeachteter Bürger in Rakonitz, »der dortselbst einen Manufakturwarenhandel betrieb, Hausbesitzer war und durch Jahre hindurch ein Stadtratsmandat innehatte.«[59] Seiner Ehe mit Charlotte Altschul entstammten sechs Söhne und vier Töchter. Die Familie Perutz scheint außergewöhnlich geschäftstüchtig und erfolgreich gewesen zu sein.[60] Die »Perutze« traten in Erscheinung als Firmengründer, Fabrikbesitzer, Großkaufleute. In der Todesanzeige von Alfred Perutz, einem Cousin von Leos Vater, sind als seine Funktionen angeführt: »Landtagsabgeordneter, Mitglied der Reichenbacher Handelskammer, Stadtverordneter, Mitglied der Bezirksvertretung, Director bei der Teplitzer Sparcassa, Glashüttengesellschaft- und Bergwerksbesitzer«.[61]
Den Söhnen von Josef Perutz wurde es in Rakonitz zu eng. Sohn Ernst erbaute 1871 in Teplitz eine »Maschinenfabrik, die 1910 ca. 299

Arbeiter zählte.«[62] Die Söhne Siegmund und Leopold zogen nach Prag und gründeten mit einem Startkapital von 12 000 Gulden, das sie vom Vater bekommen hatten,[63] das Handelsgeschäft »Brüder Perutz«. 1862 hatten sie mit einem Manufakturwarenladen begonnen, doch schon zwei Jahre später stiegen sie in die Produktion ein, sie besaßen Baumwollspinnereien und -webereien, Färbereien, Bleichen und Appreturen in Lieben, Linsdorf und Warnsdorf und beschäftigten 1910 bereits 810 Arbeiter.[64] Es wird wohl das Beispiel der erfolgreichen Brüder gewesen sein, das Perutz' Vater, Benedikt Perutz, zusammen mit seinem Bruder Eduard trieb, sich ebenfalls in Prag niederzulassen.
Elf Jahre lang widmete sich Benedikt Perutz in Prag nur dem Geschäft. Erst 1881 heiratete er Emilie Österreicher, die in Radaun in Böhmen geborene Tochter eines frommen jüdischen Getreidehändlers.[65] Sie wurden nach mosaischem Ritus getraut, die Heirat ist im Personenstandsregister der jüdischen Gemeinde in Prag verzeichnet.[66]
Die Einstellung von Perutz' Eltern zum Judentum war typisch für die Zeit und das soziale Milieu. Stand die vorherige Generation noch fest im Judentum verwurzelt, so waren Perutz' Eltern schon weitgehend assimiliert. Perutz' Großvater mütterlicherseits, Simon Österreicher, hatte dem kleinen Leo noch das »Schma Israel«, ein wichtiges jüdisches Gebet, aufgeschrieben,[67] Benedikt und Emma Perutz lebten schon als sogenannte »4-Tage-Juden«, die die Synagoge nur noch an den vier höchsten Feiertagen besuchten. Ähnlich wie sein Schulfreund Richard A. Bermann dürfte auch Leo Perutz das Judentum zu Hause nur in Ansätzen erlebt haben:

> »Dass ich ein Jude war, das wusste ich hauptsächlich dadurch, dass die christlichen Kinder in meiner Schule mich manchmal ›Saujud‹ schimpften oder die tschechischen Gassenjungen ›Zide‹! Zuhause lernte ich einige religiöse Zeremonien höchst oberflächlich kennen; meine Eltern hielten, wie die meisten Juden des europäischen Westens, weder die talmudischen Speisegesetze inne, noch folgten sie sonst der jüdischen Tradition, obwohl sie an den höchsten Feiertagen manchmal in die Synagoge gingen und am Versöhnungstag fasteten (...); bei uns zuhause wurde am ›Sederabend‹ nur besonders gut gegessen, und es gab Mazzoth mit Butter oder Honig«.[68]

Benedikt Perutz war ein vielbeschäftigter Mann; es ist anzunehmen, daß ihm sein Geschäft nicht allzuviel Zeit für seine Familie gelassen hat. Leo Perutz erwähnt ihn auch später in den Tagebüchern allenfalls als Geldgeber. Aufschluß über seine Persönlichkeit geben die folgenden Hinweise von Benedikt Perutz' ältestem Enkel, dem mittlerweile in den USA lebenden Ulrich Furst.[69]

Benedikt Perutz, ein breiter, stattlicher Mann mit Glatze und Vollbart, war klug, geschäftstüchtig und willensstark. Die geschäftlichen Rückschläge, die er in seinem Leben hinnehmen mußte, verkraftete er psychisch gut. Ulrich Furst beschreibt ihn als einen Menschen mit einer sehr positiven Einstellung zum Leben, doch »everything had to go the way he wanted it and there were no discussions about it.«[70] – Ein Charakterzug, den Leo Perutz geerbt zu haben scheint, vergleicht man die Aussagen seiner Kinder. Auch eine gewisse Freizügigkeit scheinen Vater und Sohn gemeinsam gehabt zu haben. Anläßlich der Bar-Mizwa-Feier des Enkels Ulrich fuhr Benedikt Perutz mit ihm nach München, um ihm die Stadt zu zeigen und führte ihn, den Dreizehnjährigen, auch in einen Nachtclub.[71]

Leos Mutter Emilie, genannt Emma, wird vom Enkel als lieb und freundlich beschrieben. Ihre Briefe, die sie an ihre »geliebten Kinder« schreibt, lassen in Orthographie und Grammatik den deutsch-böhmischen Dialekt durchscheinen. »Gottlob seid heite Mittag ist das Standrecht proklamiert«, schrieb sie ihrem Sohn. »Prag ist voll mit Millietär und ist die liebe Emma heute über den Graben wo sie etwas zu thun hatte gegangen und kam ganz erschrocken zu Haus (...)«.[72]

Emma scheint das Herz der Familie gewesen zu sein. In ihren Briefen an ihren »lieben Polda«, wie sie ihren Sohn Leopold nannte, wimmelt es von Onkeln und Tanten, die krank und wieder genesen sind, von aufgeschlagenen Knien und angeschlagenen Köpfen, von Pelzjäckchen, Wollsocken und Winterröcken, von Klatsch und Tratsch aller Art. Später interessierte sie sich für Leos Bücher, las alles, was er schrieb, aber auch, was seine Freunde veröffentlichten. Ein Familiengerücht versucht anzudeuten, daß Leo die literarische Begabung von Emma geerbt haben könnte. Leo Perutz' Bruder Paul sandte ihm einmal ein Gedicht, über dessen Verfasserschaft er sich nicht ganz klar war, das er aber, trotz großer Zweifel, seiner Mutter Emma Perutz zuschrieb:[73]

Es wirbeln die Flocken in magischen Kreisen
Und der Nordwind weht so grimmig und kalt
Und der Bach und die murmelnden Quellen vereisen
Und stille wird es im Föhrenwald.

Ich träumte von längst vergangenen Jahren
Es wollte ein Märchen mir nicht aus dem Sinn
Von der Fee mit den lichten, den goldigen Haaren
Der Herrin des Winters, der Schneekönigin

Die ewig voll Kummer, die ewig voll Qual
Im hohen Norden als Königin wohnt
Und im funkelnden, glitzernden, blitzenden Saal
In ihrem kristallenen Eispalast thront.

Und ich konnts nicht erforschen und konnts nicht erfragen
Woher denn nur kam der Königin Leid
Dass sie ihre Jugend vertraure mit Klagen
Und nie noch sich ihres Lebens gefreut

Und wie ich so träumte und forschte und sann
Da flogen zum Laden zwei Schneeflocken hin
Rasch werden sie größer und wachsen heran
Und vor mir stand die Schneekönigin:

»Ich liebe die Sonne, die Hehre, die Schöne
Ich liebe den lichten, den rosigen Mai
Und hab ich erreicht, wonach ich mich sehne
Dann ist es ach! mit mir Armen vorbei

Sie hält sich verborgen so lange ich lebe
Sie hasst mich, obwohl sie noch nie mich gesehn
Und hab ich erreicht, wonach ich strebe
So muss der Winter untergehn

Der Sonne nur galten die Klagen, die Thränen
Nach der Sonne nur zieht es mich mächtig hin
Und kommt sie, erfüllt sie endlich mein Sehnen
Dann stirbt die arme Schneekönigin.«

Und eh ihre Worte verklungen noch sind
Zerrinnt im Nebel die liebe Gestalt
Und eisiger, grimmiger weht der Wind,
Und stiller wird es im Föhrenwald.[74]

Ob diese Ballade wirklich von Emma Perutz stammt, oder vielleicht doch ein frühes Gedicht ihres Sohnes ist, wie Paul Perutz in seinem Brief ebenfalls vermutet, konnte nicht festgestellt werden. Im Vergleich mit Emma Perutz' Korrespondenz wäre ihre Verfasserschaft zumindest eine große Überraschung. Wenn man die frühen literarischen Versuche ihres Sohnes Leo Perutz betrachtet,[75] so sind zumindest inhaltlich große Parallelen festzustellen. Die ersten erhaltenen Geschichten, die wahrscheinlich noch aus Perutz' Schulzeit stammen, kreisen ebenfalls häufig um Märchenmotive.

Die Mariengasse, in der die Wohnung der Familie Perutz lag, gehörte zum »exklusivsten Bezirk der Stadt«.[76] Sie verband den Wenzelsplatz mit dem Staatsbahnhof und grenzte unmittelbar an den 1880 eröffneten Stadtpark. Dieser Park war eine »in ihrer Längsrichtung von drei Alleen«[77] durchzogene Anlage mit Blumenbeeten, Grasflächen, Baumgruppen und einem »Teich mit einer Insel, in den sich über mächtige Felsbrocken ein Wasserfall ergoß. An seinen Ufern wurden Brezeln und Luftballone verkauft.«[78] Auf dem Stadtplan von 1815 war die Mariengasse noch gar nicht eingezeichnet, die Häuser, zwei oder drei Stockwerke hoch, wurden wohl überwiegend in den 80er Jahren gebaut.[79]

Der 1888 geborene Prager Dramaturg, N. O. Scrapi,[80] erinnert sich an die Straße:

»Die kleinen gelben, quadratischen Steine des Trottoirs stießen mit abgeschrägten Kanten aneinander, und wenn man die Zwinge des Spazierstocks – welcher Junge wäre damals ohne Spazierstock gegangen? – schleifen ließ, gab das einen prächtigen Lärm, den man sogar

Prag, Mariengasse 26

melodisch abstufen konnte. Zwischen Trottoir und Fahrbahn breitete sich eine Art Allee mit Bäumen und Bänken. Auf den Bänken saß man rittlings und spielte ein Spiel mit Kieselsteinen, das fast so schwer zu erklären wie zu spielen ist und seine Virtuosen hatte. Die Fahrbahn war schlecht gepflastert, vier Wagen hätten bequem nebeneinander Platz gehabt, zum Glück war es kaum einer in der Stunde, denn es gab noch keine Autos. (...) Nur die eine Seite der Mariengasse war von Häusern gesäumt, (auf der anderen Seite war der Stadtpark; Anm. d. Verf.) (...). Daß wir, seine Anwohner, jede freie Viertelstunde hinunterkonnten, gab uns eine Überlegenheit über andere Kinder (...). Wir saßen vormittags nach Schulschluß dort, wir liefen hinunter, wann wir wollten, rollten Kugeln in kleine Gruben, spielten Räuber und Polizei (...). Durch die Hauptallee wandelte gemessen ein Polizist mit wehendem Federbusch, eine gewichtige Respektsperson, während die Anlagen sonst von zwei oder drei wenig geachteten Wächtern bewacht wurden, deren unnütze lange Säbel sie hinderten, uns zu erwischen, wenn wir einmal über den verbotenen Rasen zu dem Baum hinliefen, der die Freistatt des Räubers war.«[81]

Das Haus Nr. 26, in dem die Familie Perutz zur Miete wohnte,[82] war ein stattlicher Bau mit zahlreichen, barocken Fassadenverzierungen. Vier Wohnungen waren hier untergebracht.

Betritt man das Haus durch die schwere Holztür[83] – der Türgriff ist für Kinder kaum erreichbar in ca. eineinhalb Meter Höhe –, so befindet man sich in einem kleinen Vorraum, von dem aus elf Stufen ins Hochparterre führen. Die Wände dieses kleinen Vorraums schmükken direkt unter der Decke zwei schmale, etwa vier Meter lange, dunkle Bilder. In barockem Stil sind Frauen mit spielenden Kindern abgebildet. Vom Hochparterre führt eine geschwungene Treppe mit einem schwarzen, schmiedeeisernen Geländer in die oberen Stockwerke. Fünf Zimmer der Wohnung liegen zur Straße hin, nach hinten gibt es neben dem Eingang noch zwei, eines davon ohne Fenster. In Relation zur Höhe sind die Räume eher klein, die Türgriffe der weißen, barockisierenden Schleiflacktüren liegen in Augenhöhe eines Erwachsenen.

Im Haushalt Perutz gab es mit Sicherheit Personal, eine Köchin war in jedem Fall üblich,[84] Leo Perutz erinnert sich auch an eine Amme,[85]

Leo und Paul Perutz, ca. 1885

ein tschechisches Dienstmädchen, Boschena genannt, das mit ihm tschechische Lieder gesungen hatte.[86] Dem tschechischen Personal verdankte Leo Perutz auch seine tschechischen Sprachkenntnisse.[87]
Innerhalb von zehn Jahren wurden der Familie vier Kinder geboren, Leopold (*1882), Paul (*1885), Charlotte (*1888), genannt Lilly, und Hans (*1892).
Die Kinder der Familie Perutz genossen eine gutbürgerliche Erziehung. Leo Perutz lernte Geige zu spielen, wenn er sein Hobby auf Drängen seiner Familie auch bald wieder aufgeben mußte, weil er

während des Spielens Grimassen schnitt, was die Eltern unmöglich fanden.[88] Die Kinder waren sich ihrer privilegierten Stellung durchaus bewußt. Ein Aufruf in der »Deutschen Zeitung Bohemia«, für die Schulspeisung hungernder Kinder zu spenden, wurde von den Perutz'schen Kindern großzügig beantwortet. Am 24. 12. 1893 meldete die Zeitung: »Hungernde Kinder. Gestern wurden uns übergeben: von Leopold, Paul, Lilly, Hans 5 fl.«[89]

Leopold, der älteste Sohn, galt von jeher als enfant terrible. »Er war ein bisschen ein Eigenbrötler, ein etwas schwieriges Kind, der sich lieber mit allen möglichen Dingen beschäftigte, die ihn interessierten, aber den Zwang der Schule nahm er nur ungern zur Kenntnis.«[90] Seinen Kindern erzählte Perutz über seine eigene Kindheit fast gar nichts. Das wenige, was man wissen kann, entstammt seinen seltenen, späten Erinnerungsfragmenten, die er in seinem Tagebuch notierte. Vieles kann man nur erschließen.

Leopold Perutz liebte Prag, seine Geschichte, seine Gebräuche.[91] Er unternahm schon als Kind lange Streifzüge durch die Altstadt, das Judenviertel, die Moldauauen. Er kannte alle Straßen, und wie Egon Erwin Kisch hatte er eine Vorliebe für die sogenannten Durchhäuser.[92] Diese Durchhäuser sind eine Prager Besonderheit. Sie »unterliegen dem Gesetz der Kontinuität, eines greift in das andere über und man kann durch ganze Stadtteile Prags gehen, ohne die offene Straße zu etwas anderem als zum bloßen Überschreiten benützen zu müssen.«[93] Die Durchhäuser scheinen Kinder magisch angezogen zu haben. Natürlich war es verboten, diese Durchhäuser zu betreten. »Wir Knaben aber«, schrieb Kisch, »auf Entdeckungsreise ziehend, benutzten die Straße nur, um nach Häusern mit einem zweiten Ausgang oder gar einem dritten zu fahnden.«[94] Leopold Perutz fand eines mit sechs Ausgängen.[95]

Doch nicht nur die Stadt faszinierte Perutz, auch der Natur scheint er eng verbunden gewesen zu sein. Gäbe es aus dieser Zeit Photos, sie würden einen immer etwas nachlässig gekleideten, dunkelhaarigen Knaben zeigen, der mit Hut und Schmetterlingsnetz die Auen der Moldau durchstreift.[96] Oder einen, der mit der Lupe die vielen Käfer betrachtet, ehe er sie in einer Schachtel sammelt. »Als ich ein zehnjähriger Junge war, habe ich viele Sandkäfer, grüne und graue, gefangen, und kupferrote Laufkäfer«, erinnerte er sich später.[97] Perutz' Mitschüler Egon Erwin Kisch berichtet, daß sie des öfteren von tschechischen Kindern zum Kampf gefordert wurden.[98] Man kann sich durchaus vorstellen, daß Leopold Perutz an den Straßenkämpfen der deutschen und tschechischen Kinder teilgenommen hat.[99] Viele Jahre später erinnerte er sich, daß ihm einmal Hut und Schmetterlingsnetz von »böhmischen Buben« gestohlen worden waren.[100] Seine Reaktion darauf teilt er leider nicht mit.

Alle Quellen decken sich in der Aussage, daß Leopold Perutz kein besonders braves, aber ein vielseitig interessiertes, immer zu Überraschungen und Streichen aufgelegtes Kind war. Fest steht auch, daß die Schule nicht sein bevorzugter Lebensbereich war.

> »Der Perutz Leopold, ein ungemein schlamperter Knabe, saß in der Volksschule der Patres Piaristen in Prag neben mir. Meine erste Erinnerung sieht seine schmutzige und blutende Hand: er hatte sich, der beneidenswerte Besitzer eines wunderschönen Taschenmessers, unter der Bank in den Daumen geschnitten, nicht zufällig, sondern absichtlich. ›Damit der Herr Lehrer erschrickt!‹ flüsterte er mir zu und legte die Hand breit aufs Pult. Der Effekt war groß.«[101]

So erinnerte sich Richard A. Bermann an die erste gemeinsame Schulzeit. Die deutschsprachige Piaristenschule galt »als die gesellschaftlich exklusivste der Stadt«[102] und wurde »von einer in ethnischer Hinsicht heterogenen, durch den finanziellen Hintergrund aber vereinten Elite, Angehörigen der oberen Mittelklasse, besucht.«[103]

Gute Gründe sprachen dafür, sein Kind auf eine private Volksschule zu schicken. Die Prager Stadtgemeinde hatte kein Interesse daran, deutsche Schulen zu fördern. Deutsche Eltern sollten dazu gebracht werden, ihre Kinder an tschechische Schulen zu schicken. Trotz steigender Schülerzahlen wurden die staatlichen Subventionen für deutsche Schulen gekürzt,[104] neue Schulen wurden nicht gebaut, die Raumnot war drückend. »So wurden 1889 in den zwei Abteilungen der ersten Klasse der Prager deutschen Mädchenschule 223, in der ersten Klasse der Knabenbürgerschule in einer einzigen Abteilung 114 Kinder vereinigt.«[105] Kein Wunder also, daß fast die Hälfte aller deutschen Kinder private Schulen besuchte.[106]

Der Orden der »Patres Piarum Scholarum« war 1752 nach Prag gekommen. »Seine Mitglieder mußten sich zum unentgeltlichen Jugendunterricht verpflichten«[107] und unterhielten zu Perutz' Zeit in der Herrengasse 1 eine Grundschule, ein Gymnasium und ein Piaristenkolleg.[108] Die Piaristenpatres standen in dem Ruf, weit weniger streng und militaristisch zu sein als die Lehrer in staatlichen Schulen.[109] Ebenso wie Franz Werfel, der die Schule ein paar Jahre später besuchte, saß wohl Leo Perutz »in einem weißgetünchten Raum, in eine enge grünlackierte Bank gezwängt. Hinter dem erhöhten Katheder hing eine große Landkarte der Großmacht Österreich-Ungarn, mit ihren zehn Kronländern, darüber ein Bildnis des Kaisers Franz Joseph I., in weißer Uniform.«[110]

Unterrichtet wurde durch die Piaristenpater. Das Schulgebet leitete den Unterrichtstag ein, die jüdischen Schüler erhielten aber von einem Rabbi jüdischen Religionsunterricht, in dessen Rahmen auch Hebräischkenntnisse vermittelt wurden.[111] Dennoch konnte Leo Perutz bei seiner späteren Emigration nach Palästina auf keinerlei hebräische Grundlagen zurückgreifen. Auch sein Schulfreund Richard A. Bermann gab zu:

> »Ich gestehe es mit Beschämung: ich habe während der vierzehn Jugendjahre, in denen ich von Rabbinern und Religionslehrern in der Sprache und in den Lehren des Judentums hätte unterrichtet werden sollen, weder die hebräischen Buchstaben richtig lesen gelernt noch vom Alten Testament irgend einen stärkeren Eindruck empfangen.«[112]

Das Frequentationszeugnis,[113] das Leopold Perutz über die Zeit vom 16. September 1888 bis zum 15. Juli 1893 ausgestellt bekam, war das beste in seiner ganzen Laufbahn: Religionslehre gut, Unterrichtssprache gut, Rechnen gut, sogar in »sittlicher Beziehung« hatte er sich »vollkommen recht betragen«.[114]

1893 trat Leopold Perutz ins k.k. deutschsprachige Gymnasium Prag Neustadt ein, einen prachtvollen Jugendstilbau am Graben 20. In Perutz' Klasse waren 44 Schüler, 31 davon gaben deutsch als Muttersprache an, nur fünf tschechisch. Über die Hälfte der Schüler bekannte sich zur israelitischen Religion.[115]

Das Gymnasium hatte eine humanistische Ausrichtung, moderne Fremdsprachen existierten nur als Wahlfächer. Unterrichtet wurden die Fächer Religionslehre, lateinische Sprache, griechische Sprache, deutsche Sprache, Geographie und Geschichte, Mathematik, Naturgeschichte, in den höheren Klassen Physik und philosophische Propädeutik. Aus dem freiwilligen Angebot belegte Perutz jeweils für ein oder zwei Jahre die Fächer Kalligraphie, Gesang, Turnen, französische Sprache und die Gabelsberger Stenographie, in der er später sein Leben lang winzige, tagebuchähnliche Aufzeichnungen in kleine Taschenkalender notierte.

In den ersten drei Gymnasialjahren erwies sich Leopold Perutz noch als guter bis mittelmäßiger Schüler, obwohl von Anfang an sein Fleiß nur als »hinreichend« oder »ungleichmäßig«, das sittliche Betragen als »entsprechend«, die äußere Form der schriftlichen Arbeiten gar als »unsauber und unordentlich« gerügt wurden.[116] Deutlich verschlechterten sich die Leistungen erst im Schuljahr 1896/97. Perutz war nun in einer neuen Klasse, die zwei Anfangsabteilungen waren zu einer mit 49 Schülern zusammengefaßt worden.[117]

Dramatisch zeigte sich die Situation im nächsten Schuljahr. Leo Perutz war fünfzehn Jahre alt. Im ersten Semester erhielt er die Note »nicht genügend«[118] in den Fächern lateinische Sprache, griechische Sprache, Geschichte und Geographie und französische Sprache. Hinzu kamen Tadel wegen »unverständigen Benehmens«.[119] Im zweiten Semester konnte Perutz alle Noten aufbessern, im darauffolgenden Jahr erhielt er erst nach einer Nachprüfung im Fach Mathematik die Erlaubnis zum Aufrücken in die nächsthöhere Jahrgangsstufe.[120]

Mit zunehmendem Alter wollte sich Leo Perutz offensichtlich immer weniger in die Zwänge der Schule einfügen, die den Anfangs- wie den Abgangsklassen die gleichen, nur minimalen Freiheiten zubilligte. Hinzu kam, daß die Gymnasien den Schwerpunkt ihrer Anforderungen auf Gedächtnisleistungen legten. Graf Balcredi, ein ehemaliger Staatsminister, kritisierte 1891: »An den Gymnasien kommt die Jugend über das bloße Memorieren nicht hinaus, und dieser massenhafte Memorierstoff drückt die Jugend derart nieder, daß sie am Denken keinen Gefallen findet.«[121]

Leopold Perutz war ein schwieriger Schüler. Ständig mußten seine Eltern die Sprechstunden der Lehrer konsultieren.[122] Perutz' Tochter Lore berichtet: »In einer Schule wurde er hinausgeworfen, weil er sich im Klassenzimmer im Schrank versteckte, und als der Lehrer kam, mit tiefer Stimme rief: Ich bin die Stimme des Herrn.«[123] Ob es das Gymnasium in Prag Neustadt war, von dem er verwiesen wurde, läßt sich nicht mit Sicherheit sagen, jedenfalls fand sich Perutz im nächsten Schuljahr 1899/1900 in der ersten Klasse der Oberstufe im k.k. Gymnasium in Krummau, damals sieben bis acht Bahnstunden von Prag entfernt.[124] Seiner Tochter Lore erzählte Perutz, daß es sich dabei um eine Anstalt für schwer erziehbare Kinder gehandelt habe.[125]

Das erste Schuljahr brachte Perutz leidlich hinter sich (im Fach Geographie und Geschichte »befriedigend«, in allen anderen Fächern »genügend«), doch bereits 1901 fand sich in den Fächern griechische Sprache, deutsche Sprache und philosophische Propädeutik die Note »nicht genügend«. Leo Perutz erreichte das Klassenziel nicht, zur »Maturitätsprüfung« wurde er »nicht zugelassen.«[126]

Die Familie war inzwischen nach Wien umgezogen. Vielleicht deshalb wiederholte Perutz die Klasse in Wien, am k.k. Erzherzog-Rainer-Gymnasium. Die Anforderungen in der neuen Klasse mit 36 Schülern waren den bisherigen in etwa vergleichbar. Perutz hatte jede Woche je fünf Stunden Latein und Griechisch, je drei Stunden Deutsch, Geographie und Geschichte und Physik, je zwei Stunden Mathematik, Psychologie und israelitische Religionslehre.[127] Jeden Samstag nachmittag fand ein jüdischer Schülergottesdienst statt, verpflichtend war auch die Teilnahme an den Gottesdiensten zu den Hauptfesten.[128] Die altsprachliche Lektüre war umfangreich, die Aufsatzthemen anspruchsvoll.[129] Glänzen konnte Perutz trotz des Wiederholungsjahres nicht, immerhin erreichte er in allen Fächern die Note »genügend« und wurde so zur Abschlußprüfung zugelassen.[130] An der scheiterte er, wie Richard A. Bermann glauben machen möchte, nur aufgrund eines dummen Zufalls:

> »Später maturierten wir miteinander in Wien. Das heißt, ich maturierte (...). Leo Perutz hingegen kaufte am Abend vor der schriftlichen Matura an Stelle des Logarithmenbuches, das er verloren hatte, (...) ein neues, nämlich ein antiquarisches; es standen Formeln darin, verbotener Weise mit dem Bleistift hineingeschrieben. Diese Formeln entdeckte der Professor und Perutz fiel phänomenal durch. (...) Der

Mathematikprofessor ließ Perutz auch bei der Nachprüfung als völlig talentlos durchsausen.«[131]

Durchgefallen war Perutz nicht in Mathematik, sondern in Physik, auch in der Nachprüfung. Und obwohl er laut Zeugniseintrag die Möglichkeit gehabt hätte, die Klasse und damit auch die Maturaprüfung zu wiederholen, entschloß er sich, ohne Matura 1902 vom Gymnasium abzugehen.[132] Er empfand dies offensichtlich ein Leben lang als Makel – seinen Kindern jedenfalls hat er nie erzählt, daß er durchgefallen war,[133] auch seine zweite Frau Grete lebte in dem Glauben, er habe Matura und Studium.[134]

Familie Perutz zog 1901 von Prag nach Wien.[135] Diesem Ereignis war sieben Jahre zuvor die Liquidation der väterlichen Firma vorausgegangen. Eventuell hatten die Brüder Benedikt und Eduard Perutz dennoch eine andere, bislang unbekannte Firma gegründet, bezeichneten sie sich beide doch von 1884 bis 1901 in den Prager Adreßbüchern weiterhin als Fabrikanten.[136]

Möglicherweise war der Grund für den Umzug der Familie nach Wien 1901 die schlechte wirtschaftliche Entwicklung der Textilbranche um die Jahrhundertwende. Das Prager Tageblatt resümierte in seinem Wirtschaftsteil am 1. Januar 1899:

»Die traurige Geschäftslage der Textilindustrie hat auch im Jahre 1898 keine Besserung erfahren. Die bekannten und wiederholt geschilderten großen Produktionen dieser Branche haben nicht den entsprechenden Abzug gefunden, da die Kaufkraft der Bevölkerung unter der Einwirkung der schlechten Ernte-Ergebnisse der letzten Jahre geschwächt worden ist.«[137]

In Wien wohnte die Familie Perutz zunächst in der Mosergasse 8, einem schmucklosen, vierstöckigen Haus nah dem Franz-Josephs-Kai, an dem der Vater Benedikt seine Geschäftsadresse hatte.[138] Benedikt Perutz bezeichnete in den Adreßbüchern bis 1914 seine Berufstätigkeit als »Agent«.[139] 1914 gründete er eine neue Firma mit Sitz in der Türkengasse, die am 3. Februar 1914 unter dem Namen »Firma Benedikt Perutz« im Wiener Handelsregister eingetragen wurde[140] und sich mit dem Ein- und Verkauf von Baumwolle beschäftigte.[141] Die Familie war inzwischen in ein stattlicheres Haus in der Mosergasse 14 übersiedelt.

Auf den Gang der Geschäfte oder die soziale Stellung der Familie in Wien gibt es kaum Hinweise. Bekannt ist nur, daß die Familie jedes Jahr in die Sommerfrische fuhr.[142] Emma Perutz nahm mit ihrer Tochter Lilly regelmäßig an »Gesellschaftsabenden« teil.[143] Die Heiratsbewerber für Lilly entstammten überwiegend jüdischen Textilhändlerkreisen. Leo Perutz schrieb 1908 aus Triest an einen Freund:

> »An den männlichen Bekannten meiner Schwester bin ich ganz unschuldig. Ich habe (...) mein Möglichstes getan, um diese Garnagenten aus unserem Hause rauszuekeln. Aber sie waren langlebiger als ich und sind Sieger geblieben. Das schmerzt mich fast. Wenn ich nach Wien zurückkomme, werde ich diese Händler und Krämer zurück in den Tempel treiben.«[144]

2 Ausbildungs-Umwege: Einjährigenfreiwilliger, Gasthörer und Literaturenthusiast (1903-1907)

»Meist ziemlich mies«[1]

»Haare: dunkelbraun
Augen: braun
Größe: 1.72
Nase: gewöhnlich
Augenbrauen: dunkelbraun
Mund: proportioniert
Kinn: oval
Angesicht: oval
besondere Kennzeichen: mäßig kurzsichtig«[2]

So beschrieben die Militärärzte den zwanzigjährigen Leo Perutz, als er sich am 3. April 1903 auf seine Militärdiensttauglichkeit untersuchen ließ. Die Akten der k.k. Armee sind beinahe die einzigen Quellen, die über Perutz' Leben kurz nach der Schulzeit Aufschluß geben.[3] Tagebuchaufzeichnungen existieren nicht, Briefe sind nur vereinzelt erhalten. Perutz galt in seiner Jugendzeit als äußerst schreibfaul. Auch Aussagen von Freunden aus dieser Zeit gibt es kaum.

Perutz wurde für tauglich befunden und dem k.k. Landwehrinfanterie-Regiment Nr. 8 in Prag zugeteilt, denn die Familie hatte das Heimatrecht trotz des Umzugs noch im böhmischen Rakonitz. Seinen Dienst trat er am 1. Oktober 1903 als Einjährigen-Freiwilliger an.

Der Dienst als Einjährigen-Freiwilliger war eine im k.k. Kriegsrecht fest vorgesehene Einrichtung. Die vermögende Bildungselite durfte den normalen dreijährigen Militärdienst auf ein Jahr verkürzen. Man wollte so aus den entsprechenden Kreisen die für einen Kriegsfall notwendige große Zahl von Reserveoffizieren gewinnen. Im Rechtstext heißt es:

»Inländern, welche eine bestimmte wissenschaftliche Bildung nachweisen können, wird im Frieden die Begünstigung eines nur einjährigen Präsenz-Dienstes zuerkannt. (...) Die Institution der Einjährigen-Freiwilligen hat den Zweck, jene Wehrpflichtigen, die sich höheren Studien widmen, durch die dreijährige Präsenz-Dienstzeit nicht in einer für ihre spätere Laufbahn empfindlichen Weise zu schädigen. (...) Als Bedingung zum Eintritt als Einjährigen-Freiwilliger ist die Absolvierung einer inländischen Mittelschule oder einer dieser gleichgestellten Lehranstalt, eventuell die bei einem Truppen-Divisions-Commando abzulegende Vorprüfung in gleichem Umfange des Wissens nothwendig.«[4]

Die Kosten für dieses Militärjahr hatte dabei der Wehrpflichtige selbst aufzubringen; »wer nicht nachweisen konnte, daß er in der Lage war, alle während der Dienstzeit anfallenden Kosten (Verpflegung, Unterbringung, Ausrüstung und Bekleidung) zu bestreiten, hatte kaum eine Chance, zur verkürzten Dienstzeit herangezogen zu werden.«[5] Über seine jeweilige Finanzlage berichtete Leo Perutz seinen Eltern detailliert. So z. B. im September 1904:

»Die 15 fl habe ich erhalten. Hier in Prag hab ich folgende Auslagen gehabt:
2 fl dem Oberarzt zurückbezahlt
1.10 für zwei Tage Essen
2,40 für ein Gewehr, das wir unserem Instruktions-Oberlt. als Andenken kauften
0,35 Porto, Rasieren
0,25 Trinkgelder
0,35 Schützensteuer (...)

6.45«[6]

Üblicherweise erfolgte für die Einjährigen-Freiwilligen von Anfang Oktober bis Ende November die »Rekrutenausbildung, die dem Erwerb der militärischen Grundbegriffe und einer entsprechenden Feldverwendungsfähigkeit diente«.[7] Die für Reserveoffiziere notwendigen Spezialkenntnisse wurden von Anfang Dezember bis Ende Mai vermittelt. Der Infanterist Perutz erwarb Kenntnisse in Militärstatistik,

Terrainlehre und -darstellung, Pionierdienst, Feldbefestigung, beständige Befestigung, Waffenlehre, Taktik und Felddienst, Militäradministration, Heeresorganisation, Exerzierreglement und Dienstreglement.[8] In den darauffolgenden Monaten erweiterten die Aspiranten ihr Wissen im praktischen Dienst, in der disziplinären Behandlung und Leitung des einfachen Soldaten, der Führung eines Zuges und den verschiedenen Dienstvorschriften.

Perutz besuchte die k.k. Landwehr-Offiziers-Aspiranten-Schule, am 1. Februar 1904 wurde »er zum Gefreiten, am 29. April 1904 zum Korporal befördert«.[9]

Als Einjährigen-Freiwilliger genoß er im Vergleich zu anderen Wehrdienstleistenden manche Privilegien. Er verrichtete keine gewöhnlichen Kasernendienste, ließ sich Uniform, Ausrüstung und Waffen von einfachen Soldaten reinigen.[10] Während eines Manövers bekam er mit drei anderen »Einjährigen« eine Wohnung zugewiesen und mußte nicht mit der Mannschaft im Stroh schlafen. Grundsätzlich war der Platz eines Einjährigen-Freiwilligen immer bei den Offizieren, nicht bei der Mannschaft.[11]

Leo Perutz empfand seinen Tagesablauf als äußerst eintönig und ermüdend. Als Korporal wurde er bei der Rekrutenausbildung eingesetzt – kein Vergnügen für ihn. An seine Großmutter schrieb er:

> »Von halb 6 bis 7 werden die Rekruten gedrillt, wobei die Einjährigen kommandieren – eine keineswegs leichte Arbeit, wenn man bedenkt, daß unsre heurigen Rekruten aus Galizien stammen und nur ruthenisch oder – wenns gut geht – ›Jargon‹ sprechen. Man ist daher genötigt, sich zur Verständigung eine Art Mimik zurechtzulegen. Ich bin mit meinen Untergebenen übereingekommen, daß zweimaliges Herausstrecken der Zunge, verbunden mit Ohrenwackeln: ›Ich hau dir ein paar Ohrfeigen runter‹, bedeutet, und Wackeln mit dem Fuß im Verein mit dem Zudrücken des linken Auges: ›Verfluchtes Nilpferd, wirst du acht geben?!‹ heißt. Mit diesen beiden Phrasen kommt man zur Not aus.«[12]

Die Manöver, an denen er immer wieder teilnehmen mußte, fand Perutz reichlich überflüssig. »Wir befinden uns in Mauth anscheinend nur zu dem Zwecke, die Eingeborenen zur höheren Ehre des Kaisers durch Salutieren um ihre Morgenruhe zu bringen«,[13] schrieb er am

18. September 1904 an seine Eltern. In seinen Briefen an sie stilisierte er sich immer wieder zum hilflosen Tölpel. Er habe im Gefecht seinen Zwicker verloren, sein ganzes Geld sei ihm gestohlen worden, sein Tornister verschwunden und erst »für 2 Liter Bier«[14] wieder zum Vorschein gekommen und die Stiefel, die verloren gegangen seien, habe er ohne Schuhbänder zurückerhalten. So war Perutz ganz froh, daß ihn »Magenkrämpfe und leichtes Fieber«[15] in die »Marodenabteilung« einließen, wo er sich bei einer ihm wohlschmeckenden Diät und Mineralwasser erholen konnte.[16]

Im September 1904 besuchte Perutz – wieder genesen – erneut die Militärschule. »Wir haben jetzt riesig viel zu tun, sechs Stunden täglich und dabei noch privat viel zu wiederholen«,[17] informierte er seine Eltern. Die von Richard A. Bermann aus der Volksschulzeit überlieferte Neigung Perutz', andere zu erschrecken, hatte sich offensichtlich bis in die Militärzeit erhalten. Sicher vor allem an seine Mutter gerichtet, fuhr Perutz, ihr »lieber Poldi«, in seinem Brief fort: »Gestern hat sich mein Feldwebel erschossen. Weswegen weiß man nicht. Ich hab mir ein Stückl Schädel als Andenken aufgehoben. Die Manöver haben unser Regiment im Ganzen 8 Tote und 21 Superarbitrierte[18] gekostet.«[19]

Die einjährige Dienstzeit schloß mit einer Prüfung von Mitte September bis Mitte Oktober, in der die Aspiranten »die Befähigung für die Ernennung zum Reserve-Offizier (...) in theoretischer und practischer Beziehung nachzuweisen«[20] hatten. Etwa die Hälfte der Prüflinge schaffte es auf Anhieb und wurde zu Reserveoffizieren ernannt. Die anderen mußten ein zweites Präsenzjahr anschließen und konnten dann die Prüfung wiederholen.[21]

Einiges deutet darauf hin, daß Leo Perutz die Reihe seiner Mißerfolge auch beim Militär fortsetzte und die erste Prüfung nicht schaffte. Die Militärakten geben zwar keine eindeutige Auskunft, sicher ist aber, daß Perutz sich am 30. September 1904 verpflichtete, ein zweites Jahr präsent zu dienen. Auch verließ er das Militär nicht als Reserveoffizier, sondern nur als Korporal.[22] Perutz diente das zweite Jahr seines Präsenzdienstes nicht mehr bis zum Ende. Am 7. Dezember 1904 wurde er als »invalid waffenunfähig, bürgerlich erwerbsfähig«[23] entlassen. Daß seine Entlassung in Zusammenhang mit der erwähnten

Magenerkrankung im Herbst desselben Jahres stand, kann nur vermutet werden.
Da Leo Perutz das Gymnasium 1902 ohne Matura verlassen hatte, war ihm der Weg zur Universität zunächst verbaut. Möglich wäre, daß er unmittelbar nach der Schule, noch vor seiner Militärzeit, eine Lehre begonnen hat. Seine Tochter Lore mutmaßt: »Es scheint mir ziemlich logisch, daß mein Großvater so einen Sohn nicht an die Universität schickte, sondern in eine Lehre, um ihn später in seine Textilfirma aufzunehmen.«[24]
Es ist anzunehmen, daß der Schriftsteller Leo Perutz vom Ende der Schulzeit bis zum Eintritt ins Militär und später bis zum Wintersemester 1905/06 eine Tätigkeit in einem kaufmännischen Büro ausübte, findet man doch in seinen Militärunterlagen die Berufsbezeichnung »Komptoirist«.[25] Es mag durchaus sein, daß es der Plan seines Vaters gewesen war, den schwierigen Sohn in die eigene Firma aufzunehmen, wie auch später die anderen beiden Söhne Paul und Hans. Leo Perutz aber beschloß, sich nicht dem Regiment des Vaters unterzuordnen und auch beruflich eigene Wege zu gehen.
So schrieb er sich im Wintersemester 1905/06 und im Sommersemester 1906 an der Philosophischen Fakultät der Universität Wien als außerordentlicher Hörer[26] ein und bezeichnete sich selbst als stud. phil.[27] Er belegte Lehrveranstaltungen zur Differential- und Integralrechnung, zur Volkswirtschaftslehre, zur Versicherungsmathematik und zum Finanzwesen der deutschen Territorien im Mittelalter.[28] Ein Jahr später, im Wintersemester 1906/07 wechselte er für zwei Semester zur Technischen Hochschule in Wien. Hier belegte er Wahrscheinlichkeitsrechnung, Einführung in die mathematische Statistik, Versicherungsmathematik und Volkswirtschaftslehre.[29]
Vergleicht man Perutz' Belegungsplan mit dem zweijährigen Studienplan des Kurses für Versicherungsmathematik, so wird deutlich, daß Perutz keine vollständige Ausbildung absolviert hat.[30] Eine Prüfung legte er offenbar dennoch ab, obwohl eine solche für einen außerordentlichen Hörer laut Universitätsverordnungen eigentlich nicht vorgesehen war. In Perutz' Nachlaß findet sich ein handbeschriebener Umschlag mit der Aufschrift: »Prüfungsfrage aus der Versicherungsmathematik für Herrn Leo Perutz«.[31] Auch erwähnt

Perutz in einem Brief an die Versicherungsgesellschaft »Der Anker« ein Zeugnis, das er bei Bewerbungen offenbar vorzeigen konnte.[32]
Es ist unwahrscheinlich, daß Perutz neben seinem Studium an der Universität und der Technischen Hochschule noch eine weitere Ausbildung absolvierte. Eine Handelsakademie für Versicherungsmathematik,[33] gab es in Wien zu dieser Zeit nicht. Exakt klären läßt sich der Ausbildungsweg von Leo Perutz aber nicht.

Leo Perutz scheint sich in Wien nach dem Umzug der Familie sehr schnell wohlgefühlt zu haben. Noch in der Schulzeit bahnte sich der Kontakt zu einer Gruppe literarisch interessierter Schüler an. Richard A. Bermann, Perutz' Schulfreund aus der Piaristen-Volksschule in Prag, der nun auch in Wien lebte, führte ihn dort ein: »Du langweilst dich hier, ich auch. Aber heute Abend nehme ich dich ins Freilicht mit.«[34]
Das »Freilicht« war ein »von der Schulordnung nicht autorisierter Verein für Ethik und Literatur«,[35] von Bermann selbst ins Leben gerufen. Zum »Freilicht« gehörten neben Perutz und Bermann der spätere Arzt und Schriftsteller Ernst Weiß, der spätere Feuilletonredakteur der *Teplitzer Zeitung* Erhard Breitner, ferner Berthold Viertel,[36] Otto Müller,[37] Arthur Rundt,[38] möglicherweise auch Otto Soyka.[39] Die Zusammenkünfte waren für die Jünglinge eine durchaus ernste Angelegenheit; es wurden sogar Protokolle geführt.[40]
In dem Nachruf auf seinen Freund Bermann erinnert sich Perutz 35 Jahre später auch an die »jungen Kunst- und Literaturenthusiasten«.[41]

> »›Freilicht‹, das war ein kleiner Verein von Gymnasiasten des letzten Jahrgangs, die der achtzehnjährige Arnold Höllriegel – damals führte er noch seinen bürgerlichen Namen Richard Bermann – zusammengeführt hatte. In einem kleinen Café gegenüber der Universität trafen sich zwanzig junge Menschen, um einander ihre lyrischen Gedichte, ihre Novellen, ihre Tragödienentwürfe und ihre ›Bruchstücke aus einem unvollendeten Roman‹ vorzulesen. Die Gedichte klangen alle, als wären sie von einer Sekretärin Rilkes, die Tragödien kamen von Strindberg her, bei den Novellen hatte Knut Hamsun höchst unfreiwillig Pate gestanden und die ›Bruchstücke aus einem Roman‹ verdankten den eben erschienenen Buddenbrooks ihr dürftiges Leben.«[42]

Das große Vorbild dieser Gruppe von »heimlichen Sozialdemokraten« und »jungen Radikalen auf den Schulbänken«[43] war Karl Kraus. Bermann schwärmt: Die »Aufsätze der Fackel waren in dem herrlichsten Deutsch geschrieben, funkelten von Geist, und wir Jungen versteckten die flammenroten Hefte unter unseren Schulbänken und lasen sie während der Unterrichtsstunden.«[44] Diese Verehrung für den radikalen Moralisten Karl Kraus teilte auch Leo Perutz. In seinem Nachlaß findet sich, datiert auf den 10. September 1901 ein Portraitphoto von Kraus mit der handschriftlichen Widmung: »Herzlichen Gruß von K. K.«.[45] Diese Liebe bewahrte Perutz ein Leben lang. Er besuchte Vorträge von Karl Kraus, sammelte leidenschaftlich die roten Hefte und konnte sich viele nach dem Krieg wiederbeschaffen, nachdem sie 1938 beschlagnahmt worden waren.

Die »Freilicht-Zeit« dauerte für Leo Perutz sicher von 1901 bis 1904, wahrscheinlich noch einige Jahre länger, bis er nach Triest ging. Zu Ernst Weiß, Richard Bermann, Erhard Breitner, Arthur Rundt und Dr. Neumann hatte er noch lange danach Kontakt.

Die Vorstellung von im Café sitzenden Jünglingen, die einander mit Pathos oder verschämt mit leiser Stimme ihre ersten Werke vorlesen, sich Mut zusprechen oder sich vernichten, ist heute fremd. In der Atmosphäre Wiens um die Jahrhundertwende verblüfft ein solcher Kreis jedoch keineswegs. Die Kaffeehäuser entwickelten sich zu Einrichtungen des öffentlichen Lebens, wo man – auch genötigt durch oft enge, ungeheizte Wohnungen – diskutierte, schrieb und Ideen entwickelte. Leo Perutz fühlte sich im Café Central besonders heimisch,[46] einem Café, in dem auch viele Schriftsteller verkehrten.

So distanziert sich Perutz später über diese Anfänge, den Freilicht-Zirkel, äußerte, so sehr er sie auch ins Lächerliche zog, auch er las im »Freilicht« aus seinen Werken, gibt er doch zu: »Ein einziger las niemals ›aus eigenen Werken‹ vor (...). Das war Richard Bermann.«[47] In Perutz' Nachlaß findet sich ein Heft mit Prosastücken, das möglicherweise noch aus der Schulzeit stammt. Es enthält die Manuskripte »Kann Schönheit sterben«, »Die Tragödie der 100«, »Das große Match«, »Van der Goes« und »St. Satanas«.[48]

Es sind kleine, meist nachdenklich melancholische Texte, häufig mit Märchenmotiven, mit »leisem Schluchzen« und »Leichenduft«, mit

»zauberschönen« Feen und »dorndurchdringender Liebe«. Im Text »Die Tragödie der 100« philosophiert Perutz beispielsweise über das deutsche Märchen. Er fragt nach den hundert Prinzen, die zu früh gekommen waren und so das Dornröschen nicht wachküssen konnten:

> »Was ist das deutsche Märchen. Blauäugig mußten seine Helden sein und blondhaarig und nicht zu früh durften sie kommen. Im Glück müssen sie warten! Das glücklose, hoffnungslose Schicksal Rolands und Tristans kennt es nicht. Deutscher Urwald, finsterer, nebliger, deutscher Urwald: Wie kommt's, daß dir so goldblonde Wunder entwachsen sind?«[49]

Leo Perutz war, was die Veröffentlichung seiner Werke betraf, nicht besonders mutig. Zum ersten Mal gedruckt findet sich eine Arbeit von ihm am 24. Februar 1906 in der Wochenschrift für Politik und Kultur *Der Weg*.[50] Die kleine Prosaskizze »Armes Kasperl« erinnert sehr an die Altenberg'schen Kurztexte.

Perutz erzählt vom Kasperltheater und dem Kinderpublikum. Der gute Kasperl erschlägt – sich immer der Zustimmung der Kinder versichernd – mit einem Stock einen Bären, ein Krokodil und zwei Gespenster. Dann stehen plötzlich ein kleines weißes Kaninchen und der Teufel auf der Bühne. Der Kasperl fragt das Publikum nur zum Spaß, ob er das Kaninchen erschlagen solle. Er rechnet fest mit einer entschiedenen Ablehnung und der Aufforderung, stattdessen den Teufel zu prügeln. Doch da vermasseln die Kinder dem Kasperl die Pointe.

> »Denn die Kinder riefen mit ihren fröhlichen, sorglosen Stimmen ihr jubelndes ›Ja!‹ Wie aus einem Munde. Und Kasperl stand ganz ratlos da mit seinem Knüppel. Aber der Teufel wuchs, rieb sich die Hände und nickte und nickte. Und stand plötzlich mitten unter den Kindern. Freundlich lächelnd.«[51]

Kurz nach dieser ersten Veröffentlichung wandte sich Leo Perutz mit seiner Novelle »Der Tod des Messer Lorenzo Bardi« an Richard Beer-Hofmann, der gute Kontakte zu Zeitungen und Verlagen hatte. Unter vielen sprachlichen Verbeugungen betonte Perutz in einem Brief die ihm wohl bekannten Schwächen seiner Arbeit und versicherte Beer-Hofmann, daß ihm die Vorstellung, Beer-Hofmann lese seine

Novelle, »fast als vollwertiges Surrogat für das ›Gedruckt-werden‹« erscheine, »das mir mein Mangel an Selbstvertrauen immer als unerreichbar und einen ernsthaften Versuch nicht lohnend hingestellt hat.«[52]

Die erwähnte Novelle erschien am 17. März 1907 in der *Sonntags-Zeit*.[53] Sie ist Perutz' erster historischer Versuch. »Der Tod des Messer Lorenzo Bardi« enthält noch viele märchenhafte Elemente, zeigt aber schon das Grauen, das völlig Unwahrscheinliche und gleichzeitig vollkommen logisch Konstruierte des späteren Leo Perutz.

Der Maler Messer Lorenzo Bardi verschwört sich mit dem Herzog Moro, die Burg des Jacopo Andrea innerhalb von 45 Tagen zu Fall zu bringen. Er hat für diesen Plan einen ganz persönlichen Grund: Er will seinen Vater rächen, der von Jacopo wegen einer Liebesaffäre umgebracht worden war. Unerkannt lebt Lorenzo Bardi als Künstler in Jacopos Burg und malt dessen Tochter Giovannina, in die er sich verliebt hat und die seine Liebe erwidert. Von dort aus gibt Lorenzo Bardi dem feindlichen Herzog heimlich Zeichen, an welcher Stelle die Burg jeweils am verwundbarsten ist. Bei einem Gefecht wird Lorenzo Bardi getroffen und erblindet. Giovannina aber macht ihm vor, es sei Nacht und Lorenzo glaubt es. Um dem Herzog das letzte vereinbarte Zeichen zum Angriff geben zu können, läßt sich der blinde Lorenzo Bardi von Giovannina in die Kapelle führen und hißt dort, weil er sich in der Finsternis der Nacht ungesehen glaubt, die schwarze Flagge. Erst in dem Augenblick, als er die ob des Verrats fassungslose Giovannina das Schwert ziehen hört, begreift er, kurz vor seiner Ermordung, daß es gar nicht Nacht ist, sondern er blind geworden ist.[54]

3 Zwischenstation Triest (1907-1908)

»Was sie hier Gesellschaft nennen, sind im Grunde drei Judenweiber mit Sandwiches.«[1]

Im Oktober 1907 fand der 25jährige Leo Perutz seine erste Anstellung als Mathematiker bei der Versicherungsgesellschaft Assicurazioni Generali in Triest,[2] das damals zur Habsburger Monarchie gehörte. Triest hatte um die Jahrhundertwende etwa 200.000 Einwohner.[3] Den entscheidenden Impuls zur Triester Stadtentwicklung hatte die Gründung des Freihafens gegeben, der Triest am Vorabend des Ersten Weltkrieges durch die Schiffahrtsunternehmen, die Werften und die vielfältigen Handelsbeziehungen zum größten Hafen der Doppelmonarchie anwachsen ließ.[4] Zudem gab es seit 1857 eine direkte Bahnverbindung zwischen Triest und Wien, wodurch neben der konjunkturellen Entwicklung auch der Fremdenverkehr an die »k.u.k. Riviera«[5] einen deutlichen Impuls bekam. Obgleich Triest eine bedeutende Stadt war, hatte es im Vergleich zu Wien eher kleinstädtischen Charakter mit einem Hang zur Monumentalität. Valery Larbaud schreibt am Anfang des Jahrhunderts über die Stadt:

> »Wenn ich mich so umsehe, sehe ich ebenso wie in den anderen großen, sich rasch entwickelnden Städten die Anzeichen des in großen Mengen verdienten Geldes, das bald für unnötigen Luxus ausgegeben wird, im Zeichen des Größenwahns. Wie Barcelona oder Marseille möchte auch Triest all das besitzen, es will Hauptstadt sein; die privaten und öffentlichen Parks, die Geschäfte, die Architektur, die Kleidung der Einwohner, all dies beweist es; die Finanzleute, die Reeder, die Neureichen gehen über den Corso und ihren Geschäften nach, mit einer dermaßen ausgeklügelten Eleganz und in dermaßen untadeliger Kleidung, daß es den Anschein hat, als würden sie im Ring in Wien paradieren. (...) Das Postgebäude ist lächerlich kolossal, die Börse

zu Beginn des Corso rivalisiert mit der Post, die Kaffees geben sich ganz groß und die Geschäfte des Corso stellen in ihren Auslagen die teuersten Waren aus.«[6]

Die geographische Lage Triests, seine Stellung als Hafenstadt und als Stadt der österreichisch-ungarischen Monarchie führten zu einer großen ethnischen Vielfalt der Bevölkerung.[7] Unter die Händler, Spekulanten und Kaufleute aus den verschiedensten Ländern mischten sich deutschsprachige k.k. Beamte sowie slawische und italienische Arbeiter aus der Umgebung.

Doch die einzelnen Gruppen wollten nicht viel miteinander zu tun haben. Ähnlich wie Prag war Triest im »ersten Jahrzehnt unseres Jahrhunderts (...) ein Archipel verschiedener Kulturen, deren Gruppen sich gegenseitig ignorieren.«[8] Die deutschsprachigen k.k. Beamten verbrachten meist nur eine begrenzte Dienstzeit in Triest. Sie schufen ihre eigenen kulturellen Einrichtungen und zeigten kein Interesse, am Triester Stadtleben teilzunehmen.[9] »Die bedeutendste deutsche kulturelle Vereinigung, der Schillerverein, (...) stellt einen Fremdkörper im Leben der Stadt dar.«[10] Die starke italienische Irredentistenbewegung,[11] deren Ziel es war, Triest wieder an Italien anzugliedern, sonderte sich bewußt von der deutschsprachigen Bevölkerung ab. Italiener und die von ihnen als bäuerlich verachteten Slawen lieferten sich regelrechte Straßenschlachten.[12] Jede nationale Gruppe lebte weitgehend für sich, pflegte eigene kulturelle Aktivitäten, las eigene Zeitungen, besuchte je eigene Kaffeehäuser. So ist es nicht verwunderlich, daß Leo Perutz in seinem Triester Jahr zu den bedeutenden Schriftstellern Svevo, Saba, Slataper und Joyce, die sich zu dieser Zeit in Triest aufhielten, keinen Kontakt bekam.

Das Gebäude der Assicurazioni Generali, bei der Perutz arbeitete, überragte die anderen Häuser um ein Stockwerk.[13] Die Assicurazioni Generali waren eine der größten Versicherungsgesellschaften mit Niederlassungen in der ganzen österreichisch-ungarischen Monarchie.

Der Arbeitsvertrag von Leo Perutz existiert nach Aussagen der Archivare der Assicurazioni Generali nicht mehr, obwohl im Archiv der Versicherungsgesellschaft zahlreiche Dokumente aus der Zeit erhalten sind. Ein Anhaltspunkt bezüglich der Arbeitsbedingungen könnte der erhaltene Vertrag Franz Kafkas sein, der im gleichen Monat in der Zweigstelle der Assicurazioni Generali in Prag seinen Dienst antrat. Kafka erklärte sich in seinem Vertrag unter anderem mit folgenden Bedingungen einverstanden:

»a) jede Arbeitszutheilung oder Beschäftigung anzunehmen, welche die Direction oder die Gesellschafts-Vertretung, der er zugetheilt ist, ihm jetzt oder später zuweisen wird;
b) genau die jetzt bestehenden oder später einzuführenden Amtsstunden zu halten;
c) wenn der Dienst es erfordert, Arbeiten auch in aussergewöhnlichen Stunden, ohne Anspruch auf besondere Entlohnung vorzunehmen.«[14]

Kafka durfte keine Nebentätigkeit ausüben und bekam auf Wunsch alle zwei Jahre 14 Tage Urlaub, der von der Direktion festgesetzt wurde.[15]

Die wenigen Briefe von Leo Perutz an Freunde, die aus dieser Zeit existieren, vermitteln aber nicht den Eindruck, daß Leo Perutz von seiner Arbeit verschlungen worden wäre. Der Arzt und Schriftsteller Ernst Weiß schrieb ihm am 23. Mai 1908 sogar: »Sie haben keine Beschäftigung, die Ihr persönliches Interesse so stark absorbiert wie mich meine Medizin. Sie haben Zeit zu lesen, nachzudenken, zu schreiben.«[16]

Perutz schrieb seine privaten Briefe vom Büro aus und gewann seiner Tätigkeit auch sonst manch amüsanten Aspekt ab. Mit einem Arbeitskollegen betrieb er – mit einem Seitenblick auf seine Vorgesetzten – Studien über den Einfluß von »bodenfernen Hosen« auf die Beförderungsgeschwindigkeit.[17]

Lesen – nachdenken – schreiben. Dafür nahm sich Leo Perutz viel Zeit. Aus Wien hatte er sich zahlreiche Bücher mitgebracht. Offensichtlich hatte er in dieser Zeit schon begonnen, sich mit historischen Quellenbüchern zu umgeben. Ernst Weiß bat ihn in einem Brief, ihm Quellenbände über das 18. Jahrhundert zu leihen,[18] und empfahl ihm gleichzeitig, Iwan Blochs eben erschienenes »Sexualleben unserer Zeit in seinen Beziehungen zur modernen Kultur«[19] zu lesen. Dennoch vermißte Perutz die Wiener Bibliotheken. Erst nach einiger Zeit fand er Adäquates.

»Ich habe hier eine Bibliothek aufgestöbert, in Sistiana, eine Stunde von Triest, die, früher einmal dem Fürsten Thurn und Taxis gehörig, jetzt allgemein zugänglich ist. Es sind sehr viele ältere mathematische Werke darunter, aber auch sehr viele andere Gebiete sind gut vertreten; mir hat das bis jetzt sehr gefehlt, weil Triest keine städtische Bibliothek hat.«[20]

Perutz' Lektüre spiegelt sich in einigen seiner Veröffentlichungen aus dieser Zeit. Er hatte einem Redakteur der *Teplitzer Zeitung*, Erhard Breitner, den er aus dem literarischen Verein »Freilicht« kannte, angeboten, kleinere feuilletonistische Beiträge aus Wien oder auch eine Novelle zu senden. Breitner nahm das Angebot dankbar an, ihm seien alle »Berichte über interessante, hervorragende Premieren, Vorfälle, Glossen, Aktualia jeder Art, ob satirisch oder ernst«[21] willkommen.

Zunächst aber veröffentlichte Perutz einige Rezensionen. Die ausgewählten Bücher zeigen zum einen Perutz' breites Interesse, seine Auseinandersetzung mit Form und Inhalt der besprochenen Bücher weisen zum anderen bereits auf sein künftiges literarisches Schaffen. Am 8. Oktober 1907 erschien in der *Teplitzer Zeitung* die Rezension des historischen Romans »Die Bratküche zur Königin Pédauce« von Anatol France. Perutz schildert dessen Figuren äußerst lebendig, die Handlung deutet er nur an. Frances Figuren seien nicht die Stereotypen, die ein Leser in einem Revolutionsroman erwarten würde, nicht der »blutsaugerische Gutsherr, der angepaßte Bauer«, nein, »sie scheinen ganz auskömmliche Leute zu sein! Zumindest haben sie Geist!«[22] Zum Schluß betrachtet Perutz Anatol France' Strategie:

»Die Zeit, die Anatol France uns schildert, lag bisher ziemlich unbeachtet von der Literatur eingezwängt zwischen den »Drei Musketieren« und dem »Halsband der Königin«. Und Anatol France erlebt ein Stück Kulturgeschichte anders, als wir's zu seh'n gewohnt sind.«[23]

Auch Perutz besetzt später in seinen historischen Romanen gezielt die Lücken der Geschichtsschreibung. Auch seine Figuren erleben die Geschichte auf bisher nicht beschriebene Weise neu.

Beim Roman »Aus jungen Tagen« von Gustav Wied interessierte Perutz vor allem der Aufbau. Mehrere novellenartige Geschichten werden hier zu einem Roman komponiert, ähnlich wie es Perutz selbst später bei seinem Werk »Nachts unter der steinernen Brücke« machen wird. Er zeigte sich von Wieds Roman sehr angetan:

»Gustav Wieds ›Aus jungen Tagen‹ ist kein Buch, das man in einem Zuge durchliest. (Das ist ja überhaupt die schlechteste Empfehlung für ein Buch, wenn man gesteht, es an einem Tage überwältigt zu haben.) Ich habe an diesem Buche lange gelesen. Aus Oekonomie des Genießens.«[24]

An Richard Schmids Buch »Fakire und Fakirtum in Indien« faszinierte Perutz vor allem der Inhalt. Richard Schmid beschreibt die Bedeutung der Askese, die Wirkung verschiedener Rauschmittel und Halluzinogene, er berichtet über die Wundertaten der Yogi und versucht, wissenschaftliche Erklärungen dafür zu geben, er entlarvt Betrügereien, stellt aber auch Übungen und philosophische Zusammenhänge dar.[25] Perutz empfiehlt den Lesern der Zeitung das Buch wärmstens, gibt aber zu verstehen, daß er an die Suggestionskraft der Fakire glaube und die wissenschaftlichen Erklärungsversuche Schmids bezweifele.[26]

Die Frage nach der Wahrheit dieser außergewöhnlichen Fähigkeiten spiegelt sich auch in Perutz' einige Jahre später entstandenem Roman »Das Mangobaumwunder«. Den Arzt, der hier im Laufe der Geschichte das Geheimnis um die ungewöhnlich schnelle Alterung des Baron Vogli und seiner Tochter erfährt, läßt Perutz sprechen:

»Sie glauben aber doch nicht im Ernst, daß irgendeiner dieser Fakirtricks sich nicht auf eine wissenschaftlich befriedigende Art erklären ließe? Das meiste ist zweifellos Training des Körpers, das Lebendigbegrabenlassen mancher Fakire z. B., soweit es nicht überhaupt als Schwindel und Humbug festgestellt ist.«[27]

Der Roman »Das Mangobaumwunder« gibt dem Skeptiker nicht recht. Der Leser erfährt, daß ein entflohener indischer Tempeldiener es allein durch den Verzicht auf Atem und die Positur der Lotosblume vermocht hat, alles Lebendige extrem schnell wachsen und altern zu lassen, daß er diesen Prozeß aber auch wieder rückgängig machen kann.

Seine Verehrung für Arthur Schnitzler bekundet Perutz in einem längeren Artikel am 26. Januar 1908. Er nimmt die Verleihung des Grillparzer-Preises an ihn zum Anlaß, mit der Preisjury gründlich abzurechnen. Diese habe den Preis nämlich nicht aus Überzeugung vergeben, sondern man einigte sich nur auf Schnitzler, weil »keine der bei-

den Parteien ihren Kandidaten durchzusetzen vermochte.«[28] Schnitzler aber, so Perutz, habe wirklich Besseres verdient als solche Ignoranz. In hohen Tönen preist er Schnitzlers neues Buch »Dämmerseelen«, in dem es dem Künstler gelungen sei, die Gattungsform der Novelle meisterlich zu erfüllen. Auch der Inhalt dürfte Perutz fasziniert haben. Die »Dämmerseelen« sind in geheimnisvolle Geschehnisse verstrickt; manches ist psychologisch erklärbar, manches bleibt übersinnlich-dunkel. Weissagungen erfüllen sich, Tod, Mord und Selbstmord erweisen sich nur als Varianten eines determinierenden Schicksals.
Die einzige größere Arbeit, die Perutz in der *Teplitzer Zeitung* veröffentlichte, war die Novelle »Der Feldwebel Schramek« in der Weihnachtsbeilage 1907.[29] Feldwebel Schramek, der einst wegen eines Mädchens seine Offizierssterne verloren hat und nun als Feldwebel im Regiment dient, trifft das Mädchen nach langer Zeit als die Frau eines Offiziers wieder. Schramek wird eingeladen und geht nach langem Zögern hin. Der Schritt in die Vergangenheit wird ihm zum Verhängnis. »Es gibt nichts gefährlicheres, als unversehens in seine eigene Vergangenheit zu geraten.«[30] Am nächsten Tag erschießt er sich. Die Erinnerung, das Bewußtsein um das Verlorene konnte er nicht ertragen.[31]
Ebenfalls in dieser Zeit entstanden, aber unveröffentlicht geblieben ist der Text »Der Bruder des Leonardo«, den Perutz durchgehend als Gespräch zwischen einem Mann und einer Frau gestaltet. Der Mann versucht der Frau die Situation des Künstlers in der Gesellschaft und seine Vorstellung vom wahren Künstler darzustellen. Er schildert der Frau den Bruder von Leonardo da Vinci, in dem »dasselbe wilde und kalte Blut (...), das den anderen zum Malen zwang«[32] getobt habe, der aber, weil er nicht malen konnte, zu einem stillen Märtyrerdasein gezwungen gewesen sei. Der Mann führt aus:

> »Wenn ich an ihn denke, dann verachte ich alle die Kleinen, die sich Künstler nennen, weil sie für jedes Zittern und Schwingen ihres Gemütes flugs das richtige Wörtlein finden. Die von jeder leisen Seelenregung hurtig die übrige Menschheit verständigen. Denen es die wichtigste Aufgabe scheint, über ihr Denken und Fühlen die Nachwelt genügend zu informieren.«[33]

Höher schätzt der Mann die »Künstler, die stumm geboren oder zu

stolz sind, um zu reden«, denn für ihn ist Kunstschaffen nur eine Begleiterscheinung des Künstlerseins, nicht dessen Bedingung.
Deutlich wendet sich Perutz mit dem Mann gegen die »zeitgemäße, von Bahr formulierte Forderung: daß alle Kunst ›Nervenkunst‹ zu sein habe, Wiedergabe von Sinneseindrücken, die vom Bewußtsein noch nicht verarbeitet sind.«[34] Er reflektiert erstmals seine eigene Vorstellung vom Künstler. Die Ansicht Bahrs, daß der Künstler nichts anderes zu tun habe, »als das Außen zum Innen zu machen«,[35] teilt er nicht. Künstler zu sein ist für ihn eine tragische, mit vielen Qualen verbundene Existenzform, die die Stummheit nur mühsam überwinden kann und unabhängig von der künstlerischen Produktion existiert.

Leo Perutz versuchte, das Leben in Triest zu genießen. Er unternahm Ausflüge in die Umgebung,[36] fuhr nachts mit den Aalfischern aufs Meer, um sich den Fischfang anzusehen[37] und nahm sogar Tanzunterricht. Seiner Tante Mela schrieb er:

> »Ich gehe seit 14 Tagen in eine Sartorellentanzstunde, wo ich italienisch tanzen lerne. Allerdings tanzen sie einen Dialekt dort, lauter vorsintflutliche Walzer, die noch aus der Zeit der venezianischen Herrschaft stammen, vermutlich. Auch sind diese Gänse temperamentvoll und ohrfeigen gerne (ich spreche vorläufig nicht aus Erfahrung), Du kannst Dir also denken, wie man sich unterhält.«[38]

Die »Gänse« scheinen dem 25jährigen aber dann doch auch gefallen zu haben. In seinem Nachlaß findet sich eine Karte von zwei Triester jungen Damen, die ihn zu einem Rendezvous bestellen,[39] und noch in Wien bekam er manchmal Besuch von einer Italia G. und ihrer Schwester aus Triest.[40]
Seiner Großmutter und seiner Tante Mela schrieb Perutz aus Triest sehr gutgelaunte Briefe. Daraus kann man jedoch nicht schließen, daß er sich dort »außerordentlich wohlgefühlt«[41] habe, denn Perutz verfaßte die Briefe auf Anordnung seiner Mutter, die mit der sicheren Anstellung ihres Sohnes zu prahlen pflegte.[42] Sie ermahnte ihn, der kranken Großmutter doch »einen lieben Brief«[43] zu schreiben: »Daß Dich Deine Vorgesetzten gern haben, Du Aussichten hast – schwafel ihr halt was vor.«[44]

Der Sohn hielt sich an die Anweisung, erzählte von seiner beruflichen Laufbahn aber wohlweislich nichts, dafür um so ausführlicher von Jungenstreichen, die er angeblich begangen hat. So habe er Hochzeitsreisende, die ihm mit ihren Fragen lästig gewesen waren und denen er eine »echte italienische Trattoria« hätte zeigen sollen, »in die hiesige koschere Auskocherei geschleppt und dort sitzen sie jetzt und fressen Scholet.«[45]

Begeistert schwärmte Perutz seiner Großmutter vom Schirokko vor, dem heißen, staubbeladenen Wind, der in den Wüsten Nordafrikas entsteht:

> »Jetzt ist hier Scirokko, eine der wunderbarsten Einrichtungen, die man sich denken kann. Wenn man nämlich nervös, streitsüchtig und auf seine Umgebung wütend ist und allen Leuten Grobheiten sagt, also an jenem komplizierten Seelenzustand leidet, den Du immer ebenso leichtfertig wie ungerecht durch die Bezeichnung ›meschugge‹ zu charakterisieren pflegst, sagen die Italiener: das ist der Scirokko. Es ist die glänzendste Ausrede, die es gibt, und ich habe diese wohltätige Institution, die es einem ermöglicht, seinen Bekannten endlich einmal die Meinung zu sagen, immer vermißt.«[46]

Während Leo Perutz seine Großmutter noch einigermaßen ernst genommen zu haben scheint, macht er sich in den Briefen an Tante Mela vor allem lustig. Ihr schildert er den in Triest gefürchteten kalten Sturm, die Bora:

> »Aus meinem Zwicker, den ich in der Hand hielt, sprangen beide Gläser. Die gußeisernen Kamine wirbelten nur so in der Luft. Ich (...) bin mit einem Freund die ganze Nacht durch die Straßen gestrichen, und wir haben zeternde Matrosen aufgeklaubt, die auf allen vieren auf der Erde herumkrochen oder sich an Laternenpfählen festhielten.«[47]

Seine Einladung an die Tante traf den guten Ton beinahe nicht mehr: »Wenn Du wirklich nach Triest kommen willst«, schrieb er, »so richte Dir's ein, daß es um Weihnachten rum ist. (...) Besuche von Tanten werden als schweres Familienunglück angesehen, ich bekomme dann sicher frei.«[48]

Ein wenig lästig war Perutz seine Verwandtschaft sicherlich. Die Sorgen seiner Mutter begleiteten ihn in den Triester Tagen unablässig. Sie schickte ihm Buchten, ein böhmisches Gebäck, sie kümmerte sich, ob ihm der Winterrock noch passe und »in was für Zustand (...) Kleider und Wäsche«[49] seien. Begeistert war Leo Perutz darüber nicht. »Der Mama mache, bitte, die Mitteilung«, schrieb er an Tante Mela, »daß mein neuer Hut, auf dessen Ankunft sie so stolz war, zu meiner Freude, den Weg alles Irdischen geflogen ist. Die diesjährige Bora hat ihn mir aus der Hand gerissen.«[50] Aber auch in den Briefen an seine Mutter selbst sparte Perutz nicht mit Seitenhieben und man merkt ihnen den Spaß an, den die Vorstellung der kopfschüttelnden Emma Perutz bei ihrem Sohn weckte, wenn er schreibt:

> »Ich habe mir ein Aquarium angelegt, meine Hausleute sind toleranter diesbezüglich, als Du es einmal warst (...). Vor sieben Wochen, als der »Iffet« nach Tripolis fuhr, hab ich zwei türkischen Matrosen einen Gulden mitgegeben, und vorige Woche haben sie mir eine ganze Sammlung nordafrikanischer Reptilien mitgebracht. Zwei Wüsteneidechsen, eine Geckoart und einen kaum fingerlangen Katzenhai.«[51]

Doch so unbeschwert alle diese Briefe klingen, besonders gut ging es Leo Perutz in Triest wohl nicht. Zur Triester Kultur fand er keinen Zugang, die Triester Gesellschaft ödete ihn an. »Was sie hier ›Gesellschaft‹ nennen, sind im Grunde genommen drei Judenweiber mit Sandwiches,«[52] klagte er seiner Mutter. Und er vermißte die heimische Umgebung: »Mir fehlt der Wald hier sehr, was die Italiener ›Bosco‹ nennen, sind gewöhnlich zwei oder drei Bäume mit einem Bankerl drunter, auf dem ein halbes Dutzend strickender Tanten sitzt, zur Verschönerung.«[53] Nach Wien hatte er große Sehnsucht. Den 14tägigen Urlaub verplante er für einen Besuch zu Hause in Wien.[54] In Triest fühlte er sich abgeschnitten von seiner Heimat. Einem Freund schrieb er:

> »Ihr Buch und Ihren Brief empfing ich wie einen alten Handschriftenfund aus vergangenen Jahrhunderten. Wien ist für mich eine versunkene Stadt, (...) die Zeitung lese ich wie Grabinschriften, die Ballberichte muten mich an wie ein Kapitel des Tacitus ›de vita moribusque exterrarum gentium‹.«[55]

Sehr bald bemühte sich Perutz, von Triest wieder wegzukommen. Die Briefe seines Freundes Rudolph Steinsberg lassen darauf schließen, daß Perutz sich mit dem Gedanken getragen hatte, nach Amerika zu gehen. Steinsberg, der bereits in Amerika war, schrieb ihm, er hätte als Mathematiker gute Aussichten, versprach, sich über die Verhältnisse in der Versicherungswirtschaft zu erkundigen, riet ihm aber ab, nach Amerika zu gehen. Das Land übe einen »demoralisierenden Einfluß« aus. »In den Kaffeehäusern darf man nicht länger als eine Viertelstunde sitzen und es gibt dort keine Marmorplatten, Weiber – ›lachhaft‹ möchte ein ordentliches Mitglied der Weiberhassergesellschaft im Central sagen.«[56]

Ob es nun Steinsbergs Abraten war oder die Lockung Wiens und seiner »Weiberhassergesellschaft«, jedenfalls bemühte sich Perutz intensiv um eine Anstellung bei der Versicherungsgesellschaft »Der Anker« in Wien. Um seine Sache voranzutreiben, schaltete er auch Fürsprecher ein,[57] und letztendlich hatte seine Bewerbung Erfolg.

4 Wunschziel Wien: Versicherungsmathematiker, Kaffeehausbesucher, Schriftsteller (1908-1915)

»Die Brennessel ist meine liebste Blume:
Sie duftet nicht, sie blüht nicht. Aber sie brennt.«[1]

»In Erledigung Ihres Dienstanerbietens vom 27. v. M. teilen wir Ihnen mit, dass wir bereit sind, Sie als Beamten für unsere mathematische Abteilung zu engagieren.«[2]

Nach Erhalt dieses Briefes konnte Perutz die Assicurazioni Generali verlassen. Ab Oktober 1908 war er wieder in Wien, beschäftigt beim »Anker«, der Gesellschaft für Lebens- und Rentenversicherung.

Mit Sicherheit waren es nicht finanzielle Gründe, die Perutz zu diesem baldigen Arbeitsplatzwechsel bewegten. Aus der Korrespondenz, die er mit seinem neuen Arbeitgeber führte, läßt sich schließen, daß er anfangs sogar etwas schlechter gestellt war.[3] Der für ihn zuständige Sachbearbeiter schrieb ihm:

»Bezüglich des Urlaubs wird wohl kein Anstand bestehen, dagegen sind bei unserer Gesellschaft Bilanzgelder nicht üblich, sondern es werden Renummerationen[4] bezahlt, die sich stets auf das ganze Jahr beziehen, also bei einem Eintritt während des Jahres nur pro rate des abgelaufenen Kalenderjahres zur Auszahlung gelangen. Wenn Sie da auch das erste Mal etwas ungünstiger fahren als bisher, so betrachte ich es doch nicht als Gegenstand von nennenswerter Bedeutung.«[5]

Der »Anker« war 1858 gegründet worden. Den wirtschaftlichen Aufschwung um 1900 nutzte die Gesellschaft und entwickelte sich zu einem europaweit tätigen Unternehmen.[6] Im Jahre 1908, dem Jahr, in dem Perutz eintrat, legte der »Anker« aufgrund seiner 50jährigen Geschäftserfahrung eine eigene Sterblichkeitstafel auf, an der Perutz wohl schon mitgerechnet hatte. Seine Aufgabe als Versicherungs-

mathematiker war es, alle Posten auszurechnen, die zum Erstellen einer Lebensversicherung nötig waren, die Sterblichkeitstafel, den Rechnungszinsfuß und die Bilanzierung der Gewinne.[7]
Es scheint so, als habe sich Leo Perutz in seinen ersten Berufsjahren sehr engagiert. Häufig saß er bis spät in die Nacht im Büro oder arbeitete mit seinem Kollegen Dr. Dubsky im Kaffeehaus.[8] Er trat der »Mathematisch-statistischen Abteilung« des »Österreichisch-ungarischen Verbandes der Privat-Versicherungs-Anstalten« bei,[9] nahm an ihren Versammlungen teil und hielt selbst Vorträge, die allerdings nach seinen eigenen Aussagen nicht immer überzeugten. So notierte er beispielsweise am 26. April 1911: »Mein Vortrag. Es verstand ihn niemand.«[10] Daneben veröffentlichte Perutz in Fachzeitschriften mehrere Artikel zu versicherungsmathematischen Problemen, zum Teil auch im Auftrag und unter dem Namen seines Vorgesetzten. Im Tagebuch hielt er dann jeweils Titel und Auftraggeber fest, so daß sich die entsprechenden Artikel zuordnen lassen. Perutz schrieb »Über Sterblichkeitsgewinn«,[11] über »Zinsfußschwankungen und Dividendenquote«,[12] »Zum Kapitel der Dividendenreserverechnungen«,[13] über »Theoretische Grundlagen der mathematischen Ausgleichung«,[14] über »Staatsrente und Assekuranz«[15] und berichtete über den sechsten internationalen Versicherungskongreß[16]. Auch die in der Versicherungsmathematik einige Zeit sehr bekannte »Perutz'sche Ausgleichsformel« geht auf ihn zurück.[17]
1914 zog die Ankerversicherung in ihr neues Gebäude am Hohen Markt. Die beiden getrennten Häuser verband eine als Kunstuhr gestaltete Brücke des Malers und Bildhauers Franz von Matsch. Im Stundenrhythmus ziehen am Betrachter bedeutende Gestalten der österreichischen Geschichte vorüber, von Kaiser Marc Aurel (121 – 180) bis Joseph Haydn (1732 – 1809), die die rasche Vergänglichkeit der Zeit symbolisieren und so auf den Wert einer Lebensversicherung verweisen. Jede Figur wird von einem zeitgenössischen Musikstück begleitet.
Die Mathematik beschäftigte Perutz in dieser Zeit nicht nur beruflich, sondern auch privat. »Er hatte einen mathematischen Kopf,« erinnert sich seine Tochter Michaela, »was ich in der Schule mit Mühe gearbeitet habe, hat er im Kopf ausgerechnet.«[18]

Diese Liebe zur Mathematik ging so weit, daß er sich mit seinem Freund Rudolph Steinsberg, der nur manchmal aus Nord- oder Mittelamerika nach Wien kam, stundenlang im Kaffeehaus mit den sonderbarsten Rechnungen beschäftigte. Steinsberg schrieb ihm aus Kuba zum Beispiel folgende »Hausaufgabe«, die sie bei seinem nächsten Besuch in Wien gemeinsam zu lösen beabsichtigten:

> «Es gibt hier eine Spinne, die folgende Gewohnheit besitzt: Sie hält sich mit Vorliebe auf vertikalen Wänden auf; wenn man sie verfolgt, spinnt sie sich an die Wand an und springt. Durch den Widerstand des Fallens, der sie mit der Mauer verbindet, erfährt ihre Fallgeschwindigkeit und vertikale Bewegung eine Verzögerung und die beschriebene Curve hat beiläufig die an der Seite gezeichnete Form. Es ist wahrscheinlich, dass die Verzögerung in den Bewegungskomponenten derart proportional ist zu dem Quadrat der Geschwindigkeitskomponenten (v_x^2 und v_y^2), ebenso in der Richtung des Radiusvektors zu v_z^2. Nehmen Sie der Einfachheithalber an, dass die Sprungbewegung in der Horizontalen erfolgt. Ich setze voraus, dass Sie Ihre Kenntnis der Mechanik im Lauf der Jahre verloren haben und gebe Ihnen daher folgende Anhaltspunkte zur Berechnung der Curve:
> e: Geschwindigkeit durch den Sprung, constant
> v: Geschwindigkeit durch den freien Fall, variabel
> t: Zeit
> s_e: Weg aufgrund von e
> s_v: Weg aufgrund von v
> Von der Verzögerung durch das Springen abgesehen ist
> $v= gt$; $dv= s$; $s_e= et$; $s_v=g:2 \cdot t^2$; $d_{se}= e$; $d_{sv} = gt$
> g= Beschleunigung durch Erdschwere
> Zu berücksichtigen ist, dass z. B. in der links gezeichneten Stellung außer der horizontalen und der vertikalen Bewegung auch noch eine pendelnde auftritt, für welche die momentane Beschleunigung in der Tangente an den Pendelkreis y sin ist. (Ich glaube, dass sich das Ganze nur durch Zerlegung von e und v in die Componenten 1) radiale und 2) dazu normal rechnen lässt.«[19]

Man muß schon den von Perutz' Tochter erwähnten »mathematischen Kopf« haben, um solche Aufgaben zum Freizeitvergnügen zu lösen. Erstaunlich ist diese Leidenschaft vor allem, wenn man bedenkt, daß

Perutz in seiner Gymnasialzeit über die Note »genügend« in Mathematik nie hinausgekommen ist.

Die anfängliche Begeisterung für seine berufliche Tätigkeit im »Anker« wurde bald gedämpft. Ab 1912 häuften sich Streitigkeiten im Büro. Perutz' Vorgesetzter, Direktor Bermann, machte Perutz ein Bürozimmer streitig, das diesem im neuen Haus zugesagt worden war. Perutz kündigte,[20] zog die Kündigung aber wieder zurück.[21] Doch die Reibereien setzten sich fort,[22] im April 1914 bat Perutz um die Versetzung in eine andere Abteilung,[23] die er im Oktober 1914 erreichte.[24]

Trotz seines festen Gehaltes geriet Leo Perutz häufig in finanzielle Engpässe, die er durch kräftige Finanzspritzen aus der väterlichen Firma überwinden konnte. Sein Vater hatte am 3. Februar 1914 die Firma »Benedikt Perutz« gegründet, die sich mit dem »Ein- und Verkauf von Baumwolle« beschäftigte. Der zweitälteste Sohn Paul trat nach einer Lehrzeit in Hamburg[25] am 17. Februar des gleichen Jahres als Gesellschafter ein, der jüngste Bruder Hans folgte nach einer Ausbildung in Liverpool am 18. Januar 1918.[26] Die Firma florierte im Krieg. Am 7. Januar 1915 notierte Perutz: »Paul sagte mir, daß das Geschäft bis jetzt 192.000 Kronen getragen hätte«, am 2. Februar schätzte er »den Gewinn der Firma Benedikt Perutz bis jetzt auf über 1/4 Million«. So wundert es nicht, daß Leo Perutz von seiner Familie immer wieder Geld bekam. Während er vorher häufig um Zuschuß oder Vorschuß bitten mußte,[27] erhielt er nun im Krieg unaufgefordert Geld, von März bis Juni 1915 z. B. von Paul und seinem Vater insgesamt 500 Kronen. Nach den Vermutungen von Perutz' Tochter Michaela war Leo Perutz als stiller Teilhaber am Geschäft der Familie beteiligt.[28] Für diese Annahme spricht auch, daß er am 8. Februar 1915 notierte: »Von Paul meinen Anteil an einer Baumwolle 300 K-.«

Exkurs: Momentaufnahme von Perutz' Persönlichkeit[29]

Mit knapp 26 Jahren ist Leo Perutz da, wo er sein will. Er hat eine feste Anstellung, mit der er seinen Lebensunterhalt verdienen kann. Auf beruflichem und literarischem Gebiet zeichnen sich Erfolge ab, und er lebt in Wien, in der Stadt, mit der seine Lebenskraft untrennbar verbunden ist, in der Stadt, die ihm geistige Anregung und soziale Sicherheit gibt.

Perutz ist angekommen – so stellt er sich sein Leben vor. Er hat eine eigene Wohnung, ein Aquarium, einen Hund. Er lebt sein Leben, seine Persönlichkeit. Diese hat sich in vielen Episoden seines bisherigen Lebens schon gezeigt; diese Persönlichkeit ist extrem.

»Die Brennessel ist meine liebste Blume. Sie duftet nicht, sie blüht nicht. Aber sie brennt.« Dieser Satz – Perutz notierte ihn 1914 ins Tagebuch – ist typisch für sein Lebensgefühl in dieser Zeit. Das Leben ist für ihn ein Kampfplatz. Perutz wirkt sehr bestimmt, seine Meinung setzt sich durch. Er scheut nicht davor zurück, auf Widerstände zu stoßen, manchmal hat man direkt den Eindruck, er genieße es, auf Ablehnung zu treffen. Sollte er Angst oder Unsicherheit verspüren, gesteht er es niemals ein. Er vermeidet es, sich zu entschuldigen, nur selten nimmt er etwas zurück. Seine Neigung zu Aggression und Streitsucht ist bekannt. Perutz führt sogar Prozesse,[30] die er zumeist verliert – doch ihm bleibt das Gefühl, recht gehabt zu haben.

Ein Bild für seine Ausstrahlung liefert er selbst: Im Fasching 1914 verkleidet er sich als Stier.[31] Dieses Tier, das phallische Energie symbolisiert, fasziniert ihn. Er strotzt vor Kraft, genießt das Leben in vollen Zügen. Die Tage sind übervoll. Büro, Kaffeehaus, Freunde, Frauen, Kino, Konzerte, Ausstellungen, Vereine, Vorträge, Kartenspielen, Skifahren, Eislaufen, Bergsteigen. Er scheut keine Extreme, nichts ist ihm zu gefährlich oder zu anstrengend. Die Nächte verbringt er im Kaffeehaus, seine freien Tage dafür im Bett. Inzwischen raucht er, auch Haschisch. »Abends zuhaus 3 Pfeifen Haschisch geraucht. Brief an I. W. geschlossen. Im Haschischrausch«,[32] notiert er 1914. Er hat eigentlich keine Probleme, allenfalls gibt er zu: »Ich leide an Horizonterweiterung.«[33]

Daß solch ein Mensch für seine Umgebung nicht nur lustig ist, son-

Leo Perutz

dern ihr auch Angst einflößt, vielleicht auch arrogant wirkt, versteht sich. Doch manchmal schimmert auch ein anderer Zug durch diese Fassade. Perutz ist nervös, oft furchtbar nervös,[34] manchmal traurig,[35] und er hat »Stimmungen«. Am 16. Juni 1912 notiert er: »Ich war in furchtbarer Stimmung. Kletterte auf den Baum, demolierte ein Gerüst und machte der kleinen Lisl mit Melancholie den Kopf voll.«

Das Kaffeehaus war die zweite Heimat von Leo Perutz. Zunächst wechselte er noch häufig zwischen dem Künstlercafé »Museum« und dem Literatencafé »Central«. Später entschied er sich fürs »Central«. Schon die Baulichkeiten hier »waren originell. Man trat zuerst in einen düsteren Vorraum mit tiefen Fensternischen. Hier herrschte stets eine kühle Dämmerung (...). Dann ging man durch einen schmalen Gang und gelangte in eine Art Hof mit Oberlicht (...). Im Gegensatz zum Vorraum war dieser Hof hell und luftig. Hier waren die Stammtische der einzelnen Künstler (...), die Insel der Schachspieler, die Oase der Dominoliebhaber, die Ecke, wo man Billard spielte.«[36]

Daß Rudolph Forster[37] ihn im »Central« zum festen Inventar rechnete, zeugt von der Bedeutung, die Perutz zu diesem Zeitpunkt bereits hatte:

> »Die Literatur betrat erst am frühen Nachmittag das Allerheiligste, den Arkadenhof (...). Alfred Polgar,[38] in erlauchter Ruhe, Paul Frank,[39] die Sanftmut und Gelassenheit, Leo Perutz, der wundervolle Bücher und mit Paul Frank entzückende Komödien schrieb.«[40]

Perutz ging es wohl nur zum Teil um den literarischen Austausch. Er schrieb zwar manchmal im Kaffeehaus,[41] legte aber großen Wert darauf, als »einfacher Privatmann und Kaffeehausbesucher angesehen zu werden«.[42] Seine Hauptbeschäftigung scheint das Tarockspielen und das Kiebitzen[43] gewesen zu sein. Perutz' Freundeskreis hatte sich stabilisiert. Mit Franz Elbogen, Krauss und Hugo Sperber spielte er Karten, sie hielten ähnlich lange durch wie er. Am 13. April 1912 notierte Perutz: »Bis 1/2 5 mit Elbogen und Krauss im Wegner.« Mit Egon Dietrichstein konnte man auch Domino spielen.[44] Der stadtbekannte Schnorrer Otfried Krzyzanowski lieferte Perutz beinahe täglich neue Anekdoten.[45] Mit Rudolph Steinsberg traf Perutz sich zum Rechnen, ihm erzählte er offensichtlich auch seine Frauengeschichten.[46] Richard A. Bermann war der Freund für alle Fälle. Sobald er in Wien war, trafen sie sich. Bermann erzählte von seinen Reisen, sie besprachen – Haschisch rauchend – ihre literarischen Arbeiten. Vieles schickte Perutz vorweg an Bermann, vieles las er ihm vor. Auch

Bermann schätzte Perutz als Kritiker. Er erzählte seine Stoffe, besprach mit ihm seine Bücher, manche bearbeitete Perutz.[47]
Ein etwas schwierigeres Verhältnis hatte Leo Perutz zu dem Schriftsteller Ernst Weiß. Zwar schickte er ihm häufig seine Manuskripte, doch immer wieder scheint es zu Spannungen gekommen zu sein. Weiß kritisierte Perutz direkt und heftig, er versuchte aber auch immer wieder einzulenken:

> »Geehrter Herr Perutz! Sie erwarten sicher keinen Brief von mir; aber da ich doch bisweilen an Sie denke, will ich Ihnen schreiben, auf die Gefahr hin, daß Sie meinen Brief überflüssig finden. (...) Vielleicht haben Sie einmal Lust, mir ein paar Zeilen zu schreiben, ich habe das Meinige getan; wenn Sie in meinen Worten eine Entschuldigung für unsere Differenzen finden wollen, so können Sie sie darin finden.«[48]

Zu Leo Perutz' Bekannten gehörten auch Hermann Bahr, Peter Altenberg,[49] Alfred Polgar, Soma Morgenstern, Oskar Kokoschka und der Zeichner Benedikt Dolbin.
Es ist unglaublich, wieviel Zeit Perutz neben seinem Beruf, der literarischen Tätigkeit und den Kaffeehausbesuchen gehabt haben muß. Seine Interessen waren breit gefächert. Er ging in den Tierschutzverein, den Turnverein, zum Touring-Club, zum Ankerbankett und zum Konzipientenkränzchen.[50] Er besuchte Vorträge über die Bretagne, Vorträge der mathematisch-statistischen Vereinigung, der psychoanalytischen Vereinigung und Auktionen.[51] Seinen eigenen Aussagen nach hörte er im Jahr neunzig Konzerte.[52] Dies ist vielleicht etwas übertrieben, aber es gab tatsächlich Wochen, in denen Perutz vier- oder fünfmal einen Konzertbesuch vermerkte. Dabei war sein musikalisches Interesse breit gefächert. Bretonische Lieder faszinierten ihn ebenso wie die von Gustav Mahler, Hugo Wolff oder Schubert; Opern ebenso wie Konzerte von Bach, Beethoven, Mendelssohn oder Bruckner. Auch die Aufführungen der Modernen besuchte er, von Arnold Schönberg, Anton von Webern oder Alban Berg. Nach Aussagen seines Sohnes endete seine Liebe allerdings bei Gustav Mahler.[53]
Sehr häufig zog es Perutz ins Kino bzw. ins »Kinematographentheater«. In Wien gab es 1909 bereits 62 Kinolokale, drei davon faßten bis zu 2000 Personen.[54] Anders als bei den Konzerten notierte Perutz die Titel der Filme äußerst selten.

Perutz scheint ein athletischer Sportler gewesen zu sein. Eine Zeitlang versuchte er sich im Fechten und trainierte täglich.[55] Im Winter verbrachte er – sobald es das Wetter erlaubte – seine freien Tage beim Skifahren,[56] diesem ultramodernen Sport, der eigentlich erst ab 1910 populär geworden war.[57] Häufig blieb Perutz das ganze Wochenende. Er liebte lange, gefährliche Abfahrten, schwere Touren, war in »wildem Tempo«[58] unterwegs, einmal erfror er sich die »Wange (...). Schön dumm bei 13° minus.«[59] Unter der Woche war er täglich beim Eislaufen. Eislaufen war in Wien ein äußerst populärer Sport. Der Wiener Eislaufverein hatte über 8000 Mitglieder. 1912 eröffnete in Wien die erste Kunsteislaufbahn.[60] Im Sommer ging Perutz Bergsteigen. In seinem Tagebuch vermerkte er mit Vorliebe »exponierte Wände«, »schwere Überhänge«, »eine Platte mit schlechten Griffen (...) Und schließlich der Balkon. Der war nicht schwer, sah nur schwer aus.«[61] Der Kampf, die Grenzerfahrung war das vordergründige Interesse beim Bergsteigen, nicht der Genuß der Natur. Am 24. August 1913 hielt Perutz fest: »Katzenkopfsteig – ob. Zimmersteig. Unangeseilt! Als erster!«

Alle diese Hobbys müßten Perutz' Zeit durchaus gefüllt haben. Liest man aber die Tagebücher, so hat man den Eindruck, daß sein Kopf zum größten Teil mit etwas anderem beschäftigt war: mit Frauen. Eine seiner Leidenschaften seien, so schreibt er, »schöne Frauen mit schmalen Gesichtern.«[62] Es verging kaum ein Tag, an dem er nicht wenigstens eine Frau in seinem Tagebuch erwähnte. Ganz diskret als »Lene O.«, »Anny H.«, »Emma F.«, oder auch nur »Fr. Sch.«, »E. D.«, »L. F.«. Dabei teilte er Frauen in zwei Gruppen ein. Die erste kam für ihn nicht in Frage. Diese Frauen waren »schrecklich«, »dumm« oder »häßlich«. Mit der zweiten Gruppe beschäftigte er sich intensiv. So schnell wie möglich wollte er ans Ziel kommen, so schnell wie möglich jede Frau erobern. Er sprach wildfremde Mädchen an und versuchte, ein Rendezvous zu bekommen. Häufig scheint das geklappt zu haben. Dann ging er strategisch vor. »Sie wird morgen mit mir im Auto fahren und mich küssen«, notierte er 1913 über eine »G. S.«[63] und einen Tag vorher über eine »Mizzi B.«: »Es wird nicht lange dauern.«[64]

Bei den Frauen gab sich Perutz dandyhaft als moderner Großstädter. Er trug stets Manschettenknöpfe aus Halbedelsteinen, die er sammelte und selbst fassen ließ,[65] ging mit seinen Eroberungen ins Kino – die Dunkelheit interessierte ihn hier mehr als der Film – begleitete sie in die »City«,[66] besuchte das Automatencafé,[67] und fuhr sie im Taxi nach Hause.

Selten erscheint der Name einer Frau öfter als drei- oder viermal hintereinander, nur ganz wenige Kontakte dauerten einige Monate. Es ging nicht um Beziehungen, es ging um Eroberungen. Und wenn Perutz genug hatte, ließ er die Mädchen einfach stehen, erschien nicht zum Rendezvous und wurde mitunter auch verletzend, was er – nicht ohne Stolz – im Tagebuch als Bonmot vermerkte. Stereotyp notierte er hinter die gelungenen Eroberungen: »Sie war sehr lieb.«[68] Im Tagebuch wurden Listen geführt über abgeschlossene oder noch ausstehende Flirts. So kamen für ihn z. B. für das Frühjahr 1913 in Betracht:

»1. M. L.
2. G. Sp.
3. G. J.
4. M. P.
5. Lisa L.
6. P. L.
7. F. Str.«[69]

Ein deutliches Zeichen für die Impulsivität seiner Beziehungen ist die Affäre mit »G. S.«. In sie verliebte Perutz sich Anfang 1913 äußerst heftig. Am 15. März notierte er: »Die habe ich ganz!« Doch seinen Heiratsantrag lehnte sie ab.[70] Als Perutz im Februar 1914 entdeckte, daß sie sich in einen anderen Mann, Erich Rehberger, verliebt hatte, forderte er diesen zum Duell.[71] Nachdem Erich Rehberger zunächst kneifen wollte – Perutz notierte am 8. 2. 1914: »Erich Rehberger will sich nicht schlagen, erklärt, er hätte mich nicht beleidigt« – kam es am 17. Februar aber doch zur Begegnung. Perutz hielt fest: »Duell mit Erich Rehberger in der Bude Zeph. yra. An der Stirn verletzt.«

Zurückgewinnen konnte Perutz »G. S.« durch diese Aktion nicht. Übrigens faßte Perutz 1918 noch einmal den Plan, sich zu duellieren, diesmal wegen eines »Tratsches« mit einem gewissen Popper. Ob es zu diesem Duell gekommen ist, ist nicht bekannt.[72] Perutz Neffe, Ulrich Furst, berichtet aber, daß Perutz aufgrund eines Duells ein Schmiß an der rechten Wange zeichnete.[73]

Aus dieser Vielzahl von Frauengeschichten hebt sich – außer der beginnenden Liebe zu seiner späteren Frau Ida Weil ab 1913 – eine einzige Verbindung deutlich heraus, die zu Gretl Fischer. Perutz und sie hatten von 1912 bis 1914 immer wieder Kontakt. Sie unternahmen viel gemeinsam, besuchten Konzerte, fuhren Ski und wanderten. Dennoch war ihre Beziehung äußerst konfliktgeladen. Mehrfach machte Perutz Schluß, krank vor Eifersucht,[74] versuchte dann seinerseits, Gretl eifersüchtig zu machen. Im Mai 1912 wurde »G. F.« nach einem Selbstmordversuch in die psychiatrische Abteilung des Allgemeinen Krankenhauses eingeliefert und ließ Perutz, der sie täglich besuchen wollte, nicht zu sich.[75] Am 27. Mai machte Perutz ihr einen Heiratsantrag,[76] am 6. Juli, einen Tag nach ihrer Entlassung aus dem Sanatorium, verließ Gretl Wien, ohne Perutz gesehen zu haben. Ab Oktober sahen sie sich wieder täglich, Streitigkeiten blieben aber nicht aus. Am 25. 10. 1912 notierte Perutz: »G. F. zum letzten Mal gesehen. Für immer. Aus der Traum.« Anfang 1913 waren sie dann wieder eng zusammen – ein ständiges Auf und Ab, bis sich 1914 ihre Spur verliert, wohl auch weil sich Perutz endgültig für seine spätere Frau, Ida Weil, entschieden hatte.

Beinahe jedes Jahr unternahm Perutz ausgedehnte Reisen – obwohl seine desolate Finanzlage dies eigentlich nicht erwarten ließ.[77] Wie er die Reisen finanzieren konnte, ist völlig unklar.

1910 fuhr er für mehrere Wochen nach Frankreich,[78] 1911 nach Skandinavien.[79] Im Jahr darauf ging es im Frühjahr nach Triest und Venedig, im Herbst für einen Monat nach Spanien. Perutz schiffte sich in Triest ein, fuhr an Patras und Messina vorbei nach Algerien. Dort besuchte er Moscheen und arabische Cafés. Dann setzte er über nach Almeria in Südspanien. Einige Tage widmete er sich der Landschaft, kaufte alte Kacheln, alte Bilder und Miniaturen, machte einen kurzen Ausflug nach Algerien, fuhr zurück nach Spanien, nun südwestlich nach Cadiz und Sevilla und über Almeria und Barcelona in die Schweiz und zurück nach Wien. Über die Reiseroute hinaus vermittelt das Tagebuch allerdings kaum Eindrücke von dieser Reise.

Die wohl aufregendste Fahrt fand ein Jahr später statt – die Orientreise. Das Reiseziel war zu dieser Zeit nicht ungewöhnlich.[80] Der Orient war Objekt romantischer Träume, er war eine beliebte Flucht

aus der Gegenwart in eine reiche Vergangenheit. Am 17. September 1913 fuhr Perutz über Bukarest durch den Bosporus nach Istanbul. Dort besichtigte er die Stadt, das Antiquitätenmuseum, den Basar und »die schönste Stelle Stambuls: von der Achmedmoschee der Blick auf das Ruinenfeld, das Meer und voran die Hagia Sophia.«[81] Am 26. September fuhr er nach Beirut, durfte aber wegen einer Quarantäne zunächst nicht an Land. Dann besichtigte er die Ruinen von Baalbeck,[82] Damaskus, den Libanon, Beirut und Tel Aviv. Von seiner späteren Exilheimat hatte er damals einen guten Eindruck: »Tel Aviv, ein wunderschönes Villenviertel der jüdischen Kolonie (...). Die Kolonie ist überraschend sauber und macht einen vorzüglichen Eindruck«.[83] Perutz interessierte sich für die Handwerker, die Kleidungsgewohnheiten, die arabischen Musikanten, die persischen Teppiche und die jüdischen Kinder. Vom 10. bis zum 16. Oktober war er in Ägypten. Zum Programm gehörten selbstverständlich die Pyramiden, ein »Ausflug nach Sakkara per Kamel«,[84] eine arabische Hochzeit, Basare, Museen.
Die Reise war sicher erlebnisreich, besonders ergriffen zeigte sich Perutz aber nicht. Die Notizbucheintragungen sind knapp und eher sachlich.[85] Einen Niederschlag in seinen Werken finden diese Reisen allesamt nicht.

Seinen ersten Roman »Die dritte Kugel« habe Perutz schon während der Schulzeit begonnen, behauptet Richard A. Bermann.[86] Doch kann sich Perutz' Schulkamerad bezüglich dieses Zeitpunktes auch irren. Die erste sichere Spur des Romans über die Eroberung Mexikos durch Fernando Cortez findet sich 1908 mit der Veröffentlichung des Gedichts »Isaks (sic) Opferung« in der Zeitschrift *Die Muskete*.[87]
Die *Muskete* war eine »humoristische Wochenschrift«, eigentlich ein Witzblatt, in dem neben seitenfüllenden Witzzeichnungen mit Untertiteln auch kleine, für den heutigen Geschmack nicht mehr allzu witzige Geschichten, Gedichte und Witze abgedruckt waren. In den Zusammenhang dieser Zeitung paßt Perutz' Gedicht – aus dem Zusammenhang gerissen, klingt es eher sonderbar.
In der Tradition des jüdischen Witzes transferiert Perutz die biblische Geschichte von der Opferung Isaaks auf dem Brandaltar ins 15. Jahrhundert in die Zeit der Arkebusen[88] und mengt dann Engel, Teu-

fel, heftige Flüche und einzelne katholische Versatzstücke hinzu. In Perutz' Version der Geschichte ist Abraham eben dabei, seinen Sohn Isaak mit einer Arkebuse zu erschießen, als Gott Vater einem Engelkind befiehlt: »Darmit der Jud' nit schießen kann, / Näss' du ihm brav das Pulver an.«[89] Die Ballade gipfelt in der Lehre:

»O Jude, laß den Schabernack!
Die Flinte ist kein Pfäffersack,
Dein Dräuen tut nit gut.
Das Pulver ist kein Paprükah,
Zum Schießen seyn wir Reutter da,
Niemalen nit der Jud.«[90]

Perutz verwendete diese Ballade im Roman »Die dritte Kugel« als »Fastnachtsstück«, das die Deutschen vortragen, um ihre Feinde abzulenken; so gelingt es ihnen, eine Arkebuse zu entwenden.

Für seinen ersten Roman recherchierte Perutz die Geschichte der Eroberung Südamerikas genauestens. Er kannte nicht nur den Ablauf der Ereignisse, wie ihn die Geschichtsbücher verzeichnen, Perutz glänzte mit Details: Orte, Landschaften, Gebäude, Gebräuche und Kultur der Indios, sogar ihre Knüpfsprache fanden in seinem Werk Eingang. Welche Quellen er allerdings verwendet hat, läßt sich nicht mehr rekonstruieren. Am 14. April 1915 notierte Perutz in sein Tagebuch: »Die 3. Kugel beendet nach 4 Jahren«. Doch schon 1910 hatte er seinem Freund Richard A. Bermann Teile des Romans zu lesen gegeben, denn der Briefwechsel aus diesem Jahr zeigt bereits eine intensive Auseinandersetzung damit. In den Tagebüchern wird die Arbeit an der »Dritten Kugel« allerdings erst ab 1911 erwähnt, zunächst nur sporadisch, ab 1913 dann regelmäßig. Aus diesen Notizen läßt sich vermuten, daß Perutz den Roman von 1911 bis 1913 konzipierte und Vorentwürfe erarbeitete, daß die eigentliche Niederschrift dann etwa im April 1913 begann. Im Nachlaß existieren zwei Fassungen. Die erste ist ein Entwurf. Diese Hefte enthalten häufig nur Notizen zum Stoff, teilweise in der Gabelsberger Kurzschrift, teilweise in der Sütterlinschrift. Hier sind zuweilen auch längere Passagen wieder durchgestrichen. Erst der zweite Entwurf bringt die weitgehend endgültige Fassung des Romans, in 23 kleinen linierten Schreibheften nun mit Tinte und durchwegs in Sütterlin. Mit jedem Kapitel begann Perutz ein neues Heft; Nummer, Kapitelname und Romantitel sind auf dem Etikett verzeichnet. Manchmal entstand ein Kapitel in wenigen Tagen, manchmal scheint die Arbeit auch für einige Wochen geruht zu haben. Wichtig war dem Schriftsteller der Klang des Textes. Seinem Freund Bermann erklärte er:

> »Jeden Satz, den ich schreibe, denke ich mir – schon rein automatisch – laut gelesen und pflege jede Forderung meines sehr verwöhnten Ohrs (- es setzt im Jahr den Besuch von ca. 90 Konzerten durch) oftmals auf Kosten des Sinns und des Satzgedankens zu erfüllen.«[91]

Sicher ist, daß Perutz die fertigen Kapitel immer wieder Freunden zu lesen gab. Dem Manuskript im Nachlaß sind 16 Din-A6-Zettel mit Bemerkungen von fremder Hand beigegeben und auch im Text selbst finden sich zarte Bleistiftnotizen.[92] Verraten diese Zeilen zwar eher die Freundschaft, als ein fundiertes literarisches Verständnis, so waren sie Perutz doch offensichtlich so wertvoll, daß er sie aufbewahrte. Die Korrekturen seiner Freunde Richard A. Bermann und Ernst Weiß existieren dagegen nicht mehr.[93]

Weiß hatte in seinen Briefen Inhalt, Sprachkolorit und bewegende dramatische Schilderungen gelobt,[94] die altertümliche Orthographie aber kritisiert, die Perutz schließlich auch aufgab. Richard A. Bermann, der zunächst immer nur einzelne Teile des Romanprojekts zu lesen bekommen hatte, drängte Perutz in einem Brief, vom Anekdotischen wegzugehen und sich größeren Aufgaben zuzuwenden. »Dein Heil liegt aber in großzügigen Arbeiten, in denen sich alles ausbreiten und ausleben kann, was jetzt unbarmherzig komprimiert wird. (...) Du baust japanische Zwerggärten; prachtvoll, aber schade um den Saft in den Bäumen.«[95] Bermann riet ihm dringend, seine Werke drucken zu lassen, denn das »Nichtgedrucktwerden führt (...) immer zur Produktion kurzer Sachen.«[96] 1912 verschärfte er seine Aufforderung und wies Perutz gleichzeitig darauf hin, daß er sich nicht länger mit Mathematik beschäftigen solle, seine eigentliche Passion sei die Literatur:

> »Wenn Du sie (die Erzählungen, Anm. d. Verf.) nicht als Buch erscheinen läßt (...), so bist Du der größte Poseur von Wien. Und das bedeutet etwas. Deine mathematischen Abhandlungen habe ich in den denkbar nächsten Papierkorb geworfen (...).«[97]

Perutz veröffentlichte zunächst einzelne Teile des Romans als novellistisch abgeschlossene Kapitel. So erschienen 1914 »Der Traum von Deutschland« in der Zeitschrift *März* (unter dem Titel »Der Sieger«) und »Der Reiher Tausendrot« im *Neuen Merkur* (unter dem Titel »Der Tod des Meisters der Materie«). Perutz bekam für diese zweite Novelle großes Lob von Alfred Polgar.[98] Als Leo Perutz am 21. April 1915 das Buch an den Verlag Albert Langen in München schickte, schrieb Polgar »einen reizenden Empfehlungsbrief«.[99] Ein halbes Jahr später, am 26. Oktober 1915, erschien Perutz' erster Roman.

Perutz erzählt in der »Dritten Kugel« einen Ausschnitt aus der Geschichte der Eroberung Mexikos durch die Spanier.
Die Rahmenhandlung spielt in Europa. Der Protagonist, Hauptmann Glasäpflein, kämpft inmitten des spanischen Heeres gegen die Lutheraner. Er hat die Erinnerung an seine eigene Vergangenheit verloren. Erst der Trank eines Alchimisten hilft ihm, die Erzählung eines spanischen Reiters – die Binnengeschichte – als seine eigene Lebensgeschichte zu erkennen. Hauptmann Glasäpflein ist einst der protestantische Wildgraf Grumbach gewesen. Er ist zusammen mit anderen Deutschen auf der Flucht vor den katholischen Spaniern in die Neue Welt gezogen. Sie haben friedlich mit den Indios gelebt, haben von ihnen Land und Saatgut erhalten, bis die Spanier unter den Feldherren Cortez und Mendoza, einem alten Feind Grumbachs, die Idylle zerstören.
Die Indios, ein Volk von Tänzern, Künstlern, Mönchen und Kindern bieten Cortez Frieden und die Unterwerfung unter den spanischen König an. Cortez aber, damit nicht zufrieden, will ihre Stadt erobern. Grumbach hat sich mit seinen Kameraden inzwischen ins spanische Lager begeben, denn die mit ihm liierte Indianerin Dalila, deren Rettung vor den spanischen Eroberern er einst mit dem Verlust eines Auges bezahlt hat, ist von den Spaniern entführt worden. Grumbach, der sie zurückhaben will, plant, Cortez und Mendoza umzubringen. In einer verzauberten Nacht, in der der indianische Efeu blüht, das Lager überwuchert und mit seinem Duft allen die Sinne raubt, gelingt es ihm mit der Hilfe seiner Kameraden und des Teufels, das Mordwerkzeug, die Arkebuse des Spaniers Garcia Novarra, beim Würfeln

zu gewinnen.[100] Als Novarra am nächsten Tag wegen des Verlustes der Waffe gehenkt werden soll, verflucht er die drei in der Arkebuse verbliebenen Kugeln: Die erste solle den indianischen König treffen, die zweite Grumbachs Dirne, die dritte Grumbach selbst.
Anschließend beginnt Cortez, die Atztekenstadt unter grausamen Gemetzeln zu erobern. Dennoch bleiben die Indios friedlich. Grumbach sieht in der Ermordung ihres Königs Montezuma die einzige Möglichkeit, sie gegen die Spanier aufzubringen. Grumbach schießt und so trifft die erste Kugel, wie es der Fluch verheißen hat, den indianischen König. Dem nun entfachten Aufstand der Indios unterliegt ein Großteil der Spanier. Cortez aber kann fliehen und auch Mendoza gelingt die Flucht durch eine List Dalilas, die sich inzwischen von Grumbach ab- und Mendoza zugewendet hat.
In der Absicht, die Feldherren zu töten, schleicht sich Grumbach wieder in das spanische Lager ein und stellt Mendoza. Dieser lenkt Grumbach ab, so daß Grumbach seinem Diener schließlich unbewußt ein falsches Zeichen gibt. Statt Mendoza wird, wie vorausbestimmt, Dalila getötet.
Mit der letzten Kugel nun möchte Grumbach unbedingt Cortez töten und jagt ihm nach. Der Schuß fällt aber nicht, da Grumbach innehält, als er seinen Diener im Lager schreien hört, dem auf Befehl Mendozas die Zunge herausgeschnitten wird.
Hier bricht die Binnengeschichte ab, denn der spanische Reiter, der Erzähler, glaubt, eben jenen gemarterten Diener im Diener des Hauptmanns Glasäpflein wiederzuerkennen. Auch der Diener scheint den Reiter erkannt zu haben, er zielt mit seiner Arkebuse und erschießt jenen Menschen, der als einziger die Geschichte hätte fortsetzen können und gewußt hätte, wie aus dem Wildgrafen Grumbach Hauptmann Glasäpflein geworden ist. Mit dem Tod des Erzählers ist auch die Vergangenheit Glasäpfleins zerstört, der nun seine eigene Geschichte nie vollständig erfahren wird. So hat die dritte Kugel auf Umwegen nun doch Grumbach selbst getroffen, dem mit dem Wissen über seine Vergangenheit auch seine Identität geraubt worden ist. Welche Kugel das allerdings war, ob es wirklich jene dritte Kugel war, die Jahrzehnte im Lauf der Arkebuse hätte stecken müssen, bleibt offen. Doch Hauptmann Glasäpflein wird nicht nur der Schluß sei-

ner eigenen Geschichte vorenthalten. Mit der Wirkung des Tranks geht die Erinnerung an die gesamte Erzählung des spanischen Reiters dahin. Zurück bleibt der einfache Hauptmann, aller einstigen Ideale beraubt, der devot vor seinem ehemaligen Feind buckelt.

Hauptmann Glasäpflein gelingt es nicht, die Integrität seiner Person wiederherzustellen.

> »Und mein Leben selbst ist blaß geworden und ich finde mein eignes Bild nicht mehr darin. Jahre sind da, (...) in denen ist solch eine Verwirrtheit der Dinge, (...) als wäre der goldene Faden zerrissen, an dem die Stunden meines Lebens aneinandergereiht sind. Und wenn meine Gedanken durch mein vergangenes Leben ziehen, so ist es so, als ginge einer durch ein unbewohntes Haus«.[101]

Perutz greift hier ein Thema auf, das in der Literatur des »Jungen Wien« stets präsent war. Ernst Weiß hatte schon bei der Diskussion einer frühen Fassung der »Dritten Kugel« von Perutz gefordert, daß er sich dieser Frage zu stellen habe:

> »das Hauptproblem, die Diskontinuität des Lebens, das ›ich bin der Welt abhanden gekommen‹,[102] das ist in dem vorliegenden Teil noch nicht einmal angedeutet. (...) Zweitens: finde ich, daß keine Szene, kein Mensch wirklich ans Herz greift, daß ich nirgends den Geist unserer Zeit wiederfinde (...). Einen Ersatz dafür finden Sie in Anekdoten und an manchen Stellen Märchenhaftem, und das sind auch die Stellen, die mich am stärksten interessiert haben.«[103]

Perutz' Ziel war es keineswegs, einen echten historischen Roman zu schreiben. Es ging nicht darum, Geschichte und Geschichtliches darzustellen, es ging darum, die Probleme der eigenen Zeit in einem historischen Gewand vorzuführen. In Weiß' Brief klingen die dominierenden Themen der Wiener Jahrhundertwende an: »die Diskontinuität des Lebens«, der Persönlichkeits- und Identitätsverlust, der Begriff der Realität überhaupt.

Ernst Mach hatte in seinen »Antimetaphysischen Bemerkungen« eine Theorie entwickelt, die die Diskontinuität des »Ich« betonte. Für ihn ist das »Ich« nicht länger eine Konstante, es ist »keine unveränderliche, bestimmte, scharf begrenzte Einheit.«[104] Vielmehr setzt es sich zusammen aus einer Vielzahl von Empfindungen und Elementen, die auch außerhalb dieses »Ich« vorhanden sind, sich im »Ich« nur in einer bestimmten und auch nur momentan gültigen Zusammensetzung manifestieren. Der »Inhalt des Ich« ist überindividuell. Er bleibt auch »nach dem Tode des Individuums in anderen erhalten.«[105] Durch diese Definition relativiert sich auch die Unterscheidung zwischen Traum und Wachzustand. »Auch die Frage, ›ob die Welt wirklich ist, oder ob wir sie nur träumen‹, hat ›gar keinen wissenschaftlichen Sinn. Auch der wüsteste Traum ist eine Tatsache, so gut wie jede andere.‹ ›Erkenntnis und Irrtum fließen aus denselben psychischen Quellen‹, beide sind aus Empfindungen aufgebaut.«[106] Das »Ich« ist nicht länger eine Einheit, Traum und Wachen sind verschiedene Manifestationen eines variablen »Ichs«.

Die Literatur der Wiener Jahrhundertwende kreist häufig um das Problem der Person, ihrer Identität und ihrer Bedrohung.[107] Beer-Hofmann läßt in seiner Erzählung »Der Tod Georgs« Wachheit und Traum ineinander übergehen. Seinem Protagonisten fehlen Erinnerungen, die das zersplitterte »Ich« zu einem Ganzen machen könnten:

> »Paul fühlte, wie eine Erinnerung immer von Neuem an ihn heranspülte, und ehe sie ihn erreichte, wieder zurückebbte. Jetzt war es da — nein, jetzt war es wieder weg von ihm und schien immer weiter nach rückwärts zu verrollen.« Ihm war alles »verloren und lag wie ertrunken in einer Tiefe, in die er nicht tauchen konnte.«[108]

Hugo von Hofmannsthals Lord Chandos verliert seine Identität als Schriftsteller mit dem Verlust der Sprache.

> »Es zerfiel mir alles in Teile, die Teile wieder in Teile und nichts mehr ließ sich mit einem Begriff umspannen. Die einzelnen Worte schwammen um mich; sie gerannen zu Augen, die mich anstarrten und in die ich wieder hineinstarren muß: Wirbel sind sie, in die hinabzusehen mich schwindelt, die sich unaufhaltsam drehen und durch die hindurch man ins Leere kommt.«[109]

Während die Wiener Moderne die Probleme um die Identität einer Person sehr häufig mit dem Mittel des inneren Monologs darstellt,[110] wählt Perutz einen anderen Weg. Die Themen der Zeit werden bei ihm lebendig, sie werden zu Personen und Geschichten. Die Identitätsverwirrung wird nicht thematisiert, Hauptmann Glasäpflein durchlebt sie und mit ihm der Leser.

Im Trend der Zeit lag Perutz auch bei der Wahl seiner Romanumgebung. Die Binnenhandlung spielt in Südamerika. Das Exotische hatte Konjunktur. 1915 erschien Robert Müllers »Die Tropen«, Max Dauthendeys exotische Novellen »Lingam« (1909) und »Die acht Gesichter am Biwasee« (1911) hatten großen Erfolg.[111] Dschungelszenen und exotische Fernen faszinierten auch beim Film.[112] Die Erzählung »Das Gold von Caxamalca« (1928) von Jakob Wassermann behandelt sogar das gleiche Thema wie »Die dritte Kugel«.[113] Seit der Jahrhundertwende wurden in allen größeren Städten des deutschsprachigen Raumes regelmäßig »Exotikausstellungen« in den Tierparks veranstaltet, in denen den Besuchern das dörfliche Leben von Menschen aus Afrika, Asien oder Amerika vor Augen geführt wurde.[114] Gauguin, Pechstein und Nolde suchten ihr Glück in der Südsee, Macke und Klee in Tunis, Hesse und Stephan Zweig in Indien. Robert Louis Stevenson (1850-1894), ein Lieblingsautor von Leo Perutz, verbrachte seine letzten Lebensjahre auf Samoa.

Meist wurde das Leben der Wilden in den fernen Ländern idealisiert. Auch Perutz schließt sich hier an. Die Indios in der »Dritten Kugel« leben in einem tiefen Frieden, sie spielen eine seltsame Musik, halten in ihren Händen allerlei Spielzeug, ihr König ist nicht kriegerisch, sondern freut sich über »Taschenspieler, Gaukler und Possenreißer, Kerle, die Räder in der Luft schlugen oder auf den Händen liefen.«[115] Zeittypisch ist auch die Verbindung von Erotik und Exotik in der »Dritten Kugel«. Das junge indianische Mädchen Dalila, das Grumbach vor den Spaniern rettet, ist »von solcher Schönheit und Wohlgestalt der Glieder«,[116] daß sie durch ihre wechselnden Beziehungen das weitere Geschehen bestimmt. Dalila hat keinerlei moralische Maßstäbe, die Treue zu ihrem Lebensretter Grumbach bedeutet ihr nichts, ebensowenig die Treue zu ihrem Volk. Ehe sie Mendoza erblickt und sich in ihn verliebt, lebt sie, ohne sich ihres Handelns bewußt zu sein, im Lager der Deutschen als Grumbachs Geliebte. Ihr Handeln wird ausschließlich durch ihre Gefühle bestimmt, sie verhilft Mendoza, dem Widersacher Grumbachs und Mörder der Indios, zur Flucht. Später verwirrt der Gedanke an ihre Schönheit Grumbach derart, daß er das falsche Zeichen gibt und Dalila statt Mendoza durch die zweite Kugel erschossen wird.

»Die dritte Kugel« ist eine stark durchkonstruierte, mathematisch

ausgearbeitete Geschichte. Es ist beinahe unglaublich, welche Verschlingungen nötig sind, damit die dritte Kugel Grumbach doch noch trifft, wenn auch nur indirekt. Rahmen- und Binnenhandlung sind so miteinander verwoben, daß ihr Zusammenhang vom Leser erschlossen werden muß. Träume durchbrechen und strukturieren das Geschehen, immer wieder tritt das Geheimnisvolle, das Verzauberte in die Welt von Krieg und Eroberung. Allerlei seltsame Gestalten tummeln sich, Alchimisten mit hebräischen Zauberformeln, Wunderschützen, Künstler.
Hier verbindet sich Perutz' Werk mit der Welt des E. T. A. Hoffmann, den Perutz sehr schätzte.[117] Er selbst schrieb 1951 in einem Brief: »Ich glaube nicht, daß ich die Fähigkeit zur Satire habe oder je hatte. Was Sie so nennen, ist wohl eher der Einbruch der E. T. A. Hoffmannschen Welt, der ich in jedem meiner Bücher die Tür, oder einen Türspalt offen gelassen habe.«[118] In den Lebensweg der Protagonisten brechen bei Hoffmann wie bei Perutz höhere Mächte. »Magische Kräfte verleihen Überlegenheit und dämonische Macht über Mitmenschen.«[119] Realität und Phantasie durchdringen einander, sogar Funktion und Wirkung des magischen Getränks in Perutz' »Dritter Kugel« und E. T. A. Hoffmanns »Goldenem Topf« sind vergleichbar.

> »Auf magische Weise stellt es verlorene Zusammenhänge wieder her oder vermittelt Einsicht in solche, die sich dem menschlichen Verstand normalerweise entziehen. Bei Hoffmann aber wirkt das Getränk erhebend auf den, der es genießt, ja sogar produktiv: Es befördert über seine Grenzen hinaus in das Reich der Poesie (...). Bei Perutz hat der Zaubertrunk keine bleibende Wirkung.«[120]

Anders als bei E. T. A. Hoffmann erlösen die magischen Kräfte bei Perutz nicht. Der »goldene Faden« der Lebensgeschichte bleibt zerrissen.

Perutz' erster Roman, »Die dritte Kugel« wurde ein großer Erfolg. Schon nach einem halben Jahr, im April 1916, gab es eine zweite Auflage.[121] Für Kurt Tucholsky, der zwar durchaus den Ton und die Sprache des Werkes lobte, war »Die dritte Kugel« vor allem ein Buch, »das man, wenns draußen furchtbar regnet, mit einem Teller Knackmandeln neben sich, tot für die Umwelt, verschlingt, mit der einen

Hand blättert man um, mit der zweiten stopft man sich langsam eine Knackmandel nach der andern in den Mund.«[122] Richard A. Bermann schätzte den Klang, der für ihn »aus dem weicheren und klareren Oberlauf der deutschen Sprache«[123] geschöpft war. Für ihn war »Die dritte Kugel« ein spannender Unterhaltungsroman, doch zugleich »ernste Kunst«.[124] Paul Frank,[125] der später häufig mit Perutz zusammenarbeitete, machte sich Gedanken darüber, warum dieses Buch so gut in die Zeit paßte. »In den schlaflosen Nächten,« die ihm der Krieg »so freigebig und überreichlich beschert«[126] hatte, hatte er überlegt, warum ihn seine früheren Lieblingsautoren nicht mehr faszinierten und war zu dem Ergebnis gekommen, daß sich die Zeit verändert habe, die Zeit und der Mensch. Man könne sagen:

> »daß es mit der Regentschaft der Nuance wohl zu Ende sein wird. Man wird die feinsten Feinheiten der Frauenseele nicht mehr nach der Apothekerwaage verschleißen (...); die Dichter werden dem Gefühlchen nicht mehr mit dem Skalpell zu Leibe rücken, auch nicht mehr mit der Sonde die Bodenfläche einer historischen Laune abtasten. (...) (Die dritte Kugel ist ein) Buch, das einen überrascht, das einen überrennt, das nicht zart und sanft, wie es oft üblich war, um den Leser wirbt, ein Buch, das packt, festhält und überhaupt nicht mehr losläßt. (...) Aber es ist nicht der Kriegslärm unserer Tage, der durch dieses Buch zetert und heult, sondern ein anderer, längst verstummter und entschlafener Lärm, der da wieder laut und erweckt wird.«[127]

Paul Franks letzter Gedanke ist sicher ein wichtiger Hinweis, um den Erfolg des Buches zu erklären. »Die dritte Kugel« war bereits im Ersten Weltkrieg erschienen. Mit dem Begriff Krieg verbanden die Menschen aber nicht die Vorstellung von einem modernen Vernichtungskrieg, sondern eher von einem Krieg, wie er in der »Dritten Kugel« beschrieben wird. Hier herrscht der Krieg nur am Rande, er ist nur Kulisse der eigentlichen Handlung. Die Greuel des Krieges stehen nicht im Vordergrund, das Sterben der Indios wird zwar nicht verschwiegen, aber doch – vergleicht man entsprechende Geschichtswerke[128] – sehr verharmlost. »Die dritte Kugel« schildert einen Krieg, der trotz aller Grausamkeiten noch überschaubar ist, in dem Männer gegen Männer kämpfen, die Zahl der Toten noch vorstellbar ist.

Ein ähnlich verharmlosendes Bild vom Krieg herrschte auch unter Perutz' Zeitgenossen zu Beginn des Ersten Weltkrieges. Man muß sich den Taumel vor Augen halten, in den sich die meisten Menschen beim Ausbruch des Krieges stürzten. Franz Pfemfert schildert am 1. August 1914:

> »Auf Befehl des Kaisers trat kurz nach 5 Uhr aus dem Portal des Schlosses ein Schutzmann und teilte der harrenden Menge mit, daß die Mobilisation beschlossen sei. Die tief ergriffene Menge stimmte unter den Klängen der Domglocken den Choral an ›Nun danket alle Gott‹.«[129]

Die meisten Kriegsteilnehmer, darunter auch viele Intellektuelle, meldeten sich noch mit Begeisterung freiwillig. Die Menschen hatten die »fade Friedenszeit« als langweilig, starr und öde empfunden. »Wie hätte der Künstler, der Soldat im Künstler nicht Gott loben sollen für den Zusammenbruch einer Friedenswelt, die er so satt, so überaus satt hatte«,[130] schrieb Thomas Mann.

Die meisten konnten sich die Greuel eines modernen, technisierten Krieges nicht vorstellen. Wie zahlreiche sprachliche Bilder zeigen, waren die Gedanken der Menschen vom Krieg noch geprägt von obsoleten Bildern und Phrasen. Der Kaiser sprach davon, daß das Schwert gezückt werden müsse, als er seine Soldaten in den Krieg schickte.[131] »Es sind die alten Ornamente zum neuen Wesen des Todes«,[132] analysierte Karl Kraus die Situation.

Sicherlich ohne daß dies von dem begeisterten Kraus-Hörer Perutz beabsichtigt gewesen wäre – Perutz hat seinen Roman ja auch bereits 1910 begonnen – traf sein Werk den Nerv der Zeit, entsprach seine Darstellung des Krieges der Weltkriegsgeneration.

Zu Beginn seiner Arbeit an der »dritten Kugel« beschäftigte sich Perutz eindringlich mit einer Theorie des historischen Romans. In einem Brief an Bermann schrieb er, daß »eine Theorie des historischen Romans fehlt, eine Analyse seiner Wirkungen, eine Ableitung seiner Voraussetzungen.«[133] Die historischen Romane des 19. Jahrhunderts »hatten die Geschichte so darstellen wollen, wie sie in Quellen und Geschichtsbüchern überliefert war, und sie lediglich mit Details und Atmosphäre angereichert, die der historischen Wahrscheinlichkeit entsprachen.«[134] Perutz ging einen grundsätzlich anderen Weg. Er ver-

wendete die Quellen, sie waren seine Anregung, aber er erfand stets neue dazu, benutzte nur die Teile, die in sein Konzept paßten, spürte Lücken auf in der Überlieferung, die er dann mit seiner Phantasie, mit seinen Romanhandlungen füllte. Dabei ging es ihm nicht eigentlich um die geschichtlichen Ereignisse. Er wählte lediglich historische Epochen, in die aufgrund ihrer Ausnahmesituation die erdachte Romanhandlung, das dargestellte menschliche Grundproblem gut hineinpaßten. Die Geschichte war nicht der Inhalt seines Romans, sondern nur der passende Rahmen, der Historismus war dem Ästhetizismus untergeordnet.
So ist das Thema der »dritten Kugel« zwar auch die Eroberung Mexikos, aber es ist in erster Linie die Geschichte eines Menschen, der mit der Erinnerung seine Identität verliert, von einem, »der sein Leben verstreut und vertan (hat), (...) und der nun erkennt, wie dumm, unnütz, zwecklos all das gewesen ist; und der, als er seinen Todfeind durchs Lager traben sieht, aufspringt, den Hut schwenkt und sich tief vor ihm verneigt«.[135]
Mit diesem Konzept griff Perutz die Gedanken auf, die sich Richard A. Bermann in ihrer Korrespondenz zum historischen Roman gemacht hatte:

> »Meine individuelle Theorie ließe sich kurz so skizzieren: Impressionistische Analyse der Historie. D. h. nichts sehen, was nicht charakteristisch ist, nichts Charakteristisches beachten, was nicht für mich 1911 von Bedeutung ist. Wir stehen auf einem Turm und schauen zurück. Das Bild unten ist zu malen. Die Schule nach Bulwer hat nun alle verschwommenen Grashalme da unten sauber ausgepinselt (...). Die beiden größten germanischen Meister des historischen Romans, Fontane und Strindberg, haben einfach auf historische Realien verzichtet und schlichte Allzeit-Menschen den Bedingungen des Zeitlebens unterworfen. Flaubert und einige Meister seines Temperaments (Du magst der Gruppe nahe stehen) bauen mit echtem antikem Material moderne Häuser. Ich glaube an das historische Kunstwerk der großen Entwicklungslinien. Geschichte mit modernen Augen gesehen, mit modernen Mitteln dargestellt.«[136]

Dieses Vorgehen läßt sich an allen historischen Romanen von Leo Perutz belegen. Stets galt seine erste Sorge dem »echten antiken Material«. Er wälzte ganze Bibliotheken, machte sich Dutzende von Aufzeichnungen und Skizzen, um Uniformen, Schiffe, Städte detailgetreu und historisch korrekt darstellen zu können. Die eigentlichen Themen seiner Romane aber sind stets die Themen und Probleme seiner Zeit.

In Perutz' Nachlaß finden sich aus der Zeit vor dem Weltkrieg einige Manuskripte, die aber bis auf eines alle unveröffentlicht blieben. Bereits 1909 stellte Perutz die Novelle »Die Hatz auf den Mond« fertig[137] und schickte sie 1910 an Ernst Weiß;[138] erst fünf Jahre später gab er sie zur Veröffentlichung an das *Neue Wiener Journal*.[139]

Die Geschichte erzählt von einem Baron, der überzeugt ist, die Angst vor dem Mond geerbt zu haben. Alle Todesfälle in seiner Familie haben etwas mit dem Mond zu tun. Seine Angst erweist sich als begründet. Nach einem Blick durch ein Teleskop glaubt er zwar zunächst, die Angst überwunden zu haben. Aber als er den Mond wieder mit dem Fernrohr beobachtet, entdeckt er in einem gegenüberliegenden, erleuchteten Fenster, daß ihn seine Frau mit dem Nachbarn betrügt. Er geht hinüber, um das Paar zu stellen und wird erschossen.

Unveröffentlicht blieben die Novellen »Die Galerie des Grafen Gollenheidt« und »Von den traurigen Abenteuern des Herrn Guidotto«.[140] Bei der »Galerie des Grafen Gollenheidt« ist nur der Anfang richtig ausgearbeitet. Sohn und Schwiegertochter eines alten Grafen werden eines Tages, offensichtlich verrückt geworden, mit Schußverletzungen am Ufer des Parksees aufgefunden. Zwei mit dem Hause befreundete Adelige kommen lange Zeit danach zu Besuch und entdecken, daß die beiden nur eine Rolle spielen und zu manchen Zeiten völlig normal erscheinen. Der Schluß ist nur mehr in Gabelsberger Kurzschrift skizziert, die Erzählung blieb unvollendet. »Von den traurigen Abenteuer des Herrn Guidotto« ist »eine romantische historische Erzählung, die wiederum in der Zeit der italienischen Renaissance spielt.«[141] Obwohl dieses Manuskript maschinenschriftlich vorliegt, hat man den Eindruck, es fehle die letzte Überarbeitung. Die vielen Handlungsfäden entwirren sich nicht. Das Schicksal hat zwei Menschen füreinander bestimmt, es hat sie aber gleichzeitig durch Jahrhunderte getrennt, so daß das Leben beider letztlich mißlingen muß.

Zu Lebzeiten unveröffentlicht blieb die Erzählung »Pour avoir bien servi«,[142] die Richard A. Bermann in einem Brief an Perutz vom 16. Oktober 1911 erwähnte.[143] Die Geschichte hat einen sehr überraschenden Schluß. Eine todkranke, gelähmte Frau, die unsägliche Schmerzen leidet und damit auch ihrem Mann das Leben schwer macht, bittet einen Freund, ihr eine versteckte Pistole zu reichen. Er gibt sie ihr in dem Glauben, daß sie durch Selbstmord ihrem Leben ein Ende machen wird und damit auch ihren Mann von den Qualen des Mitleidens erlöst. Ihr Mann, der eben in diesem Moment nach Hause kommt, fällt vor ihr auf die Knie, sie schießt, doch nicht auf sich selbst, sondern auf ihren Mann, den sie aus Rache für eine vergangene Untreue tötet.

Die Idee dieser Erzählung schenkte Perutz später seiner Freundin Gerty Kelemen, die daraus eine eigene Geschichte machte.[144]

Es ist überraschend, wie schnell Leo Perutz nach seinem Erstlingsroman »Die dritte Kugel« einen neuen Roman plante. Die »Mangobaumwunder-Idee« faszinierte ihn schon, bevor die »Dritte Kugel« an den Verleger geschickt worden war.[145] Das Vorgehen war nun gänzlich anders: Es fehlten jahrelange Vorstudien,[146] es fehlte das mühsame Ringen um Form und Sprache. Leo Perutz suchte sich einen Mitautor, Paul Frank, und schrieb das Buch zusammen mit ihm in acht Monaten. Am 20. März 1915 notierte er: »Endgültig mit P. F. über den ›Mangobaum-Roman‹ ins Reine gekommen.« Bereits sechs Tage später hatte Paul Frank das erste Kapitel fertig.[147] Ende November war das Werk beendet, es erschien im Mai 1916 im Langen Verlag. Wie sich die Zusammenarbeit genau gestaltet hatte, ist unklar. Paul Frank schreibt:

> »Wir waren mitten in der Einteilung und Festlegung der Kapitel des ‚Mangobaumwunders' – da erhielt Perutz seine Einberufung zum Militärdienst (...). Er saß in einem ungarischen (...) Nest – ich war in Wien, von meiner Zeitung und der Direction Jarno des Josefstädtertheaters (wo ich Dramaturg war) als unentbehrlich reklamiert – und so sendeten wir uns gegenseitig die Kapitel, die wir geschrieben hatten; ich überarbeitete seine, er meine, damit die stilistische Form einheitlich wurde.«[148]

Daß die Kooperation aber tatsächlich so harmonisch gewesen ist, kann bezweifelt werden. Vom 21. Januar 1916 existiert ein Brief von Paul Frank an Leo Perutz, in dem er schreibt: »Ich bin nicht mehr gewillt, mir von Ihnen auch nur für einen Nachmittag die gute Laune verderben zu lassen (...). Ich zerreisse daher das einzige und allein infolge einer gemeinsamen Arbeit zwischen uns bestehende Band.«[149]

Im Nachlaß findet sich eine fast vollständige Fassung des Romans, ausschließlich in Perutz' Handschrift. Möglich ist, daß er in einer Art Endredaktion die fertigen Kapitel nochmals abgeschrieben und bearbeitet hat.

Im Mangobaumwunder wird ein Arzt wegen eines Notfalls in eine Hietzinger Villa gerufen. Der indische Diener des dort lebenden Barons ist im Treibhaus des Anwesens von einer giftigen Schlange gebissen worden. Der Baron, der genau wie seine Tochter wesentlich älter aussieht, als er eigentlich sein dürfte, bangt um das Leben des Dieners, weil sein eigenes angeblich von ihm abhänge. Der Arzt entschließt sich, dem Inder ein Serum zu spritzen, das ihn für kurze Zeit wieder zu Bewußtsein bringt, obwohl es anschließend seinen sicheren Tod bedeutet. Kurzzeitig genesen, verschwindet der indische Diener mit Baron und Baroness im Treibhaus. Als der Arzt hinzukommt, ist der Inder tot, Baron und Baroness aber sind um Jahrzehnte verjüngt. Nun erfährt der Arzt das Geheimnis: Der Inder, ein geflohener ehemaliger Tempeldiener hatte die wunderbare Macht, alles Lebendige extrem schnell wachsen zu lassen, ihm die Jugend zu nehmen. In letzter Minute konnte er seinen Zauber, der auch Baron und Baroness betroffen hatte, rückgängig machen und die beiden somit retten.

»Das Mangobaumwunder« ist für den Rezensenten Egon Dietrichstein »ein abenteuerliches, ein üppig phantastisches Buch mit heißem Tropenklima«.[150] Er sieht darin die »orientalisch-farbige (...) Pracht von Tausend und einer Nacht«, ebenso einen starken Motor, der nervenaufrüttelnd rattert. Neben den »fieberheißen Dschungeldünste(n)« wehe »auch die milde feuilletonistische Wiener Luft«, werde verwiesen auf »die miserablen Wiener Telephons, das Burgtheater«, den »Wiener Wachmann«.[151]

»Das Mangobaumwunder« war erfolgreich. Am 16. Juli 1915 und am 10. Januar 1916 bekam Perutz jeweils 200 Mark vom Langen-Verlag überwiesen, am 6. September 1917 für ein Filmangebot von »Mester-

Film« 500 Kronen. Der Stoff wurde 1921 von der »Maxim-Film-Gesellschaft Ebner & Co« in Berlin unter der Regie von Rudolph Biebrach verfilmt und lief unter dem Titel »Das Abenteuer des Dr. Kircheisen«.[152]

5 Im Krieg (1915-1918)

»Die Stimmung wird schon noch anders werden, wenn die Verwundeten durch die Straßen gehen.«[1]

»Unten bei der Musik im Höllental erfahren, daß Erzherzog Franz Ferdinand, der Thronfolger, in Sarajewo erschossen worden ist«.[2] So hielt Perutz das politische Ereignis fest, das den Ersten Weltkrieg einläutete. Dann äußerte er sich in seinem Tagebuch einen Monat nicht zur Politik. Erst am 24. Juli 1914 vermerkte er: »Ultimatum in Serbien!« und tags darauf: »Den ganzen Tag fürchterliche Gerüchte. Am Abend plötzlich Gewißheit: Krieg.« Die Wiener begrüßten den Krieg euphorisch. Richard A. Bermann schrieb:

> »Der Kriegsrummel in Wien war allgemein und unbeschreiblich. Es begann am Morgen, wenn man die Zeitung aufmachte, in der begeisterte Kriegsgedichte von so gut wie allen bekannten Schriftstellern des deutschen Sprachgebietes standen, und dauerte bis zum Abend, den die Wiener dazu benützen, auf der Ringstraße vor dem Kriegsministerium patriotisch zu demonstrieren.«[3]

Karl Kraus forderte in seinem berühmten Aufsatz »In dieser großen Zeit«, in dem er die enge Verflechtung von Krieg, Wirtschaft und Journalismus analysierte: »Wer etwas zu sagen hat, trete vor und schweige!«[4] Leo Perutz schwieg. Nicht einmal in seinem Tagebuch findet sich eine patriotische Phrase, nirgends spürt man Begeisterung oder auch nur Zustimmung.

Die Positionen der meisten Dichter zu dieser Zeit waren eindeutig. Hermann Bahr träumte in einem offenen Brief an Hugo von Hofmannsthal beinahe sentimental vom vergnügten Krieg,[5] den er mit den Worten pries: »Einen Kriegssegen will ich sprechen, den Segen aussprechen, der auf allen Lippen liegt, denn wir alle (...) segnen, segnen, segnen diesen Krieg!«[6] Karl Kraus klagte:

»Die freiwillige Kriegsdienstleistung der Dichter ist ihr Eintritt in den Journalismus. Hier steht ein Hauptmann, stehen die Herren Dehmel und Hofmannsthal, mit Anspruch auf eine Dekoration in der vordersten Front und hinter ihnen kämpft der losgelassene Dilettantismus. Noch nie vorher hat es einen so stürmischen Anschluß an die Banalität gegeben und die Aufopferung der führenden Geister ist so rapid, daß der Verdacht entsteht, sie hätten kein Selbst aufzuopfern gehabt, sondern handelten vielmehr aus der heroischen Überlegung, sich dorthin zu retten, wo es jetzt am sichersten ist: in die Phrase.«[7]

Perutz' Einstellung zum Krieg zeigt Skepsis und Distanz. Er stellte sich der grausamen Realität. Einige Male ging er zum Bahnhof, um die Züge des Roten Kreuzes mit Verwundeten ankommen zu sehen.[8] Er hörte ihre Schreie und notierte, die Stimmung werde schon noch umschlagen, wenn die Verwundeten durch die Straßen zögen.[9] Sorgfältig studierte er nicht nur die einheimische, sondern auch die ausländische Presse.[10] Im Anhang des Tagebuches 1915 listete er ausführlich die »Friedensanzeichen« auf, die sich seiner Meinung nach aus den politischen Entwicklungen ersehen ließen.

Aus heutiger Sicht ist aber unbegreiflich, wie nebensächlich der Krieg in Perutz' Leben und Denken gewesen ist. Perutz war nicht begeistert, aber auch seine Anteilnahme am Krieg war denkbar gering. Bezeichnend ist der bereits erwähnte Eintrag vom 24. Juli 1914, der ungekürzt lautet: »Ultimatum in Serbien! Tarock gespielt und viel verloren.«[11] Kriegsereignisse werden selten, knapp und sachlich erwähnt: »Große Schlacht bei Lemberg«,[12] »Krieg gegen Rußland«[13] oder »70.000 Gefangene«[14]. Dann folgen aber immer private Eintragungen, die ungleich mehr Raum einnehmen.[15]

Leo Perutz gehörte nicht zu den ersten, die in den Krieg mußten. Im Dezember 1914 notierte er: »(...) vorher bei der Musterung, freigekommen, wegen Kurzsichtigkeit.«[16] Ein halbes Jahr später aber reichte dieses Handicap nicht mehr. »Geeignet! Eigentlich auf meine Zwikker assentiert. Der Regiment-Arzt sah ihn an und sagte dann: das sind doch keine 8 Dioptrien. Natürlich waren es 8.«[17]

Am 15. August 1915 fuhr Perutz, der ja sein Heimatrecht immer noch in Rakonitz, dem Geburtsort seines Vaters, hatte, nach Prag zur Präsentierung. Schwermut und Traurigkeit prägten seine zweite Zeit beim

Militär. Offensichtlich wußte man zunächst wenig mit ihm anzufangen, seine Hauptaufgabe bestand darin, die Zeit totzuschlagen.[18] Wenn er Glück hatte, bekam er Ausgang und konnte stundenlang in der Prager Altstadt spazierengehen oder in den Kaffeehäusern Zeitungen lesen. Häufig mußte er aber auch auf dem Zimmer bleiben, auf dem Hof herumstehen oder sich »3 mal des Tages (...) zeigen«.[19] Von Zeit zu Zeit arbeitete er an den Korrekturbögen der »Dritten Kugel« oder am »Mangobaumwunder«. Seine Hoffnungen, aus gesundheitlichen Gründen doch noch ausgemustert zu werden, zerschlugen sich. Am 20. August 1915 notierte er: »Herz ist gesund. Ich muß fast sagen leider. Ich komme nach Prag zur Constatierung meiner Kurzsichtigkeit.« Doch auch die Augenprobleme reichten zur Befreiung vom Felddienst nicht aus. Mag sein, daß die antisemitische Einstellung des untersuchenden Regimentsarztes – wie Perutz glaubte – bei dieser Diagnose eine Rolle gespielt hatte.[20]

Erst am 30. September 1915 erreichte Perutz seinen ersten Einsatzort, Szolnok, südöstlich von Budapest. »Abfahrt mit Transport um 1/2 5 nach Czoluch. Mit 4 Einjährigen in ein kleines Abteil II. Cl. zusammengepfercht. (...) Herrlich im Gepäcknetz geschlafen.«[21] Es dauerte einige Tage, bis Perutz dort dem richtigen Regiment zugeordnet wurde. Am 4. Oktober war er bei der siebten Kompanie, tags darauf bei der fünften, dann bei der zweiten, am 8. Oktober notierte er: »Endlich gelandet. Bei der 6. Kom., werde aber in die Einjährigenabteilung transferiert, die von den 18-Jährigen gebildet wird.«

Nun begann für Perutz eine nochmalige, viermonatige Ausbildungszeit. Offensichtlich holte er nun nach, was er bei seiner Einjährigen-Zeit zwölf Jahre zuvor versäumt hatte. Über die praktischen Übungen klagte er sehr: »Furchtbar geschunden. (...) todmüde.«[22] Später scheint er aber manchmal sogar etwas Spaß daran gefunden zu haben. So schrieb er am 15. Februar 1916:

> »Abends herrliche Nachtübung. Ich mußte mich in den Ort schleichen, über Stacheldraht und Planken klettern. Ich war Patrouille, Dr. Müller schickte mich mit dem Rabinek fort, weil ich ihn ziemlich kritisierte. Rabinek ist gefangen, er wollte nicht über den Stacheldraht. Justus machte einen glänzenden Überfall.«

Zur militärischen Ausbildung gehörten: Exerzieren, Gefechtsübungen,

Schießen, Maschinengewehrübungen. Daneben besuchte Perutz die »Schule«. Er absolvierte ab Dezember 1915 die Offiziers-Prüfungen im Kommando, im Schießwesen, in Zugwesenführung und in praktischem Heerwesen.[23] Alles gelang ihm mit Bravour, in Terrainlehre allerdings schrieb er sich »einen großen Schwindelzettel«.[24]

Die Offiziersschule befand sich in Budapest. Die Stadt – neben Wien und Prag die dritte große Metropole der Donaumonarchie – bot auch den Soldaten ein einigermaßen angenehmes Leben. Perutz spazierte durch die Stadt, besuchte Kaffeehäuser, Gaststätten und Konzerte. Die Versorgungslage war in Budapest offensichtlich besser als in Wien. Perutz kaufte für seine Familie zu Hause ein. Die Schwester bekam Mehl und Kipferl[25] – zu dieser Zeit wohl schon Mangelware in Wien –, die Mutter forderte ein »5 Kilo Paket mit Semmeln, hart oder frisch ist einerlei«.[26]

Urlaub nach Wien gab es allerdings nur selten und die militärischen Umgangsformen müssen für einen erwachsenen Menschen sehr belastend gewesen sein. Mehrfach berichtete Perutz, daß sie über Nacht eingesperrt worden waren und er am Tisch geschlafen habe,[27] Arrest oder verschärfter Arrest waren gängige Strafen, ein Freund von Perutz durfte wegen eines schmutzigen Mantels acht Tage nicht ins Kasino.[28] Manche Strafaktionen beweisen unvorstellbare Absurdität angesichts der Tatsache, daß die Soldaten darauf vorbereitet wurden, innerhalb kürzester Zeit an der Front zu stehen und mit dem Tod zu rechnen. Kurz vor seinem Fronteinsatz geriet Leo Perutz in die Fänge des Leutnant Voigt. Der Anlaß war denkbar nichtig. Perutz notierte am 16. Februar 1916: »Feldmäßiges Schießen. Geschoß im falschen Aufsatz. Lt. Voigt schrieb sich meinen Namen auf. Ich ging nicht zum Rapport, schrieb auch die »Strafe« nicht.«

Perutz' wenig überraschender Konfrontationskurs brachte eine Lawine ins Rollen. »Früh stellte mich Lt. Voigt, weil ich nicht zum Rapport gegangen war. 5000 x abschreiben ›Gegebene Befehle müssen befolgt werden‹.«[29] Perutz schrieb die ganze Nacht, auch die folgende. Dann vermerkte er: »Ich lieferte 2000 x den Satz ab. Voigt schickte ihn mir zurück. Nochmals schreiben. Zu schlecht geschrieben.«[30]

Das Spiel weitete sich aus. Erneut gab Perutz fünfhundertmal einen Satz ab, wieder war alles zu schlecht geschrieben, weitere 1000 Sätze

sollten folgen. Erst der Frontbefehl für Leo Perutz beendete die Affäre.
Um Perutz' Gesundheit stand es in diesen Monaten nicht allzu gut. Insgesamt sechzehnmal meldete er sich krank. Zwar waren darunter sicher auch einige Tage, an denen er eine Krankheit nur vorgab, aber mit seinem Herzen schienen sich doch ernsthaftere Probleme abzuzeichnen. Bereits am 15. November 1915 schickte ihn eine Visite zur Konstatierung eines Herzfehlers nach Budapest.[31] »Von den ungarischen Ärzten fast gar nicht untersucht«,[32] beklagte sich Perutz danach, eine ernsthafte Erkrankung wurde nicht festgestellt. Am 1. Februar 1916 meldete sich das Herz nach einer Aufregung erneut. »Noch immer krank«, notierte Perutz. »Während der Schule um ca. 5 h wurde mir unwohl. Ich meldete, daß ich abtreten will und fiel zusammen. Ohnmächtig. Man trug mich auf den Gang, wo ich zu mir kam. Herzklappe?«
In späteren Jahren hatte Perutz mit seinem Herzen allerdings keine Probleme mehr. Möglicherweise waren nur die außergewöhnlichen Belastungen die Ursache für die Störungen, vielleicht kündigte sich mit jenen Symptomen auch Perutz' spätere Zuckerkrankheit an.
Nach Abschluß der Prüfungen hoffte Perutz zunächst, daß der Abmarschbefehl nur ein Gerücht sei, doch Ende März mußte er Budapest verlassen. Sie wurden an die russische Front transportiert, nach Stry, danach gingen sie zu Fuß »20 km mit 40 kg Rüstung« nach Chochoniow.[33] Zu Perutz' Aufgabe als Landsturmkorporal gehörte es, Schule zu halten, die Wohnung für Frontoffiziere zu suchen, schießen zu üben und die Gegend zu skizzieren.[34]
»Zuviel für einen Tag«, notierte er am 12. April 1916. Danach erkrankte er für zwei Wochen. Der Unterschied zum bisherigen Dienst war deutlich spürbar. Die Marschrouten waren länger geworden, die Übungen fanden auch in Gebieten statt, in denen geschossen wurde. So berichtete Perutz am 10. Mai 1916: »O.L. schickte mich in den Wald, in dem feldmäßig geschossen wurde. Ich ging mit Luftner. Beide hofften wir auf den Salonschuß.«[35]
Perutz' Mannschaft arbeitete bei der Bachregulierung, im Straßenbau und im Steinbruch.[36] Es wurden unzählige Gefangene gemacht: 6000, 7000, 10.000, 12.000, 15.000, 23.000, 26.000, zählte Perutz vom 17. bis

zum 23. Mai. Die Versorgungslage war zu diesem Zeitpunkt noch erträglich. Noch kamen Feldpostpakete mit Obst und Konserven, auch Mehl war zu haben. Wie alle anderen hatte Perutz Läuse,[37] wie alle erlebte er das nächtliche Trommelfeuer,[38] eine »Füllkugel« streifte ihn.[39] Am 5. Juni wurde Perutz erneut zum Zugführer ernannt. Dieser Rang war ihm vorübergehend abgesprochen worden, nachdem er zwei seiner Leute unerlaubterweise für den Bau seines Zeltes zurückgelassen hatte.[40]

Am 8. Juni 1916 erreichte Perutz ein neuer Dienstbefehl. »Um 1/4 6 rückten wir ab. In die Front, die Russen machen Angriffe auf ganze Front von 350 km. Wir haben wenig Artill.«. Knapp drei Wochen stand Perutz in der ersten Linie. Schrapnelle zischten über seinen Kopf.[41] »Keine Verluste, aber alles beschissen«,[42] stöhnte er. Am 14. Juni notierte er:

> »Große Panik. Die Stellungen sind nicht sehr gut. Ich ging mit Kaderic in den Laufgraben, beobachtete Russen, erste Meldung. (...) Ich ging mit Patrouille hinaus und brachte 25 Gefangene mit, die sich in einem Granatloch versteckt hatten. Später noch einmal 80 Gefangene, in einem Laufgraben. Viele verwundet. (...) Ein Verwundeter schrie den ganzen Tag. Erst in der Nacht holte man ihn herein. Ein Verwundeter hatte einen Schuß in den Hals. Die Zunge ist blutig und verschwollen.«

Die Tagebucheintragungen blieben meist knapp und sachlich, dennoch spürt man das Grauen, das Perutz umgab. Tag und Nacht lief er Patrouille, oft freiwillig, er schlief in Erdlöchern, mußte durch furchtbares Feuer. Seiner Tante Mela schrieb er: »Ich habe auch sonst viel Sau gehabt, war manchmal im ärgsten Feuer, ohne auch nur einen Streifschuß bekommen zu haben«.[43] Nun quälte auch ständiger Hunger. Tagelang gab es kein Brot, »1 1/2 Stunden um ein bisserl Suppe gelaufen«, klagte Perutz am 24. Juni. Sehnsüchtig erwartete er einen Brief mit Mohn.[44]

All dies verheimlichte Perutz seinen Eltern. Seiner Tante Mela hatte er eingeschärft, nichts weiterzuerzählen.[45] Einen Tag nach seinem Frontbefehl schrieb er seinen Eltern:

> »Ich habe jetzt eine neue Beschäftigung. Meine Leute müssen Schienen für eine Rollbahn legen, was fürchterlich fad ist (...). Ich habe

andere Leute bekommen. Meine Adresse ist jetzt: Gefr. Perutz. Infantrieregiment 88. 17 F Kompanie. Feldpost 213. Ich bin in demselben Ort wie früher, aber habe jetzt andere Mannschaft zu überwachen. Von dem großen Angriff der Russen hab ich fast gar nichts bemerkt. Einmal kam ein feindlicher Flieger, der aber sofort von unseren Abwehrkanonen vertrieben wurde, einmal ein Gefangenentransport, sonst leb ich in tiefstem Frieden.«[46]

Diese Lüge seinen Eltern gegenüber hielt er bis zum Schluß aufrecht. In den Feldpostkarten an sie plauderte er über Essen und Wetter, die Gesellschaft in Reichenau und seine Buchkritiken. Daher fiel Perutz' Vater Benedikt aus allen Wolken, als er von der Verwundung seines Sohnes hörte.

Perutz notierte am 4. Juli 1916: »Schwer verwundet. Brustschuß. Den ganzen Tag im Schützengraben bei heftigem Art.-Feuer gelegen. Kdt. Popper und Einjähriger (Wettl?) bei mir. Abends 1/2 auf Tragbahre zum Reg. Hilfsplatz. Morphium bekommen.« Perutz wurde sofort weitertransportiert ins Divisionssanatorium Amstett. Dann hatte er Glück. Wie er später erzählte, rettete ihm »Das Mangobaumwunder« das Leben:

»Ich war schwer verwundet und befand mich in einem Durchzugsspital (...). Durchzugsspital heisst aber lange Tage und Nächte warten, bis man vom Frontspital in ein anderes gebracht wird. (...) Plötzlich erscheint vor meinem Bett ein Arzt und fragt mich, ob ich der Autor des Mangobaum-Wunders bin. (...) Dieser Arzt untersuchte mich und ordnete wegen Lebensgefahr sofortige Operation an.«[47]

Im Krankenbericht heißt es später: »Operierter Steckschuß d. r. Brusthöhle. Einschuß am lateralen Rand d. r. Scrapila. Operationswunde«.[48] Nach zwei Operationen war Perutz zu schwach, um seine Tagebucheintragungen fortzusetzen. Am 14. Juli wurde er aus dem Divisionslazarett nach Stry gebracht. »Transport nach Stry. Furchtbar«, notierte er, mehr nicht. Eine dritte Operation, eine Rippenreposition,[49] wurde notwendig. Perutz litt unter Atemnot.[50]

Inzwischen wußten auch seine Eltern von seiner Verwundung. Sie versuchten, ihren Sohn aus dem Kriegsgebiet herauszubekommen. Mutter Emma schrieb: »Alfred Perutz (ein Bruder des Vaters; Anm. d. Verf.) schreibt heute – daß alle Schritte getan sind, um dich zu reklamieren, daß dies aber erst geschehen kann, wenn Du vom Feldspital in ein stabileres kommst.«[51]

Perutz' Mutter schickte Schlafmittelrezepte, sein Vater kümmerte sich um eine Reiseerlaubnis und besuchte seinen Sohn am 20. August; auch sein Bruder Paul kam mit einem großen Lebensmittelpaket.[52] So oft wie möglich schickte die Familie Lektüre. Obwohl es Perutz bald besser ging, scheint sich der Weitertransport nach Wien endlos verzögert zu haben. Über das Spital in Josoncz kam Perutz am 30. September, fast drei Monate nach seiner Verwundung, endlich ins Krankenhaus nach Wien.

Möglicherweise waren es die Erfahrungen im Lazarett, die unendlich langen Tage, die Langeweile, die Sehnsucht nach Lektüre, die ihn später zu der Novelle »Dienstag, 12. Oktober 1916« inspirierten, die er Ende 1919 fertigstellte.[53]

Perutz schildert hier die Genesung des Reservekorporals Georg Pichler nach Schußverletzungen:

> »Anfangs war er apathisch und ohne Interesse für seine Umgebung. Er freute sich seines wiedergewonnenen Lebens, freute sich, daß er dem Krieg für immer entronnen war. Die Zeit verging aufs beste mit dem Warten auf die Menage (Verpflegung beim Militär; Anm. d. Verf.) (...). Erst zu Beginn der siebten Woche seines Aufenthaltes im Spital stellte sich Langeweile ein. Er fing an, die Gesichter der Zimmergenossen zu studieren.«[54]

Mit seinen russisch-sprechenden Leidensgenossen kann Pichler sich nicht verständigen. Die Zeit dehnt sich ins Unendliche.

> »Er zerlegte das Räderwerk seiner Uhr und setzte es wieder zusammen und dies wiederholte er so lange, bis sie ihm gestohlen wurde. Er studierte seine Zugsliste, legte eine Statistik der Vornamen seiner ehemaligen Untergebenen an (...). Er wettete mit sich selbst, aus wieviel Silben und Buchstaben sich die Gedichte zusammensetzten, die er noch von der Schulzeit her auswendig wußte.«[55]

In dieser Situation bekommt Pichler seine erste und einzige Lektüre, eine Wiener Zeitung vom 12. Oktober 1916. Pichler verschlingt sie, er liest sie so oft, bis »die ewig wechselnde Physiognomie der Zeit für ihn zu einer unbeweglichen Maske erstarrt war.«[56] Das Wien des 12. Oktober 1916 wird seine Welt. Seine Phantasie beschäftigt sich nur mehr mit den Personen und Ereignissen dieser Zeitungsausgabe. In seinem Kopf wissen die Personen der verschiedenen Artikel voneinander, die Ereignisse haben zueinander eine Beziehung. Als er im Frühjahr 1918 nach Wien zurückkehrt, ist ihm die Realität sinnentleert. Alle Ereignisse der Gegenwart, alle ihm begegnenden Personen versucht er in Beziehung zum Mikrokosmos des 12. Oktober 1916 zu bringen. Er ist dem Leben abhanden gekommen.

Perutz' Genesung ging auch in Wien nur langsam voran. Er war noch sehr schwach. Zwei Wochen nach seiner Ankunft, drei Monate nach der Verwundung notierte er: »Besuchsstunde auf 1 Stunde jeden 2. Tag verlängert (...). Ich brauche die Ruhe. Abends sehr lustig. 1. Gehversuche. 2 x durchs Zimmer und zurück.«[57]

Anfang November, nach seiner Beförderung zum Landsturm-Fähnrich,[58] traten nochmals Komplikationen auf. Perutz bekam Fieber, mehrere Tage über 40 Grad; er kämpfte mit einer bakteriellen Infektion, dem Rotlauf, wurde isoliert, und konnte erst am 2. Dezember ins Einjährigen-Zimmer zurückkehren.[59] Am 23. März 1917, nun befördert zum Landsturm-Leutnant auf Kriegsdauer,[60] notierte er: »Zum ersten Mal ausgefahren. In den Anker mit I. W..« Doch entlassen wurde er erst im Juli 1917, ein Jahr nach seiner Verwundung. Am 29. Juli meldete er sich bei seinem Regiment in Szolnok zurück. Er war aber »laut Eintragung im Grundbuch-Hauptblatt ›felddienstuntauglich‹ und nur ›zu leichten Kanzleidiensten geeignet‹.«[61] Unter den Folgen seiner Kriegsverwundung habe Perutz Zeit seines Lebens gelitten, berichtet sein Neffe Ulrich Furst.[62]

Am 14. August 1917 erfuhr Leo Perutz, daß er für den Dienst im Kriegspressequartier (KPQ) in Wien vorgemerkt sei.[63] Er stellte sich vor, der zuständige Oberst »hatte das Mangobaumwunder gelesen und war begeistert. Er holte Dienstzettel mit Aufnahme.«[64] Das KPQ war die Schaltstelle der k.u.k. Presse. Von hier wurde über den Kriegsverlauf berichtet, hier wurden die Berichte der Journalisten aber auch zensiert.

Im Kriegspressequartier arbeitete seit März 1917 auch Egon Erwin Kisch, den Perutz spätestens im Juni kennenlernte und der im folgenden Jahr ein guter Freund wurde. Mit Kisch und Richard A. Bermann, der kriegsdienstuntauglich war, aber seit 1915 für seine Zeitung *Zeit*

als Korrespondent im Kriegspressequartier arbeitete, machte Perutz seine Antrittsbesuche. Am 13. September begann sein Dienst.[65]
In seiner neuen Umgebung fühlte Perutz sich wohl. Das Betriebsklima war gut, er verbrachte auch seine Freizeit jetzt oft mit seinen Arbeitskollegen Dr. Wirth, van Rogen, Bermann, Dr. Lehrhof, Schulz und Adelt.[66] Er zensierte die Kriegsgefangenenkorrespondenz, arbeitete aber auch als Mathematiker in der Dechiffrierabteilung.[67]
Dieser Tätigkeit dürfte die Idee zu der Novelle »Herr erbarme dich meiner« entstammen, die Perutz 1929 erstmals veröffentlichte.[68]
Die Geschichte spielt in der Zeit des russischen Bürgerkrieges 1918. Der Dechiffreur der allrussischen Tscheka versucht vergeblich, eine äußerst wichtige, chiffrierte Radiodepesche zu entziffern. Ein gefangener ehemaliger Offizier der zaristischen Armee, Woloschyn, entschließt sich, mit den Kommunisten zusammenzuarbeiten, um sein Leben zu retten. Innerhalb von vier Stunden muß er die Depesche entziffert haben, sonst wird er erschossen. Er arbeitet wie ein Besessener. In seiner Verzweiflung und Todesangst ruft er: »Herr erbarme dich meiner« und findet mit diesen Worten den passenden zaristischen Chiffrenschlüssel, an den er gar nicht gedacht hatte.

Perutz' Einstellung zum Kriegspressequartier war zwiespältig. Zum einen genoß er es, nicht mehr an die Front zu müssen, zum anderen schämte er sich abgrundtief für diese Tätigkeit. Nie hat er seinen Kindern oder seiner zweiten Frau von dieser Arbeit erzählt. »Was ich im Krieg gemacht habe, ist meine Sache«, pflegte er zu sagen. »Jeder Mensch hat ein Recht auf seine Geheimnisse.«[69]
Karl Kraus, dessen Lesungen Perutz auch während des Krieges besuchte, verachtete das KPQ zutiefst. Er entlarvte während der ganzen Kriegszeit die Berichte der Kriegsberichterstatter unbarmherzig als Lügen und Schönfärberei, weil sie über die eigentliche Lage hinwegtäuschten und so einen wesentlichen Anteil an der Fortsetzung des Krieges hätten. Kraus konstatierte: Die »Kriegsberichterstatter dienen aus Eigennutz und Feigheit den militärischen Behörden und benützen den kämpfenden und sterbenden Soldaten als willkommenes Objekt, über das sie gewinnbringend berichten können.«[70] Für viele Literaten war der Einsatz im Kriegspressequartier eine Mög-

lichkeit, dem aktiven Kriegsdienst zu entkommen. Richard A. Bermann sah die Sache sehr realistisch:

»Die österreichischen, ungarischen und deutschen Berichterstatter standen alle im miltärdienstpflichtigen Alter, einige waren Reservisten der Armee. Wenn sie anders berichteten, als es dem Kommandanten des KPQ erwünscht war, konnte man sie ohne weiteres, wie der militärische Ausdruck lautete, einrückend machen, aber auch jemand wie ich, der zum Kriegsdienst untauglich erklärt worden war, unterstand während seines Aufenthaltes im KPQ der militärischen Disziplin und man konnte ihm jederzeit mit einem kriegsgerichtlichen Verfahren drohen, wenn er meinte, er sei ein unabhängiger Schriftsteller und habe das Recht auf eine freie Meinung.«[71]

Für Perutz war die Arbeit im Kriegspressequartier trotz seiner Skrupel die angenehmere Alternative. Im März 1918 hatte er geheiratet und konnte nun bei seiner Frau in Wien leben. Auch bot seine neue Tätigkeit den Vorzug von Dienstreisen. Am 6. April 1918 erfuhr Perutz, daß er für das KPQ in die Ukraine fahren werde.[72] Vier Tage später brach er auf, zusammen mit Dr. Lehrhof, Dr. Wirth, Hugo Schulz von der *Arbeiterzeitung*, Kerschbaum und Linhard Adelt, dem Korrespondenten des *Berliner Tageblatts*.[73] Die Reise ging nicht ins eigentliche Kriegsgebiet und war durchaus erholsam, das Essen gut und reichlich. »Schlagobers!«[74] vermerkte Perutz einmal begeistert. Die Gruppe spielte, besuchte Konditoreien,[75] besichtigte Fabriken.[76] Die Fahrt ging bis nach Odessa. Sie sprachen mit russischen Offizieren, übernachteten sogar in einem Offiziersheim. Eine Hauptbeschäftigung auf dieser Reise war das Einkaufen: Brot, Reis, Mehl, Seife, Tee, Gries, Stärke, Zigaretten, Gummiwaren, Eier, Tabak und Kaviar – die Einkaufsliste war lang.[77]

Ein halbes Jahr später brach Perutz ein zweites Mal im Auftrag des KPQ in die Ukraine auf.[78] Diesmal begleitete ihn auch sein Freund Bermann. Wieder war die Hauptbeschäftigung der Einkauf von Raritäten. Wurst, Bonbons, Gries, Kartoffelmehl, Fisch, Hummer, Pfirsiche, Reis, Zucker, insgesamt 16 kg Makkaroni und 150 kg Mehl kaufte Perutz in diesen Tagen und schickte vieles sofort nach Hause.[79] Die Abgesandten des KPQ vergnügten sich im Schwarzen Meer. »Wir badeten uns schwarz vom Schlamm«, schrieb Perutz, »Bermann verirrte sich in der Damenabteilung. Die Damen baden auch nackt.«[80] Die »Kriegsberichterstatter« unternahmen Ausflüge, besichtigten Städte, genossen »geschäftiges Nachtleben«.[81] Bermann schrieb über diese Reise fast zwanzig Jahre später anläßlich einer Gedenkfeier für das Kriegspressequartier:

»Es war nicht eigentlich eine Reise an die Front. Die österreichischen und ungarischen Truppenteile in der besetzten Ukraine waren schon lange nicht von Kriegsberichterstattern besucht worden; (...) Ein invalid geschossener Offizier, in dessen schäbiger Leutnantsuniform der Romandichter Leo Perutz steckte, bat, mit uns reisen zu dürfen; er wurde daher feierlichst zu unserem Gruppenführer ernannt (...). Diese letzte Kriegsfahrt des K.-P.-Q. hat in kein Trommelfeuer, in keinen Schützengraben geführt, denn in der Ukraine wurde nicht mehr gekämpft. Aber an Abenteuern hat es keineswegs gefehlt. Auf unserer Rückfahrt über das Asowsche Meer explodierte auf dem alten russischen Kohlenkahn, auf dem wir fuhren, ein Kessel. Vier Tage trieben wir Kriegsberichterstatter auf dem Meer herum. Wir hatten nichts zu essen. Alles Essen, das an Bord war, blieb den Schiffsleuten und zwei holden Damen reserviert, die der Kapitän und der Schiffsingenieur mitgenommen hatten. Jedesmal nach dem Mittagessen spielten die Damen uns freundlichst was auf der Balalaika vor.«[82]

Die Kesselexplosion kann man Bermann noch glauben, für eine viertägige Irrfahrt findet sich aber zumindest in Perutz' Tagebuch kein Anhaltspunkt. Möglicherweise hat Bermann hier nach der langen Zeit Ereignisse einer anderen Reise hineingemengt, möglicherweise hat er aber auch das Abenteuer schlicht ein wenig aufpoliert. Auch Bermanns Angaben über die Fortsetzung der Reise entstammen wohl seiner Phantasie. Er gibt an, sie seien von einem Dampfer gerettet, doch statt nach Odessa zum Zentrum der zaristischen Armee gebracht worden.

»Viel wäre zu erzählen von diesem wilden Tag in Noworossijks: wie wir, in der Offiziersuniform mit dem schwer lesbaren Zeichen K.-P.-Q. am Kragen, in Noworossijks herumliefen, mitten durch die Kosaken und Tscherkessen der Denikin-Armee; wie wir von der Polizei verfolgt, beschossen, den Stier bei den Hörnern zu packen und den Gouverneur Obersten Kutiepow interviewen gingen; wie unterdessen unser Kriegsphotograph und unsere Ordonanzen als Spione verhaftet und mit dem Tode bedroht wurden; wie es uns schließlich gelang, sie aus der Wachstube der Kosaken herauszuschmuggeln und den Kapitän unseres Schiffes zum sofortigen Abdampfen zu bewegen.«[83]

In Perutz' Tagebuch endete die gleiche Reise ganz unspektakulär. Nach einem opulenten Frühstück in Odessa am 22. September notierte er zwei Tage später lediglich: »Ankunft in Wien!«[84]

Der literarische Ertrag dieser Reisen bestand für Perutz in den Feuilletons »Skizzen aus dem Südosten« und »Szenen aus der Ukraine«, die in Prager Zeitungen veröffentlicht wurden.[85]

Die »Skizzen aus dem Südosten« schildern drei relativ banale Erlebnisse der Reise. In der ersten beobachtet Perutz, daß rumänische Offiziere in ihrer Hauptstadt Bukarest wie Fremde behandelt werden, in der zweiten schildert er den freundlichen, selbstverständlichen Empfang, den ihnen Händler im Feindesland bereiten. Doch die Skizze schließt mit der Pointe: »daß die Schaumrollen nichts waren als eine Falle, merkten wir sofort, als wir nach dem Preis fragten.«[86] Die dritte Szene beschreibt eine Verbrüderung zwischen russischen Offizieren und den Österreichern in einem russischen Offizierskasino. Von Kämpfen ist in diesen Skizzen nichts mehr zu spüren. Die russischen Offiziere sind für Perutz Menschen, die »monatelang in unserer nächsten Nähe gelebt, im gleichen Ort dieselben Leiden und Gefahren durchgemacht haben wie wir, nur ein paar Schritte von uns entfernt.«[87]

Die »Szenen aus der Ukraine« wurden am 19. Mai 1918 in der *Deutschen Zeitung Bohemia* veröffentlicht. Außer Perutz' Artikel findet man auf dieser Zeitungsseite folgende Überschriften: »Die Ernährungskrise in Deutschböhmen«, »Die Lebensmittelaushilfe Deutschlands für Deutschböhmen«, »Die Prager Vorräte«, »Der Brotverkauf in Prag«, »Handel mit Spätgemüse«. Es wird berichtet von den »entsetzlichen Zuständen«, von »Hungerkrankheiten«, von den minimalen Vorräten der Stadt Prag, vom Plan, alle Lebensmittel aus Privathaushalten zu beschlagnahmen, um sie sogenannten Zwangskriegsküchen zuzuführen.[88]

In diesen Zusammenhang gestellt, wirkt Perutz' Text beinahe makaber: Er schildert in der ersten Szene, wie er zusammen mit einem

Freund in einer kleinen Grenzstadt weißes Mehl zu einem erschwinglichen Preis entdeckt.

> »Mein Kamerad blickte mich an. Vier Jahre Kriegswirtschaft fielen von ihm ab. Vier Jahre voll Entbehrungen waren vergessen, als wären sie nie gewesen. Mehl war wieder Mehl geworden, war entzaubert, war etwas, was man in jedem Laden zu kaufen bekam. (...) ›Gehen wir‹, sagte er gleichmütig. ›Ich werd mich doch nicht mit sechzehn Kilo Mehl schleppen‹.«[89]

Die zweite geschilderte Szene trifft die allgemeine Stimmungslage wohl eher. Perutz schildert hier, wie sich die Frauen von russischen Kriegsgefangenen in Österreich bei ihm nach ihren Männern erkundigen. »Hundert Ortsnamen schwirrten um mein Ohr: und alle Stimmen vereinigten sich zu einem großen Chor des Leides, des Vorwurfs, der Anklage«.[90] In den Fragen einer Frau: »Und Iwan Grigorjewitsch? Was ist mit ihm? Warum schreibt er nicht?«[91] gellt Perutz die unfaßbare Trauer um all die Gefangenen des Weltkrieges entgegen.

An literarischen Ideen mangelte es Perutz in den Kriegsjahren nicht. Im Anhang des Tagebuches 1915 finden sich folgende Vorhaben aufgelistet:
* Der Mann mit den Handschellen
* Das Mangobaum-Experiment
* Der Tag ohne Abend
* Feldwebel Schramek
* Der Spiegel
* Ein Rudel Wölfe
* Der Vogel Solitär
* Die fünf Papageien (Cornwall-Legende)
* Die Bluttropfennarben
* Die arabische Flöte
* Ignis Sacer (Mutterkreuzverleihung)
* Die Sekunde
* Die Hussitentrommel
* Die Jagd auf den Mond

Nach seiner Genesung nahm Perutz die Arbeit an einer dieser Ideen, dem »Mann mit den Handschellen«, auf. Der Stoff war ihm bereits im Februar 1915 eingefallen,[92] acht Monate vor seiner Einberufung. Was Perutz später seinen Lesern »Zur Entstehung meines neuen Romans Zwischen neun und neun« erzählt,[93] gehört also bereits in den Bereich der literarischen Fiktion:

> »In der ungarischen Stadt Szolnok, als ich dort im Frühjahr 1916 auf den Abgang meiner Marschkompanie wartete, entstand in mir der Gedanke dieses Romans. Ich saß im Kaffeehaus, dem einzigen, in dem die Freiwilligen verkehren durften (...). Da tauchte plötzlich in der Tür des Kaffeehauses die Figur eines jungen Mannes auf, dessen Anblick mich mehr verblüffte, als wenn es ein Offizier gewesen wäre. Ich kann es heute nicht sagen, was der Grund der über mich hereingebrochenen lähmenden Unruhe war. Vielleicht sein unsteter Blick, vielleicht die eigentümliche Art, mit der er seinen Arm und seine Hand unter seinen Wetterkragen steckte. Einige Augenblicke starrte er – mit unverständlicher Erregung – in den Zigarettenrauch des Kaffeehauses, dann machte er kehrt um und verschwand. Ich sah ihn niemals mehr. Es war Stanislaus Demba.«[94]

Perutz begann die Arbeit an dem Roman »Zwischen neun und neun«, den er zunächst noch »Die Freiheit« nannte, am 27. Mai 1917; bereits am 10. November brachte er ihn fertig zu Bermann,[95] der ihn »entzückend«[96] fand. Im Dezember kam der Vertrag des Langen-Verlags für die Buchausgabe,[97] im *Berliner Tageblatt* und in der Prager *Deutschen Zeitung Bohemia* erschien der Roman als Vorabdruck unter dem Titel »Freiheit«.[98]

»Zwischen neun und neun« ist ein sehr filmischer Roman. Der Schlüssel des Ganzen und zugleich der reale Kern der Geschichte findet sich im achten der zwanzig Kapitel. Der mittellose Student Stanislaus Demba hat ein Jahr vor dem Geschehen drei Bücher aus der Universitätsbibliothek entwendet, um eine wissenschaftliche Arbeit fertigzustellen. Später hat er zwei Bücher verkauft, um Schulden zu bezahlen, das dritte möchte er nun nach einem Jahr ebenfalls an einen Antiquar abstoßen, um eine Reise mit seiner ehemaligen Freundin Sonja zu finanzieren. Er macht sich auf sie immer noch Hoffnungen, obwohl Sonja diese Reise eigentlich mit ihrem neuen, wohlhabenden Freund, Georg Weiner, unternehmen möchte. Der Antiquar ahnt jedoch den unrechtmäßigen Erwerb des Buches und holt die Polizei.

Demba wird verhaftet, bekommt Handschellen angelegt, kann aber in einem günstigen Moment auf den Dachboden des Hauses fliehen und die Tür versperren. In den wenigen Minuten, die ihm bleiben, bevor die Polizei die Tür öffnet, steht ihm dramatisch die Situation der Gefangenschaft vor Augen.

»In einer kleinen Zelle könnt ich gar nicht atmen. Und nun, ich werde behorcht und belauert werden. Werde aufstehen müssen, wenn man mich aufstehen heißt. Mitgehen müssen, wenn man mir befiehlt, mitzugehen. Werde Rede und Antwort geben müssen, wenn man mich fragt. Muß essen und schlafen und arbeiten, wenn es anderen beliebt, mich essen, schlafen oder arbeiten zu lassen. Das ist nicht zu ertragen.«[99]

Tausend Dinge gehen Demba durch den Kopf, die er gerne noch getan hätte, nur einen Tag, nur zwölf Stunden möchte er noch frei sein. In seiner Not – die Kirchturmuhr schlägt gerade neun Uhr – entschließt er sich zu springen. Am Schluß des Romans heißt es: »Als die beiden Polizisten – kurz nach neun Uhr morgens – den Hof des Trödlerhauses in der Klettengasse betraten, war noch Leben in Stanislaus Demba.«[100]

Dann stirbt er.

In den wenigen Sekunden, die die Kirchturmuhr braucht, um neun Uhr zu schlagen, spielt der Rest der Romanhandlung. Demba erlebt in seiner Phantasie die zwölf Stunden Freiheit, die er sich gewünscht hat – von neun Uhr morgens bis neun Uhr abends. Wie Sterbende in wenigen Minuten ihr ganzes Leben vorbeiziehen sehen, so sind es bei Demba die zwölf Stunden der nächsten Zukunft. In seinem Traum flieht er nach dem Sprung und einer kurzen Ohnmacht immer noch mit Handschellen gefesselt – mitten hinein ins Wiener Leben. Die Fesseln machen ihn zum Außenseiter; krampfhaft versucht er, sie zu verbergen, versucht, die Unmöglichkeit, seine Hände zu gebrauchen, mit Ausreden zu erklären. Im 4. Kapitel geht er zu seiner ehemalige Freundin Sonja und erbettelt von ihr einen Aufschub – falls es ihm bis zum Abend gelänge, genug Geld aufzutreiben, würde sie mit ihm, nicht mit Weiner auf Reisen gehen, so verspricht sie. Diese Aussicht spornt Demba an. Er versucht verzweifelt, an Geld zu kommen. Immer wieder erreicht er sein Ziel fast, doch die Fesseln an seinen Händen und das unbegreiflich waltende Schicksal verhindern, daß er das Geld wirklich bekommt. In seiner Not wendet er sich an Steffi, eine Frau, die ihn wirklich liebt, die aber für Demba neben seiner Sonja verblaßt, und erzählt ihr die ganze Geschichte. So erfährt auch der Leser die Zusammenhänge. Bis zu diesem Moment kann man die Handschellen unter Dembas Mantel nur ahnen. Steffi versucht alles, um ihm zu helfen, scheitert aber, so daß Demba als einzigen Ausweg auch in seinem Traum nur den Sprung aus dem Dachfenster sieht. – Allerdings zwölf Stunden später.

Jedes Kapitel von »Zwischen neun und neun« schildert einen Abschnitt in Dembas Traumtag. Genau wird die Zeit mitprotokolliert, genau wird das jeweilige Milieu geschildert. Der Leser sieht die Wiener Kaffeehäuser vor sich, die Angestellten in einem Büro, flanierende Professoren, einen Trickdieb, Kindermädchen, bürgerliche Wohnungen und reiche Damen. Die einzelnen Geschichten haben nichts miteinander zu tun, nur Demba verbindet den Reigen, der quer durch alle sozialen Schichten Wiens geht. Der Blickwinkel Dembas, die Situation des Ausgestoßenen verändert das gewohnte Bild von Wien. Aus der Gemütlichkeit ist etwas Unheimliches geworden. Der mittellose Demba, der zwar sehr gescheit ist, aber mit seinen Gefühlen nicht zurechtkommt, entlarvt die Blindheit, die Mitleidlosigkeit, die Bereitschaft zu übler Nachrede, die Phrasenhaftigkeit und das Prahlertum der Wiener Gesellschaft.

Ernst Weiß war von dem Buch begeistert, lobte es als das »in seiner Art Fabelhafteste«,[101] das er gesehen habe. Auch Egon Erwin Kisch hielt das Buch für einen der »größten Erfolge des deutschen Büchermarktes«.[102] Schon sehr bald begann sich der Film zu interessieren. Am 8. August 1918, kurz nachdem der Vorabdruck im *Berliner Tageblatt* beendet war, notierte Perutz: »Telegramm von Ambross-Film, kauften »von 9-9«.[103] Im April 1922 erwarb »die amerikanische Filmfirma ›Universal Film Manufacturing Company‹, die spätere ›Metro-Goldwyn Mayer Pictures Corporation‹ (...) die Weltfilmrechte.«[104] Die Filmgesellschaft verfilmte den Roman aber nie und Perutz gelang es auch später im Exil nicht, die Rechte wieder freizubekommen.

Die Idee von dem Mann mit den Handschellen faszinierte neben dem englischen Kriminalschriftsteller Eric Ambler, der sich von ihr inspirieren ließ,[105] auch die Regisseure Friedrich Wilhelm Murnau[106] und Alfred Hitchcock. Letzter bestätigte in einem Interview mit François Truffaut:

> »Um auf die Handschellen im ›Lodger‹ zurückzukommen, ich glaube, in gewisser Weise hat mich ein deutsches Buch angeregt, von einem Mann, der einen ganzen Tag lang Handschellen trägt. All die Probleme, die sich während dieses Tages daraus für ihn ergeben.«[107]

Es sei gut möglich, antwortete Hitchcock auf Nachfrage, daß es sich bei dem Buch um Leo Perutz' »Zwischen neun und neun« gehandelt habe.

Der Berliner Schriftsteller Hans Sturm bat 1923 um die Erlaubnis, das Buch dramatisieren zu dürfen. Am 20. September 1923 wurde das Stück im deutschen Schauspielhaus in Hamburg uraufgeführt, drei Monate später kam es nach Berlin ins Theater an der Königgrätzer Straße.[108] Die Kritiken waren nicht allzu euphorisch. Alfred Döblin kritisierte vor allem, daß der »Einfall, der gut ist, bühnenmäßig nicht ganz herauskam. (...) Es fand sich hie und da ein spannender Akt.«[109] Alfred Kerr war das Stück zu langatmig. Er resümierte: »Kurz: der Student bleibt solange gefesselt, bis es der Zuschauer nicht mehr ist.«[110]

Obwohl die Auswirkungen des Krieges auch im Hinterland zu spüren waren, nahm Leo Perutz als Mitarbeiter des Kriegspressequartiers sein gewohntes Wiener Leben wieder auf. Beinahe täglich traf er seine alten Freunde Elbogen, Dietrichstein, Krzyzanovski, Bermann und Kuh im Kaffeehaus, besuchte Krausvorlesungen, Theaterveranstaltungen, Konzerte, Filmvorführungen. Erstmals fanden auch die Naturwissenschaften seine Beachtung. Am 6. August 1918 besuchte er mit seinem Stammtischfreund Dr. Kammerer die biologische Versuchsanstalt. »Sehr interessant«, notierte er. »Einpflanzung der Augen. Wirkung der (?)-Transplantation auf Gliedmaßen (...) Wirkung der Keimzerstörung.«

Die geballte Lebenslust aber, die Perutz' Tagebuchaufzeichnungen vor dem Krieg geprägt hatte, war verschwunden. Obwohl sich kaum Bemerkungen über das Kriegsgeschehen finden, ist die Stimmung oft gedrückt. »Sehr traurig. Weiß nicht warum«, notierte Perutz am 16. Januar 1918.

Auffallend ist, daß sich in Perutz' Tagebüchern fast nie Klagen über die schlechte Ernährungslage in Wien finden. Dabei gab es Brot, Mehl, Zucker, Milch, Kaffee, Fett, Kartoffeln und Fleisch nur mehr mit Lebensmittelkarten. Stundenlang standen die Menschen um Brot an, oftmals ohne Erfolg. Lebensmittel wurden bereits soweit als möglich gestreckt, für vieles gab es sogenannten »Ersatz« aus minderwertigen Rohstoffen.

> »An der Technischen Hochschule wurde eine eigene Forschungsstelle ›Kriegsforschungsstelle für Technische Biochemie‹ eingerichtet. (...) Seit dem 15. Jänner 1915 wurde Brot zur Hälfte aus Ersatzstoffen hergestellt. Zunächst mischte man Maismehl in großen Mengen bei, später ersetzte man dieses durch gemahlene Maiskolben und Baumrinden. Die Wruke, sonst ein Viehfutter, ersetzte die Kartoffel (...), Marmelade stellte man aus Runkelrüben her, aus Rübenmehl war der Kaffee, Sacharin löste den Zucker ab, Pflanzen- und Abfallfette ersetzten die tierischen Fette. Die Textilien wurden nicht mehr aus Wolle und Leinen angefertigt, sondern aus Nesselfasern und Papierstoffen.«[111]

Sicher war auch Perutz' Familie von der Ernährungskrise in Wien betroffen, sonst hätte Leo Perutz wohl kaum solche Mengen an Lebensmitteln von seinen Kriegsreisen nach Hause geschickt. Doch die Sorge um die tägliche Nahrung bestimmte das Leben von Leo Perutz keineswegs. In seinem Tagebuch liest man meist nur, mit wem und in welchem Restaurant er »genachtmahlt« habe. Man kann daher annehmen, daß die Familie Perutz, deren Firma im Krieg florierte, bei der Beschaffung von Lebensmitteln auf den Schwarzmarkt ausgewichen war. Das Phänomen der Teuerung wußte Leo Perutz als weitgereister Mensch dabei zu relativieren. In seinem Feuilletonbeitrag »Die zweitteuerste Stadt der Welt«[112] für die Zeitschrift *Heimat* beschreibt er 1918, wie er, von Wien nach Lemberg kommend, von Lemberg nach Odessa, den neuen Aufenthaltsort jeweils als entsetzlich teuer empfindet. Doch selbst in Odessa, wo ihm nun alles unerschwinglich erscheint, trifft er noch auf Menschen aus anderen Gegenden, die nach Odessa gekommen sind, um hier billig einzukaufen.

Drängend war für Leo Perutz lediglich die Sorge um ausreichende Tabakmengen. Die Lieferungen seines »amerikanischen Zigarettenreferenten«[113] Steinsberg, der ihn 1914 und 1915 noch regelmäßig versorgt hatte, scheinen nun ausgeblieben zu sein. Perutz suchte andere Quellen. »2000 schwedische Zigaretten bekommen«, notierte er am 12. November 1917, einige Tage später: »Englische Zigaretten von Dr. Kreitner«.[114] Ständig war er auf der Jagd, bestellte Zigaretten, holte sie ab, manchmal klappte auch eine Übergabe nicht.[115] Später stieg er sogar in den Zigarettenhandel ein. Am 24. Juni 1918 notierte er: »1400 Zigaretten gekauft. Von einem Kellner durch einen Kurier. 600 (...) behielt ich, 800 verkaufte ich mit Gewinn.«

Die unmittelbaren Eindrücke des Krieges und seiner Folgen hinterließen Spuren in Leo Perutz' Schaffen. Erstmals bezog er öffentlich Stellung zu politischen Fragen.

Im Jahr 1918 muß Wien einem Hexenkessel geglichen haben. Bereits am 14. Januar 1918 kam es zu einer großen Streikaktion der Arbeiter, die Kriegsproduktion wurde kurzzeitig lahmgelegt, Massenversammlungen wurden abgehalten, erste Arbeiterräte gewählt.[116] Wien war überfüllt mit heimkehrenden, orientierungslosen Soldaten, die ein gewaltiges Revolutionspotential darstellten. Das Volk war kriegsmüde, die Botschaft der russischen Revolution erreichte auch Wien. Am 2. November 1918 wurde der Waffenstillstand geschlossen, die Sozialdemokraten stiegen zur führenden politischen Macht auf . Am 11. Dezember verzichtete der Kaiser auf seine Herrschaft, der Gründung einer Republik stand nichts mehr im Weg.

Augenzeugenberichte geben einen Eindruck, wie improvisiert die Proklamation des neuen Staates war, wie chaotisch die Gründung ablief:

> »Nun hielt Präsident Seitz an die vor dem Parlament angesammelten Massen eine Ansprache, die in den Ruf ›Heil der deutschen Republik‹ ausklang. Ein Teil der Versammelten antwortete darauf mit den Rufen: ›Hoch die soziale Republik‹. Nach einer Ansprache des Präsidenten Seitz nun entwickelte ein Redner der kommunistischen Partei, der den Parlamentsbrunnen bestiegen hatte, sein kommunistisches Programm, worauf ein sozialdemokratischer Gesangsverein ein Lied anstimmte.«[117]

Nun sollte die rot-weiß-rote Fahne gehißt werden, die kommunistische Rote Garde trat in Aktion, fetzte den weißen Streifen heraus, so daß eine nur rote Fahne aufgezogen wurde. Im weiteren Verlauf kam es zu tätlichen Auseinandersetzungen.

»Da wird von der Straße gegen das Gebäude geschossen. Eine Kugel trifft den sozialdemokratischen Chef des Pressedepartements der Staatskanzlei, Dr. Brügel, in ein Auge, das verloren geht, dreißig andere Personen, darunter zwei Volkswehrleute werden mehr oder weniger schwer verletzt, andere Schüsse treffen die marmornen Götter des Frieses. Und plötzlich steht die Rote Garde, vierhundert Mann, auf der Rampe und es hebt ein allgemeines Streiten an.«[118]

Ein Teil der Roten Garden zog daraufhin wieder ab zu ihrer Unterkunft, der Stiftskaserne. Ein anderer Teil begab sich zu den Räumen der *Neuen Freien Presse* und besetzte Redaktion, Administration und den technischen Betrieb.[119]

Perutz verfolgte diese Vorgänge mit Interesse und Sympathie für die Roten Garden. In seinem Tagebuch hielt er die Ereignisse so fest:

»Mittags bei den Eltern. Warnte Paul, mit Liesl zur republikanischen Demonstration zu gehen, weil Panik. Verkündigung der Republik, Putschversuch der Roten Garde, Schüsse beim Parlament. Im Café Herrenhof Franz Werfel fürchterlich aufgeregt. Ich fuhr zu Kisch in den Stiftskeller. Rote Garde saß dort wie ein Revolutionstribunal.«[120]

Sein Freund Egon Erwin Kisch hatte Perutz in Kontakt mit den revolutionären Kreisen gebracht und ihn über alle Neuigkeiten informiert. Kisch, der bereits im Krieg wegen seiner Tätigkeit für anarchistische Gruppen polizeibekannt geworden war, agitierte nach dem Krieg unter den Soldaten heftig und erfolgreich für die Bildung der Roten Garden. Die neugegründete Gruppe erhielt als selbständiger Teil der Volkswehr Waffen und die Stiftskaserne als Werbelokal und Unterkunft.[121]

In seinem Tagebuch erwähnte Leo Perutz immer wieder in diesen Novembertagen, mit oder ohne Kisch bei der Roten Garde gewesen zu sein. Er besuchte die »Freie Vereinigung der Kommunisten«,[122] und fuhr »zu Kisch in die Stiftskaserne«, wo die Rote Garde tagte. Am 15. Juni 1919 vermerkte er: »Blutige Kommunistenunruhen. Kämpfe mit der Stadtgendameriewache. 17 Tote in der Hörlgasse. War bis 2 h dabei.«

Einen Kampf ganz anderer Art führte Leo Perutz in dieser Zeit gegen die Militärjustiz, deren Willkür und Menschenverachtung er verabscheute. Im Dezember 1918 veröffentlichte er in der Arbeiterzeitung zu diesem Thema zwei große Artikel – allerdings anonym.[123]

Der erste, »Der Abschußbefehl« rollt den Fall eines Gemeinderates auf, der hingerichtet worden war, ohne je vor einem Richter gestanden zu haben, weil er den Einmarsch der Russen begrüßt hatte. »Ein Gendarmerievizewachtmeister, Eugen Klappa, hat ihn zum Tode verurteilt, der Putzer des Klappa hat für einen Betrag von fünf Kronen die Execution ausgeführt.«[124] Perutz sucht nach den Befehlsgebern dieses skandalösen Vorfalls und entdeckt einen während des Krieges in der *Arbeiterzeitung* abgedruckten Erlaß, der lautet:

> »Die Gendarmen leiden noch immer unter den engherzigen Friedensvorstellungen über Arrestierung und Waffengebrauch (...). Gendarmen! Merket wohl, was ich euch jetzt sage, und ich sage es zum letztenmal: Erwachet aus eurer Engherzigkeit, macht euch frei von den euch beengenden, kleinlichen und beschränkten juristischen Bedenken!«[125]

Nun fordert Perutz entschieden, die Identität des Befehlsgebers aufzuklären und »ihn vor das Gericht zu stellen, das er seinen Opfern verweigert hat.«[126]

Der zweite Artikel »Eine Musterung für den Galgen« entlarvt die Menschenverachtung in den Köpfen von Richtern und Ärzten, die gewissenlos unter dem Deckmantel von Bürokratie und Korrektheit gemordet haben. Perutz beschreibt, daß zwei albanische Brüder aus einem nichtigen Grund zum Tode verurteilt worden sind.

> »Die Blutmaschinerie der Miltärjustiz beginnt zu arbeiten und sie kennt nur ein Ende, einen Ausgang: »Verurteilt!« – »zu vollstrecken!« – »Vollzogen!« Aber mit einem Mal stockt die Maschine. Irgend etwas stört sie, sie kann nicht weiterarbeiten. Die beiden Brüder können nicht gehängt werden. Husker ist fünfzehn, Hairis achtzehn Jahre alt. (...) Was taten die Richter? Sie beauftragten einen Militärarzt, die Tauglichkeit der beiden festzustellen. Der Arzt untersuchte die beiden Knaben, besah ihr Gebiß, fand, daß sich Weisheitszähne zeigten und erklärte frischweg, daß die Angeklagten zwischen dem zwanzigsten und dem einundzwanzigsten Jahr stehen müßten.«[127]

Nun nennt Perutz die Namen der »vertierten Kindermörder«[128] und

fordert für sie, statt der Ehre, im Feld gedient zu haben, eine Gerichtsverhandlung.
Inhalt, Stil und Technik dieser Artikel erinnern auffallend an Karl Kraus: Mißstände werden ohne Beschönigung aufgedeckt, die Täter, die öffentlich benannt werden, entlarven sich durch ihre eigenen Zitate mehr, als dies jeder besonnene Artikel hätte tun können. Tatsächlich hat Karl Kraus die oben beschriebene Szene in seinem Werk »Die letzten Tage der Menschheit« aufgegriffen.[129]
Einen ähnlich eindeutigen Text verfaßt Perutz nur noch einmal später, in den dreißiger Jahren. Anlaß wird die Aufforderung des Wiener Journalisten, Eugen Gömöri, sein, zur Todesstrafe Stellung zu nehmen. Gömöri vertritt die Auffassung, daß man keinen Menschen gegen seinen Willen hinrichten dürfe, man solle die Verbrecher stattdessen entscheiden lassen, ob sie die Todesstrafe oder lebenslänglichen Kerker wählten. Mit diesem Vorschlag wird sich Gömöri an eine ganze Reihe bekannter Literaten und Geisteswissenschaftler wenden und sie um eine Stellungnahme bitten.[130]
Perutz' Text soll an dieser Stelle ungekürzt abgedruckt werden, weil er bislang der Perutz-Forschung entgangen ist.

»Sehr geehrter Herr Gömöri!

Ihr sehr interessanter Vorschlag scheint mir nur *scheinbar* eine Lösung des Problems der Todesstrafe zu enthalten. Indem er eine Exekution von der Zustimmung des Verurteilten abhängig machen will, setzt er voraus, daß es Delinquenten geben muß, die in dem Vollzug der Todesstrafe gegenüber dem lebenslänglichen Kerker das kleinere Uebel sehen. Wenn aber der lebenslängliche Kerker eine grausamere Strafe ist als die Hinrichtung, dann ist der Kerker überhaupt für den normalen Menschen eine unerträgliche Qual, dann müßte man sich, wenn man menschlich denkt, mit aller Energie auch gegen die Verhängung einer lebenslänglichen Kerkerstrafe aussprechen.

Daß die Kerkerstrafe nichts anderes ist als ein Rest der mittelalterlichen Tortur, der sich in unsere Zeit herübergerettet hat, das ist auch meine Ueberzeugung. Es gibt keine schlimmere Qual als die Aufhebung der persönlichen Freiheit. Die Natur ist milder als der Mensch, sie verhängt über die Lebewesen sehr oft einen frühzeitigen Tod, niemals aber irgend eine Art Kerkerstrafe. Den Daumenschrauben war

der Delinquent nur Viertelstundenlang ausgesetzt, der seelischen und physischen Tortur des Kerkers unterliegt er jahre-, ja sogar jahrzehntelang.
Aber da nun unsere Weltordnung ohne Strafen nicht auskommen kann, – was soll man an die Stelle des Kerkers setzen? Es gibt Menschen, sowohl in der bürgerlichen Welt, wie im Proletariat, für die der Verlust der Ehre eine Strafe bedeuten würde, die sie tief und schwer trifft. Aber diese Menschen sind Ausnahmeerscheinungen. Die große Masse unserer Mitbürger besitzt das Gefühl für die Ehre nicht, an der sie getroffen werden könnten. Man könnte an die Stelle des Kerkers die Arbeitsverpflichtung zu Gunsten der durch das Verbrechen Geschädigten setzen. Aber dieses Mittel versagt in einer Zeit der Weltarbeitskrise. Bleibt als letzte Möglichkeit die Deportation.
Ich bin für die Deportation. Sie hat sich dort, wo sie gehandhabt wurde, an beiden Objekten bewährt. Die Söhne und Enkel der nach Australien deportierten Verbrecher sind freie und glückliche Menschen, Australien ist dank der Deportation ein Kulturland geworden. Man müßte also sämtliche Verbrecher des Kontinents in jenen Winkel Europas deportieren, der der Kulturarbeit am bedürftigsten ist. Gibt es irgendwo in Europa noch ein unkultiviertes Stück Land, dann sollte es für die Verbrecher aller europäischen Länder bestimmt sein, die es in ein Kulturland zu verwandeln hätten. Ich gestatte mir für diesen Zweck die Republik Oesterreich vorzuschlagen. Man kann Oesterreich bei allem eingewurzelten Wohlwollen doch nicht gut als Kulturstaat bezeichnen. Hier also könnten die Ausgestoßenen der menschlichen Gesellschaft wirkliche Kulturarbeit leisten. Man möge alle Verbrecher des Kontinents nach Oesterreich schaffen. Sie werden das kulturelle Niveau Oesterreichs im Laufe der Jahre zu heben haben, sie werden aus dieser Enklave Asiens einen europäischen Staat machen helfen. Daneben sehe ich hierin auch jenes Mittel, das geeignet wäre, endlich den von uns Oesterreichern so sehr gewünschten und herbeigesehnten Fremdenverkehr zu heben. Es wird also allen Teilen geholfen sein. Freilich müßte es auch hier den Verurteilten aus Gründen der Menschlichkeit freigestellt werden, sich, an Stelle der Deportation nach Oesterreich, dem sofortigen Vollzug der Todesstrafe zu unterwerfen.«[131]

Im Österreichischen Staatsarchiv befindet sich eine Anzeige gegen Perutz aus dem Jahr 1934 wegen staatsfeindlicher Aussagen in eben diesem Artikel.[132] Ob es zu einer Verhandlung gekommen ist, ist weder aus der entsprechenden Akte noch aus den Tagebüchern ersichtlich.
Zu einer parteipolitischen Stellungnahme entschloß Perutz sich ein einziges Mal im Zusammenhang mit seinem Kampf gegen die Militärjustiz. In der anonym publizierten Broschüre »Die Feldgerichte und das Volksgericht«, die 1919 als Aufklärungsschrift Nr. 12 in der Wiener Volksbuchhandlung erschienen ist, klagt er erneut die Willkür der Militärjustiz an und belegt diese nun mit statistischem Material. Seine Ausführungen schließt er mit einem eindringlichen Appell und dem Bekenntnis zur Sozialdemokratie:

> »Die Toten werden nicht mehr lebendig. Aber jenes mörderische alte Österreich unter dem wir alle so namenlos litten – ist es wirklich tot? Nein. Es regt sich, bald hier, bald dort, sammelt Kräfte, rüstet, hält sich bereit für seine Auferstehung! Fragt sie nur, die Machthaber von einst! Jedem, der es hören will, werden sie erzählen, sie hätten Zeit, sie könnten warten, ihre Stunde werde schon noch kommen!
> Und sie werden wiederkommen, wenn wir nicht alle auf der Hut sind.
> (...)
> Menschen! Die nächsten Wochen sind entscheidend für eure Zukunft.
> (...)
> Wähler! Das letzte große, das gewaltigste Standgericht, der Wahltag der Millionen, ist nahe. Ihr werdet mit euren Stimmen zu Gericht sitzen, und die Schuldigen zittern vor euch (...). Wählet! Richtet! Bekennt euch zur Sozialdemokratie! Und sprecht euer: Schuldig!«[133]

Doch trotz dieser eindeutigen Äußerung schloß sich Leo Perutz den Sozialdemokraten nicht an. Die Episode, die sein Freund Bermann über ihn erzählte, ist typisch für Perutz, der stets demonstrieren mußte, daß er sich von der Meinung der Menge zu nichts zwingen ließ. Bermann berichtet über die letzten Kriegstage:

> »Auf den Straßen wimmelte es von Uniformen, aber kein Militärpolizist, kein Offizier des Platzkommandos kontrollierte die Heimkehrer aus dem Feld mehr wegen ihrer ›Adjustierung‹. Die meisten Soldaten hatten schon die kaiserlichen Abzeichen von ihren Mützen ent-

fernt; einige trugen die neue rotweißrote Kokarde des entstehenden Staates Deutsch-Österreich, andere die schwarzrotgoldene, sehr viele die rote der Revolution. Auf der Straße wurden Offiziere, die ihre kaiserlichen Kokarden nicht ablegen wollten, von meuternden Soldaten gewalttätig angegriffen. Als mein Freund, der Romanschriftsteller Leo Perutz, das hörte, bat er seine Frau, ihm seine goldene und schwarze Kokarde mit dem kaiserlichen K darauf extra fest anzunähen, und ging dann rings um die Ringstraße spazieren. Hundertmal versuchte jemand, diesem merkwürdig aussehenden Leutnant die Kokarde abzureißen. Obwohl invalide geschossen, verstand er doch, sich seiner Haut zu wehren. Schließlich kam er mit zerfetzter Uniform nach Hause; die Kokarde hing noch mit einem Faden an der Mütze. Er riß sie verächtlich ab, denn im Grunde war er revolutionär gesonnen; er hatte sich nur von niemandem zwingen lassen, diese oder jene Kokarde zu tragen.«[134]

Eine konstruktive Rolle in der Politik spielte Perutz nur kurze Zeit. Anfang 1919 übernahm er das Amt eines Beamtenrates[135] und eines Arbeiterrates in der Ankerversicherung,[136] nächtelang besuchte er Gewerkschaftssitzungen[137] und diskutierte mit wechselnden Partnern über den Sozialismus.[138] Ab Mai ließ die aktive politische Tätigkeit deutlich nach. Mehrfach versäumte Perutz Sitzungen des Arbeiterrates.[139] Am 28. Mai 1919 notierte er: »Debatte wegen Betriebsratswahl. Ich trat als Kandidat zurück.« Er stellte sich dann aber doch zur Wahl und vermerkte zwei Tage später mit Bedauern: »Wahl in den Betriebsrat. Ich fiel durch.«[140] An Arbeiterratssitzungen nahm er aber vorerst weiterhin teil,[141] gegen Ende des Jahres finden sich auch hierüber keine Notizen mehr.

Trotz dieser vielfältigen politischen Aktivitäten war Leo Perutz nicht so tief wie Egon Erwin Kisch verstrickt in die revolutionären Geschehnisse dieser Tage. Vieles blieb anonym, seine Tätigkeit wurde nicht aktenkundig oder polizeilich verfolgt. Kisch konnte zu dieser Zeit wegen seiner politischen Tätigkeit nicht mehr für bürgerliche Blätter schreiben und war in großen finanziellen Nöten. Er suchte einen sicheren Unterschlupf – und fand ihn in der Wohnung von Leo und Ida Perutz in der Meynertgasse 8. Der Tochter Michaela schrieb Kisch über diese Zeit später in ihr Stammbuch:

»Weißt Du, Michaela, in dem Zimmer, in dem Du jetzt in Deinem Kinderwagen schläfst, habe im Winter 1918/19 ich geschlafen. Das war die Zeit, in der der Weltkrieg eben zuende gegangen war und ein vielhundertjähriges Kaisertum, und es Menschen gab, die eine soziale Revolution machen und eine bessere Welt aufrichten wollten. In Deinem späteren Kinderzimmer, kleine Michaela, habe ich die Zeit erlebt, in der alle Voraussetzungslosen, alle für die Allgemeinheit Hoffenden und Kämpfenden verdächtigt und verfolgt wurden und sogar einige von denen erschlagen, die in dem Zimmer (...) vor nicht langer Zeit bei mir zu Besuch gewesen waren.«[142]

6 Zehn glückliche Jahre (1918-1928)

»Wie viel Freude! In wie vielen Dingen ich steckte! Die Freude in meiner Familie! Wie viel Geld ich verdiente! Und wie wenig Druck.«[1]

Wien – Hauptstadt eines kleinen Staates

Die alte Metropole der Habsburger Monarchie büßte nach dem Ersten Weltkrieg viel von ihrem Glanz ein. Nicht länger war Wien das Zentrum eines Weltreiches, sondern nur mehr Hauptstadt eines arg geschrumpften Staates.
Die kriegsbedingten wirtschaftlichen Probleme waren enorm. Während der vier Kriegsjahre und auch noch in der unmittelbaren Nachkriegszeit wurden keine Wohnungen gebaut, »da öffentliches Kapital dafür nicht zur Verfügung stand und privates Kapital in der Kriegsindustrie weitaus gewinnbringender angelegt werden konnte.«[2] Gleichzeitig strömten aber Tausende von Flüchtlingen in die Stadt, die die vorhandene Wohnungsnot noch vergrößerten. Die bürgerlichen Wohnverhältnisse waren zwar durch den Krieg kaum schlechter geworden, doch die Masse der Menschen mußte sich mit kleinen, schlechten Wohnungen zufriedengeben. Selbst feuchte Kellerlöcher waren von mehrköpfigen Familien bewohnt, die in ihre Wohnungen oft noch Untermieter oder sogenannte Bettgeher aufnehmen mußten, um den Mietzins zahlen zu können.[3]
Katastrophale Auswirkungen hatte die galoppierende Inflation. Während Österreich vor dem Ersten Weltkrieg über eine stabile Währung verfügt hatte, vergrößerte sich die Geldumlaufmenge durch die Überstrapazierung der Staatsfinanzen aufgrund der Kriegskosten enorm. Die Lebenshaltungskosten stiegen von 1914 bis 1925 etwa um den Faktor 35.000.[4] Die Preise in den Geschäften wurden zum Teil stünd-

lich erhöht. Doch selbst wenn man Geld hatte, konnte man auf dem normalen Markt kaum etwas kaufen. Das Warenangebot war denkbar klein, meist auf Kraut und Rüben begrenzt, vieles war rationiert. Einkaufen konnte man nur nach langem Schlangestehen zwischen acht Uhr und neun Uhr morgens, anschließend blickte man auf leere Regale. Nach den vier Kriegsjahren hatte niemand mehr Vorräte, vor allem viele Kinder waren unterernährt.[5] Jedes Fleckchen Erde im Stadtgebiet von Wien wurde genutzt, um Gemüse zu ziehen und Kleintiere zu halten. Erst durch das Schillinggesetz von 1924 gelang es, die österreichische Wirtschaft allmählich wieder zu stabilisieren.

Trotz politischer Unruhen und wirtschaftlicher Probleme erlebte Wien nach dem Krieg gewaltige Modernisierungsschübe. Am bemerkenswertesten ist sicher das Wohnungsbauprogramm der Wiener Sozialisten. Diese hatten 1919 die Mehrheit in der Wiener Gemeidevertretung bekommen und sofort eine Steuerreform zu Lasten der Reichen beschlossen; 1923 erhoben sie zusätzlich eine Wohnungsbausteuer. »Je größer die Wohnung, desto höher die Steuer. So brachten 82 Prozent der Wohnungen nur 22 Prozent der Steuer, aber 0,5 Prozent der Wohnungen 45 Prozent der Einnahmen.«[6]

Durch diese Politik gelang es, in vier Jahren 63.000 kleine Wohnungen mit Zimmer, Vorraum, Wohnküche und Toilette, mit Gas, Wasser und Stromanschlüssen zu bauen, die hohen hygienischen Anforderungen genügten und zudem nur sechs bis acht Prozent eines Arbeitereinkommens Miete kosteten. Diese Wohnungen waren in großen Blocks angeordnet, die auch Gemeinschaftsanlagen enthielten, so z. B. Spielwiesen, Kinderbad, Mütterberatungsstelle, TBC-Fürsorgestelle, Zahnklinik, Restaurant, Großbadeanlagen, Wäschereien, Bibliothek, Postamt, Apotheke.[7] Gleichzeitig entstanden zahlreiche Wohlfahrtsbauten. In den zwanziger Jahren wurden allein sieben Kinderfreibäder, ein Volksbrausebad, ein Dampf- und Wannenbad, ein Strandbad, zwei Schwimmbäder und das große Amalienbad mit vielerlei Angeboten errichtet.[8]

Einen weiteren deutlichen Hinweis auf die Modernisierung der Lebenswelt gibt auch die Entwicklung des Verkehrswesens. Zählte man 1914 noch über 2000 Pferdefahrzeuge, so waren es 1926 gerade noch 173.[9] Dafür stieg die Zahl der Autos. Die Gemeinde Wien stellte auf Kraftfahrzeuge um, die Zahl der Privatfahrzeuge verdoppelte sich, so daß »im April 1926 nach amerikanischen Vorbildern weiße Streifen in Ölfarbe auf das Pflaster gezeichnet«[10] wurden, um den Wachbeamten den Dienst an einer Kreuzung zu erleichtern. Selbst der Bau einer Ampel wurde erwogen. Auch die Anzahl der Fahrgäste der Straßenbahn verdreifachte sich zwischen 1900 und 1925 beinahe.[11] Etwa im gleichen Zeitraum erhöhte sich die Zahl der Fahrräder von 70.000 auf 250.000. Das Fahrrad entsprach dem Lebensgefühl der neuen Generation. Die schnelle, individuelle Fortbewegungsweise wurde, wie der Sport an sich, modern.

Das Tempo hielt Einzug in die ehemals behäbige Habsburgmetropole. Eine Entwicklung, die Leo Perutz in der *Arbeiterzeitung* vom 11. Juni 1919 mit Skepsis beobachtet:

> »Wenn es wirklich so kommen soll, daß Wien (...) als Großstadt stirbt, (...) so hat Wien noch rasch (...) mit dem Lebenshunger des Sterbenden die Allüren der Weltstadt angenommen. (...)
> Atemlose Menschen rennen, wie von den Ereignissen gehetzt durch die Straßen und schreien mit wildem Fanatismus Neuigkeiten aus, die keine sind und keine waren.«[12]

Zu den Nachwirkungen des Ersten Weltkrieges kann man in Wien auch das Auflodern des Antisemitismus zählen.

> »Gott erhalte, Gott beschütze vor den Juden unser Land! / Mächtig durch des Glaubens Stütze, Christen haltet guten Stand! / Laßt uns unsrer Väter Erbe schirmen vor dem ärgsten Feind, / daß nicht unser Volk verderbe, bleibt in Treue fest vereint!«[13]

So dichtete Richard Kralin 1918 in seiner antisemitischen Bundeshymne.

Der Krieg, die Revolution in Rußland und der Zerfall der österreichischen Monarchie ließen zahlreiche Juden nach dem Westen emigrieren. Durch die Flüchtlingswellen aus den Ostgebieten bekamen die jahrhundertealten Vorbehalte gegen Juden zusätzliche Nahrung.

Nach dem Ersten Weltkrieg waren in Wien von 150.000 Flüchtlingen 125.000 Juden, der jüdische Bevölkerungsanteil stieg am Ende dieser Flüchtlingsbewegung im Jahr 1923 auf 10,8 Prozent. Das Bild der Ostjuden mit den langen Schläfenlocken, dem Kaftan und den altmodischen Hüten, die traditionellen Perücken der Frauen waren nun im

Stadtbild Wiens ein vertrauter Anblick. Gewohnt, die Straße als Kommunikationsort zu nutzen, standen sie armselig und jiddisch sprechend an den Ecken. Sie kamen weitgehend noch aus den Ghettos und Stedteln des Ostens, waren orthodox gläubig, hatten sich nicht assimiliert und wollten sich auch nicht assimilieren. Sie paßten schlecht in das Bild der modernen, eleganten Metropole – und sie waren äußerst unbeliebt. An allem Elend der Nachkriegszeit waren sie in den Augen der Wiener Bevölkerung schuld. Lautstark forderten die Wiener, die Juden wieder zurückzubringen, oder sie wenigstens in »Konzentrationslager« zu sperren.[14]

Der Neid wurde vor allem durch den Blick auf die Neureichen und Kriegsgewinnler geschürt, unter denen sich zahlreiche Juden befanden. Der Haß der Bevölkerung auf die Kapitalisten wurde so zum Haß auf die Juden.[15] Aber auch die Abneigung der Bürgerlichen gegen die Sozialisten entwickelte sich zum allgemeinen Antisemitismus, da unter den Führern der Sozialisten ebenfalls viele Juden waren.

Die Aktionen gegen die Juden waren vielfältig und anhaltend. Bereits 1918 gründete sich die antisemitische Front aus Deutschnationalen und Christlichsozialen, im August des gleichen Jahres wurde ein Numerus clausus für Studenten aus Galizien und der Bukowina eingeführt.[16] 1919 ließ die christlichsoziale Partei in Kaffeehäusern und Kirchen antisemitische Hetzschriften verteilen, in denen das Volk Israel als das »treuloseste und blutigste Volk«, als »Auswurf der Menschheit« beschimpft wurde.[17] Im Mai 1919 kam es zu Übergriffen von Volkswehr und Polizei, die »in von Juden stark frequentierten Kaffeehäusern Razzien abhielten und zum Gaudium der Passanten orthodoxe Juden zum Verhör abschleppten«.[18] Sowohl die Christlichsozialen als auch die Sozialdemokraten hatten antisemitisches Gedankengut in ihren Parteiprogrammen und auf ihren Wahlplakaten.[19]

Ab Herbst 1919 kam es zu regelmäßigen Angriffen »der Wiener Antisemiten auf Juden«, »Schlägereien mit der jüdischen Selbstwehr waren gang und gäbe.«[20]

Ab 1920 setzte der sogenannte »Sommerfrischen-Antisemitismus«[21] ein: Zunächst waren in Salzburg wegen der schlechten Ernährungslage nur mehr dreitägige Aufenthalte möglich. In der Begründung des Antrages hieß es, Fremde seien sowieso meist Juden oder Kriegs-

gewinnler. Ab 1920 wurde es noch deutlicher: zahlreiche Gemeinden verboten überhaupt, an Juden Zimmer zu vermieten.[22]
Um 1921, als die Krone von Tag zu Tag an Wert verlor, tauchten 2-Kronen-Noten auf, auf deren Rückseite mit Handstempel folgende Parole aufgedruckt war: »Das Geld das hat die Judenbank. Der Dreck der blieb in deiner Hand.«[23] Zahlreiche Demonstrationen und Massenkundgebungen folgten.[24]
Großen Auftrieb bekamen die antisemitischen Demonstrationen 1922 durch das Gerücht von den Protokollen der »Weisen von Zion«. Angebliche Mitschriften von einem angeblichen Treffen auf einem Zionistenkongreß sollten beweisen, daß die Juden die Übernahme der Weltherrschaft planten.[25] Weitere Schikanen, Boykottaufrufe, Bombendrohungen, Übergriffe und sogar Morde waren die Folge. 1925 wurde der jüdische Schriftsteller Hugo Bettauer erschossen. Der fanatisierte Mörder sagte vor Gericht:

> »Hoher Gerichtshof, vor 2000 Jahren (...) kam der Sohn Gottes auf diese Welt, um den Kampf zu führen gegen diese jüdischen Schriftsteller und Gelehrten, weil sie sind die Söhne der Lüge und des Satans. Ich kam auf diese Welt, um den Kampf weiterzuführen. Was ich getan habe, ist kein Menschenmord. Es ist ein Alarmschuß, um aufzuwecken alle Völker (...). Hugo Bettauer verhöhnte alles, was deutsch ist.«[26]

Der Mörder wurde freigesprochen.
Dies alles scheint Leo Perutz kaum gekümmert zu haben. Ein einziges Mal vermerkte er in seinen Tagebüchern ein antisemitisches Ereignis: »Weil nach Hause wegen Pogromstimmung«.[27]
So sehr sich Leo Perutz in seinem Schreiben und Denken im Judentum verwurzelt zeigt, im alltäglichen Leben hatte er sich von der Religion seiner Väter abgewandt. Er und seine Frau lebten als moderne Menschen in einer modernen Stadt. Die jüdische Tradition spielte für sie kaum mehr eine Rolle. Leo Perutz entstammte einer bereits assimilierten Familie. Die Eltern seiner Frau beachteten zwar die jüdischen Speisevorschriften,[28] waren aber nicht orthodox. Die Eheleute Perutz hielten wichtige jüdische Feste, um die Familie nicht zu brüskieren, aber selbst über die Feier des Pessahfestes machte sich Leo Perutz im Anschluß an die Verwandtenfeier lustig.[29] Die Kinder erin-

nern sich, jüdische Bräuche noch bei den Großeltern kennengelernt zu haben, Chanukka wurde für die Kinder im Haus der Tante Mela, der Schwester von Perutz' Mutter, gefeiert.[30] Die Tochter war auch einige Male zu einem Jugendgottesdienst in der Synagoge, allerdings mit der Schule, nicht mit den Eltern. Ida und Leo Perutz suchten mit ihren Kindern Ostereier,[31] sie feierten sogar Weihnachten mit Christbaum und Geschenken, der Kinder wegen, wobei sie auch hier nicht sonderlich penibel waren. 1922 wurde dieses Fest schon auf den 21. Dezember vorverlegt, damit sie über die Feiertage den Urlaub in Mariazell genießen konnten.[32]

Die gelungene Verbindung von privatem und öffentlichem Leben

Die Lebensspanne in den Wiener Nachkriegsjahren von 1918 bis 1928 kann als Perutz' produktivste und zugleich reichste gelten. Es entstanden sechs Romane, daneben zahlreiche Novellen, Feuilletons, Filmskripte und eine Romanbearbeitung. Perutz wurde vollends zu einem berühmten Mann, der Jahresbericht einer Leihbibliothek, den Perutz zugeschickt bekam, wies ihn als den in diesem Jahr am meisten gelesenen Autor aus, noch vor Hauptmann, Wassermann und Schnitzler.[33] Die Berufung ins »Kunst-Komitee« der Kunstfilm A.G. 1920 brachte ihm monatlich 2000.- Kronen,[34] auch ins Komitee für die Verleihung des Kunstpreises der Stadt Wien wurde er 1927 bestellt.[35] Aus dem Bundeskanzleramt bekam er die Zusage, beim Wunsch auf Auslandsreisen bevorzugt behandelt zu werden.[36]

Diese erfolgreiche Zeit, in der sich Perutz einen festen Platz im Wiener Leben gesichert hat, ist eng geknüpft an seine Ehe mit Ida Weil. Noch während des Krieges hatte Leo Perutz seine langjährige Freundin geheiratet. Seine Mutter Emma Perutz hatte sich die Hochzeit ihres ältesten Sohnes Polda sicher anders vorgestellt. Sie, die sich immer um seine Kleidung gesorgt hatte, hätte sich bestimmt festliche Anzüge, eine feierliche Zeremonie und anschließend eine große, stimmungsvolle Feier mit der ganzen Familie gewünscht.

Perutz, immer noch beim Militär verpflichtet, erschien am 19. März

Ida Weil

1918 »um viertel nach zwei« zur »Kriegstrauung in der Rossauer Kaserne«[37] im völlig zerknitterten Anzug. Doch damit nicht genug! Kurz nachdem der Rabbiner in der Synagoge der Kaserne die Zeremonie nach mosaischem Ritus vollzogen hatte, verabschiedete sich Leo Perutz von der ganzen Gesellschaft, um ins Kaffeehaus zu gehen.[38]

Ida Weil scheint Perutz' Lebenswandel Verständnis entgegengebracht zu haben. »Der Bär« wurde sie von ihrem Mann und vielen gemeinsamen Freunden genannt. Betrachtet man Photos der schlanken, zierlichen Frau mit den langen Haaren und den ausdrucksstarken Augen, so weiß man, daß sich der Spitzname nicht auf die äußere Erscheinung bezogen haben kann. Ida Weil war eine starke, eine ganz ungewöhnliche Frau.

Sie war die jüngste Tochter[39] des bekannten HNO-Arztes Dr. Moritz

Weil und seiner Frau Leopoldine, bekam eine für bürgerliche Töchter damals übliche Erziehung, besuchte ein Gymnasium, später eine Nähschule,[40] erlernte aber keinen Beruf. Sie spielte ausgezeichnet Geige und Bratsche.[41] Im Hause Weil fanden häufig Kammermusikabende auch unter ihrer Beteiligung statt.[42] Klettern, Skilaufen und Eislaufen waren ihre großen Leidenschaften.[43] Durch ihren Vater hatte sie auch einige medizinische Kenntnisse.[44]

Mit dreißig Jahren lernt Leo Perutz die damals 17jährige auf einer Bergtour kennen. »Alle drei Weil-Mädeln waren sehr nett, selbst die kleine Ida,« notiert er am 8. September 1913. Einen Monat später verbringt er bereits »die ersten zwei Sätze des Mendelsson Konzert draußen«[45] mit ihr. Im November sehen sie sich beinahe täglich beim Eislaufen, manchmal auch im Museum. Ida entzückt Leo.

Dann streiten sie ein wenig, Leo beleidigt eine Freundin Idas, Ida schämt sich, Leo ist beleidigt, Ida schickt ihm ihr Bild, Leo schickt ihr Rosen («viel rote und weiße«[46]), kurz: Sie verlieben sich. Am 21. November 1913 gesteht Leo Ida beim Nachhausegehen bereits, daß er nichts gegen eine Verlobung hätte[47] – zu der kommt es aber dann doch erst 1917.

1913, zum Zeitpunkt ihrer ersten Begegnung, scheint Ida von ihrer Familie streng behütet gewesen zu sein. Oft beklagte sie sich bei Leo, daß sie es zu Hause nicht mehr aushalte, daß ihre Schwestern Olga und Hilda sie peinigten. Dr. Weil setzte der Verbindung von Leo und Ida jahrelang erbitterten Widerstand entgegen. Offensichtlich war der kleine Versicherungsbeamte und angehende Literat nicht die Partie, die sich die wohlangesehene Familie für Ida gewünscht hatte. Zudem waren auch Idas ältere Schwestern noch nicht verheiratet. Mehrfach wurde es Ida verboten, Leo Perutz zu treffen, Dr. Weil verlangte von Perutz 1914, er solle die Beziehung beenden,[48] er schimpfte auf ihn,[49] die Mutter nannte ihn gar einen Schuft.[50] Als sich Ida vor seinem Kriegseinsatz von ihm verabschieden wollte, schickten sie ihre Eltern kurzerhand auf eine Almhütte ins Gebirge.[51]

Die Beziehung überdauerte den Krieg. Ihre Ehe schließlich scheint Ida zu befreien. Der Schauspieler Hans Reimann schildert sie als eine »stille, verträumte Frau, die spielte mit Glaskugeln. Selbstredend nicht dauernd, aber gern; dabei lächelte sie.«[52] Ida war stets ungeschminkt und sehr natürlich.[53] Alles Übertriebene lehnte sie ab. Eine Art »Hippie« sei sie gewesen,[54] erinnert sich ihr Neffe, oft sei sie auf dem Boden gesessen, eine geduldige, aber auch eine verschlossene Frau,[55] die ihrem Mann seine Freiheit ließ, die tage- und nächtelangen Aufenthalte im Kaffeehaus akzeptierte, eine gute Kameradin auf allen seinen Reisen. Sie setzte Perutz aber durchaus Widerstand entgegen, war stark, manchmal kühl, manchmal »zu stark, zu eigenwillig«[56] für ihn – ein »Bär« eben. Nach den Aussagen der noch lebenden Verwandten vergötterte Leo Perutz seine erste Frau.

Der Verbindung mit Ida Weil entstammen die Kinder Michaela, Leonore und Felix. Michaela kam am 21. März 1920 zur Welt. Zunächst waren die Eltern von der Aussicht auf Nachwuchs nicht allzu begeistert gewesen. In Michaelas Stammbuch notierte Arthur Rundt, daß sie sich eher noch einen zweiten Hund als ein Kind gewünscht hätten.[57] Ob Leo Perutz ein guter Vater war, ein liebender Vater, ist schwer nachzuweisen. Am Tag ihrer Geburt notierte er: »Früh ins Sanatorium: ein kleines häßliches Mädel lag im Korb, schlief und spuckte.« Später klingt aus seinen Äußerungen Begeisterung über das »süße Wurmerl« oder das »Vogerl«, wie er seine Tochter nannte, er beschäftigte sich mit ihr, legte sie trocken, beobachtete ihre Entwicklung.[58] Stets ist aber auch die Distanz zu spüren, die wohl in bürgerlichen Häusern zu dieser Zeit das Verhältnis zwischen Eltern und Kindern kennzeichnete. Für die Betreuung des Kindes wurde selbstverständlich ein Kindermädchen angestellt.[59] Die Tochter erinnert sich heute, weder Vater noch Mutter als Kind allzu oft gesehen zu haben. Gemeinsame Mahlzeiten habe es nie gegeben.[60]

Seinen Freunden führte Perutz seine Tochter gern vor. Egon Erwin Kisch erinnert sich an Michaelas Geburtstag: »Ich kam zufällig durch die Lazarettgasse und traf Leo Perutz, der grinste mich froh an: ›Der Bär hat eben ein Mädel bekommen. Wollen sie sichs anschauen?‹«[61]

Ein halbes Jahr nach der Geburt ließen die Eltern das »Wurmerl« bei den Großeltern zurück, um eine mehrwöchige Italienreise anzutreten. Großmutter Emma Perutz berichtete den Eltern in langen Briefen detailliert über Nahrungsaufnahme und Stuhlgang des Nachwuchses. Auch später war Michaela noch öfters in der Obhut von Verwandten. Vor der Geburt des zweiten Kindes scheint es Ida Perutz

Ida Weil

nicht besonders gut gegangen zu sein. Michaela verbrachte mindestens einen Monat bei Perutz' Bruder Paul und dessen Frau Liesl. Ihr Vater besuchte sie dort einige Male.

1922 kam die zweite Tochter, Leonore, zur Welt. Perutz vermerkte das Ereignis am 21. Juni: »Abends Poker (...) Als ich um 2 Uhr nach Hause kam, meine Frau Wehen. Um 1/4 6 weckte sie mich und fuhr mit Minna ins Rudolfiner-Haus. Um 6 Uhr kam Kind nieder.«

Auch um Leonore, genannt Lorle, kümmerte sich Perutz. Beide Kinder lagen mit ihm im Bett, sie durften in sein Arbeitszimmer, er nahm sie mit zu Besuchen bei seinen Eltern und Verwandten. Oft notierte er in seinen Tagebüchern, was Michaela gesagt oder ihm gezeigt habe. Viel Spaß machte ihm die Idee, die beiden kleinen Mädchen einen Brief an die Tante Mela diktieren zu lassen.[62] Perutz saß da und schrieb wortgetreu alles auf, was ihm die beiden vier und sechs Jahre alten Töchter vorplapperten.

1922 zog die Familie aus der zu klein gewordenen Wohnung in der Meynertgasse in die Porzellangasse 37 im Neunten Bezirk. Zum Haushalt gehörten inzwischen auch zwei Foxterrier und ein Aquarium mit Molchen. Die Tochter Michaela erinnert sich: »Die Wohnung in der Porzellangasse hatte 4 große Zimmer, 2 vordere und 2 hintere, deren Aussicht auf den Lichtensteinpark ging.«[63] Die hinteren Zimmer waren das Elternschlafzimmer und das Kinderzimmer. Nach vorne gingen das große Speisezimmer und Perutz' Arbeitszimmer. Dort standen sein großer Schreibtisch, Bücherschränke, ein großer lederner Ohrensessel, ein Diwan und ein kleines Tischchen. In die Fenster des Erkers hatte Perutz farbige Glasscheiben einsetzen lassen, um seine japanischen Marionetten besser zur Geltung zu bringen.[64] Das Haus stand an einer breiten Straße mit vier- oder fünfstöckigen Häusern. Es war eine durchaus repräsentative Adresse, die Räume waren hoch, die Zimmer geräumig.

Beinahe jedes Jahr unternahmen Leo und Ida Perutz Reisen. Ein beliebtes Ziel war der Badeort Grado in Italien, aber auch in dem Fischerdorf Loctudy in der Bretagne verbrachten sie gern mit den Kindern und dem Kinderfräulein einige Wochen. Dort mußte die Familie einmal eine Nacht auf dem Meer verbringen, weil eine Windstille verhinderte, daß das kleine gemietete Fischerboot zurück konnte. Ge-

Wien, Porzellangasse 37

Wien Porzellangasse 37

Hauseingang

Treppe

Wohnungstür

gen drei Uhr früh legte das Boot in einer entfernten Bucht wieder an und die ganze Familie stieg im Dunkeln über gefährliche Klippen zurück nach Loctudy.[65] Leo Perutz interessierte sich sehr für die bretonische Kultur. Im Aufsatz »Der Nationalfeiertag im Dorfe«[66] berichtet er begeistert von der Feier des 14. Juli, von der Jagd auf ins Meer geschleuderte Enten und dem Eierlauf. 1927 wurde er zum Ehrenbarden ernannt.[67] 1928 sprach er die einleitenden Worte zu einer Vorführung keltischer Volkslieder und Nationaltänze im Wiener Carl-Theater.[68]

Auch Freunde fand Perutz in der Bretagne. Einigen hielt er die Treue bis in die Exilzeit. Für François Taldir-Jaffenrou, der wegen Kollaboration verurteilt werden sollte, schrieb er 1945 sogar an Charles de Gaulle.[69]

In der Bretagne spielt die 1927 erstmals veröffentlichte Erzählung »Der letzte Kreuzzug«.[70] Zu Beginn des 15. Jahrhunderts regiert dort der schwergewichtige Herzog Johann. Durch eine List wird er gefangengenommen. In seiner Not gelobt er strenge Askese, einen Kreuzzug ins Heilige Land und die Stiftung einer silbernen und einer goldenen Bildsäule, die so schwer wie er selbst sein sollen. Auf Betreiben der Bischöfe wird er freigelassen, bricht zu seinem Kreuzzug auf, ernährt sich nur kärglich und magert stark ab. Vom Mitleid ergriffen, entbinden ihn die Bischöfe von seinen Gelübden. »Statt der beiden Bildsäulen hatte er die bescheidene Summe von zwölftausend Livres und fünfzehntausend Salusdor zu bezahlen.«[71] Spöttisch weist der Erzähler die Leser auf die Strategie des Königs, der später seine volle Leibesfülle wiedererlangt hat: »Und dieser letzte Kreuzzug, bei dem kein Blut, sondern nur Schweiß vergossen wurde, war nichts als eine großartig erdachte Abmagerungskur.«[72]

Kleinere Reisen führten Perutz 1923 und 1925 in seine alte Heimatstadt Prag und beinahe jedes zweite Jahr für kurze Zeit nach Berlin, wo er auch mit Verlagen verhandelte.

Eine große Nordafrikareise unternahmen Leo und Ida Perutz 1924, zusammen mit einigen Freunden.[73] Der literarische Ertrag war gering. Es entstanden nur drei Reisefeuilletons.[74] Doch Perutz genoß Nordafrika. Er besuchte die historischen Reiterspiele in Kairouan, voller Mitleid für die ihrer Tradition und ihrer Freiheit beraubten

»Söhne der Wüste«. Perutz ging in Museen, schlenderte über Basare und Märkte, besichtigte Moscheen und Kunstdenkmäler und dazwischen pflegte er eine Gewohnheit, die er aus Wien mitgebracht hatte und die ihn allem Anschein nach nicht losließ: den Besuch von Kaffeehäusern. In seinem Feuilleton »Arabische Cafés« schreibt er:

> »Ich habe die sonderbarsten arabischen Cafés gesehen. Eines, das zwischen den Sanddünen der Wüste, aus den Zweigen und Blättern der Dattelpalme errichtet, ein anderes, das in das zerfallene Gemäuer eines Saturntempels hineingebaut war. Das Café im Souk el Berka, in dem vor gar nicht langer Zeit schwarze Sklaven und Christenknaben versteigert worden sind. Das Café im Foundouk, in das man nur über den Rücken eines ruhenden Kamels gelangen konnte. Das Café im Gefängnishof. Das Café der tanzenden Bootsleute in Galata. Das Café in der unterirdischen Regenwasserzisterne.«[75]

Die Auswahl ist kennzeichnend für Perutz' Wahrnehmung. Sicherlich hatte es auch ganz normale Kaffeehäuser gegeben, ihn aber interessierten die skurrilen, die verschrobenen, die wunderlichen. Er hatte keine Scheu vor winzigen Cafés, vor den Cafés der einzelnen Berufsgruppen auf den Basaren. Ein Café faszinierte ihn ganz besonders, das Café im Souk el Trouc, dem Basar der Schneider. In einer großen Halle, die man nur über eine Treppe und einen langen schmalen Gang erreichte, »sitzen die Gäste beim Steinchen-, Brett- und Würfelspiel. Über ihren Köpfen schwebt eine Wolke von Haschisch- und Zigarettenrauch, und der Duft des schwarzen Kaffees durchzieht den Raum.«[76] In einer Nische befindet sich »hinter einem Gitter eine hölzerne Truhe, über die sich vier Fahnen neigen, grün und weiß. Und in dieser Truhe liegt seit zweihundertundsiebzig Jahren der Gründer und erste Besitzer des Cafés.«[77]

Perutz ist ergriffen. »Welch ein Mausoleum! (...) Wer in aller Welt verstünde dich besser als ich,« spricht er zum toten Kaffeehausgründer. »Auch ich liebe, was du liebtest. Und wenn er einst zu mir kommt, der Zerstörer der Freuden, der Vernichter jeglicher Gemeinschaft, so möchte ich wie du begraben sein: Ein Grab im Kaffeehaus und rings um mich her der Rauch der Zigaretten, Pagat und Solo-Gromoboi, das Klappern der Dominosteine und der Duft des schwarzen Kaffees.«[78]

Man hat den Eindruck, daß Leo Perutz auch nach seiner Heirat fest in seine böhmisch-österreichische Großfamilie eingebunden war. In den zwanziger Jahren interessierte er sich nicht nur für die lebenden Verwandten, sondern betrieb intensive Ahnenforschung.[79]
Doch das Verhältnis zu seiner Familie war vielschichtig. Nach außen schien alles in bester Ordnung. Im Zentrum der Familie standen noch immer die Eltern, Benedikt und Emma Perutz. Emma sorgte sich um den Hexenschuß und die Ischiasanfälle ihrer Kinder,[80] die »Grießpapperl« für die Enkel,[81] sie schrieb Ida Leos Pullovermaße[82] und kümmerte sich um ausreichende Landaufenthalte für alle.[83] Für sie wurden zum Geburtstag Theaterstücke geschrieben und gespielt,[84] bei ihr traf man sich regelmäßig zum Essen. Doch nicht nur im Elternhaus kam man zusammen. Es war Tradition in der Familie Perutz, sich mindestens einmal im Monat bei einem der Geschwister Hans, Paul, Lilly oder Leo zum »Familienabend« zu treffen. Perutz' Neffe, der diese Treffen als Kind mitgemacht hatte, beschreibt die Beziehung der Familienmitglieder untereinander als sehr eng und warm.[85] Dafür sprechen auch die zahlreichen Lebensmittelpakete, die Leo von seinen Kriegsreisen nach Hause schickte und die kleinen und größeren Geldbeträge, die er von seinem Vater und seinen Brüdern zugesteckt bekam, wenn das eigene Gehalt nicht ausreichte.
Während der Tod seines Vaters 1926 Leo Perutz kaum zu berühren schien,[86] war es für ihn ein schwerer Schlag gewesen, als seine Mutter 1923 im Sommerurlaub in Meran an den Folgen einer Typhusinfektion gestorben war. Mehrere Wochen hatte die Familie gebangt, Ärzte aus Wien nach Meran bestellt, Leo hatte sie am 2. April 1923 besucht und war mit den Worten begrüßt worden: »Ich habe mich so nach dir gesehnt. Mein meschugger Sohn.« Vier Tage später war die Mutter tot.

> »Mittags um 12 Uhr meine liebe Mutter an Typhus gestorben. (...) Ich hatte den ganzen Tag nicht geraucht als Gelübde. Um 3 Uhr kaufte ich mir (...) eine Zigarette. Im Büro (Anker) geweint. Als ich nach Hause kam, legte ich mich aufs Sofa und weinte.«[87]

Doch die familiäre Nähe und Unterstützung hatte auch eine Kehrseite. Zwar fühlten sich Eltern und Geschwister ganz selbstverständlich verpflichtet, Leo an ihren eigenen finanziellen Erfolgen teilhaben zu

lassen, aber Perutz bekam vor allem von seinen Brüdern deutlich zu spüren, daß er eben nur der »unterstützte Verwandte« war.
Im Vergleich zu seinen Brüdern war Leo Perutz seit der Pubertät das »enfant terrible« der Familie. Als Schulversager kam er zunächst ins Internat, flog wegen ungebührlichen Verhaltens hinaus, schaffte im dritten Gymnasium weder Matura noch Nachprüfung, ein weiteres Mal trat er gar nicht mehr an. Zwar galten alle vier Geschwister als charakterstark, eigenwillig, manchmal gar despotisch,[88] doch anders als die Brüder, die sehr zielstrebig eine kaufmännische Ausbildung absolvierten, um in die väterliche Firma einzutreten, vollzog Perutz nach der Militärzeit den Bruch. Er trat in eine Versicherungsgesellschaft ein. Wohl als einziger in der Familie konnte Leo Perutz nicht mit Geld umgehen. Vor allem deshalb bekam er die Verachtung seiner Brüder zu spüren, ihre Ungeduld, ihre Demütigungen. Er galt als exzentrischer Außenseiter, den die Familie unter ihre Fittiche nehmen mußte. Später, als Perutz' Eltern gestorben waren und ihm selbst nach dem Tod seiner Frau die Fassade einer bürgerlichen Familie wegbrach, wurde der Druck seiner Geschwister zunehmend größer. Sie glaubten, die finanzielle Unterstützung gäbe ihnen das Recht zu weitreichenden Einmischungen in die Privatangelegenheiten ihres Bruders.

An Perutz' großem Freundeskreis ist zunächst eines auffallend: Obwohl sich Perutz vom Judentum stark abgrenzte und religiöse Rituale fast völlig verweigerte, waren eigentlich beinahe alle seine Freunde und Bekannten jüdisch. Die Wiener Juden, auch die assimilierten, schlossen sich offenbar eng zusammen.[89]
Perutz' engste Freunde waren Egon Dietrichstein, Franz Elbogen, Opaltek und Hugo Sperber.[90] Der Rechtsanwalt Dr. Sperber, der immer ein wenig schmuddelige, schlecht rasierte, aus Mähren stammende Jude war ein Original mit Scharfsinn und Witz, der oft einen lukrativen Fall ausschlug, um irgendeinem armen Schlucker zu helfen – bis er am Ende seines Lebens selbst verarmt war.[91] »Zu seiner ohnehin auffälligen Erscheinung kam noch eine zugleich dröhnende und gequetschte Stimme, die ein sonderbares Röhren erzeugte, und zwar in jeder Tonlage, auch wenn er noch so leise sprach (...).«[92]

Dr. Franz Elbogen war ein wohlhabender Industrieller, schrieb und sang Chansons, meist recht anzügliche, die er vor allem in der Reissbar, dem nächtlichen Stammlokal der Gruppe, vortrug. Opaltek führte Perutz in die okkulte Szene ein. Er überraschte ihn mit Zauberkunststücken, gemeinsam besuchten sie Seancen,[93] machten telepathische Experimente.[94] Dietrichstein, ursprünglich ein begabter Journalist, aber »ein Bohèmien reinsten Wassers«,[95] lebte bald nur mehr vom Geldverleih und war ein stadtbekannter Schnorrer.[96] Im Nachruf auf ihn heißt es:

»Was ihn wirklich zur stadtbekannten Figur machte, war seine Kleidung. (...) Dietrichstein trug seine Kleider, manchmal waren es nur mehr Kleiderfragmente, in einer Art, die man mit sehr viel Wohlwollen als salopp bezeichnen konnte. Und auf seine Kleider war auch seine übrige Toilette abgestimmt, wobei Dietrichstein über modische Einzelheiten, wie etwa Krawatten u. a., mit souveräner Mißachtung hinweg sah. Und so zog er, oft verlacht, durch die Straßen Wiens, durch die Wiener Cafés.«[97]

Dietrichstein galt auch im Freundeskreis als verschlampt und stinkend – einmal war ihm deshalb sogar die Wohnung gekündigt worden -,[98] aber er war schlagfertig und originell. Perutz ließ anläßlich der Silvesterfeier 1918/19 im Haus von Dr. Elbogen die Anekdotensammlung drucken: »Dietrichstein in allen Lebenslagen. Authentischer Text seiner Aussprüche, zur Erbauung seiner Gemeinde kodifiziert von seinen Bewunderern.«[99] Ein Textbeispiel mag hier für viele stehen:

»Dietrichstein hat einen Bandwurm.
Dietrichstein (verzweifelt): ›Was sagst Du, was ich für ein Pech hab'! Ich war heute beim Doktor, ich hab einen Bandwurm. Furchtbar!‹
Elbogen: ›Aber das ist doch kein Grund zu solcher Verzweiflung!‹
Dietrichstein: ›Was heißt das?! In diesen Zeiten! Gestern zum Beispiel war ich nachtmahlen. Einmal gönn' ich mir für teures Geld zwei Palatschinken – frißt sie der Bandwurm!‹«[100]

Perutz fühlte sich in dieser Gesellschaft wohl, in der eine herzliche Boshaftigkeit regierte. Fragen konnte man nur auf eigene Gefahr stellen; gab man Blößen zu erkennen, so wurden mit eiskalter Ironie giftige Pfeile abgeschossen. Typisch für den Umgang untereinander ist die Szene, die Perutz im Tagebucheintrag vom 22. August 1920 dokumentierte: »Dr. Sperber und Robertl waren bei mir zu Mittag. Er badete und ich streute ihm Reißnägel ins Badezimmer. Tarock gespielt.« Daß dieser Umgang auch vor den Grenzen des guten Geschmacks nicht immer Halt machte, zeigt die von Hans Reimann überlieferte Anekdote, Perutz habe seinen Freund mit den Worten vorgestellt: »Herr und Frau Bermann«.[101] Die Boshaftigkeit dieser Äußerung ist nur zu erkennen, wenn man weiß, daß Bermann Hermaphrodit war.[102]

Perutz hatte einen großen Freundes- und Bekanntenkreis, er wurde zum Tee, zu Soupers und Tanzabenden geladen,[103] besuchte zahlreiche Konzerte und traf unentwegt Menschen. Einen Eindruck darüber, wen Perutz zu sich nach Hause lud, vermittelt das Stammbuch von Perutz' Tochter Michaela, in das sich viele seiner Freunde eingetragen haben: die Journalisten Hugo Schulz und Egon Erwin Kisch, der Kabarettist Anton Kuh, den Perutz oft bei der Zusammenstellung seiner Programme beriet, der Grafiker Axel Leskoschek, der Verleger E. P. Tal, der Publizist und Rechtsanwalt Rudolf Olden, der Lyriker Josef Weinheber, der Schriftsteller Alexander Roda-Roda, die Schauspieler Hans Reimann, Karl Etlinger, Emil Jannings und Lia Rosen und die Schriftsteller Richard A. Bermann, Robert Musil, Arthur Rundt, Hans Adler, Friedrich Reck-Malleczewen. Zu Perutz' Freunden zählten auch der Schauspieler Conrad Veit, der Schriftsteller Bruno Brehm[104] und der sozialdemokratische Bürgermeister der Stadt Wien, Karl Seitz.[105] Mit Franz Werfel verkehrte Perutz regelmäßig, Bert Brecht schrieb aus Perutz' Wohnung eine Postkarte an Emil Faktor, in der er als Absender vermerkte: »Wien IX, Porzellangasse 37, bei Perutz«.[106] Elisabeth Hauptmanns Text »Auch ein Interview« gibt einen Einblick in die Beziehung der beiden Schriftsteller Brecht und Perutz.[107] Brecht hatte Hauptmann nach Wien vorausgeschickt, damit sie mit Perutz über die Aufführung von »Mann ist Mann« sprechen sollte.[108] Sie schildert diese Begegnung aus der Perspektive von Leo Perutz und läßt ihn sagen:

> »Das war interessant, dass MIM jetzt aufgeführt werden sollte, das ist sehr wichtig, ich hatte es sonderbarerweise in den Zeitungen nicht

gelesen. Und von Brecht hörte ich nur was, wenn ich im Winter auf einen Sprung in Berlin war oder er im Sommer auf einen längeren Sprung in Wien. Dann waren wir allerdings fast jeden Tag zusammen, aber in der Zwischenzeit kümmerten wir uns nicht umeinander. Und jetzt schickt er mir irgendein Mädchen auf den Hals wegen MIM.«[109]

Der Kontakt zwischen Leo Perutz und Elisabeth Hauptmann intensivierte sich nach dieser ersten Begegnung, »denn die Hauptmann wohnte drei Monate bei ihm und bearbeitete sogar ein Stück von ihm für die Bühne.«[110]

Mit Tucholsky und Arno Holz hatte Perutz brieflichen Kontakt, obwohl das Briefeschreiben in dieser Zeit nicht gerade zu seinen Leidenschaften gehörte. (Kaum ein Briefpartner, der sich nicht darüber beschwert, daß Perutz nicht rechtzeitig zurückschreibt!)

Doch nicht nur mit berühmten Menschen verkehrte Leo Perutz. Er »nahm stets ein neidloses, lebhaftes Interesse an jungen Autoren, stand ihnen mit Rat und Hilfe zur Seite, führte mit ihnen lange Gespräche, förderte sie, wo er konnte, und hatte die größte Freude an der Entdeckung neuer Talente.«[111] Theodor Kramers Werke vermittelte Perutz einem Verlag,[112] Bruno Prochaskas Geschichten brachte er im *Börsen-Courier* unter,[113] für die Werke von Hans Adler[114] bemühte er sich bei mehreren Verlagen, in einer finanziellen Krisensituation bot er ihm sogar einen Vorschuß an,[115] auch Ludwig Beil erhielt eine finanzielle Zuwendung.[116] Für seinen Freund Bermann korrigierte er 1925 dessen Buch »Amaranos«,[117] angeblich kürzte und überarbeitete er auch dessen indischen Roman »Die Erben Timurs«.[118] Für Bruno Brehm begutachtete Perutz »Der lachende Gott« und »Susanne und Marie«.[119] Vor allem um Josef Weinheber, der zu dieser Zeit von massiven Selbstzweifeln gequält wurde, bemühte sich Leo Perutz immer wieder. Weinheber beriet mit ihm voll Dankbarkeit die Auswahl seiner Gedichte, ihre Anordnung, die Verlagsangelegenheiten.[120]

Möglicherweise ging die Verleihung des »Preis(es) der Stadt Wien für Dichtkunst«, den Weinheber 1925 zugesprochen bekam, auch auf Leo Perutz' Initiative zurück, wie Josef Nadler vermutete.[121]

Neu kennengelernt hatte Perutz 1927 den Journalisten Alexander Weisz. Weisz hatte im Jahr 1926 einen aufsehenerregenden Prozeß gegen den Kriegsgewinnler und Inflationsmillionär Castiglioni verloren. Wie sich aus den sehr disparaten Quellen vermuten läßt,[122] hatte Weisz ursprünglich versucht, einen Sabotage- und Bestechungsskandal aufzudecken, in den Castiglioni während des Krieges verwickelt gewesen war, was dieser aber mit einer Ehrenbeleidigungsklage beantwortet hatte.[123] Im Laufe dieses Prozesses war Weisz von der gesamten Presse wegen Korruption gebrandmarkt worden, weil er zugegeben hatte, vom Hause Castiglioni Geldmittel erhalten zu haben.[124] 1927 bemühte sich Alexander Weisz um seine Rehabilitierung und suchte nach Verbündeten.[125] Perutz ließ sich die Unterlagen von Weisz geben, studierte sie[126] und entschloß sich zu einer Pressekampagne. »Ich habe mich intensiv mit dem ganzen Material dieses Prozesses befasst und bin zu der Überzeugung gekommen, dass hier eine schwere und wie es scheint bewusste Rechtsbeugung vorliegt«,[127] schrieb er an eine Münchner Zeitung. Die Wiener Zeitungen hatten Perutz' Artikel nicht veröffentlicht, die »Einen (sic) aus Angst vor der Sozialdemokratie, die Anderen (sic) in dem Bestreben, die sich vorbereitende Koalitionsstimmung nicht zu stören.«[128]

Eine echte Freundschaft verband Perutz mit dem Schriftsteller Friedrich Percyval Reck-Malleczewen. Am 17. Dezember 1926 wandte sich Reck-Malleczewen zusammen mit dem Autor Hans Reiser[129] brieflich an Perutz.[130] Die Gemeinsamkeit in der Auffassung der Literatur habe sie, so schreiben sie, zu diesem Schritt gebracht. Brief und Freundschaft beginnen pathetisch:

> »Sehr geehrter Herr Perutz,
> zwei durch Freundschaft verbundene reichsdeutsche Autoren (...) wenden sich an Sie mit der Frage, ob Sie gewillt sind, aufgrund der künstlerischen Gemeinsamkeit zu uns in freundschaftliche Beziehung zu treten.«[131]

Der Brief, in dem sich Reck und Reiser vehement von jeder psychologischen Literatur abwenden und einfach Erzähltes suchen, scheint Perutz gefallen zu haben. Jedenfalls entwickelte sich ein langer Briefwechsel, der auch durch persönliche Kontakte belebt wurde. Liest man die Briefe von Reck-Malleczewen, so hat man den Eindruck, daß er Perutz heftig ins Herz geschlossen und ihn auch in Verlagsangelegenheiten unter seine Fittiche genommen hatte. In einigen Briefen setzte er Perutz detailliert auseinander, mit wem er Verträge abschließen dürfe, und wie er sich zu verhalten habe. So schrieb er am 2. Januar 1928:

»Wenn Sie von der Voss noch einmal 7000 Mark verlangen, werden Sie von den deutschen Autoren für vogelfrei erklärt werden! Wo sollen wir denn bei einer derartigen Preisdruckerei (...) hinkommen? Ein Autor Ihres Ranges darf keinen ausgewachsenen Roman unter 15.000 verkaufen.«[132]

Reck-Malleczewen war ein Exzentriker, wie Perutz sie mochte. Der unter dem schlichten Namen »Friedrich Reck« geborene Friedrich Percyval Reck-Malleczewen spazierte »mit Tropenhelm und Shorts Kirschkerne spuckend durch die Ludwigsstraße«[133] in München, befestigte einen Rasierpinsel auf seinem Filzhut, gab sich als Urwaldjäger aus, erfand und korrigierte ständig seine Biographie. Reck war, wie Alphons Kappeler in seiner Dissertation über Reck-Malleczewen eingängig nachweist, ein »pathologischer Lügner, der gemäß der hauptsächlichen Merkmale der pseudologia phantastica seine Lügen selbst glaubt und danach handelt.«[134]

Die Briefe von Reck an Perutz sind mit Unwahrheiten durchzogen. Perutz scheint sich daran nicht gestoßen zu haben. Am 12. Januar 1927 notierte Perutz: »Reck Malleczewen ›Phrygische Mützen‹ gelesen. Prachtvoller Mensch, prachtvolles Buch.«[135]

Perutz und Reck scheinen auch in Bezug auf die Beurteilung anderer Dichter ihre Einschätzung geteilt zu haben. Alle Manieriertheit, alle Starallüren waren ihnen verhaßt. Mit der vollen Wonne des Spotts erzählte Reck Perutz seine Begegnung mit Stefan George:

»Was mich freut, liebe Herren: dass ich nach einem feierlichen Empfang bei Stefan George mit dunklen Vorhängen, Kerzenschein und Aristoteles den Dichter eine Stunde später auf dem Heidelberger Bahnhof gesehen habe, wie er Kasseler Rippspeer und Sauerkraut ass ... das hat mich gefreut.«[136]

Nach dem Krieg wechselte Perutz seine zweite Adresse. Ein neues Café hatte eröffnet. »Der Herrenhof drückte mit weithin anreißender Leuchtschrift, großen Panoramascheiben und elegantem Schanigarten auf dem Gehsteig knallig den Modernismus aus, expressionistisch wie die junge Literatengeneration.«[137] Das Café Herrenhof war ein großer Gebäudekomplex, »das Frontlokal an der Herrengasse, der mit buntem Glas gedeckte, wiederum geteilte Mittelsaal, das schon als Spielzimmer benutzte Verbindungsstück gegen die Räumlichkeiten an der Wallnerstraße, zu denen einige Stufen hinabführten und die zuletzt nur noch Bridgestuben waren.«[138]

Der Wechsel vom Café Central zum Café Herrenhof vollzog sich schnell. »Zwei Tage später saß alles, was politisch und erotisch revolutionär gesinnt war, drüben im neuen Café – die Mumien blieben im alten.«[139] Das Publikum hier war sehr gemischt. Friedrich Torberg erinnert sich:

> »Es waren (...) zum großen Teil Literaten und Künstler, an zweiter Stelle kamen die Rechtsanwälte, dann gab es Kaufleute, Bankbeamte, Ärzte, Verleger, Journalisten, Buchmacher, Schauspieler, Kunsthistoriker, Wucherer, Inseratenagenten, Teppichnepper, Versicherungshyänen, Betrüger, Erpresser, Hochstapler und eine Unzahl Huren.«[140]

Die Besucher verteilten sich im großen Gebäude den Neigungen entsprechend. Die Stammgäste kamen meist erst nach 16 Uhr, weil viele, wie Perutz auch, einem Beruf nachgingen.

> »Ganz vorne saß, wohl schon vormittags, das ›fluktuierende Publikum‹ (...), im Mittelsaal bewegte sich von Tisch zu Tisch hospitierend oder zu kurzem Gruß oder Wortaustausch da und dort stehen bleibend, das ›bessere Publikum‹, während in den hinteren Räumen eine ruhelose Bohème hauste, kam und ging, telefonierte, flirtete, Briefe schrieb und hauptsächlich Karten spielte.«[141]

Eben dort, in den hinteren Räumen des Café Herrenhof, führte Leo Perutz sein Regiment. Hier war die Luft zum Schneiden dick, der Zigarettenqualm verfinsterte das Tageslicht, die Fußböden waren mit Staub und Asche bedeckt, Aschenbecher wurden auf den Fußboden geleert, die klebrigen Tische mit einer Serviette abgefächelt, eine Putzfrau wirbelte unter dem Protest der sitzenden Gäste den Staub auf, der sich bald wieder senkte. Anzügliche Bemerkungen und makabre Witze schallten durch das Lokal. Von Zeit zu Zeit gab es Handgreiflichkeiten.[142]

Man darf sich also das Kaffeehaus keineswegs idealisiert denken als Hort der Geistigkeit, der innigen Freundschaft zwischen Literaten, des regen Austausches der Wissenschaften. Das Kaffeehaus war eine Bühne. Es war Perutz' Öffentlichkeit. Hier war sein Publikum, hier konnte er sich in Szene setzen, seine Lust an großen Auftritten und Effekten befriedigen. Doch zwischen den »Dichtern des Wiener Kreises« bestand eine Distanz, die »den Eindruck von Kühle, ja sogar von Kälte«[143] erweckte. »Freunde?«, konstatierte Beer-Hofmann über seine Kaffeehauskollegen, »Freunde sind wir eigentlich nicht – wir machen einander nur nicht nervös.«[144] Die Scheu anderen zu nahe zu treten, die Scheu enttarnt zu werden, bloßgestellt zu sein, ließ die Kaffeehausbesucher Stücke inszenieren mit wechselnden, aber klar definierten Rollen. Perutz baute ganz bewußt an seinem Bild in der Öffentlichkeit. Er stilisierte sich zum menschenverachtenden Ekel, zum rücksichtslosen Meinungsführer, gebärdete sich als verbaler und tätlicher Raufbold. Nicht selten sah man, »wie er, einen nassen Fetzen (Lappen) oder die Clobürste schwingend, einen Tropf durchs Café Herrenhof jagte, um ihn der gerechten Strafe zuzuführen.«[145] Der normale Umgangston im Kaffeehaus war rüde, oft sarkastisch. Man nahm kein Blatt vor den Mund. Elbogen erinnerte sich später:

> »Wenn sich Leo Perutz jemand näherte mit den Worten, welche Ehre es sei, ihn zu treffen, und Perutz antwortete: ›Die Ehre liegt ganz auf Ihrer Seite‹, wenn er jemanden im Gespräch mit Lob ›nieder machte‹: ›Sie haben ja Lücken in ihrer Unbildung‹, so war das noch der fast charmante Dichter.
>
> Ein junges, hübsches Mädchen flehte einen Bekannten namens Opaltek an, sie mit Perutz bekannt zu machen, sie verehre ihn namenlos und lese alle seine Romane seit Jahren. Opaltek tat es. Das arme Geschöpf sagte freundlich: ›Herr Perutz, ich habe soeben ihren neuen Roman gelesen, wie alle anderen. Ich bin eine große Verehrerin ...‹ Weiter kam sie nicht. Perutz, mit angeekelter Grimasse, schrie ihr entgegen: ›Für solche schiache Weiber wie Sie schreibe ich nicht.‹ Worauf ihm Opaltek ein Glas Wasser ins Gesicht schleuderte. Ein Handgemenge folgte, die Gegner – Perutz blutend von den Glasscherben – mußten getrennt werden.«[146]

Daß Perutz vor Handgreiflichkeiten nicht zurückschreckte, zeigt auch die Episode mit Otto Soyka. Soyka war in den zwanziger Jahren ein bekannter Schriftsteller, der Kriminalromane und, ebenso wie Perutz, historische Romane verfaßte und sich daher manchmal in Konkurrenz zu ihm sah.[147] Der Anlaß des Streits war folgendes von Josef Kalmer in der Wiener Zeitung *Der Tag* veröffentlichtes Bonmot, das dieser Leo Perutz in den Mund gelegt hatte:

> »Leo Perutz erzählt: Jeder Mensch hat irgendein Tier, dem er ähnlich sieht. Der eine schaut aus wie eine Spitzmaus, der andere wie ein Nashorn. Mein Tier ist der – Otto Soyka.«[148]

Die Folgen dieser Veröffentlichung schildert der Wiener *Morgen* am nächsten Tag unter der Überschrift »Prügelszenen im Café Herrenhof. Der Schriftsteller Otto Soyka ohrfeigt Leo Perutz.« Der Artikel endet mit der Ankündigung, daß Perutz gegen den Kollegen »wegen tätlicher Ehrenbeleidigung klagen«[149] werde.

Doch eine derartige Klage war nicht Perutz' Stil. Er antwortete tags darauf in einem Leserbrief:

> »(...) Ich habe schon deswegen keinen Anlaß, Herrn Otto Soyka wegen tätlicher Ehrenbeleidigung zu klagen, weil ich mir an Ort und Stelle ausreichend Genugtuung verschafft habe. Daß diese Genugtuung für Herrn Soyka nicht noch weit empfindlicher ausfiel, liegt daran, daß er vom Kaffeehauspersonal in der nächsten Minute an die Luft gesetzt wurde. Sein Augenglas, das in meinen Händen geblieben ist, lege ich bei und bitte Sie, es Herrn Soyka zur Verfügung zu halten. Leo Perutz.«[150]

Als Soyka den Empfang dieser Ohrfeige bestritt, ließ ihn Perutz durch zwei Sekundanten fordern.[151]

Perutz' Stammtischrunde war streng begrenzt.

> »Fluktuierende Gäste gab es nur selten an seinem Tisch, die Auswahl unterlag strengen Voraussetzungen, die nach charakterlichen Eigenschaften, Persönlichkeitswerten und nach dem Bildungsgrad gemessen wurden. Ein bis zwei Nachmittage der Woche waren für die Wissenschaft reserviert. Anstelle der erwähnten Stammgäste saßen Historiker (unter anderem Karl Tschuppik), Philosophen, Physiker, Mathematiker am Tisch. Es wurde über Politik, höhere Mathematik, Philosophie (Positivismus) und Zahlenmystik diskutiert.«[152]

»An den Längsseiten des Tisches war Platz für je zwei bis drei Personen, so daß der an der Tête sitzende optisch in den Rang eines Vorsitzenden geriet. Leo Perutz genoß diese Würde sehr bewußt.«[153]

Perutz' Hauptbeschäftigung im Herrenhof war das Kartenspielen. Er spielte beinahe besessen. Täglich. Tarock, Dardeln,[154] Poker. Er spielte um Geld. 1922 verlor er in einem Monat 400.000 Kronen. Das ist weit mehr als eine Wiener Arbeiterfamilie in der gleichen Zeit zur Verfügung hatte.[155]
Die Dardelpartien zwischen ihm und dem Rechtsanwalt Dr. Sperber waren weit über das Café Herrenhof hinaus bekannt, oft »reichte die Schlange der Kiebitze (...) bis auf die Straße hinaus (...). Die Ansagen erfolgten manchmal auch griechisch oder lateinisch.«[156] 1923 erschien sogar eines der Gespräche, das Sperber und Perutz beim Kartenspielen geführt hatten, gedruckt in der Wiener Zeitung *Der Tag*. Ganz typisch für Kartenspieler wurde jeder Spielzug mit einem mehr oder weniger geistreichen Spruch kommentiert – für Nichtspieler waren das spanische Dörfer: Der eine hatte ein »kantisches Dardl bis zum As in Arthur mit der Bella« oder gar ein »Quardl« oder ein »süßes Fießchen bis zum As«.[157] Vor allem Sperber war dafür bekannt, anstelle der üblichen Ansagen und Bezeichnungen ständig eigene Ausdrücke zu kreieren.[158] »Verrechnet wurde streng, aber gerecht, wobei man im voraus festlegte, ob nach der ›Lex Perutz‹ verrechnet werden sollte oder nicht. Diese Lex (...) sah eine Abrundung der Verlustsumme nach unten vor, so daß beispielsweise statt S 7.78 nur 7.50 zu bezahlen waren. Nach einer von Sperber geschaffenen Notverordnung konnte sich diese Summe ›unter drakonischer Anwendung der Lex Perutz‹ sogar auf 7 Schilling reduzieren.«[159]
Kein Wunder, daß die Spieler über unkluge Spielzüge, Flunkereien beim Ansagen und falsch aufgeschriebene Ergebnisse häufig in Streit gerieten. Mehrmals notierte Perutz in seinem Tagebuch nach einer Dardelpartie: »Zerstritten«, und oft verhängte er anschließend den gefürchteten »Boykott«.[160] Dieser muß schrecklich gewesen sein. Der sonst seinen Freunden gegenüber so gesellige Perutz versteinerte, er strafte durch Schweigen, Mißachtung, Abwesenheit. Und er wartete, bis er wieder geholt wurde. Erhalten ist ein sehr beeindruckender Brief von Franz Elbogen an Leo Perutz, in dem dieser ihn inständig, die Not bis ins Kleinste schildernd, bittet, den Boykott aufzuheben und die Ordnung im Kartenspielerchaos endlich wiederherzustellen, fehle doch die strenge, die Kiebitze schroff abhaltende und zum Durch-

halten motivierende Kraft so sehr. Elbogen schließt seinen Bittbrief mit den bewegenden Worten: »Was not tut, ist der gewohnte Terror! Lassen Sie ihn wieder walten und treiben Sie mit eisernem Besen die Geister der Anarchie zu Paaren. Gott will es! Einer für viele! Dr. Elbogen«[161]

Nach einem solchen, mehrere Tage währenden Boykott traf sich Perutz mit Elbogen und Opaltek zu offiziellen Friedensverhandlungen. In sein Tagebuch notierte er: »Frieden geschlossen: 4 Monate darf er (Elbogen, Anm. d. Verf.) den Neger[162] nicht singen. Opaltek 3 Monate nicht über Kunst, Musik und Literatur sprechen.«[163]

Die literarische Arbeit

Freunde und Kaffeehaus waren für Perutz' literarische Arbeiten enorm wichtig. Wie wichtig, wird ihm erst klar werden, wenn er beides im Exil schmerzlich vermissen wird. Er brauchte beides, um seinen Figuren lebendigen Geist einzuhauchen, um aus dem Labyrinth seiner Romankonzeptionen wieder herauszufinden.

Paul Frank bezeichnete Perutz als geistigen Schwerarbeiter.[164] Ehe er an die Niederschrift eines Romans heranging, betrieb er oft jahrelange Vorstudien in Wiener Bibliotheken. Er wußte Bescheid über die geographischen Besonderheiten der Gegend, die Zusammensetzung der Heere, die Farben der Flaggen und Waffenröcke, über politische Zusammenhänge, über die Techniken der Landwirtschaft, über typische Witterungsverhältnisse, Getreidekrankheiten, Straßennamen, Zunftordnungen und kulturelle Besonderheiten. Einen guten Einblick in die Arbeitsweise vermittelt der Inhalt eines Notizbuches zum unvollendet gebliebenen Romanprojekt »Der Vogel Solitär«. Grete Perutz schreibt darüber an Lambert Binder:

> »Drin schreibt er 1. Schiffe, wo er alles, was zum Schiff gehört, notiert. (...) Schiffsknecht (...), Stückmeister, Schiffskoch, Segler, Fregatte und so weiter und zu allem schreibt er ein paar Worte oder Erklärungen, dann auf einer anderen Seite Schimpfworte, dann weiter Dorf, Wirtshaus, und andere mehr. Aber auf die Handlung kann man daraus nicht schließen.«[165]

Erst wenn der Rahmen eines Romans recherchiert war, begann Perutz mit der eigentlichen Konzeption. Er versuchte zu »klären«. Am besten gelang ihm dies offensichtlich auf Spaziergängen.[166] Mehrfach notierte er in seinen Tagebüchern, daß nach einem langen Gang durch die Wiener Parks nun manches klar vor seinen Augen stehe.
Dann traf er sich mit Freunden. Das »unaufhörliche Erzählen« war für ihn notwendig, »zur Formung, Abrundung und Weiterentwicklung eines Stoffes.«[167] Seinem Freund Hugo Lifczis schrieb Perutz später aus dem Exil:

> »Es fehlt mir sehr, daß ich keine Menschenseele habe, der ich es erzählen kann, denn wer interessiert sich hier schon für sowas! Ich muß erzählen und immer wieder erzählen, bevor ich schreibe, denn erst dann bekommt der Stoff Gestalt, und Sie, Hugoici, liessen sich von mir alles 100 mal erzählen und halfen mir damit.«[168]

Dann begann Perutz mit der Niederschrift. Langsam und bedächtig schrieb er, sauber und gleichmäßig, »mit einem Federhalter aus Holz, dessen Stahlfeder in regelmäßigen Abständen in ein Tintenfaß getaucht werden mußte. Seine Kinder berichten, daß er sofort ein neues Blatt begann, wenn er sich verschrieben hatte oder mit dem Geschriebenen unzufrieden war.«[169] Wenn Sprachmelodie oder Rhythmus nicht seinen Vorstellungen entsprachen, begann er nochmals von vorn. Schwer vorstellbar, daß demselben Leo Perutz in der Schule immer angekreidet worden war, die äußere Form seiner schriftlichen Arbeiten sei »unsauber und unordentlich«. Bei seiner literarischen Arbeit war Perutz unerbittlich. Paul Frank, der mit Perutz für einige Projekte zusammengearbeitet hatte, beschwerte sich wiederholt, daß Perutz ganz anders geschrieben habe, als sie es gemeinsam vereinbart hätten.[170] Doch Perutz ließ sich nicht korrigieren. Richard A. Bermann, der Perutz' Arbeitsweise jahrelang beobachtet hatte, charakterisiert sie folgendermaßen:

> »Perutz geht, das ist wahr, immer von einem Einfall aus, und selten von einem Erlebnis; den Einfall stellt er dann in ein reizvolles Milieu hinein, staffiert ihn mit einer Million kleiner Einfälle aus. (...) Dem Dichter Perutz guckt immer der Mathematiker Perutz über die Schultern, er hat ein möglichst kompliziertes Beispiel gefunden, das mit möglichster Eleganz gelöst werden muß. Aber wie weit ist er von den

schnellen Sudlern, den dünnflüssigen Effekthaschern entfernt! Seine Effekte sind Blut, nicht Wasser oder Jauche!
Niemand arbeitet sorgfältiger als dieser Fruchtbare. Aus seinen historischen Romanen können die Geschichtsprofessoren lernen. Er liebt historische Themen, weil er das Bunte und Romantische liebt, am meisten, wenn ein bisschen Wüstheit und Rauferei in dem Milieu liegt. Er versenkt sich jahrelang in die Geschichtsquellen, sucht die seltensten. Dann versteht er es, vergessen zu machen, daß irgendein Studium seine Phantasie beschwerte. (...) Perutz fühlt sich am wohlsten in einem Labyrinth von Hindernissen; er frißt mit einem kannibalischen Vergnügen Schwierigkeiten. Der erste Einfall ist manchmal phantastisch und irreal; alles andere ist Logik und Mathematik und warmblütige Realität. Nie erklärt er ein Wunder durch ein zweites, nie hilft er sich aus dem Irrgarten anders heraus als durch Vernunft. Seine Phantasie ist mathematisch diszipliniert, so wie seine recht gesunden und kräftigen Effekte der Zensur eines feinen Geschmacks unterstellt sind.«[171]

Perutz war stolz auf seine Arbeit und hatte eigene, hohe Ansprüche an die Kunst. Entschieden wehrte er sich dagegen, als Walter Benjamin unter dem Titel »Kriminalromane auf Reisen« Perutz' Bücher als ideale Reisebegleiter empfahl:[172]

»Ich habe niemals einen Kriminalroman geschrieben, niemals überhaupt ein Buch, das sich in eine Kritik, betitelt ›Kriminalromane auf Reisen‹ einfügen ließe. (...) Es ist nicht die richtige Art, über einen Autor zu sprechen, der an jedem seiner Romane und an jeder seiner Erzählungen jahrelang sehr mühevoll gearbeitet hat.«[173]

Perutz begriff seine Arbeiten als Kunst, plädierte aber gleichzeitig für eine publikumsbezogene Kunst. Seine Romane wollten gefallen. Entschieden wies er einen Aufruf von Künstlern zur Gründung eines Genossenschaftsverlags zurück. Die Schriftsteller hatten gefordert, die Tantiemen der Klassiker heutigen Autoren zukommen zu lassen. Perutz antwortete in seinem Artikel »Die sozialisierte Dichtkunst«:

»Nicht unwidersprochen soll aber jener Teil des Aufrufs bleiben, in der die Unterzeichneten (...) ihre Ansprüche nicht etwa auf die geistige, sondern auf die materielle Erbschaft der Klassiker anmelden. (...) Sind nicht welche unter ihnen, denen es als Verrat an der Kunst und am Geiste gilt, fürs Volk zu schaffen? Deren höchster Ehrgeiz es ist, nur für eine Auslese überfeinerter Stammtischgefährten in verstiegenen Wendungen Unerlebtes, Ungefühltes, Unverständliches zu schreiben? (...) Sie mögen, wenn sie sich in die Reihe der Arbeiter stellen, vor allem ihr Werk sozialisieren. Kunst für alle schaffen und nicht ichbefangen Kunst für sich und ihresgleichen. Dann werden sie auf die Tantiemen der großen Toten verzichten können.«[174]

Wenn es um seine eigenen Tantiemen ging, reagierte Perutz empfindlich. Er ärgerte sich sehr darüber, daß sowjetrussische Verlage seine Romane unerlaubt und unhonoriert übersetzten und nicht einmal seiner Bitte um ein Belegexemplar nachkamen.[175] Daher antwortete er auf eine Rundfrage der Moskauer Kulturzeitung *Novyi Mir* an alle hervorragenden Schriftsteller, die ihn um eine Einschätzung der russischen Literatur bat, nur ironisch:

»Ich erhielt Ihre sehr interessante Rundfrage, die präzise zu beantworten mir wirklich ein Vergnügen sein könnte. Leider fehlt mir jedoch dazu die Zeit. Ich muß einen neuen Roman fertigstellen, damit ihn mir die sowjetrussischen Verleger wieder stehlen können.«[176]

Ende 1917 begann Perutz ein Romanprojekt, das er mehrmals zugunsten anderer Arbeiten unterbrach und das nie fertiggestellt wurde, den »Vogel Solitär«. Bis 1920 entstanden vier Kapitel des in der Zeit der französischen Revolution spielenden Buches, die einzeln mehrfach in verschiedenen Zeitungen veröffentlicht wurden.[177]

Perutz entwickelt in diesen vier Kapiteln den Beginn einer spannenden Romanhandlung. Er zeichnet die beiden Gegenspieler, den zum Jakobiner gewordenen Marquis Laroche-Bernard und den Girondisten Barnasseau. Aus der Erinnerung eines Dorfbewohners erfährt der Leser, daß Laroche-Bernard einst den Bruder seiner Geliebten ermordet hat, weil dieser die Liebe verhindern wollte. Laroche-Bernard kann aber aus dem Gefängnis fliehen, treibt sich Jahre als Pirat auf den Meeren herum und kommt nun als Abgesandter der Regierung in sein Heimatdorf zurück, wo er mit großem Pomp erwartet wird. Dann bricht die Handlung ab.

Von Mai 1918[178] bis Juli 1919 widmete sich Perutz einem anderen historischen Projekt, dem »Marques de Bolibar«. Stoff ist die »Vernichtung der beiden heimischen Regimenter ›Nassau‹ und ›Erbprinz von Hessen‹ durch spanische Guerillas« während der napoleonischen Feldzüge, »ein dunkles und vorher niemals aufgeklärtes Kapitel der vaterländischen Kriegsgeschichte«.[179]

Monatelang beschäftigte sich Perutz mit der Geschichte des spanischen Feldzuges. Im Vorwort berichtet er seinen Lesern, die Quellen zeigten, daß es die »Regimenter ›Nassau‹ und ›Erbprinz von Hessen‹ gegeben« habe, daß »eine Brigade des nassauischen Regiments (...) 1810 in La Bisbal durch reguläre spanische Truppen aufgerieben,«[180] worden sei, auch die militärische Situation und die Namen der militärischen Führer auf beiden Seiten seien überliefert. Doch über den genauen Hergang der Ereignisse lasse sich, so Perutz, in den Quellen nichts finden, weil sie die Geschichte entweder ausließen, sie nur mit wenigen Worten streiften oder »von offensichtlichen Irrtümern und Fehlern«[181] durchdrungen seien.

Der Erzähler gibt nun an, eine neue Quelle entdeckt zu haben, die die Ereignisse erklären könne, einen »Stoß Schriften«, die sich als »des Leutnant Jochbergs Denkwürdigkeiten aus dem spanischen Feldzug Napoleons I«[182] erwiesen hätten.

Diese Quelle gehört freilich, wie die oben erwähnten auch, bereits in den Bereich der Romanfiktion – so glaubwürdig und überzeugend dargestellt aber, daß Perutz zahlreiche Anfragen bekam von Leuten, die Genaueres zu den Quellen wissen wollten.[183] Das Vorwort schließt mit den Worten: »Und nun möge Leutnant Jochberg berichten, was er im Winter 1812 in der asturischen Bergstadt La Bisbal Seltsames erlebt hat:«[184]

Der Marques de Bolibar, ein mit seltsamen, beinahe göttlichen Fähigkeiten ausgestatteter frommer und kluger Mann,[185] möchte seine von den deutsch-französischen Truppen eingenommene Heimatstadt, La Bisbal, für Spanien zurückerobern. Deshalb verbündet er sich mit den in den Bergen versteckten Guerillas und unterbreitet ihnen einen ausgefeilten Plan. Er verabredet mit den Kämpfern drei Zeichen: dicken schwarzen Rauch aus dem Hause des Marques, die Klänge der Orgel von St. Daniel in der Nacht und ein dem Kommandanten der Guerillas überbrachtes Messer des Marques. Nach diesen Zeichen sollen sie jeweils eine bestimmte strategische Offensive starten.

Die Zusammenkunft des Marques mit den Freiheitskämpfern belauscht ein deutscher Offizier, der seinen Kameraden davon Mitteilung macht. Ihnen ist nun also bekannt, was die Gegner vorhaben.
Der Marques verkleidet sich als Maultiertreiber und versucht so in die Stadt La Bisbal zurückzukehren. Auf dem Weg wird er vom deutschen Rittmeister Salignac aufgrund seiner Verkleidung als Träger engagiert und kommt so ins Lager der Deutschen, wo ihn Salignac zurückläßt. Dort belauscht der Marques zufällig ein Gespräch der fünf deutschen Offiziere, Donop, Brockendorf, Eglofstein, Günther und Jochberg. Diese prahlen voreinander, die verstorbene Frau ihres Oberst zur Geliebten gehabt zu haben. Als die Offiziere den Zeugen ihres Gesprächs entdecken, wollen sie ihn unter einem Vorwand töten, aus Angst, ihr Liebesgeheimnis könne enthüllt werden. Der verkleidete Marques, dem sie in ihrer Eile die Beichte verweigern, appelliert an das christliche Gewissen der fünf und nimmt ihnen vor seiner Hinrichtung einen Eid ab: »Schwören Sie mir bei der Mutter und dem Sohne, daß sie halten werden, was sie mir versprechen.«[186] Die Offiziere stimmen eilig zu, drängen den vermeintlichen Maultiertreiber, ihnen sein Anliegen zu sagen, doch der Marques offenbart sich nicht, sondern legt alles weitere in Gottes Hand. Den Offizieren sagt er nur: »Gott wird's euch sagen! (...) Gott wird's euch zeigen! (...) Ihr habt geschworen und Gott hat's gehört.«[187]
Nach der Hinrichtung verliert der Marques die Gesichtszüge, die er sich als Maultiertreiber angelegt hatte, und Jochberg, einer der Offiziere, begreift, daß es nicht ein Maultiertreiber war, den sie getötet hatten, sondern der Marques de Bolibar. Er sieht plötzlich klar:

> »Denn ich begriff nun auch den Sinn des seltsamen Eides, den er uns hatte schwören lassen. Den Tod vor Augen, von Feinden umstellt, von keinem gehört, hatte der Marques de Bolibar uns die Vollführung seines Werkes hinterlassen, wir selbst sollten die Signale geben, die unsere Vernichtung bringen sollten.«[188]

Obwohl sie diese Signale selbstverständlich nicht geben wollen, zwingt sie die Macht des Eides oder die eigene Blindheit gegenüber den Zusammenhängen und ihre Verfangenheit in Intrigen und Eifersucht letztendlich doch dazu.
Ein zweiter Erzählstrang kommt nun zum Tragen und erklärt logisch

alles Folgende. Der Oberst, der von seiner verstorbenen Frau mit allen Offizieren betrogen worden war, hat in La Bisbal eine neue Geliebte, die junge und seiner Frau sehr ähnliche Monjita. Die Offiziere verfallen dem Wahn, auch diese Frau besitzen zu wollen. Einer von ihnen gewinnt beim Kartenspiel das Recht, sie als erster zu besuchen. Doch dann scheint es, als könne er dieses Privileg nicht nutzen, denn der Oberst befiehlt ihm, als Briefbote die Stadt zu verlassen. Da gibt der Offizier in vollem Bewußtsein das erste Signal, weil er sich sicher ist, daß er während eines Kampfes in der Stadt bleiben darf.

Das zweite Signal setzen die Offiziere gemeinsam in einem Akt unbegreiflicher Eifersucht und Verzweiflung: Sie haben sich mit Monjita nachts in einem Kloster verabredet; Monjita kommt aber nicht, und die Männer beobachten, wie sie im Haus gegenüber in den Armen des Oberst liegt. »Da gewann die Raserei Gewalt über uns«, erklärt Jochberg. »Wir vergaßen die bedrohte Stadt (...), die Guerillas, die auf das Zeichen warteten, um über uns herzufallen.«[189] Um die Monjita den Armen des Oberst wieder zu entreissen, versuchen sie, sich ihr bemerkbar zu machen und spielen die Orgel mitten in der Nacht in voller Lautstärke – das zweite Signal.

Bei den anschließenden Kämpfen wird der Offizier Günther schwer verletzt. Im Fieberwahn offenbart er seinem Oberst, daß dessen Frau ihn betrogen habe. Der Oberst bezieht die Enthüllung jedoch glücklicherweise nicht auf seine verstorbene Frau, sondern auf Monjita. Nun ist den Offizieren klar, Monjita muß aus der Stadt gebracht werden, bevor sich dieses Mißverständnis aufklärt. Jochberg und Donop entführen sie. Sie werden von den Guerillas gestellt, während des Gesprächs bringt sich Monjita mit einem Messer aus ihrem Beutel um. Der Führer der Guerillas erkennt das Messer des Marques, das als drittes Signal dem Guerilla-Kommandanten überbracht werden sollte. Jochberg, den der Guerillaführer nun für den verkleideten Marques hält, kann entkommen und in die Stadt zurückeilen. Der folgende Kampf vernichtet die beiden deutschen Regimenter vollständig, nur Jochberg wird durch einen Zufall gerettet; mitten im Kampf erkennt ihn der Guerillaführer erneut als Marques und bringt ihn in Sicherheit.

Als Jochberg den Irrtum am nächsten Tag todesmutig aufklären will,

glaubt ihm der Guerillaführer nicht, denn Jochberg ist dem Marques jetzt äußerlich ähnlich, seine Haare sind »weiß geworden in den Schrecken der vergangenen Nacht, schneeweiß, wie die Haare eines alten Mannes.«[190]
Und plötzlich flieht der Ich-Erzähler Jochberg, der Schuld trägt an der Ermordung des Marques, an der Auslösung der Signale, am Tod Monjitas, an der Vernichtung von zwei Regimentern, die er als einziger überlebt, er flieht in eine andere Existenz. Er wird nicht nur von dem Guerillaführer für den Marques gehalten, er vollzieht in sich selbst die Wandlung.

> »Ich weiß nicht, wie das Seltsame geschah. Ich stand und sah mich im Spiegel und sah nicht mehr mich selbst, sondern das Bildnis eines fremden, alten Mannes mit weißem Haar. Und dann durchfuhr es mich und in mir erwachten auf sonderbare und unerklärliche Art die Gedanken eines anderen, seine Tat lebte in mir, sein Wille, sein Entschluß und es ergriff Besitz von mir und durchbebte mich mit einem wilden Schauer des Triumphes. Es war, als hätte sich die Seele des Ermordeten in mir erhoben und sie kämpfte mit meiner eigenen, mit der ihres Mörders und zwang sie nieder. In mir war groß und furchtbar der Marques de Bolibar.«[191]

Mit veränderter Identität verläßt Jochberg die Stadt. »Nicht ich, der tote Marques ging durch die Gassen seiner Stadt«,[192] schreibt er am Ende seines Berichts. Er ist nicht mehr der Besiegte, sondern der Sieger, er hat seine eigene, haltlose, schuldbeladene Existenz eingetauscht gegen die »legitime, authentische Existenz des Marques«.[193] Zwei Erklärungsmöglichkeiten für dieses Geschehen stehen nebeneinander: Die übersinnliche, die die Erzählung des Leutnant Jochberg auch in diesem letzten Punkt für wahr hält, und die realistische, die seine Erzählung als Ergebnis eines pathologischen Prozesses, als eine Entlastungsphantasie, eine Bewußtseinsspaltung begreift.[194] Doch nur scheinbar konkurrieren die beiden Möglichkeiten.[195] Letztlich ist klar, daß Leutnant Jochberg, wäre er wirklich in einem übersinnlichen Prozeß in den Marques de Bolibar verwandelt worden, den vorliegenden Bericht nie so hätte schreiben können.
Leo Perutz stellt in seinem Roman vier völlig unterschiedliche Typen einander gegenüber: den Guerillaführer, genannt Gerberbottich, den

Rittmeister Salignac, den Marques de Bolibar und den Erzähler Jochberg.
Gerberbottich kämpft für die in seinen Augen gerechte Sache. Für ihn ist der Ruhm wichtig, der Glanz seines Namens, der ihn alle Schrekken vergessen läßt. Dem Marques erklärt er:

> »Wozu also die Kämpfe, die Märsche, die Mühen, die Plagen, der Hunger, die Gefahren, die Wunden, immer von neuem? Was bleibt von alledem? Ich will es Ihnen sagen, Herr Marques: Es bleibt der Ruhm. Ich gehe durch die Gassen einer fremden Stadt, und die Männer flüstern einer dem anderen meinen Namen zu, Mütter heben ihre Kinder hoch, Bürger laufen aus den Häusern und sehen mir nach, und an den Fenstern drängen sich die Gesichter.«[196]

Rittmeister Salignac ist der Mittelpunkt eines eigenen, neben dem Geschehen laufenden Handlungsstranges. Er kämpft nicht für eine bestimmte, lokal begrenzte Sache, der Krieg ist sein Leben. Zahlreiche Schlachten hat er bereits geschlagen, hohe Auszeichnungen errungen. Um ihn kursieren die seltsamsten Gerüchte. Er sei der »Ewige Jude«, heißt es in Soldatenkreisen, er stehe mit dem Teufel im Bunde und könne nicht sterben.[197] Salignac überlebt jede noch so aussichtslose Situation, doch es »ist noch keiner lang' am Leben geblieben, der mit (ihm) zusammen ein Stück Wegs lief.«[198] Er bringt immer Unglück, Verhängnis, Tod. Mit seinem Erscheinen in der Geschichte beginnt das Unglück, vor der Vernichtung der Regimenter verläßt Salignac den Schauplatz. Perutz verbindet die Figur des »Ewigen Juden« mit Motiven der christlichen Apokalypse. Der »Ewige Jude« ist der Diener des Antichristen; er prophezeit mit biblischen Bildern das baldige Erscheinen des Antichristen, die Apokalypse.[199]
Der Marques de Bolibar dagegen gilt als frommer Christ. Er ist ein friedliebender Mensch, der sich nur in den Krieg einschaltet, um seine Stadt zu retten. Couragiert und ideenreich stellt er sich in den Dienst der Guerillas, weil er keine andere Möglichkeit sieht. Gerberbottich charakterisiert seine Einstellung am Ende der Kämpfe so:

> »Sie verachten den Krieg und denken gering von allem Ruhm, den sich ein tapferer Soldat in Schlachten und Gefechten erwirbt. Ein armer Bauernknecht – sagten sie nicht so? – der in Einfalt seinen Acker pflügt, hat mehr Ruhm als alle Feldherren und Generäle.«[200]

Die zunächst unscheinbarste, aber letztlich interessanteste Figur ist sicher Leutnant Jochberg. Seine Persönlichkeit ist nur schwach entwickelt. Er macht alles mit. Wie die anderen Offiziere trinkt er Glühwein, spielt Karten, liebt die Frau des Oberst. Bis zum Schluß spielt er keine besondere Rolle. Meist ist er Beobachter, nicht Akteur. Er schwankt zwischen Bewußtheit und Unbewußtheit. Als die Schüsse den Maultiertreiber töten, hält er nur dessen Hund. Doch zumindest im Rückblick des Berichts ist ihm klar, daß er in diesem Moment als einziger erkannt hat, daß sie den Marques erschossen haben. Deshalb kann er die Bedeutung des gegebenen Eides ermessen. Dennoch ist er an der Übermittlung aller Signale beteiligt. Er verrät Leutnant Günther nicht, als dieser das erste Signal gegeben hat, er ist dabei, als die Orgel ertönt, er entführt Monjita und liefert so Gerberbottich das dritte Signal. Obwohl er angibt, die Zusammenhänge schon bei der Ermordung des Marques durchschaut zu haben, gelingt es ihm nicht, aus der Gruppe der Unwissenden herauszutreten und entsprechend seinen Erkenntnissen zu handeln. Besonders deutlich ist hier die Szene um das zweite Signal. Grenzenlose Eifersucht um Monjita führt zur völligen Identifizierung mit den anderen Offizieren. Durch nichts unterscheidet er sich von ihnen:

> »Keiner von uns sprach ein Wort. (...) Wie ein Dolchstoß war es uns allen durch das Herz gefahren. (...) Wir schrieen uns die Kehlen heißer (sic) vor Wut (...). Dieser Anblick verhundertfachte unseren Haß und machte uns zu verstörten Narren unseres Zornes. (...) Da gewann die Raserei Gewalt über uns.«[201]

Obwohl Jochberg weiß, was auf dem Spiel steht, siegt die Irrationalität. Triebe bestimmen das Geschehen. So wird Leutnant Jochberg zum Urbild des im Krieg handelnden Soldaten.

> »Als Ursache der Katastrophe erscheint (...) ein prinzipiell unbiographisches und unhistorisches Selbstverständnis der Handelnden. Die Zusammenhanglosigkeit und Unmotiviertheit ihres Denkens und Tuns kann immer nur durch neue Willkürakte und Scheinbegründungen überdeckt werden.«[202]

Schuld und bewußtloses Handeln trotz aufblitzender Zusammenhänge führen schließlich zur Abspaltung von Jochbergs Persönlichkeit, zur Depersonalisation. Darunter ist gemäß einer zeitgenössischen Definition »›ein momentan sich einstellender, meistens auch schnell vorübergehender Zustand zu verstehen, während dessen alles, was wir wahrnehmen, uns fremd, neu, eher Traum als Wirklichkeit zu sein scheint‹, ›die eigene Stimme uns fremd, wie diejenige eines anderen, in den Ohren klingt‹ und ›wir im allgemeinen das Gefühl haben, nicht selbst zu handeln und zu reden, sondern nur als müßige Zuschauer unser Handeln und Reden beobachten.‹«[203] Der Philosoph und Psychologe Max Dessoir berichtet in seiner zeitgenössischen Studie »Vom Jenseits der Seele«[204] auch »vom Phänomen des ›Doppel-Ich‹, bei dem ›am schärfsten (...) unter dem Einfluß von Affekten‹, eine ›Zerreißung in verschiedene Charaktere‹ stattfinde. Äußere Anzeichen solcher ›Persönlichkeitswechsel‹ seien Veränderung der Gesichtszüge und der Stimme.«[205] Die Erfahrung, die Jochberg am Schluß des Romans beim Blick in den Spiegel macht, die Erfahrung, sich selbst nicht mehr zu kennen, sich nach all dem Erlebten fremd geworden zu sein, die Jugend unwiederbringlich zurückgelassen zu haben, teilt er mit vielen Kriegsheimkehrern.

Perutz gibt keiner dieser Gestalten den klaren Vorzug. Alle überleben die Schlacht, die die Regimenter ›Nassau‹ und ›Erbprinz von Hessen‹ aufreibt. Gerberbottich bleibt in seiner Stadt, von Gichtschmerzen gepeinigt und von seiner Frau gequält, die den Sinn eines Krieges überhaupt nicht begreifen will. Salignac entkommt rechtzeitig, der Marques überlebt durch die seltsame Verwandlung des Leutnant Jochberg.

Zurück bleibt die Sinnlosigkeit eines Krieges, aber auch die Sinnlosigkeit der gesamten Geschichte. Der Mensch vollführt letztendlich, was im Plan der Geschichte vorgesehen ist. Alles Wissen um Zusammenhänge erweist sich als nutzlos, alle Verkleidungen und Verwechslungen als sinnlos, alles Planen als machtlos.

Bereits 1919 erschien »Der Marques de Bolibar« als Vorabdruck im *Berliner Tagblatt*,[206] 1920 bei Langen in Buchform. 1921 wurde der Marques von den Sun-films unter der Regie von Friedrich Porges verfilmt. Ein Stummfilm, der »mit einem ungeheueren Aufwand hergestellt worden« war, in dem »es von kriegerischen Szenen«[207] wimmelte. Die Ausstattung besorgten Julius von Borodsy, Arthur Berger und Hans Rouc. Die Rolle des Salignac spielte Perutz' Freund, Otto

Schmöle. Der Film verändert den Schluß entscheidend. Der zum Marques verwandelte Jochberg kommt nicht frei, sondern wird als Spion geächtet.[208] 1927 verkaufte Perutz die Weltfilmrechte für sieben Jahre an Heinrich Bolton-Baeckers[209] für 8000 Mark. 1929 wurde in Großbritannien von Pro Patria Films eine zweite Verfilmung hergestellt nach einem Drehbuch von Walter Summers.[210]

Auch zur Dramatisierung scheint sich der Stoff angeboten zu haben. 1930 kam das Stück in einer Bearbeitung des Engländers Graham Rawson ans deutsche Volkstheater in Berlin. Die deutsche Fassung stammte von Joachim von Ostau.[211] Ursprünglich hatte Elisabeth Hauptmann begonnen, die Fassung von Graham Rawson ins Deutsche rückzuübersetzen, hatte ihren Plan aber nicht vollendet.[212]

Die Berliner Aufführung bekam keine besonders gute Kritik. Rolf Nürnberg lobte zunächst Perutz' Roman noch einmal ausdrücklich. Ihn überzeugten die »Schönheiten seiner Sprache, die gespenstische Atmosphäre, die unterirdischen Beziehungen der Personen.«[213] Die Dramatisierung sei jedoch nicht gelungen, weil das Kriegsgeschehen zu sehr in den Vordergrund trete.

> »Handelt es sich bei Perutz um die Dinge, die zwischen den Schlachten und zwischen den Menschen geschehen, so ist bei Rawson nur Krieg und Rederei und Lärm. Wird bei Perutz die Doppeldeutigkeit der Figuren lastend, so ist bei Graham Rawson alles deutlich, grob, massiv. Und so inszenierte Joachim von Ostau diese sieben Bilder auch. Recht und schlecht, nicht ungeschickt, aber lärmend, nicht dilettantisch, aber grob.«[214]

Ein zweites großes Romanprojekt, den »Turlupin«, begann Perutz vier Jahre nach Abschluß des »Marques« am 7. Januar 1923. Er beendete das Buch nach konzentrierter Arbeit schon am 18. November. Wieder sind es Dokumente, so vermittelt Perutz seinen Lesern, die ein bisher unbekanntes geschichtliches Geheimnis aufdecken. Aufgrund dieser Quellen wisse man heute, »daß für den St. Martinstag des Jahres 1642 eine Bartholomäusnacht des französischen Adels geplant war«.[215] Doch das »Schicksal wollte es nicht. Das Schicksal ging seine eigenen Wege. Noch einmal sollte das alte, dem Tod geweihte Frankreich über die Ideen einer neuen Zeit triumphieren. Die Welt sollte um den Glanz des Sonnenkönigtums nicht betrogen werden«[216] und der Leser nicht um den Narren Turlupin.

Der Barbiergehilfe Turlupin, ein Findelkind, lebt in dem Wahn, dereinst seine Eltern wiederzufinden. Ein Bettler, an dem sich Turlupin, ohne ein Almosen zu geben, vorbeigeschlichen hat, wird vom Pferd eines Edelmannes zu Tode getrampelt. Turlupin schnappt aus dem Gespräch der Männer einen Beerdigungstermin auf und hält ihn für den Zeitpunkt, an dem der Bettler beigesetzt werden soll. Nun verspinnt sich seine Geschichte mit der Geschichte Frankreichs. Denn die Beerdigung, an der Turlupin teilnimmt, ist die des Herzogs von Lavan. Dem Sarg folgt seine blinde Frau, Madame de Lavan. Turlupin, der die Blindheit nicht erkennt, fühlt plötzlich ihren Blick auf sich, es durchfährt ihn. »Traum und dunkles Ahnen war zur Wirklichkeit geworden. Er hatte seine Mutter gefunden.«[217] Von dieser fixen Idee besessen, verläßt Turlupin seine Barbierstelle, um ins Haus der Herzogin zu gelangen. Er läßt sich von den Aufständischen als Spitzel anheuern; diese helfen ihm in Verkleidung und unter falschem Namen ins Haus von Madame de Lavan. Dort haben sich die Adeligen des Landes versammelt, um sich gegen den insgeheim von Richelieu unterstützten Aufstand des Volkes zusammenzutun. Turlupin spricht Madame de Lavan an; als die Blinde ihm übers Gesicht streicht, fühlt er sich als rechtmäßiger Sohn, als Herzog von Lavan bestätigt und verschreibt sich ganz der Sache des Adels. Nun bricht der Aufstand aus. Unter der Führung des Vicomte de Saint-Chéron rückt das Volk von Paris an und fordert die Köpfe der Adeligen. Der Vicomte de Saint-Chéron war von seinem Vater für 17 Jahre ins Gefängnis geschickt worden, um eine nicht standesgemäße Heirat zu verhindern. Nach seiner Entlassung ist er ein Todfeind des Adels, verdient seinen Lebensunterhalt unter dem Namen »Monsieur Gaspard« als Gehilfe eines Tuchhändlers und hetzt das Volk gegen die Herrschenden auf. Als sich die Pariser unter seiner Führung dem herzoglichen Haus nähern, erkennt Turlupin seinen ehemaligen Kunden, Monsieur Gaspard. Er fürchtet, von ihm ebenfalls erkannt und als Barbier Turlupin entlarvt zu werden.

»Das durfte nicht geschehen. Dieser Zeuge aus seinem vergangenen Leben mußte schweigen. Und von rasender Angst ergriffen, daß

Monsieur Gaspard ihn verraten werde, beging Turlupin die große und einzige Heldentat dieses Tages.
Er schwang sich über die Brüstung. Mit dem Dolchmesser in der Hand warf er sich in die Menschenmauer. Er durchbrach sie (...) und dann stand er vor dem Vicomte von Saint-Chéron, der in eben diesem Augenblick das Signal zum Beginn des Kampfes geben wollte.«[218]

Turlupin tötet ihn und »mit dem Mann, dem er jetzt sein Dolchmesser in die Brust« stößt, sinkt »die Revolution zu Boden (...), um sich erst nach hundertundfünfzig Jahren wieder zu erheben.«[219] Turlupin überlebt den Aufruhr nicht.

Bereits der Name »Turlupin« bezeichnet Perutz' Romankonzept.[220] Es ist der »Narr«, der hier die Geschichte bewegt, nicht einer der großen Helden.[221] Turlupin ist eine Randfigur der Gesellschaft, zu Beginn der Handlung ist seine Herkunft wie seine Zukunft völlig ungewiß. Er ist unfähig, die geschichtliche Situation zu begreifen, Zusammenhänge zu erkennen, sein Handeln rational zu reflektieren. Es sind kompensatorische Träume, Wahnvorstellungen, Eitelkeiten eines Narren, die das Schicksal eines ganzen Landes bestimmen.

Die Darstellung des Helden spiegelt die zeitgenössische Analyse des Mittelstandes von Horkheimer, Adorno, Kracauer. Der Protagonist zeigt eine »von Perutz sozialpsychologisch glänzend herausgearbeitete Mentalität (...), die ihren Ursprung in der Erfahrung gesellschaftlicher Instabilität hat und sich in der Angst vor Verarmung, heftigem Ressentiment gegen die nächstuntere Schicht (...) und einer heimlichen Identifikation mit den oberen Ständen ausdrückt.«[222]

Perutz setzt als fiktionales Datum der in Frankreich geplanten Revolution den 11. November. Im November 1918 scheiterte die Revolution in Deutschland, im November 1918 dankte in Österreich der Kaiser ab, wurde die Republik ausgerufen.[223] Ob Revolutionen scheitern oder gelingen, bestimmt der Zufall.

Der Roman »Turlupin« erschien zunächst als Vorabdruck in der *Vossischen Zeitung* vom 20. Dezember 1923 bis zum 2. Februar 1924 und etwa zeitgleich in der Wiener *Neuen Freien Presse*,[224] dann 1924 als Buch im Langen-Verlag und in einer Sonderausgabe zusammen mit dem Roman »Monteton« von Friedrich Reck-Malleczewen.[225]

Neben den großen Romanen schrieb Perutz in dieser Zeit auch einige wichtige Novellen. Am 20. Februar 1921 notierte er den Plan zur Novelle »Die Geburt des Antichrist«, die er bereits drei Monate später vollendete.

Perutz erzählt hier die Geschichte eines Knaben, der als Sohn eines entlaufenen Galeerensträflings und einer entlaufenen Nonne zur Welt kommt. Sein Vater möchte ihn töten, weil er ihn aufgrund einer Wahrsagung für den Antichristen hält. Die Mutter aber rettet das Kind, indem sie den Vater den Behörden ausliefert. Der Knabe wächst, nachdem ihn auch die Mutter verlassen hat, bei einem Wirt auf und möchte Priester werden.

Doch es bleibt nicht bei dieser einfachen Geschichte. Tucholsky, der die Novelle euphorisch lobt, erklärt: »Das Buch hat nämlich einen niederträchtigen, einen ulkigen, einen ausgezeichneten Schlußtrick«.[226] Die Geschichte schließt nur in scheinbarer Harmonie. Der Priester, der bei seinem Ziehvater einkehrt, prophezeit dem Knaben: »Ich sehe dein Leben von nun an still und friedlich verlaufen, und du wirst das wahre Glück finden, indem du deine Gemeinde auf den Weg des Guten führst«.[227] Erst auf der vorletzten Seite wird den Lesern der Name dieses Knaben offenbart, es ist Josef Cagliostro, der spätere »große Lügner und falsche Prophet, zu dem die Gläubigen aus aller Welt strömen, der sich als Haupt von Geheimbünden erhebt und dem Reich der christlichen Könige und der Kirche unnennbaren Schaden zufügt.«[228] Wie Tucholsky ist Ernst E. Stein fasziniert von dieser Idee:

> »Schon die paradoxe Fähigkeit, eine historische Persönlichkeit, über die wir uns durch Zeitgenossen und Forschung völlig orientiert glaubten, in so neuem Lichte zu sehen und die gegebenen Fakten durch veränderte Auffassung neuzugestalten, ist ein Bruch mit der erstarrten Darstellungsweise und eine Verlebendigung der Geschichte von unabsehbarer Fruchtbarkeit für die Kunst des historischen Romans.«[229]

Die Novelle hatte großen Erfolg. Bereits 1921 war eine Auflage von 10.000 Exemplaren verkauft. 1922 wurde »Die Geburt des Antichrist« verfilmt von der Vita-Film / Odysseus-Film unter der Regie von Friedrich Feher und am 24. März 1922 in Wien uraufgeführt. Die Schlußpointe der Novelle wurde vom Stummfilm allerdings nicht übernommen.[230]

Die 1925 erstmals veröffentlichte Erzählung »Der Tag ohne Abend« geht auf einen realen Hintergrund zurück. Sie schildert das Leben des 21 Jahre alten Mathematikers Evariste Galois (1811 – 1832).[231] Galois nutzt die Zeit bis unmittelbar vor einem Duell, um mathematische Entdeckungen aufzuschreiben. Beim Duell wird er erschossen. Diese kurze Geschichte, die Perutz 1930 ebenso wie auch »Die Geburt des Antichrist« in den Novellenband »Herr erbarme dich meiner« aufgenommen hat, nutzt er, um zum Schluß eine philosophische Bemerkung über die Ökonomie des Weltgeschehens anzufügen. Der Glaube an eine höhere, die Geschichte souverän lenkende Macht ist offensichtlich:

> »Es ist fraglich, ob die großen Frühverstorbenen der Wissenschaft, der Kunst und der Literatur, Puschkin etwa oder Lassalle oder Lord Byron, ihrem Lebenswerk auch nur eine einzige Zeile hinzugefügt hätten, wenn der Tod an ihnen vorbeigegangen wäre.
> Vielleicht ist es so, daß das Schicksal nur Menschen abberuft, die nichts mehr zu geben haben, die am Ende angelangt und leer und ausgebrannt sind.«[232]

Wie im Roman »Turlupin« zeigt sich auch hier Perutz' deterministische und fatalistische Geschichtsauffassung. Perutz erhellt für sich und seine Leser die Absurdität der Geschichte. Er sucht nach Erklärungen für das Unerklärbare, entwickelt Handlungsketten, die das historische Geschehen als zwingend erscheinen lassen, die die von entlegenen Punkten ausgehenden Handlungen zu einem Zweck führen. Was geschehen muß, geschieht. Zufall und Notwendigkeit sind bei Perutz letztlich eine Einheit.

Eine in derselben Zeit entstandene Novelle nahm Perutz in seinen Novellenband nicht auf, wohl deshalb, weil sie von Anfang an als Teil eines Romans konzipiert war, vielleicht aber auch, weil sie so völlig anders war: die Anfangsnovelle des erst 1953 vollendeten Romans »Nachts unter der steinernen Brücke«, »Die Ghettolegende«.

Leo Perutz führt die Leser in die Mythen des alten Prag, die Protagonisten der geheimnisvollen Geschichte entstammen alten Prager Legenden. Eine Schuld wird angedeutet, ein Ehebruch, der die Pest in der Judenstadt wüten läßt. Die Seelen der verstorbenen Kinder bringen den hohen Rabbi Löw auf die Spur der Sünder. Er geht zum Fluß, reißt einen Rosmarinstrauch aus, der eng verschlungen neben einer Rose steht, und die Pest verschwindet aus der Judenstadt. In dieser Nacht stirbt »in ihrem Haus auf dem Dreibrunnenplatz die schöne Esther, die Frau des Juden Meisl«,[233] der Kaiser schrickt aus einem Traum. Der Leser ahnt die Zauberfäden, die die Personen mit den Dingen verbinden, aber ein großes Geheimnis verhüllt die Zusammenhänge.

Nichts, was Perutz bislang geschrieben hat, hat von Anfang an diesen Zauber, dieses tiefe Geheimnis, das die Erzählung so selbstverständlich trägt, so fern jeglicher Sensation, die sonst die Leser seiner Bücher in atemloser Spannung hält.

Noch zu Beginn der zwanziger Jahre konnte Leo Perutz von seinen verschiedenen Einkünften komfortabel leben. Sein Gehalt aus der Ankerversicherung und die monatlichen Einkünfte aus der Firma[234] bildeten einen soliden Grundstock, zu dem die Beträge aus der literarischen Arbeit hinzukamen. Die Firma der Familie scheint sich auch nach dem Krieg gut entwickelt zu haben. 1920 notierte Perutz in sein Tagebuch: »Paul nannte mir das Firmenvermögen: 12-14 Millionen.«[235] Weil Perutz selbst noch nie besonders gut mit Geld umgehen konnte, kümmerte sich auch seine Familie um seine finanziellen Angelegenheiten. Perutz' Neffe Fred erinnert sich: »But, financially Leo never did well and my mother tells me that the two brothers always invented ways to make ›Good Investments‹ for Leo, which was the only way he would accept money from them.«[236] Diese Version trifft wohl zum großen Teil zu. Perutz erwähnte in seinen Tagebüchern immer wieder Gewinne oder Beteiligungen an Geschäften, allerdings zeigte er sich auch direkten Geldzuwendungen durchaus nicht abgeneigt.

1923 kündigte Perutz seine Stellung bei der Ankerversicherung. Seine Unzufriedenheit dort war immer größer geworden. Mit seinen Vorgesetzten, die andere als »entsetzlich pedantisch«[237] und »staubtrocken«[238] bezeichneten, kam er nicht zurecht. Vielleicht war er einfach der ständigen Streitigkeiten überdrüssig. Vielleicht wollte er sich aber auch von nun an dem Schriftstellerleben ganz besonders widmen. Was genau hinter der Kündigung steckte, läßt sich aus den Quellen nicht erschließen.

Ein Teil seines Einkommens fiel nun weg. 1924, als die Inflation ihren Höhepunkt erreicht hatte, klagte Perutz über massive finanzielle Probleme:

»Schwere Geldsorgen! Meine Papiere fallen an der Börse. Ich habe große Ausgaben. Keine Einkünfte aus meinen Büchern. Das neue Buch (›Meisls Gut‹) kaum begonnen. Rückhalt bei der Firma unsicher, da die Geschäfte schlecht gehen.«[239]

Die finanziellen Engpässe nötigten Leo Perutz, sich neben seinen ernsthaften Arbeiten auch Produktionen zu widmen, die schnelle, sichere Einnahmen versprachen. Es entstanden Filmskripten, Erzählungen, Romanbearbeitungen und die sogenannten »Ullsteinproduktionen«.

Die erste, 1925 erschienene Ullsteinproduktion war eine Neubearbeitung des letzten Romans von Victor Hugo, »Quatrevingt-treize«, der die revolutionäre Bewegung im Frankreich von 1793 schildert. Das Konstruktionsprinzip des Romans ist dem der Perutz'schen Werke sehr ähnlich. In ein durch detailliertes Quellenstudium fein gezeichnetes historisches Tableau setzt Hugo eine frei erfundene Handlung.

Am 22. April 1924 traf sich Perutz mit Richard A. Bermann und dem Rechtsanwalt Oswald Levett, der aus dem Französischen übersetzte, zu einer ersten Vorbesprechung.[240] Es ist anzunehmen, daß Levett eine Rohübersetzung lieferte, die Perutz dann bearbeitete. Perutz, der im Vorwort angibt, das Buch seit langem zu besitzen und seine »beschwingte Romantik«[241] zu lieben, gibt zu, daß sich in Hugos Original manchmal »ein gewisses ›Zuviel‹ bemerkbar« mache, »jenes ›Zuviel‹, das seine Gegner einer ›greisenhaften Geschwätzigkeit‹ zuschrieben.«[242] Hier, so Perutz, setze seine Überarbeitungstätigkeit ein:

»Störendes Beiwerk, Längen und Wiederholungen mußten entfernt werden, Verblaßtes und Vergilbtes mußte erneuert werden. Abschweifungen, allzu breit geratene Schilderungen, die die steil ansteigende Kurve der Erzählung unterbrachen, wurden der Gesamtarchitektur des Buches angepaßt. Mehr als das: Der Roman ist vor fünfzig Jahren entstanden, die Technik der Darstellung ist eine andere geworden. Große Strecken des Buches sind – immer in Anlehnung an Victor Hugo – völlig neu erzählt.«[243]

»Quatrevingt-treize«, unter dem Titel »Das Jahr der Guillotine« erschienen, schildert den Bürgerkrieg in der Vendée. Der von den Bauern unterstützte Marquis de Lantenac kämpft für die Wiederherstellung des Königtums. Sein weichherziger Neffe, Vicomte Gauvain, soll den Bauernaufstand unterdrücken und wird seinem ehemaligen Erzieher, dem geradlinigen und unerbittlichen Revolutionär und Priester Cimourdain unterstellt. Im Laufe der Kämpfe wird der Marquis de Lantenac mit seinen Leuten in eine Familienburg gedrängt. Sie haben als Geiseln drei kleine Kinder in ihrer Gewalt. Durch eine List gelingt ihnen die Flucht aus der brennenden Burg. Der Marquis kehrt jedoch noch einmal zurück, um die Kinder aus dem Feuer zu retten. Bei dieser Aktion verhaftet ihn Cimourdain und will ihn guillotonieren lassen. Gauvain ist verzweifelt über die Grausamkeit der neuen Republik, befreit den Marquis und wird nun selbst zum Tode verurteilt. Bei seiner Enthauptung bringt sich aus Gram über den Tod des geliebten ehemaligen Zöglings auch Cimourdain um.
1928 bearbeitete Perutz einen zweiten Roman von Victor Hugo, »Bug-Jargal«, der 1929 beim Berliner Signer-Verlag unter dem Titel »Flammen auf San Domingo« erschien. Die seiner Bearbeitung zugrundegelegte Übersetzung stammte diesmal von Josef Kalmer.
Bug-Jargal, ein schwarzafrikanischer ehemaliger König mit außergewöhnlichen, beinahe magischen Fähigkeiten, ist in die Sklaverei verkauft worden, hat seine Familie verloren, und wird Führer der aufständischen Sklaven, die in den titelgebenden »Flammen von San Domingo« die Besitztümer ihrer ehemaligen Herren verbrennen und diese ermorden. Bug-Jargal, der sich mit dem Neffen seines ehemaligen Herrn, dem Erzähler der ganzen Geschichte, verbrüdert hat, rettet sowohl ihn als auch dessen Braut immer wieder aus höchster Gefahr. In grausamen Kämpfen morden sich Schwarze und Weiße, verschiedene schwarze Führer ringen untereinander um die Vorherrschaft; Quälereien und Morde, Hinrichtungen und Verwünschungen wechseln mit Liebes- und Eifersuchtsgeschichten. Bug-Jargal wird schließlich wegen eines Mißverständnisses ermordet, auch die Braut des Erzählers kommt ums Leben. Nur der Erzähler, sein Helfer und Bug-Jargals Hund, der in der Rahmenhandlung der Anlaß für die Erzählung der Binnengeschichte war, bleiben am Leben.

Neben den Romanbearbeitungen schrieb Perutz auch eigene, von vornherein als Unterhaltungsliteratur konzipierte Romane. Das erste derartige Werk war »Der Meister des jüngsten Tages«. Perutz erarbeitete zuerst das Filmexposée, das ihn nur zwei Tage Arbeit kostete. Die Ausarbeitung der Idee zum Roman dauerte wesentlich länger. Perutz begann am 5. März 1920, unterbrach die Arbeit ein Jahr später für eine Novelle und beendete sie erst am 1. September 1922. »Der Meister des jüngsten Tages« erschien noch im gleichen Jahr als Vorabdruck in der *Deutschen Allgemeinen Zeitung* und in der Wiener Zeitung *Der Tag* unter dem Titel »Der Meister des jüngsten Gerichts«, 1923 dann im Langen-Verlag als Buch.[244]

Bis zum Schluß dieses Romans bleibt der Leser im unklaren darüber, ob der Ich-Erzähler, Freiherr von Yosch, schuld ist am Tod des Schauspielers Eugen Bischoff oder ob dieser Selbstmord verübt hat. Kurz vor seinem Tod erzählt Bischoff von zwei mysteriösen Selbstmorden. Yosch gibt nun vor, das Rätsel aufklären zu wollen und berichtet von den enormen Schwierigkeiten, bis zum Verursacher der Selbstmorde, dem »Meister des jüngsten Tages«, vorzudringen. Yosch glaubt, ein altes Buch, das halluzinatorische Dämpfe enthält, als Ursache der geheimnisvollen Todesfälle aufgespürt zu haben – das Nachwort des Herausgebers zieht die ganze Geschichte jedoch wieder in Zweifel.

Das Buch wurde zu einem von Perutz' größten Erfolgen. In kurzer Zeit erschienen englische, amerikanische, russische, finnische und tschechische Ausgaben des Romans.[245] »Der Meister des jüngsten Tages« wurde sehr gelobt, unter anderem von Siegfried Kracauer, der vor allem Perutz' erzählerische Fähigkeiten lobte:

> »Wer aus dem neuen Roman von Leo Perutz (...) das Gruseln nicht lernt, der lernt es gewiß nimmermehr. (...) Zweifel, Grauen, Spannung so lange wach zu halten, ist eine nicht geringe Virtuosität aufgeboten. (...) Es gelingt (...) durch Beschwörung abgerissener Klänge, Ausstreuung fahler Lichter auf Park, Straßen und Räume eine Stimmung zu erzeugen, die in alle Poren dringt und die Folge jener seltsamen Begebenheiten gespenstisch umlauert.«[246]

Aber Kracauer erkannte auch die Schwächen des Romans. Er warf Perutz vor, daß die Lösung »nicht ganz gestaltet worden ist (...). Perutz jedenfalls versagt genau dort, wo er die Grenzen einer auf Spannung aufgebauten Erzählung zu überschreiten strebt.«[247] Perutz selbst hielt vom Meister des jüngsten Tages nicht viel. Noch im Exil war er darüber verärgert, daß das Publikum den »Meister des jüngsten Tages«, »der ein Bockmist ist«, dem von ihm geschätzen »Turlupin« vorzog.[248]

Neben dem »Bockmist« schrieb Perutz auch noch den »Frankmist«. So bezeichnete er in seinen Tagebüchern das mit Paul Frank zusammen als »Ullstein-Buch« geplante Werk »Frau auf der Flucht«, das später unter dem Titel »Der Kosak und die Nachtigall« bei der *Münchner Illustrierten Zeitung* erschien. Im April 1925 planten die beiden den Aufbau des Buches im Café Herrenhof, bereits im August waren neun Kapitel fertig. Dann war Pause bis April 1927. Am 8. April notierte Perutz: »Letztes Feilen an der ›Frau auf der Flucht‹.« Der Ullstein-Verlag aber lehnte die Produktion ab, bei der *Münchner Illustrierten* hatte Perutz mehr Glück: »Sie will alles vom Frankmist. Vorabdruck, Nachdruck, Buch, Film«, notierte er am 18. Juni 1927 und handelte als Honorar die Summe von 14.000 RM aus.

> »Die Fabel ist geschickt und interessant erfunden. Ein russischer Fürst (...) hat sich als Militärattaché ein gewagtes Diplomatenstück geleistet. Er hat eine andere Frau für seine Gattin ausgegeben (...), sich wegen der auftragsgemäß untreuen Stellvertreterin sogar duelliert und nicht einmal seine Gattin in dieses diplomatische Geheimnis eingeweiht. Sie verläßt ihn wegen dieser scheinbaren krassen Lieblosigkeit und zieht als Opernsängerin durch die Welt. Immer unter anderem Namen, denn überall verfolgt und bewacht sie (...) ihr Mann (...). Jeden Mann, der sich ihr nähert, räumt er auf abenteuerlich geheimnisvolle Weise aus dem Wege.«[249]

1935 wurde das Buch unter dem gleichen Titel von der Atlantis Film GmbH in Wien als Tonfilm unter der Regie von Phil Jutzi verfilmt. Drehorte waren, neben dem Studio in Wien, Kairo und Athen. Der im Diplomatenmilieu im Nahen Osten spielende Spionagefilm wurde von der deutschen Film-Prüfstelle in Berlin zunächst verboten, nach einigen Änderungen im Mai 1935 schließlich zugelassen.[250] Die Uraufführung war am 2. April 1935 in Wien, am 28. Juni 1935 schließlich in Berlin.[251]

Den Höhepunkt von Perutz' Erfolg stellt sicherlich der Ullsteinroman »Wohin rollst du, Äpfelchen« dar. Der Lektor des Ullsteins-Verlages, Paul Wiegler, hatte Perutz für die Kombination »Vorabdruck und Buch« gewonnen. »Im Sommer 1924, als er (Perutz; Anm. d. Verf.) in Geldschwierigkeiten war, bot ihm Wiegler, der ihn unter den ›künstlerischen Erzählern‹ für denjenigen hielt, der ›die spannendsten Erfindungen habe‹ 20.000 Goldmark für einen Vorabdruck in der *Berliner Illustrierten Zeitung*. Aufgrund dieser Vereinbarung entstand ›Wohin rollst du, Äpfelchen‹.«[252]
Perutz beendete den 1924 begonnenen Roman am 5. Juni 1927 – eine ungewöhnlich lange Produktionszeit für ein von vornherein als Unterhaltungsroman konzipiertes Buch. Perutz war über den Abschluß der Arbeit auch sichtlich froh; er notierte: »Letztes Kapitel des ›Äpfelchen‹ beendet. Hosianna!«
Der Ullstein-Verlag zeigte sich nach der Fertigstellung keineswegs begeistert, als Perutz das Manuskript im Juni 1927 nach Berlin brachte. »Buch wegen Frechheit der Leute zurückgezogen«, notierte er am 24. Juni. Der Verlag war offenbar nur am Vorabdruck interessiert.[253] Nach einem ablehnenden Telegramm des Zsolnay-Verlages sah sich Perutz aber genötigt, das vergleichsweise kärgliche Angebot des Ullstein-Verlages von 10.000 Reichsmark doch anzunehmen.[254] Vier Monate später bot der Verlag dann 18.000 Reichsmark an als Honorar für den Abdruck in der *Berliner Illustrierten*.[255] Ob diese Summe statt der 10.000 Reichsmark oder zusätzlich gezahlt werden sollte, geht aus Perutz' Notizen nicht hervor. Ullstein zog das Angebot drei Wochen später nochmals zurück. Perutz drohte mit einem Prozeß, was schließlich die gewünschte Annahme seines Romanes brachte.[256] Dem Ullsteinverlag wäre beinahe ein gutes Geschäft entgangen, denn die Auflage der *Berliner Illustrierten*, der größten Zeitung des Kontinents, ging in der Erscheinungszeit von »Wohin rollst du, Äpfelchen?« um 30.000 Exemplare nach oben.[257]
Am 4. März 1928 stachen den Berlinern auf den Litfaßsäulen riesengroße, knallorangefarbene Plakate ins Auge, auf denen ein einziges Wort aufgedruckt war: »WOHIN«. Eine Woche lang rätselten die Berliner, was das wohl zu bedeuten habe. Dann wurden die Plakate überklebt, die neuen trugen die Aufschrift: »WOHIN ROLLST DU ÄPFEL-

CHEN?« Der amerikanisch geführte Werbefeldzug des Ullstein-Verlags lüftete das Rätsel endgültig eine weitere Woche später durch den Plakataufdruck: »Wohin rollst du, Äpfelchen? Der neue Fortsetzungsroman der *Berliner Illustrierten Zeitung*. Von Leo Perutz. Beginn: 25. März.«[258] Eine Woche vor dem Beginn des Abdrucks erschien eine ausführliche Vorstellung des Romans und des Autors von Georg Fröschel und ein großes Portraitphoto von Perutz. »Befreiung vom Heute, Verzauberung in eine andere Welt, nicht nur Spannung durch den Ablauf äußerer Ereignisse, sondern Bannung des Lesers in den inneren Kreis der Erzählung«[259], versprach Fröschel bei der Lektüre des Romans. Perutz hatte diese Art von Werbefeldzug für seinen Roman zunächst abgelehnt, sein Porträtphoto verweigert, sich schließlich aber doch gefügt.[260]
Der Protagonist des Romans, der Ex-Leutnant Georg Vittorin kehrt nach dem Krieg aus russischer Gefangenschaft nach Wien zurück. Die Wiedereingliederung in die Gesellschaft gelingt ihm nicht. Eine Lagerpsychose veranlaßt ihn, seinen ehemaligen Kommandanten Soljukow, von dem er sich gedemütigt fühlt, zu suchen, um sich zu rächen. Er folgt ihm nach Rußland,[261] Konstantinopel, Mailand, Paris und schließlich Wien. Den so grenzenlos Gehaßten findet er schließlich völlig verarmt in einer kleinen Wiener Wohnung. Doch nun bringt Vittorin keine der ersonnenen Demütigungen oder Racheakte zustande, er kauft Soljukow selbstgeschnitztes Spielzeug ab. Das Stützkorsett seines Nachkriegslebens, die Verfolgung des Feindes, zerfällt. Seine Ratlosigkeit und Haltlosigkeit versucht Vittorin zu überspielen.
Es war wohl nicht der Werbefeldzug allein, der diesem Roman den großen Erfolg beschert hatte. Der Soldat, der keinen Boden mehr unter den Füßen findet, der Mensch, der gedemütigt von Haß zerfressen wird, der Ruhelose, Heimatlose, Herumgetriebene – das war wohl eine Identifikationsfigur für den Menschen der Nachkriegszeit. Der Titel »Wohin rollst du, Äpfelchen?« löste sich denn auch vom Roman und wurde zum geflügelten Wort der Epoche. Er war »charakteristisch für die Ungewißheit der Zeit und den Zweifel an der Existenz.«[262]

Betrachtet man Leo Perutz' Leben in seiner intensivsten, erfolgreichsten Phase von 1918 bis 1928, so erstaunt die ungeheuere Aktivität:

Leo Perutz mit Michaela und Lore ca. 1924

die intensive Arbeit an Romanen und Erzählungen, der stundenlange Aufenthalt im Kaffeehaus jeden Tag, Kartenorgien, Kontakte zu zahlreichen Freunden, Familie, Konzertbesuche, Theaterbesuche, unzählige Besuche auf Briefmarkenbörsen, intensive Suche nach Goldmünzen, Ahnenforschung, Sammeln von Schwertgriffen, japanischen Puppen und Masken, Skifahren, Eislaufen, Bergsteigen, Wasserskifahren,

Schwimmen, Reisen und die Arbeit im Büro. Dazu täglich große Mengen starken Kaffees und unzählige Zigaretten.[263]
Dieses Leben blieb nicht ohne Spuren. Immer wieder klagte Perutz über massive gesundheitliche Störungen. Zur Zeit, als seine Tochter Leonore zur Welt kam, plagten ihn Gallenanfälle und Magenkrämpfe, er glaubte sogar, ein Magengeschwür zu haben. Ein Auszug aus dem Tagebuch 1922 mag dies illustrieren:
23.4.: Gallenattacke
24.4.: Gallenanfall
25.4.: Ins Bett
26.4.: Krank. Nichts gegessen
27.4.: Krank. Nichts gegessen
28.4.: Krank
29.4.: Krank
30.4.: 39 1/2 Fieber
3.5.: Gesund
12.5.: Plötzliche Gallenattacke
29.6.: Auf dem Weg Gallenanfall (...) In der Nacht 2x einen Arzt (Dr. Bader) Injektionen
30.6.: Fortwährend geschlafen
1.7.: Fieber, Schmerzen
14.7.: Nachmittag plötzlich Schmerzen bekommen (...) Dr. Bader Injektionen
15.7.: Morphiuminjektionen
16.7.: Ganzen Tag im Bett geblieben
Seinem Freund Reck-Malleczewen klagte Perutz, daß er zu viele Medikamente nähme. Dieser riet ihm, auf die Medizin zu pfeifen und »zu einer alten Sybille«[264] zu gehen. Ob Perutz diesem Rat gefolgt ist, ist nicht bekannt. 1926 und 1927 begab er sich zur Kur.

7 Privater und beruflicher Niedergang (1928-1938)

»Keine Freunde – Keine Frau – Keine Freuden«[1]

Die private Katastrophe

Im Jahr 1928 erwarteten Ida und Leo Perutz ihr drittes Kind. Die Schwangerschaft stand unter keinem guten Stern. Ida Perutz war gesundheitlich geschwächt. Sie litt an einer Schilddrüsenunterfunktion, nahm stark zu, wurde lethargisch. Die Behandlung mit Tierhormonen bekam ihr nicht.[2] Schon im Oktober 1927 machten Leos Geschwister ihm Vorwürfe »wegen Bärs Schwangerschaft«.[3] Kurz darauf mußte sich Ida Perutz im Sanatorium Loew einer Unterleibsoperation unterziehen.[4] Anfang März 1928 verkühlte sie sich am Kaminfeuer, fühlte sich krank und bekam hohes Fieber. Am 8. März, 14 Tage vor dem Entbindungstermin, wurde eine Lungenentzündung diagnostiziert. Wieder kam sie ins Sanatorium Loew. Das Fieber sank nicht. Tagelang kämpften die Ärzte um sie. Am 12. März setzten die Wehen ein, kurz darauf kam der Sohn Benedikt gesund zur Welt. Nur für kurze Zeit ging das Fieber herunter. Perutz blieb bei seiner Frau. Am 13. März schrieb er in sein Tagebuch:

> »In der Nacht plötzliche Verschlechterung. 39 1/2°, der andere Lungenflügel. Mittag Konsilium Prof. Wiesl »sehr ernst«. Um 1/2 ließ ich die Kinder kommen zu ihr ins Zimmer. Sie winkte ihnen zu. Schrieb dann alles auf eine Schreibtafel. Dann Herzschwäche, ich hielt ihre Hand. Um 6 Uhr abends war sie tot. Ich heulte wie ein Kind. Mein liebes kleines Weilchen ist tot.«

Für Leo Perutz brach eine Welt. In den zehn Jahren ihres Zusammenlebens hatte Perutz seine Frau nur selten in seinen Tagebüchern erwähnt. Erst jetzt, im Nachhinein, wurde ihm klar, wie wichtig sie als stabilisierendes Element für ihn gewesen war. Er verlor den Boden unter den Füßen. Tagelang brachte er es nicht übers Herz, den Töchtern die Wahrheit zu sagen. Erst fünf Tage nach ihrem Tod offenbarte er der achtjährigen Michaela, daß »die Mama im Himmel«[5] sei.

In seinen Tagebüchern hatte er bisher ein einziges Mal in seinem Leben Tränen zugegeben, beim Tod seiner Mutter. Jetzt scheinen die Tränen nicht mehr aufhören zu wollen. Die Verzweiflung saß tief. Nichts interessierte ihn mehr, ehemalige Freunde konnte er nicht mehr ertragen,[6] andauernd dachte er an den »Bären«, las alte Briefe, betrachtete die Andenken. Alles erinnerte ihn an sie. »Leise mit meiner toten Frau gesprochen. Ich habe gesagt, was ich ihr nicht mehr habe sagen können. Hat sie mich gehört«,[7] fragte er sich zwei Monate nach dem Tod. »Einsam«, »trübsinnig«, »todtraurig« – über Jahre hinweg tauchen diese Worte immer wieder in seinen Tagebüchern auf.

Perutz bemitleidete sich selbst. Kein Mensch »hat mich vor oder nach dem Bär wirklich gern gehabt. Armer Leo Perutz«, schrieb er am 24. September 1931. Häufig trug er sich mit Selbstmordgedanken. »Hätte ich die Kinder nicht und die Pflichten gegen sie, so würde ich mich jetzt still aus dem Leben schleichen.«[8]

In seiner Verzweiflung versuchte er mehrfach, mit seiner toten Frau in spiritistischen Sitzungen Kontakt aufzunehmen. Das Medium, Grete Breitmann, berichtet über eine dieser Sitzungen am 31. März 1931 in einer Zeitung:

> »Die junge Frau des Dichters, an der er mit großer Liebe hing, war plötzlich einer heimtückischen Grippe erlegen. Der trauernde Gatte blieb mit drei kleinen Kindern zurück« und » ersuchte mich, eine Seance abzuhalten. (...)
>
> Wir begaben uns zu dritt ins Nebenzimmer. (...) Die Stunden vergingen – nichts rührte sich. (...) Endlich kurz vor Mitternacht hörten wir drei außerordentlich starke Klopflaute am Tisch. (...) Es meldete sich die verstorbene Frau des Dichters, doch nicht mit ihrem Rufnamen, sondern mit einem nur dem Gatten bekannten Kosewort, das er ihr früher gab. Verschiedene Fragen wurden an sie gerichtet; deutlich und präzise erfolgte die Antwort in Klopftönen. Sichtlich erregt sagte nun Herr P.: ›Wenn du wirklich meine Frau bist, wie du behauptest, so

bitte ich dich um einen untrüglichen Beweis dafür. Einige Tage vor deinem Tod hast du unseren Kindern Korallenperlen versprochen. Die ganze Wohnung haben wir danach durchsucht und sie nirgends gefunden. Ist es wahr, existieren diese Perlen und, wenn ja, wo sind sie?‹ A tempo kam die Antwort: ›Die Korallen sind im weißen Schrank des Kinderzimmers, zweites Fach rechts.‹ Wir unterbrachen die Sitzung und eilten in das von der Verstorbenen bezeichnete Zimmer (...). Aus einer verborgenen Ecke des zweiten Schubfaches zog ich eine kleine, rote Bonbonschachtel hervor; ich öffnete sie – die so lange und schmerzlich gesuchten Korallenperlen lagen darin.«[9]

Ganz so überzeugt, wie Grete Breitmann von der Sache war, zeigte sich Leo Perutz nicht. Er notierte über die Sitzung:

»Seance. Medium Grete B. (...). Dann Bär: Sprach sehr lieb zu mir. Sie wird immer um mich sein und mir helfen. (...) Die Perlen der Kinder waren dort, wie sie angegeben hatte. Kinderzimmer, Kasten, 2. Gang rechts. – Trotzdem leider alles Schwindel. Ich habe nicht mit Bär, sondern mit Grete B. gesprochen.«[10]

Dennoch zog es ihn immer wieder zum Okkultismus. Im Zusammenhang mit dem Tod seiner Frau notierte er in den Tagebüchern fünf Sitzungen.[11] Mit verschiedenen Leuten sprach er über okkulte Phänomene,[12] ein orthodoxer jüdischer Okkultist riet ihm von diesem Gebiet ab,[13] er aber besuchte Vorträge zum Thema[14] und sogar eine Wahrsagerin.[15]

Trotz der Skepsis, die Perutz immer wieder äußerte, faszinierten ihn übersinnliche Dinge zeitlebens. Seine zweite Frau Grete schreibt über ihn in diesem Zusammenhang nach seinem Tod: »Mein Mann hat in einer gewissen Form an Okkultismus geglaubt, resp. dass okkulte Mächte in das Leben des Menschen eingreifen und hat sich auch damit beschäftigt.«[16] Er beschäftigte sich aber nicht nur damit, manchmal handelte Perutz auch durchaus abergläubisch. So vergrub er am 5. November 1936 auf »dem Heimweg (s)eine beiden Alraunen, weil sie (ihm) Unglück brachten im Rathaus Park«[17] und notierte einige Tage später: »Ich bin froh, daß ich die Alraunen, denen ich an allem Schuld gab, vergraben habe.«[18] Auch hatte Perutz vor dem 13. jeden Monats panische Angst.[19]

Aus der Verzweiflung, in die ihn der Tod seiner ersten Frau gestürzt hatte, konnte ihm der Okkultismus aber nicht helfen. Die Lücke wurde nie geschlossen. 1932, vier Jahre nach Idas Tod, notierte Perutz: »Einsam und bald 50 Jahre alt. Keinen Menschen, der mich liebt.«[20] Noch zehn Jahre später, 14 Jahre nach Idas Tod, sieben Jahre nach seiner zweiten Heirat, gedachte er tieftraurig seiner ersten Frau.[21]

Das Interesse am Okkultismus war in den zwanziger Jahren ein weitverbreitetes Phänomen, eine »spiritistische Welle durchflutete die Welt«,[22] fast alle Bevölkerungskreise gingen zu Hellsehern und Medien. »In Seancen nahmen Medien Kontakt auf mit den Seelen Verstorbener oder Abwesender, die sich mit Klopfgeräuschen, Tischrücken oder automatischen Schritten zu erkennen gaben. Aber auch andere übernatürliche Erscheinungen wie die (...) Endzeit, Seelenwanderung, Bewußtseinsstörung, Willensübertragung und Metempsychose waren aktuell. (...) Vertreter von ›Geheimwissenschaften‹ propagierten die Existenz von Seelenwanderung und Reinkarnation.«[23] Die allgemeine Akzeptanz solcher Phänomene zeigt sich auch in der Tatsache, daß selbst seriöse Zeitungen wie beispielsweise die *Vossische Zeitung* ernsthaft über Wunderheiler, Seher und Medien berichteten.

In Perutz' 1929 entstandener Novelle »Nur ein Druck auf den Knopf« nimmt der Ich-Erzähler, ein skeptischer Versicherungsangestellter, an einer spiritistischen Sitzung teil, um seine Bildung zu vervollständigen. Weil er zweifelt, wird er aufgefordert, den Namen eines Verstorbenen zu nennen. Er aber nennt den Namen eines Bekannten, mit dem er vor wenigen Stunden noch gesprochen hat. Unter großen Schwierigkeiten schafft das Medium schließlich den Geist des Genannten herbei. Der Versicherungsmathematiker, der Betrug vermutet, begibt sich unverzüglich in die Wohnung des Freundes und findet ihn tot. »Verstehst du, was geschehen ist?«, fragt er atemlos seinen Zuhörer.

> »Er lebte und dennoch mußte er kommen, das Medium wollte es. Das Medium rief ihn, es zwang ihm die Seele aus dem Körper, es ließ nicht nach. Und er mußte dem stärkeren Willen gehorchen und sterben, damit sein Geist sich dort oben in der Ofner Villa manifestieren konnte.
>
> Das ist alles. Aber ist der Gedanke nicht schrecklich, daß jedem von uns in jedem Augenblick das gleiche geschehen kann?«[24]

Nach Idas Tod sah es Leo Perutz zunächst als seine Aufgabe, die äußeren Verhältnisse zu ordnen, die Versorgung seiner Kinder sicherzustellen. Vorübergehend wurden die Mädchen bei Perutz' Geschwistern untergebracht.[25] Dann stellte er ein Kinderfräulein ein,[26] das auch nachts im Zimmer der Mädchen schlief. 1930 wurde sie von der Hausdame, Frau Ida Wermerscher, abgelöst.[27] Die Aufteilung der Wohnung wurde verändert. Michaela und Lore blieben im Kinderzimmer, ins Elternschlafzimmer zogen Frau Wermerscher und das jüngste Kind. Leo Perutz schlief fortan auf dem Diwan im Speisezimmer.[28] Frau Wermerscher versorgte den Haushalt, erzog die Kinder, kümmerte sich um Kleidung und Arztbesuche. Der Kontakt zu ihr blieb auch nach der Emigration bestehen, einmal besuchte Frau Wermerscher die Familie sogar in Palästina. Später wurden für die Mädchen noch zusätzlich »Nachmittagsfräulein« zum Aufgabenmachen und Spazierengehen beschäftigt, die allerdings häufig wechselten. Michaela ging seit 1926 zur Volksschule in der Albertstraße, Lore folgte 1928.[29]
Ein großes Problem stellte nach dem Tod der Mutter die Versorgung des Neugeborenen dar. Perutz konnte nichts mit ihm anfangen. Das Kind existierte für ihn nicht als Person, sondern nur als Problem. Symptomatisch dafür ist die Namensgebung. Perutz' Sohn heißt heute Felix Paz El. Im ersten Jahr nannte Perutz den Säugling aber Benedikt oder Bendy. Dann erwähnte er ihn einige Jahre im Gegensatz zu den Töchtern namentlich überhaupt nicht mehr in den Tagebüchern, die drei oder vier Male, die er in seinen Aufzeichnungen von seiner Existenz Notiz nahm, wurde er als »Bub« oder »Sohn« bezeichnet. Als das Kind bereits sieben Jahre alt war, tauchte in den Tagebüchern des Vaters erstmals der Name »Felix« auf, den der Junge dann auch beibehielt. »Wahrscheinlich hieß ich Benedikt Felix«,[30] vermutet sein Sohn heute.
Wenige Tage nach Idas Tod, am 18. März notierte Perutz: »Bendy zog in die Wohnung ein«,[31] am 29. März kam das Bettchen, am 16. April wurde wegen des Säuglings ein Familienrat einberufen.[32] Das Kind machte Sorgen, es nahm wenig zu, hatte die Anlage zur Rachitis.[33] Am 21. Mai 1928 nahm Perutz' Schwester Lilly das zwei Monate alte Kind zu sich in Pflege. Perutz besuchte es erstmals sechs Wochen

später, dann erst wieder Ende August nach der Sommerfrische, ehe Felix aufgepäppelt am 23. November des gleichen Jahres zur Familie zurückkam.[34] »Mein Sohn zurückgekommen. Wiegt jetzt fast 10 kg«, schrieb der Vater. Benedikt Felix wurde viel herumgeschoben. Immer wieder war er für einige Zeit bei Perutz' Geschwistern oder den Großeltern Weil. Die Sommermonate verbrachte er mit der Hausdame in deren mährischer Heimatstadt Iglau, manchmal auch in einem Ferienheim. Wenn Leo Perutz von seinen Kindern schrieb oder sprach, meinte er fast stets nur die beiden Töchter Michaela und Lore. »Er hat mich nie sehr gemocht«,[35] erinnert sich Felix noch heute. »Er hat mir nie verziehen, daß ich am Tod meiner Mutter schuld war.«[36] Leo Perutz lehnte seinen Sohn ab. Die Trauer zerstörte alle Maßstäbe. Perutz' Neffe Fred, in dessen Elternhaus sich Felix oft aufhielt, erinnert sich: »Leo being excentric, blamed Felix for the death of his mother. To the outrage of his family, whenever Felix walked by he would say ›Here goes the murderer...‹«.[37]

Den beiden Töchtern fühlte sich Leo Perutz stärker verbunden. Immer wieder spricht aus den Tagebüchern die Sorge um sie bei Krankheiten; Perutz beobachtete ihre Entwicklung genau, berichtete, wie viel Freude sie ihm machten und hielt in seinen Tagebüchern kleine Episoden fest, die er mit ihnen erlebte.[38] Michaela bekam schon mit neun Jahren das erste Buch ihres Vaters mit Widmung; es war der Roman »Zwischen neun und neun«. In den Sommermonaten verbrachte Perutz ein paar Tage mit ihnen in der Sommerfrische. »Abends Gespenster gespielt. In einem verfallenen Zimmer (...) das Fräulein erschreckt mit Stöhnen«, vermerkte er am 18. August 1928.

Die Tochter Michaela erinnert sich auch an ein für sie sehr schönes Ritual:

> »Abends saß er eine Weile bei unserem Bett und erzählte uns ›Geschichten vom Stephansplatz‹, die er sich im Laufe der Erzählung ausdachte. Das waren ganz einfache Geschichten für Kinder, nichts Spannendes. Nur so, von einem Mann zum Beispiel, wie er ausgesehen hat, daß er einen Hund dabei hatte, daß er dann weggelaufen ist und warum. Jeden Tag gab es neue Geschichten.«[39]

Doch Perutz' Zuwendung beschränkte sich in den Augen der Kinder auf diese wenigen Momente. Michaela berichtet weiter: »Nach dem

Tod meiner Mutter sahen wir unseren Vater sehr selten und lebten mit dem Kinderfräulein ein ganz separates Leben.«[40]
Perutz blieb nächtelang wach, schlief dann bis spät in den Vormittag hinein. Das Leben seiner Kinder teilte er kaum. So war es kein Wunder, daß die wechselseitige Entfremdung zunahm. Während er an Sylvester 1930 noch festhielt: »Die Kinder gesund, der Bub reizend, Michaela blitzgescheit, Lorle verträumt, vielleicht bißl dumm«, schrieb er schon Ostern 1931: »Die Kinder werden groß, machen mir nicht mehr die alte Freude. Ob es wieder kommt?« Im Januar 1932 konstatierte er: »Die Kinder sind mir fremd geworden«,[41] und schließlich 1937: »Die Kinder (...) sind schweigende Feinde. Sie tragen mir nach, daß ich nicht genug für sie lebe.«[42]

Handschriftliche Widmung im Marques de Bolibar

Leo Perutz wollte ein eigenes Leben führen. In Wien mietete er sich ein kleines Absteigequartier;[43] wenn er die Töchter im Sommer mitnahm nach St. Wolfgang, so quartierte er sie mit dem Kinderfräulein in eine außerhalb gelegene Pension ein, während er selbst im Grandhotel wohnte. 1933 und 1934 schob er sie ganz ab, so jedenfalls empfanden es die Mädchen. Sie mußten während der Sommerwochen ins »Töchterinstitut Professor Buser« nach St. Gallen. Gerade diese Episode zeigt deutlich die zwiespältige Einstellung, die Perutz zu seinen Töchtern hat. Sie sind ihm lästig, gewiß, er besteht auf einem Privatleben. Doch schreibt er ihnen zwei Mal die Woche. Auf seine Weise sehr liebevoll spricht er sie nie mit Namen an, sondern als »Liebes Gesindel«, »Ihr kleinen Fratzen, Luder und Mistviecher«, oder »Gesindel, Frösche, Maulwürfe und Ameisen«.[44] Sehr kindgerecht und einfühlsam fragt er nach ihren Erlebnissen, beantwortet ihre Fragen, erzählt von seinen Tagen. Ein besonders netter Brief soll hier als Beispiel abgedruckt werden. Zu seinem Verständnis muß man wissen, daß Perutz' Tochter Lore über die Verbannung ins Töchterinstitut so erbost war, daß sie ihrem Vater trotz mehrfacher Bitten keine Briefe schrieb. Erst seine Drohung, den Hund wegzuschenken, konnte sie erweichen. Der nächste Brief, der die Mädchen in St. Gallen erreichte, trug als Absender den Namen des Hundes, Blacky Perutz, und war aus seiner Perspektive geschrieben:

»Liebe Fraulis,
weil der Herr Perutz keine Zeit hat, schreib ich Euch heute mit der rechten Vorderpfote und wenn ich müde werde, mit der linken.
Ja, ich hab ein Kilo zugenommen, weil das Fräulein, das mir zu essen gibt, weiss nicht, wieviel ich immer bekommen hab und gibt mir mehr. Es geht mir gut, denn der kleine Bub, der mich immer seckiert (sic) hat, ist fort, und das Frauli, das mich immer auf den Armen schleppt, ist auch nicht da. Jetzt kommt die linke Vorderpfote. Der Herr Perutz seckiert (sic) mich nicht. Nur manchmal hält er ein Taschentuch und sagt: Blackie, das Peterl! Ich weiss schon, dass das nur ein Taschentuch ist, aber ich stell mich dumm und fang an, zu hüpfen, denn ihm macht's eine Freud, wenn er glaubt, ich halt sein Taschentuch für die Katze, und mir schadet es nichts. Jetzt kommt das rechte Hinterhaxel. Ihr müsst mir eine neue Fensterschnur kaufen, denn die alte

hab ich zerbissen. Der Herr Perutz wollte mich wegschenken, weil das eine Frauli, das kleine dicke, nicht geschrieben hat, aber Gott sei Dank ist gestern ein Brief gekommen und jetzt darf ich bleiben. Ich hatte schon grosse Angst, denn man weiss ja nicht, zu was für Leuten man kommt, vielleicht wäre dort ein Frauli gewesen, das mich noch mehr seckiert (sic) hätte.
Die Dame, die nicht will, dass ich in ihr Bett springe, ist noch immer fort. Die ist verrückt, warum will sie nicht, dass ich in ihr Bett springe? Ich kann doch so gut springen, ich tu mir gar nicht weh dabei. Jetzt schreib ich mit dem linken Hinterhaxel. Ich sitz oft am Fenster und schau auf die Porzellangasse und auf die Hunde, die vorbeigehen. Sitzt ihr auch auf dem Fenster und schaut auf die Kinder, die vorbeigehen? Und dürft Ihr ohne Maulkorb spazierengehen? Ich nicht, ich muss immer den dummen Maulkorb tragen. Ist man brav zu Euch und führt man Euch jeden Tag äusserln? Wenn man das einmal vergisst, so gib (sic) ich Euch einen Rat: Ihr braucht nur an der Tür zu kratzen, das verstehen dann die dummen Leute endlich und führen Euch auf die Strasse, denn da haben sie Angst, dass Ihr im Zimmer etwas macht. Also, merkt Euch das: An die Tür kratzen, wenn Ihr hinaus wollt. So und jetzt geb ich Euch Pussis und alle 4 Pratzeln und kommt bald zu Eurem Blackiebaby.«[45]

Verhältnismäßig wenig Unterstützung erhielt Perutz nach dem Tod seiner Frau von seiner eigenen Familie. Zwar sprangen Schwester und Schwägerinnen häufig ein, wenn es um die Betreuung von Leos Kindern ging. Bei den noch häufig stattfindenden Familienabenden kam es aber mehrfach zu Streitigkeiten.[46] Mit Paul und Edith[47] gab es politische Spannungen, weil Perutz »nicht genug Revisionist«[48] war. Von Hans trennten ihn religiöse Vorstellungen, er warf Perutz »Mängel am Judentum vor«.[49] Seine Schwester kritisierte »in gehässiger Weise den Altersunterschied zwischen«[50] ihm und einer Freundin. Immer wieder trafen unterschiedliche Lebensvorstellungen aufeinander. Nie entsprach Leo Perutz der durch die Familie gesetzten Norm. Offensichtlich schämten sich die Brüder zuweilen gar für ihn, weil er sich, so die Aussage seiner Tochter, immer sehr nachlässig kleidete. Perutz notierte am 4. April 1935: »Nachmittag in der Stadt mit Paul, der

Geburtstag hat (...). Ich brachte ihm ein Buch. Aber er ließ mich auf der Freyung stehen, weil mein Mantel zerrissen war.«
Der häufigste Anlaß für Auseinandersetzungen aber war Perutz' finanzielle Situation. Nach dem Tod des Vaters hatten die beiden jüngeren Brüder Hans und Paul die väterliche Firma übernommen, der stille Teilhaber Leo bekam als Erbe »18.000 S(chilling) und das halbe Haus«[51] zugesprochen, außerdem »Hinterbliebenen-Effekte«, die Ende 1927 6800 Schilling brachten und die er sich mit seiner Schwester Lilly teilen mußte.[52] Daneben wurde ihm nach wie vor eine monatliche Rente aus dem Vermögen der Firma ausbezahlt.[53] Doch Perutz war mit dem Testament höchst unzufrieden. »Anny kam, ich sagte ihr, wie mir durch das Testament Papas Unrecht gesprochen sei. Ich, der wirtschaftlich Schwächste, sei so behandelt wie meine reichen Brüder«, klagte er am 18. März 1931.
Zwar verdiente Perutz auch eigenes Geld aus seiner literarischen Tätigkeit, doch gerade nach Idas Tod schrieb er weniger, veröffentlichte oft nur ältere Texte noch einmal. In seinen Tagebüchern notierte er folgenden Einkünfte:[54] 1928: 810 Schilling; 1929: 2500 Dollar; 1931: 950 Schilling; 1932: 1100 Schilling; 1933: 9760 Schilling; 1934: 3366 Schilling; 1935: 191 Dollar und ca. 5000 S; 1936: 300 Schilling; 1937: 2600 Schilling.
Immer wieder kamen auch aus anderen Quellen größere Beträge zum Einkommen. Am 29. Januar 1929 schloß Leo Perutz mit seinem Bruder Paul »einen Kaufvertrag aufs Haus in der Meynertgasse. 17500 S(chilling) 8% Zinsen.« Am 31. Juli notierte er: »Das Haus verkauft, 50.000 netto, 10.000 Angabe.«[55]
Dennoch reichten diese Summen, die Zinsen aus der väterlichen Firma und die eigenen Einnahmen, nicht. Leo Perutz konnte mit Geld einfach nicht umgehen. Offensichtlich hatte seine Frau Ida bei der Einteilung des Einkommens eine entscheidende Rolle gespielt. Im Zusammenhang mit seiner finanziellen Misere stöhnte Perutz einmal: »es ist furchtbar, Bär, wenn ich dich noch hätte!«[56] Wenn Perutz Geld hatte, gab er es mit vollen Händen aus. So kaufte er z. B. 1929 für fast 1000 Schilling Kinderkleider.[57] Auch sammelte Perutz Goldmünzen, was offenbar wichtiger als vieles andere war. 1937, als es ihm wirtschaftlich relativ schlecht ging, notierte er in seiner Bilanz: »Konnte

(...) die Goldmünzen (nach Abstoßen der schlechterhaltenen) durch Erwerb von 13 Stück, darunter 2 bessere und 2 besonders wertvolle konsolidieren.«[58] Die Münzsammlung umfaßte zu diesem Zeitpunkt 129 Stücke.[59] Perutz' Münzhändler Trinks mußte sein Geld aber häufig anmahnen.[60]

Für die Bedürfnisse anderer hatte Perutz meist ein offenes Ohr. Oft kamen Schnorrer an seine Tür, viele regelmäßig, jede Woche. Nie ging Perutz an einem Bettler vorbei, ohne etwas zu geben.[61] Seinem Nachbarn überließ er bereitwillig 100 Schilling,[62] Dr. Weil, dem Vater seiner ersten Frau, half er mehrfach aus finanziellen Notlagen heraus, selbst wenn er sich dafür verschulden und die Schulden dann monatelang abstottern mußte.[63]

Für die alltäglichen Ausgaben reichte das Geld nie. Der monatliche Bedarf, den Perutz Ende 1930 mit 5000 – 5400 Schilling, Anfang 1935 mit 2500 Schilling angab, stand in krassem Widerspruch zum täglichen Geldmangel. Mehrfach notierte Perutz: »Kein Geld, darum zuhaus geblieben«.[64] Beim Kartenspielen mußte er »fluchtartig während der Partie fort«,[65] weil ihm das Geld ausgegangen war. Eine unerwartete Gasrechnung in Höhe von 70 Schilling brachte ihn in höchste Verlegenheit.[66] 1937 schrieb er: »das tschechische Geld 315 S(chilling) ist gekommen. Das war Hilfe in der Not – ich besaß noch 2 S(chilling).«[67] Die dauernde Finanzknappheit belastete ihn psychisch schwer. »Verzweifelt«, »bedrückt«, »fürchterlich deprimiert«,[68] so beschrieb er seine Situation. 1929 verkaufte er seine »lombardische Sammlung«[69] für 1550 Schilling an Ernst Pollak, 1930 vermerkte er: »Geldkatastrophe hereingebrochen«[70] und entschloß sich, »die Briefe zu verkaufen«,[71] die mit seiner Frau Ida zusammengetragene Sammlung aus alten Briefen mit Marken. Er bekam dafür 41.000 Schilling.[72]

Im Pfandleihhaus war Perutz regelmäßiger Kunde. Immer wieder notierte er, etwas versetzt, abgezahlt oder ausgelöst zu haben.[73] Selbst die Pfändung drohte ihm einmal: »Ein Mann erschien und wollte mich wegen eines Steuerrückstandes von 1400 S(chilling) pfänden. Ich rannte zum Steueramt und erreichte nichts.«[74] Erst einen Tag später konnte er die Sache in Ordnung bringen und den Betrag mit monatlichen 50-Schilling-Raten abbezahlen.[75]

Wenn es nicht mehr anders zu gehen schien, wandte sich Perutz ans Büro der Brüder-Firma und wurde ermahnt, ermahnt, ermahnt:

»Früh ließen mich meine Brüder kommen. Machten mir Vorwürfe, ich hätte zuviel gebraucht.«

»Nachmittags im Büro. Lange Unterredung mit Paul und Hans, ich soll mehr sparen.«

»Früh im Büro. Paul machte mir wieder Vorwürfe, ich brauche zuviel.«[76]

Anfang der dreißiger Jahre scheint die geschäftliche Lage der Brüder nicht ganz rosig gewesen zu sein. »Meine Brüder machen schlechte Geschäfte, sparen vielleicht an mir«,[77] vermutete Perutz. Wenn sich Leo ans Büro wandte, wurde er häufig abgewiesen oder mit Teilsummen abgespeist. Manchmal versuchte er deshalb an den Brüdern vorbei Firmengeld von den Angestellten zu bekommen. Paul erfuhr aber stets davon, die Schulden wurden genau notiert und mußten in Raten zurückbezahlt werden.

Vermutlich schon 1933, spätestens aber 1935 verbesserte sich die finanzielle Lage der Brüder deutlich. Bei Familientagen erzählten sie von großen Reisen, auch von Orient-Reisen, um die Perutz sie beneidete.[78] 1936 offenbarte Paul Perutz seinem Bruder, daß er »in diesem Jahr über 400.000 S(chilling) über den (unleserlich: evtl. Schnitt; Anm. d. Verf.) verdient« habe.[79]

Nun bekam Leo Perutz monatlich 2500 Schilling aus der Firma,[80] mit denen er aber natürlich nicht auskam. Die Spannungen verschärften sich. Als er am 22. Dezember 1937 aus dem Büro »560 S(chilling) von Frl. Czika«, einer Angestellten, holte, teilte diese ihm mit, daß sie »es dem Paul sagen« müsse. »Das wird eine unangenehme Überraschung«,[81] befürchtete Perutz. Tatsächlich rief Paul am Abend an und verfügte, daß er das Geld in drei Monaten abbezahlen müsse. »Für mich ein schwerer Schlag«,[82] stöhnte Perutz. Doch das dicke Ende kam am nächsten Tag. »Paul ließ mich ins Bureau rufen. Er war sehr nett, kündigte mir aber an, daß in ein oder zwei Jahren meine Monatsbezüge reduziert werden, um ›meine Zukunft sicherzustellen‹. Es war peinlich, beschämend und deprimierend für mich.«[83]

Der Freundeskreis konnte den trauernden, verzweifelten Leo Perutz nicht auffangen. Perutz fehlte die Kraft, die witzige, ironische, aggressive Fassade aufrechtzuerhalten. Nur diese kannten die Freunde bislang. Trauer, Leere, Verzweiflung paßten nicht an die Kartentische, paßten nicht in die Kaffeehäuser. Symptomatisch für die Entfremdung zu seinen Freunden war Perutz' erste Reise nach Idas Tod. Er fuhr im Jahr darauf, vom 20. April 1929 bis zum 2. Mai, in großer Gesellschaft.[84] Obwohl die Reise an sich durchaus reizvoll war, zog sich Perutz häufig zurück oder fühlte sich ausgeschlossen. So notierte er am 26. April: »Vormittags in der Stadt. Nachmittag Ausflug. Wieder fast fortwährend allein, absondierte mich. Ging in ein kleines Dorf. Mußte fast fortwährend an den Bären denken.«

Viel seltener als früher verbrachte Perutz seine Zeit im Herrenhof. Häufiger traf man ihn in den Lokalen Pulcher und Bristol, wo er seit 1932 beinahe täglich Bridge spielte. Zwar tauchen in seinen Tagebuchaufzeichnungen nach wie vor viele Namen auf, aber es fehlt die alte Herzlichkeit, die selbstverständliche Intensität der Beziehungen.[85] Die Namen Dietrichstein und Sperber tauchen in den Aufzeichnungen so gut wie nicht mehr auf. Mit Elbogen traf Perutz sich zwar noch regelmäßig zum Poker, doch Elbogens Tätigkeit als Chansonsänger in der Reissbar wollte er nicht länger dulden. Am 5. Januar 1931 notierte er: »Nachts in der Reissbar, brachte Elbogen, der singen wollte, zur Verzweiflung (ließ während des Singens Tassen fallen)«.

Selbst die jährliche Sommerfrische brachte Perutz die Unbeschwertheit nicht zurück. Seit Jahren hatte Perutz die Sommerwochen in St. Wolfgang im Salzkammergut verbracht. Er flirtete mit zahlreichen Frauen, er schwamm, tauchte, wanderte und besuchte Bälle, Wellenreiten und Motorbootfahren gehörten zu seinen täglichen Vergnügungen. Immer wieder fiel er aber auch hier in tiefe Traurigkeit. Obwohl er in St. Wolfgang viele Bekannte traf, Emil Jannings, Intendant Weichert, Dr. Jahn, Alfred Polgar, Anton Kuh, Dr. Peter, Ernst Toller,[86] Ernst Deutsch, Graf Thun und Alexander Lernet-Holenia,[87] waren ihm die meisten Menschen zu langweilig. Kaum jemand kümmerte sich um ihn. »Abends Maskenball. Ich war immer allein, niemand sprach mich an,« schrieb Perutz am 13. August 1933 in sein Tagebuch.

Den Schriftsteller Lernet-Holenia hatte Perutz 1928 in St. Wolfgang kennengelernt. Annie Lifczis erinnert sich, daß Lernet-Holenia, der »stets von einem Flor junger Frauen umringt« war, »seine Kraftlackeleien im See und zu Lande« vorführte, »wobei er und Perutz bemüht waren, einander die jeweiligen Favoritinnen auszuspannen.«[88] Lernet langweilte Perutz aber schon bald; er hielt ihn für einen »Schlurf«.[89] Es verbanden sie allenfalls literarische Interessen. Perutz las Lernets Werke mit mäßiger Freude[90] und lieferte ihm den Stoff für einen Roman.[91] Die handschriftliche Widmung, die Lernet-Holenia in Perutz' »Belegexemplar« des Romans »Jo und der Herr zu Pferde« schrieb, lautet: »Leo Perutz, dem eigentlichen Dichter dieses Romans, als ein Zeichen aller jener Dankbarkeit, die ich ihm schulde«.[92] Am Gewinn, den der Romans brachte, war Perutz zu 45 Prozent beteiligt.[93]

»Jo und der Herr zu Pferde« ist eine typische Perutz'sche Novellenidee, eine verwickelte Geschichte mit unklaren Identitäten und einem sehr überraschenden Schluß. Der Einfall wird von Lernet zum Roman breitgetreten, schwerfällig, mit beinahe unerträglichen Dialogen. Jo, die Tochter eines schwedischen Offiziers verliebt sich in den äußerst übel beleumundeten Major Winters. Er vergewaltigt sie und stimmt erst nach langen Verhandlungen einer Heirat zu. Jo liebt ihn trotz allem, er betrügt sie aber fortwährend, so daß sich ihre Liebe schließlich in grenzenlosen Haß wandelt. Vergeblich versucht sie, ihn ebenfalls zu betrügen. Bei einem Duell wird Winters getötet. Jo scheint geistig verwirrt, heiratet schließlich erneut. Als sie aber jenen Mann wiedertrifft, mit dem sie einst Winters betrügen wollte, wirft sie sich diesem beinahe zwanghaft in die Arme. Jos zweiter Mann ist über den Ehebruch entsetzt und bittet einen seiner Freunde, Jo zur Rede zu stellen. Dieser eröffnet ihm anschließend, Jo habe nicht ihn betrogen, sondern ihren ersten Ehemann. Er glaube sie aber nun von diesem Zwang geheilt. Im Gespräch sei aufgedeckt worden, daß er, der Freund, jener Mann gewesen sei, der Winters einst im Duell erschossen habe. Darum wolle er Jo nun heiraten, denn er habe sie von ihrem Haß gegen Winters erlöst.

Zusammen mit Lernet-Holenia und Annie Lifczis widmete sich Perutz in der Sommerfrische auch der Übersetzung der Balladen von François Villon. Die drei saßen im Erkerzimmer von Lernets Villa und feilten an den Texten. »Zunächst sei das Übersetzen lediglich als eine Art von Gesellschaftsspiel betrieben worden; dann habe man begonnen, gelungene Passagen aufzuschreiben, sie mit dem Original zu vergleichen und Abweichendes oder weniger Gelungenes zu besprechen.«[94] Metapherntreue, Klang und Rhythmus waren die Leitlinien. In seinem Roman »Der Judas des Leonardo« (vgl. S. 49) läßt Perutz den Sänger Mancino jene Verse vortragen, die aus dieser Übersetzertätigkeit stammen.[95] Mancinos Lied endet mit den Versen:

»Ihr gutenLeut, ich kenn der Dinge Lauf.
Ich kenn den Tod, den wilden Wüterich.
Ich kenn des ganzen Lebens Ab und Auf.
Ich kenne alles, alles, nur nicht mich.«

Nur wenige von Perutz' Beziehungen ragen über eine eher belanglose Bekanntschaft hinaus. Treu geblieben war ihm sein wohl wichtigster Freund Richard A. Bermann, der aber leider nur noch selten in Wien war.[96] Noch immer erzählten sie sich gegenseitig ihre Romanideen. Ihre Freundschaft war aber so selbstverständlich, daß Perutz meist nur die Tatsache des Zusammentreffens, nicht aber den Zweck notierte.

Perutz' alter Freund, Rudolf Steinsberg, der inzwischen seit vielen Jahren in Paris lebte, zeigte sich tief erschüttert über Idas Tod. Er bot Perutz sofort an, für dessen Tochter Michaela zu sorgen und schrieb:

»Und was jetzt? Was wird aus den Kindern? Die können Sie ja nicht allein großziehen. Wollen Sie uns nicht Miegela, sagen wir für ein Jahr anvertrauen? Sie wird wie unser eigenes Kind sein. Bitte weisen Sie dieses Anerbieten nicht leichtwegs ab. Wir meinen es sehr ernst und es kommt von ganzem Herzen.«[97]

Auch Richard Beer-Hofmann und seine Frau zeigten Interesse an der ganzen Familie. Perutz besuchte sie häufig mit den Kindern und nahm auch seinerseits Anteil an Beer-Hofmanns Familie.

Von Bedeutung, aber nicht ohne Probleme, war in den Jahren nach Idas Tod auch Perutz' Beziehung zu Friedrich Reck-Malleczewen. Reck versuchte zunächst mehrfach, Perutz zu längeren Faltbootfahrten zu überreden. »Sind Sie bereit, mit mir im August eine große Donau-Faltbootfahrt bis über Bukarest hinaus zu machen? Zelt und Schlafsack stehen Ihnen zur Verfügung«.[98] Er war damit aber nicht erfolgreich. Perutz begnügte sich damit, »Reck, der mit dem Faltboot kam, von Nußdorf«[99] abzuholen. Als Reck im Sommer 1928 völlig erschöpft über den Arbeiten an seinem Roman »Jean Paul Marat,

Freund des Volkes« zusammenzubrechen drohte, lud ihn Perutz kurzerhand nach St. Wolfgang. Sie verbrachten einige schöne Tage, erzählten und berieten ihre literarischen Arbeiten. Im November des gleichen Jahres kam es aber zu großen Unstimmigkeiten. Perutz notierte: »Brief an Reck geschrieben. Sagte ihm ab (...). Er soll seine Prozesse allein führen. Sein Brief verlogen.«[100]

Ursache des Streits war das Ansinnen Recks, der gerade einen Prozeß mit dem Grethlein-Verlag verloren hatte, die Klage in zweiter Instanz von Alexander Weisz und Leo Perutz führen oder doch zumindest finanzieren zu lassen,[101] was beide ablehnten. Perutz' Irritation über Recks Vorschlag war so groß, daß er ab diesem Zeitpunkt von allen seinen Briefen an Reck Durchschläge aufbewahrte, was er sonst allenfalls bei Geschäftsbriefen tat, – wohl um sich vor Mißverständnissen oder bewußten Verdrehungen seiner Worte zu schützen. Perutz' Ablehnung unterbrach den Kontakt für zwei Monate. Am 19. Januar 1929 fragte Reck indigniert an, ob er denn Perutz den Roman »Jean Paul Marat, Freund des Volkes« immer noch widmen solle. Perutz nahm das Widmungsangebot an, versuchte, das Geschehene als Mißverständnis abzutun[102] und widmete Reck seinerseits den Novellenband »Herr erbarme dich meiner«. Für kurze Zeit besserte sich das Verhältnis wieder. Perutz berichtete Reck sogar von persönlichen Krisen, was sich aus der aufmunternden Antwort Recks schließen läßt:

> »Alter Perutz, (...) Ich kenne selbst Krisen und kenne selbst (...) dieses Versinken in Ratlosigkeit, Untätigkeit und Melancholie (...). Krisen sind dazu da, dass man sie besteht. Mannsbilder sind dazu da, dass sie ihren Schädel hinhalten (...). So also stehn auch Sie wieder auf. Jagen Sie diese Krise zumm (sic) Teufel und arbeiten Sie. Selbst wenn die Götter ihr Antlitz eben dicht verhüllen.«[103]

Die beiden besuchten sich wieder, rieten sich, Reck schrieb über Perutz einen Aufsatz,[104] Perutz setzte sich für Recks Bücher beim Zsolnay-Verlag ein.

1931 brach Reck den Kontakt erneut ganz ab. Aufgrund eines von Grete Brehm in Umlauf gesetzten Gerüchtes hielt er Leo Perutz für einen »Deserteur«.[105] 1936 schrieb er ihm nach jahrelanger Pause: »Dass ich Sie zu den Lebendig-Toten rechnete, ist die Schuld dieser Frau Brehm, die (...) sich die Zeit vertrieb, indem sie intriguierte.«[106]

Bedeutend für die Zukunft von Leo Perutz sollte die Freundschaft werden, die er 1929 zu Hugo und Annie Lifczis knüpfte.[107] Dr. Hugo Lifczis war bis 1938 als Anwalt in Wien unter anderem für den Theaterverlag Eirich und die Tageszeitung *Neues Wiener Journal* tätig und konnte so zahlreiche Verbindungen zu österreichischen Autoren knüpfen.[108] Seine Frau erinnert sich an die Freundschaft zu Perutz:

> »Als wir – mein Mann und ich – gegen Ende der zwanziger Jahre ihn kennenlernten, hatte er vor kurzem seine Frau (...) verloren. Er verbrachte damals fast alle seine Abende in den ›literarischen Cafés‹, dem Café Central und dem ›Herrenhof‹. Wir hatten seine Romane ›Die dritte Kugel‹ und ›Der Marques de Bolibar‹ gelesen und sprachen ihm unsere Bewunderung aus. Es scheint, daß wir ihm gefielen, denn er lud uns in seine Wohnung in der Porzellangasse ein (...) und bald wurde es ihm zur Gewohnheit, uns gegen Abend anzurufen: wir (sic) mögen zu ihm kommen, er wolle uns etwas vorlesen, was er heute geschrieben hätte. So lernten wir, Kapitel um Kapitel, viele seiner Bücher kennen. Auch wenn er nicht vorlas, war sein Gespräch voller Einfälle, oft der bizarrsten Art. Er ließ seine Zuhörer an einer Welt überreicher Phantasie teilnehmen, die mit Gegenwart und Realität wenig zu tun hatte«.[109]

Leo Perutz traf das Ehepaar Lifczis ab 1932 beinahe täglich, wenn auch er die Freundschaft keineswegs so euphorisch sah. Im September 1930 notierte er: »Abends mit den Lifczis. Sie ist entsetzlich. Eine schwere Verirrung meines Geschmacks. Er ist reizend, läßt mich aber nie aus.«[110] Oder ein Jahr später: »Anny Lifczis rief an. Sonntag Nachmittag bei ihnen. Ich weiß ohnehin nicht, was mit dem Sonntag anfangen.«[111]

Perutz hatte in diesen Krisenjahren also durchaus gesellschaftlichen Kontakt, er ging ins Kaffeehaus, erhielt Einladungen zu Abendgesellschaften,[112] lud selbst zum Tee,[113] er besuchte Vorträge, Konzerte und Kinos, doch im Vergleich zu früheren Jahren waren die Aktivitäten stark zurückgegangen. Eine für ihn sehr peinliche Affäre führte dazu, daß er sich zeitweise ganz von Menschen fernhielt. Ostern 1931 gab er zu: »Große Angst vor Menschen (wegen der Geschichte mit meinem Alter).«[114] Dieser »Geschichte« vorausgegangen war ein kleiner Zwischenfall im Theater, den er am 18. Dezember 1930 in seinem

Tagebuch mit den Worten festgehalten hatte: »Nachher mußte ich zur Polizeistation, weil ich im Foyer Zigaretten geraucht hatte und den Krim. gefrozzelt hatte.« Auf der Polizeistation flunkerte Perutz bei der Angabe seiner persönlichen Daten. »Schriftsteller Perutz macht sich um drei Jahre jünger« lautete der Artikel, der das Ereignis Anfang März 1931 in der *Neuen Freien Presse* beleuchtete:

> »Am 18. Dezember v. J. gegen 9 Uhr abends, wurde der Schriftsteller Leo Perutz im Foyer der Künstlerspiele ›Pan‹ von einem Polizeioberkommissär wegen Rauchens einer Zigarette beanstandet. Da Perutz keine Legitimation vorweisen konnte, wurde er (...) von einem Kriminalbeamten auf die nächste Wache geführt. Der Kriminalbeamte verlangte das Nationale von Perutz, der unter anderem angab, daß er im Jahre 1885 geboren sei. Von der Wachstube aus wurde das Polizeikommissariat Alstergrund über die Persönlichkeit des Schriftstellers befragt. Hierbei stellte sich heraus, daß Perutz nicht im Jahre 1885, sondern im Jahre 1882 geboren wurde, so daß er sich um drei Jahre jünger gemacht hatte.
>
> Gegen Perutz wurde eine Anklage wegen Falschmeldung erhoben, über die gestern beim Strafbezirksgericht I Landesgerichtsrat Dr. Bäkker zu verhandeln hatte. Dr. Sperber als Verteidiger des nicht erschienenen Angeklagten erklärte, daß dieser sich um drei Jahre jünger gemacht habe, weil bei Abnahme seines Nationales in seiner Nähe eine Dame stand, vor der er jünger erscheinen wollte.«[116]

Durch diese Aussage, die von Sperber als Witz gedacht war, fühlte sich Perutz zutiefst blamiert und war völlig verzweifelt.[117] Er schämte sich, sich in der Öffentlichkeit sehen zu lassen.

In den Jahren nach Idas Tod klagte Perutz immer wieder über die Einsamkeit, die ihn umgab, bedauerte, »wenig Freunde und nur wenig Verkehr«[118] zu haben. Er fühlte sich nicht länger im Mittelpunkt, sein Geltungsbedürfnis blieb unbefriedigt. Ende 1937 bilanzierte er:

> »Ich lebe in einem kleinen Kreis unbedeutender Menschen, die ich gerne habe, unbeachtet von der ganzen Stadt. Mein Telefon ist keine Verbindung mehr zu mir und der Welt (...). Von der Stadt, in der ich lebe und arbeite, dringt kein Geräusch zu mir als das Läuten der Elektrischen und das Fahren der Autos.«[119]

Die in den Tagebüchern aufgezeichneten zahlreichen Beziehungen zu

Frauen retteten Perutz nicht aus der Melancholie seines Daseins. Annie Lifczis schätzt Perutz wohl falsch ein, wenn sie in ihren Erinnerungen schreibt: »Nach einiger Zeit aber nahm diese Trauer ein Ende, und Perutz, damals ungefähr fünfzigjährig, wurde sich plötzlich seiner Freiheit als Witwer bewußt und knüpfte heftige und leidenschaftliche Flirts mit einer Anzahl Frauen an, teils mit, teils ohne Erfolg.«[120]

Leo Perutz mit einer unbekannten Frau beim Wasserskifahren

Liest man Perutz' Tagebücher flüchtig, so hat man tatsächlich zunächst den Eindruck, Leo Perutz habe versucht, an die »wilden Jahre« vor seiner Hochzeit wiederanzuknüpfen. Er bemühte sich, jugendlich zu wirken, übte sich im Skilaufen und Wellenreiten und unternahm manches, um Frauen zu imponieren.

> »Als zum Beispiel eine junge Dame in einem Kurort ihm sagte, es gäbe heutzutage keine ritterlichen Männer mehr, wie jene, die in Romanen den Balkon einer Dame emporkletterten, da erstieg er unverzüglich die Fassade des Hotels, wo die Dame wohnte, bis zum Balkon ihres im zweiten Stock gelegenen Zimmers.«[121]

Liest man Perutz' Aufzeichnungen jedoch ein zweites Mal, so kommt der Verdacht, daß hinter den zahlreichen Beziehungen eine grenzenlose Einsamkeit und die gleichzeitige Angst vor dem Altwerden stekken. Perutz ist sich bewußt, daß alle diese Frauen ihm »seinen Bären« niemals ersetzen können. Er weiß, daß ihn »keiner (...) vor oder nach dem Bär wirklich gern gehabt«[122] hat. Die Frauen sollten ihn von seiner Trauer ablenken, die Sehnsucht an seine erste Frau verdrängen.

Perutz' erste Freundin nach Idas Tod, die verheiratete Liesl Geiringer, nutzte ihn gnadenlos aus, forderte Geschenke und Anteile an seinen Einnahmen, »4-500 S(chilling) im Monat«[123] brauchte Perutz für sie auf jeden Fall.

Ein einziges Mal noch scheint Perutz eine Beziehung ernster gewesen zu sein, doch auch diese stand auf unsicherem Boden. Am 2. September 1932 notierte er über »Magd. S.«, die Malerin Magdalena Salgus:[124]

> »Ich werde sie heiraten. Das Risiko ist groß, ich weiß nicht, ob es gleich anfangs Schwierigkeiten geben wird. Sie weiß nicht, daß ich schon 50 Jahre alt bin, weiß nicht, daß ich materielle Sorgen habe. Auch die Wohnungsfrage ist schwer zu lösen. Sie müßte mich sehr lieben, um in dieser Situation mit mir glücklich zu werden (...). Wenn Magd. eine Enttäuschung, dann trostlos.«

Kurz darauf bekam Perutz eine Abfuhr: »sie will nicht heiraten, sie glaubt, sie sei für die Kinder nicht die richtige.«[125] Die Affäre zog sich noch über ein Jahr hin. Perutz hoffte, wurde hintergangen, beendete die Beziehung, verzieh erneut. Ab 1934 verliert sich Magdalena Salgus' Spur.

Am 16. Februar 1934 lernte Leo Perutz seine zweite Frau, Grete Humburger, kennen. »Gerty und Gretl Humburger getroffen. Grete nach Haus gebracht. Sie war sehr nett und sagte, sie will mich einmal länger sehen«;[126] mit diesem Eintrag begann ihre gemeinsame Geschichte. Die Beziehung entwickelte sich sehr konstant, schon drei Monate später wurde »leise von der Heirat und ihren Schwierigkeiten gesprochen«.[127] Daran war die 30jährige Grete offensichtlich sehr interessiert. »Grete war ein sogenanntes ›spätes Mädchen‹,« erinnert sich ihre Nichte. »Vor Leo hatte sie einen Freund gehabt, der sie aber nicht geheiratet hat. Darüber war sie sehr verzweifelt gewesen.«[128]
Grete war die treibende Kraft in der Beziehung. Am 15. Juni 1934 notierte Leo Perutz: »(...) Während des Nachtmahls plötzlich Debatte übers Heiraten. Sie hat gehofft, ich werde sie noch vor dem Sommer heiraten! Ich brachte sie nach Haus.« Einen Tag danach folgte eine weitere Auseinandersetzung, Grete gab zunächst nach. In seiner Bilanz am Ende des Jahres 1934 gesteht Perutz: »Ich habe Gretl H. Ich liebe sie nicht mehr, aber ich mag sie um mich. Aber sie will geheiratet werden, und ich mag nicht heiraten!«[129] Grete ließ nicht lokker, im Februar 1935 hatte sie Perutz endlich herumgekriegt: »Abends Gretl. Im Bett verlangte sie, im Sommer geheiratet zu werden, ich sagte, nach langem Überlegen, ja.«[130]
Am 16. Juni 1935 heirateten Leo Perutz und Grete Humburger ohne große Feier in der Israelitischen Kultusgemeinde. Die Hochzeitsreise ging für wenige Tage nach Prag («II. Classe zur Entrüstung der alten Humburgers«[131]). Perutz zeigte seiner zweiten Frau seine alte Heimatstadt.
Mit Gretes Familie verstand sich Leo Perutz von Anfang an nicht besonders gut. »Abends bei den alten Humburgers. Es war furchtbar, ich konnte die Alte nicht ausstehen«,[132] stöhnte er 1935. Mit dem Schwiegervater stritt er häufig, Gretls Schwester Steffi konnte er nicht ertragen.[133]
Gretes Eltern lebten in einer schönen, geschmackvoll möblierten Wohnung in der Berggasse, im gleichen Haus wie Sigmund Freud.[134] Sie hatten sogar ein Klavierzimmer, obwohl niemand Klavier spielen konnte. Gretes Vater importierte Obst und Gemüse hauptsächlich aus Ungarn und verkaufte es an die Händler auf dem Naschmarkt.

Grete Humburger

Die drei Töchter Liesl, Steffi und Grete wurden sehr sparsam erzogen, ihr gemeinsames Zimmer war spartanisch möbliert. Die Familie war jüdisch, doch nicht religiös. Gretes Schwester Liesl heiratete einen Katholiken, ihre Kinder wurden getauft und wußten bis 1938 nicht einmal, daß ihre Mutter jüdisch war.[135] Steffi gab sich mondän. Sie hatte einen reichen griechischen Diplomaten geheiratet, kleidete sich phantastisch, ihr Badezimmer hatte eine versenkbare schwarze

Badewanne. Leo Perutz blickte auf die Schwestern nur herab. Grete lebte bis zu ihrer Heirat zu Hause und pflegte ihre herzkranke Mutter. Sie war der Liebling ihres Vaters, der es nie verwinden konnte, daß er seine jüngste Tochter an einen Mann geben mußte, der fast so alt war wie er selbst.[136]

Grete, 22 Jahre jünger als Leo Perutz, war eine sehr schöne, gepflegte Frau. Betrachtet man ein Jugendphoto von ihr, so blickt man in ein ebenmäßiges, klares Gesicht, um die Stirn liegt eine Kette mit Jugendstilornamenten. Nach Aussagen von Perutz' Kindern war sie das genaue Gegenteil seiner ersten Frau. Sie interessierte sich sehr für Äußerlichkeiten, legte Wert auf Kleidung und Schmuck, hatte stets rötlich gefärbte Haare, ganz anders als Ida, die als sehr natürlich beschrieben wird und wenig auf Kleidung und Make-up gegeben hat. Tennis-

Grete Humburger

spielen war eine von Gretes großen Leidenschaften. Sowohl Perutz' Sohn Felix als auch seine Tochter Michaela beschreiben sie als egoistische, ja egozentrische Frau.[137] Sie verstand es, ihren Willen durch herzzerreißendes Weinen durchzusetzen,[138] war häufig krank, kein Arzt konnte helfen, später entwickelte sie sich zum Hypochonder.[139] »Sie war nicht sehr an uns Kindern interessiert«, erinnert sich Michaela. »Sie war nur interessiert an meinem Vater und seinem social life.«[140] Geliebt habe sie sie nie, meint Felix, sie habe sich allenfalls korrekt verhalten.[141]

Kein Wunder also, daß die Kinder von der Heirat keineswegs begeistert waren. Leo Perutz traute sich zunächst gar nicht, seine 15jährige Tochter Michaela von seiner Absicht zu informieren. »Wir heiraten am 16. 6. Michaela weiß es noch nicht, ich habe Angst vor ihr«,[142] gestand er. Als sie es schließlich erfuhr, war sie sehr unglücklich und weinte.[143] »Es gab sehr viel Streit, sehr viel Auseinandersetzung in unserem Haus«,[144] berichtet Michaela über die Situation der ersten gemeinsamen Jahre. Der Hochzeit waren die Kinder ferngeblieben.

Unstimmigkeiten gab es aber nicht nur zwischen den Kindern und dem neuen Familienmitglied, auch Perutz selbst lebte mit seiner jungen Frau häufig in Unfrieden. »Abends ernsthaften Streit mit Grete, weil sie verlangte, daß ich die Andenken an den Bären verstecken soll«,[145] empörte sich Leo Perutz vier Monate nach der Hochzeit. Grete forderte auch den Umzug in eine neue Wohnung, es war ihr zu eng. Perutz war völlig entnervt. »Wohnungsdebatten, die mir zum Hals herauswachsen«,[146] stöhnte er. Natürlich setzte sich Grete durch. Sie fanden eine Wohnung im gleichen Haus, die ein Zimmer mehr hatte als die alte, nun im dritten statt im ersten Stock. Dem Umzug gingen zahllose Streitereien um Anstrich, Möbel und Tapeten voraus. Perutz sollte alles auf einmal herrichten lassen, trotz der chronischen Geldnot.[147] Und Gretes Ansprüche waren hoch: Sie beschäftigte sogar einen Innenarchitekten, mit dem sie eine »endlose Unterhaltung (...) über Zimmer Einrichtung«[148] führte. Später zeigte sich Grete auch zunehmend unzufrieden über den Lebensstil ihres Mannes. Er lebte für ihre Vorstellungen zu zurückgezogen, hatte »zu wenig geselligen Verkehr«.[149]

Trotz all dieser Probleme gab die Verbindung Leo Perutz eine gewisse Sicherheit. Grete scheint ihm in allen Schwierigkeiten Hilfe und Stütze gewesen zu sein. »Meine Ehe ist glücklich«, schrieb Perutz Ende 1936, »Grete ist ein lieber Kerl«.[150]

Der poltitische Niedergang Österreichs

Perutz' private Krisenjahre von 1928 bis 1938 werden begleitet vom politischen Niedergang Wiens. Kommentare zu den politischen Entwicklungen finden sich aber in seinen Notizbüchern nur selten. Private und finanzielle Sorgen belasten ihn in dieser Zeit offenbar deutlich mehr.

Österreich hatte die wirtschaftlichen Probleme nach dem ersten Weltkrieg gerade erst einigermaßen in den Griff bekommen, als es in den Sog der Weltwirtschaftskrise geriet. Am 7. Oktober 1929 brach kurz vor dem Börsen-Crash an der Wallstreet die »Allgemeine österreichische Bodencreditanstalt« zusammen. Die österreichische Regierung erzwang eine Fusion mit der »Creditanstalt für Handel und Gewerbe« und der »Zollunion« und beging damit einen schweren politischen Fehler, stellte doch die Fusion einen Bruch der Genfer Protokolle von 1922 dar, »die seinerzeit die Völkerbundhilfe ermöglicht hatten«. »Frankreich zog seine in Österreich kurzfristig angelegten Gelder ab«.[151] Die Wirtschaft brach völlig zusammen.[152] Der schwarze Freitag an der New Yorker Börse im November 1929 und der Zusammenbruch der »Creditanstalt für Handel und Gewerbe« 1931, an deren Spitze Louis Rothschild stand, taten ein übriges.[153] »Zwischen 1929 und 1933 wies das österreichische Bruttonationalprodukt ein ›Minuswachstum‹ von mehr als 22 Prozent auf; die Industrieproduktion schrumpfte um 38 Prozent, der Außenhandel um 61 Prozent.«[154] Die Lebenshaltungskosten stiegen, im selben Maß sanken gleichzeitig die Löhne.[155] Die Arbeitslosenquote lag auf ihrem Höhepunkt 1934 bei 37 Prozent.[156]

Ein großes Problem aller österreichischen Regierungen ab 1927 lag darin, daß sie in der Sozialdemokratie ihren Hauptfeind sahen. Die Angst vor den Linken saß auch bei der Bevölkerung tief. Arbeiter hatten 1918 im Arsenal Waffen versteckt, die das Bundesheer dort

1927 vergeblich suchte. Die Drohung der Arbeiter mit einem Generalstreik erzwang den Abzug des Heeres. Nun glaubten die Bürgerlichen, die Arbeiter hätten eine enorme Waffengewalt. Sie befürchteten eine neue Revolution.[157] Eine Wahlgemeinschaft aus Großdeutschen und Christlichsozialen verdrängte 1927 die Sozialdemokraten aus der Regierung, die neue Regierung unter Ignatz Seipel machte es sich zum Ziel, die Sozialdemokraten auszurotten.[158] Am 15. Juli 1927 kam es zu einer ersten blutigen Schlacht, die 84 Tote und über 500 Verletzte forderte. Vorausgegangen war diesem Tag der sogenannte »Schattendorfer Prozeß«, in dem zwei Heimwehrmänner, die einen unbewaffneten Sozialisten und ein Kind niedergeschossen hatten, freigesprochen worden waren.[159] Die Empörung der Wiener Arbeiterschaft war groß. Sie beschloß einen Streik im E-Werk und eine Großdemonstration. In der Innenstadt kam es zu heftigen Zusammenstößen zwischen der berittenen Polizei und der steinewerfenden Masse. Der Justizpalast wurde in Brand gesteckt, an die Polizei wurden Dum-Dum-Geschosse verteilt.[160] »Die Polizei richtete an diesem Nachmittag unter der Zivilbevölkerung ein entsetzliches Gemetzel an«,[161] berichtete der englische Korrespondent Gedye.

Leo Perutz befand sich zu dieser Zeit im Urlaub in Frankreich. Er vermerkte am 16. Juli: »In Wien Revolte, 60 Tote, 400 Verwundete, General-Streik. Sehr beunruhigt.«

Die Heimwehr, mit der Regierungschef Seipel persönlich sehr sympathisierte, erstarkte zunehmend und sollte eine Front gegen die Sozialdemokratie bilden, der von offizieller Seite immer wieder fälschlicherweise vorgeworfen wurde, sie wolle die Demokratie beseitigen.[162] Vermögende und Industrielle unterstützten aus Angst vor der Linken die Heimwehr. Industrielle »spendeten reichlich für den Ankauf von Maschinengewehren, mit denen die Arbeiter in den Schranken gehalten werden sollten«, der Verein der Bankbesitzer zahlte monatlich 25.000 Schilling.[163]

Perutz beobachtete diese politische Entwicklung lediglich. Am 7. Oktober 1928 notierte er: »Großer Heimwehraufmarsch. Ruhiger Verlauf.«

Den entscheidenden Schritt im Kampf gegen die Sozialdemokratie, der schließlich zu ihrer Vernichtung führte, unternahm der 1932 an die Macht gekommene christlichsoziale Kanzler Engelbert Dollfuß 1934. In Linz drang die Heimwehr in Arbeiterheime ein, erste Schüsse fielen.[164] In Wien wurde das Standrecht verhängt, die Heimwehr besetzte das Rathaus, verhaftete den Bürgermeister,[165] Dollfuß ordnete den Einsatz der Artillerie gegen sozialdemokratische Wohnanlagen an.[166]

Richard A. Bermann berichtet über den Aufstand: »In meinem Zimmer herumlaufend wie ein Tobsüchtiger in seiner Zelle, hörte ich auf einmal, wie sich in das Gewehrgeknatter dumpfere Töne mischten: die Artilleriebeschiessung der Gemeindehäuser hatte begonnen.«[167] Es herrschte offener Bürgerkrieg. Niedergeworfene sozialistische Schutzbündler wurden von Polizei, Soldaten und Heimwehrlern gefoltert oder exekutiert.[168] Nach einem drei Tage dauernden Kampf mußten die Arbeiter schließlich aufgeben. 105 Tote sowie 319 Verwundete waren auf Regierungsseite zu beklagen, 137 Tote und 399 Verwundete beim Schutzbund.[169] Die Arbeiterführer Otto Bauer und Julius Deutsch mußten fliehen, die österreichische Linke war zerstört. Leo Perutz, der einmal große Sympathien für die Sozialdemokratie gehegt hatte, zeigte sich sehr erschüttert und zugleich resigniert. Er notierte in seinem Tagebuch:

> »12. 2. 1934: Mittag rief Gerty an. Generalstreik und Straßenkämpfe in Linz, ich nahm es nicht sehr wichtig, dachte an kleine Unruhen. (...)
> 13. 2. 1934: Aufstand der Sozialdemokraten! In allen Gemeindehäusern wird gekämpft, viele hundert Arbeiter tot. Ich habe nie geglaubt, daß es so viel Heldentum in unserer Zeit geben könnte. (?) und großartige Kämpfe für eine verlorene Sache. Den ganzen Tag traurig – Otto Bauer geflüchtet! Mittag mit Bermann (?), er ist auch deprimiert.
> 14. 2. 1934: Der Bürgerkrieg in Floridsdorf und der Provinz geht weiter.«

Nur wenig beachtet wurde in den dreißiger Jahren die Gefahr, die dem Staat durch den Nationalsozialismus drohte. Die Strategie des Bundeskanzlers Dollfuß war nicht aufgegangen. Er hatte zuerst die Sozialdemokraten vernichten wollen, um dann mit den Nazis zu einer Einigung zu gelangen. Doch die Zerschlagung der Sozialdemokraten hatte zugleich den stärksten Feind der Nationalsozialisten vernichtet. Immer wieder kam es zu antisemitischen Aktionen der Nazis, Anfang der dreißiger Jahre begann eine regelrechte Terrorkampagne nicht nur gegen Juden. Nationalsozialisten verantworteten Sprengstoffanschläge gegen Kraftwerke, Eisenbahnnetze, Fernsprechkabel, selbst gegen Wohnungen von Dollfuß-Anhängern. Weihnachten 1930 rief die NSDAP in einem Flugblatt zum Boykott jüdischer Geschäfte auf;[170] nationalsozialistische Studenten demonstrierten gegen eine Zulassung von Juden zum Studium, am 16. November 1931 verwehrten sie ihnen den Eintritt in die Universität.[171] Bei den Gemeinderatswahlen 1932, bei denen die NSDAP mit dem Wahlslogan »Wenn's Judenblut vom Messer spritzt« angetreten war,[172] gewann sie auf Anhieb 17,4 Prozent.[173] Im gleichen Jahr begannen die Terroraktionen, Tränengasanschläge, Bombenattentate auf jüdische Einrichtungen, sogar eine Synagoge wurde überfallen.[174] Deutsche Nationalsozialisten forderten die österreichische Bevölkerung über Radio und Flugblätter auf, Steuern zu verweigern und alle Einlagen auf Banken abzuheben.[175]

Am 25. Juli 1934 kam es zum nationalsozialistischen Putsch, aus Anlaß eines vollstreckten Todesurteils gegen einen NS-Sprengstoffattentäter. Richard A. Bermann war der Überzeugung, daß dieser Putsch von Deutschland aus gesteuert war, denn die Ereignisse waren vom »Münchner Radio infolge irgendeines kleinen technischen Versehens bekannt« gegeben worden, »bevor sie geschehen waren.«[176]

Die Putschisten stürmten das Bundeskanzleramt, scheiterten aber zum Teil. Die Regierung war nicht mehr vollständig anwesend, viele Putschisten konnten festgenommen werden, Polizei und Bundesheer umlagerten das Gebäude. Dollfuß, auf den man geschossen hatte, wurde von den Putschisten einfach liegen gelassen und verblutete ohne ärztliche Hilfe.[177]

Perutz, der bereits 1930 christlichsozial gewählt hatte,[178] war über die Entwicklung erschüttert. Zur Zeit des Putsches befand er sich nicht in Wien, sondern im Urlaub in Pörtschach am Wörthersee. Seiner 15jährigen Tochter Michaela erklärte er einen Tag nach dem Putsch die politischen Ereignisse und versucht sie zu beruhigen:

»Dass man gestern unsern Dollfuss erschossen hat, wirst Du gelesen oder gehört haben. Du musst aber nicht ängstlich sein, denn es ist hier und ebenso in Wien alles ruhig. In der Steiermark hat es in allen großen Orten in der Nacht Kämpfe gegeben, aber die Polizei ist mit den Nazis fertig geworden. Jetzt ist überall wieder Ruhe, nur unseren Dollfuss haben wir nicht mehr. (...) Die Regierung hat nicht abgedankt. Nach der Ermordung des tapferen Dollfuss musste natürlich eine neue Regierung ernannt werden, aber es sind dieselben Leute, und sie sind den Nazis genauso feindlich wie früher. Nur ist sie jetzt stärker als früher. Denn ganz Europa ist jetzt empört über Hitler und die Nazis und hilft uns, besonders Italien. Und die Deutschen können jetzt noch weniger gegen uns machen als früher. (...) Hitler möchte gern mit uns Frieden schliessen, aber jetzt wollen wir nicht, er hat schon einen Gesandten zu uns geschickt, aber unsere Regierung hat ihn nicht empfangen. Das ist eine grosse Blamage für Hitler, dass das kleine Österreich ihm einen Gesandten zurückschickt.«[179]

Nach der Ermordung Dollfuß' übernahm der 37jährige ehemalige Unterrichtsminister Dr. Kurt Schuschnigg die Regierung, ließ die Putschisten verhaften und Dollfuß' Mörder exekutieren.[180]

Doch Schuschnigg beging, so Bermann, schon in seinen ersten Amtsstunden »den ungeheuren Fehler, der später Österreich seine Unabhängigkeit und ihm, Schuschnigg, seine persönliche Freiheit gekostet (...) hat. (...) An jenem 25. Juli, als Dollfuß noch verröchelnd in dem Haus am Ballhausplatz lag, ließ sich eine Anzahl Wiener Arbeiter bei Dr. Schuschnigg melden. (...) Einmal vorgelassen, teilten sie dem neuen Bundeskanzler kühl mit, daß sie sich als Vertreter der im Februar niedergeworfenen österreichischen Sozialdemokratie berachteten (sic). Sie gestanden freimütig, daß es eine unterirdische Organisation dieser Partei noch gab und daß sie über verborgene Waffen verfügte, und sie boten dem Kanzler an, am nächsten Tag fünfzigtausend bewaffnete Schutzbündler gegen den gemeinsamen Feind, die Nazis, ins Feld zu stellen.«[181]

Schuschnigg vertröstete die Arbeiter auf den nächsten Tag und lehnte dann eine Zusammenarbeit mit ihnen ab.

Stattdessen ging er zunächst ein Bündnis mit Italien ein, um vor dem faschistischen Deutschland geschützt zu sein.[182] Schon am 11. Juli 1936 schloß er aber mit den deutschen Nazis ein Abkommen, um die öster-

reichische Souveränität zu sichern. Die Zugeständnisse waren enorm. Alle Nazis in Österreich wurden amnestiert, deutschlandfeindliche Äußerungen in allen Medien zensiert.[183] Auch eine Regierungsumbildung zugunsten der Nationalsozialisten war vorgesehen.
Leo Perutz verfolgte zwar die politischen Entwicklungen sehr genau, zeigte sich aber zunächst nicht allzu beunruhigt. Am 17. Oktober 1935 notierte er: »Dr. Lifczis rief verzweifelt an: Regierungsumbildung; mir scheint es ohne Bedeutung. Keine Nazikonzessionen.«
Erst ab 1936 zeigen die Aufzeichnungen, daß er sich der aufkommenden Gefahr stärker bewußt wurde. Er verfolgte Hitlerreden und den deutschen Einmarsch im Rheinland.[184] Noch immer neigte er aber eher dazu, die Gefahr zu verharmlosen: »Nachmittag bei Beer-Hofmann. Er jammert, die Nazis seien schon in Österreich. Ich widersprach. Sagte, die Verhandlungen zwischen Schuschnigg und Papen würden wieder scheitern.«[185]
Nachdem dieser Friedensschluß doch zustande gekommen war, rechnete auch Leo Perutz mit Schlimmerem. Deshalb riet er seiner Schwester Lilly, ihren Sohn wegen der Kriegsgefahr nach Amerika zu schikken.[186]

Perutz zeigte zwar in den dreißiger Jahren noch immer eine Sympathie für die Sozialisten, im Vergleich zu früher war seine Position aber deutlich distanzierter. Perutz interessierte sich jetzt, wohl auch aufgeschreckt durch die nationalsozialistischen Ausschreitungen, zunehmend für die jüdische Sache und begeisterte sich daneben für den Legitimismus, jene politische Richtung, die für übernationale monarchistische Staaten eintrat und die Habsburger Monarchie wiedererrichten wollte.
Generalmajor a. D. Emil Sommer,[187] mit dem Perutz persönlich bekannt war, hatte 1933 den »Bund jüdischer Frontsoldaten Österreichs« gegründet mit den pathetischen Worten:

> »Zeit meines Lebens habe ich meinem geliebten Vaterland Österreich im Krieg und Frieden gedient. Schulter an Schulter mit unseren Kameraden ohne Unterschied der Nation und Konfession (...). Ein Gefühl der Erbitterung muß uns erfassen, wenn nunmehr die Kameradschaft (...) mancherorts verkauft und verraten wird. An meinem Le-

bensabend rufen mich meine jüdischen Brüder, die von ihren Gegnern mit Haß und Tücke hart bedrängt werden, ich möge in der Abwehr ihr Führer sein. (...) Juden, ich rufe Euch alle, kommt zu uns, stärkt unsere Reihen.«[188]

Der »Bund Jüdischer Frontsoldaten« wollte sich »gegen antisemitische Angriffe jedweder Art wehren und insbesondere jüdische Ehre, jüdisches Leben, jüdisches Existieren und jüdisches Eigentum schützen«.[189] Er kämpfte für die Gleichberechtigung im Staat und wollte die Tradition der altösterreichischen Armee hochhalten.[190] Zunächst informierte das Vereinsblatt »Jüdische Front« vor allem über antisemitische Aktionen, rief zu Protestveranstaltungen und Heldengedenkfeiern auf. Später berichtete die Zeitung immer häufiger über Auswanderungsmöglichkeiten, betonte das Jüdische. »Wir wollen nach besten Kräften das Aufbauwerk in Palästina fördern«,[191] hatte jener Punkt der Statuten des Vereins gelautet, der jetzt ins Zentrum der Aufmerksamkeit gerückt war.[192]

Vielleicht war diese Tendenz die Ursache dafür, daß der Gründer, Generalmajor Sommer, eine Spaltung des Bundes betrieb und zum Beitritt in den »Verband Legitimistischer Jüdischer Frontkämpfer Österreichs« aufrief. Er veröffentlichte im April 1934 in Wiener Tageszeitungen einen »›Aufruf an die vaterländischen Juden in Österreich‹, in dem (...) die Juden aufgefordert werden, für Altösterreich und für den Legitimismus zu kämpfen. ›Kommt alle zu uns‹, heißt es am Schluß, ›vaterländisch gesinnte Juden, zur Ehre, zur Weihe, zum Nutzen der österreichischen und der jüdischen Sache! Ihr kämpft für euch selbst, wenn ihr für Österreich kämpft.‹«[193]

Die nach dem Führerprinzip geordnete und ganz auf ihren Gründer eingeschworene Vereinigung hatte den Zweck der »Verbreitung des völkerverbindenden österreichischen Gedankens und (der) Erinnerung an die grossen Traditionen der Heimat und des Hauses Österreich, im Kreise der österreichischen Judenheit.«[194]

Perutz gehörte dem Verband ›Legitimistischer Jüdischer Frontsoldaten‹ von 1934 bis 1936 an.[195] Noch im Jahr 1938 verfolgte er interessiert die Verhandlungen zwischen den Legitimisten und den Sozialisten. Er notierte am 20. Februar: »Debatte über die Möglichkeit einer Einigung zwischen Legitimisten und Sozialdemokraten.« Daß er die-

se Koalition unterstützte, zeigt der Eintrag vom 1. März: »Bei Dr. Kurt Neumann (wegen Zusammenkunft zwischen Roten und Legitimisten).« Einige Tage später erfuhr er, daß die »Verhandlungen zwischen Sozialisten und Legitimisten abgeschlossen«[196] seien.
Noch im Exil hielt Perutz den Legitimismus für die beste politische Option. Er schrieb am 11. September 1939 an Richard A. Bermann:

> »Aber was den Legitimismus betrifft, so ist und bleibt es meine Überzeugung, daß nur durch ihn übernationale Staaten möglich werden. Nationalstaaten in diesem Europa bedeuten immer den Krieg. Übernationale monarchistische Staaten sind die einzig wirkliche Friedensgarantie.«[197]

Die literarische Arbeit der letzten zehn Jahre in Europa

Die Wirkungsgeschichte der drei zwischen 1928 bis 1938 erschienenen Romane zeigt deutlich, wie sehr der jüdische Schriftsteller Leo Perutz in diesem Zeitraum an Popularität verlor. Der noch mit großem Werbeaufwand vorgestellte Roman »Wohin rollst du, Äpfelchen?« war ein Riesenerfolg. Die Publikation seines nächsten Buches »St. Petri-Schnee« fiel bereits in das Jahr der Machtübernahme Hitlers. Zwar erschien von diesem Roman noch ein Vorabdruck in der jüdischen, zum Berliner Ullstein Verlag gehörenden Zeitschrift *Die Dame*,[198] die Buchausgabe im September 1933 hatte aber nicht den ersehnten Erfolg.[199] Perutz vertraute dieses Buch erstmals dem Wiener Zsolnay-Verlag an. Der Vertrag war 1931 geschlossen worden. Wegen der Probleme jüdischer Autoren am deutschen Büchermarkt wurden aber statt der vereinbarten 8000 Stück nur 5000 gedruckt.[200] Perutz' Werke waren zwar noch nicht verboten, sie wurden aber als Werke eines jüdischen Autors in Deutschland nur selten besprochen.[201] »St. Petri-Schnee« durfte nicht mehr von Bibliotheken angezeigt werden. »Im ›Verzeichnis der Schriften, die 1933 – 1945 nicht angezeigt werden durften‹, das die Deutsche Bücherei in Leipzig 1949 als Ergänzungsband der ›Deutschen Nationalbibliographie‹ herausgab, wird das Buch als Nummer 3381 aufgeführt.«[202]
Perutz selbst vermerkte über »St. Petri-Schnee«: »M. G. Br. (Mutter-

gottesbrand, Arbeitstitel für St. Petri-Schnee, Anm. d. Verf.)[203] hat nicht den großen Erfolg gebracht, den bescheidenen, wie alle früheren. Ich habe kaum irgendeine Aussicht auf Einkommen. (...) Deutschland für mich eine Katastrophe.«[204]
Perutz schrieb den Roman »St. Petri-Schnee« in einem Stück, ohne sich von anderen Projekten ablenken zu lassen. Im April 1931 notierte er: »Uninteressante Woche. Nichts geschehen, die Arbeit ruht. Nur das ›Muttergotteskorn‹ plötzlich in meinem Kopf gewachsen.«[205] Dann folgte eine Periode der Klärung, ehe er im September an Paul Zsolnay herantrat: »Bei Zsolnay, den M. G. Br. erzählt. Sofort Vertrag gemacht«, notierte er am 3. September 1931. Erst drei Tage später schrieb er die erste Seite. Perutz arbeitete in der altbekannten Weise. Er las zahlreiche Bücher, um den Rahmen richtig abstecken zu können,[206] unterhielt sich vor allem mit dem Ehepaar Lifczis stundenlang über Fechten und Duelle[207] und erzählte seine Kapitel immer wieder.
Im Mittelpunkt des Romans steht ein Rauschgift, das aus den Alkaloiden eines auf Getreide parasitierenden Pilzes gewonnen wird, aus dem sogenannten Mutterkorn.[208] Dieser Pilz hatte in der Zeit, als Perutz seinen Roman schrieb, eine ungeheure Popularität gewonnen. Es ist durchaus möglich, daß Perutz die Anregung einer Zeitungsnotiz oder dem Tagesgespräch entnommen hat. In vielen europäischen und amerikanischen Labors wurde in den dreißiger Jahren versucht, der Wirkungsweise des Mutterkornpilzes auf die Spur zu kommen. Die durch ihn hervorgerufene Krankheit war bereits seit dem Mittelalter unter verschiedenen Namen (St. Antons-Feuer, Heiliges Feuer) bekannt. Sie beginnt mit Erbrechen, Durchfall und Kribbeln an den Extremitäten und kann zu schweren nervösen Störungen und epilepsieartigen Krämpfen führen.[209] Schon früh wurde der Pilz auch gezielt medizinisch als wehenförderndes Mittel (daher der Name Mutterkorn) eingesetzt.[210] 1875 war es zum ersten Mal gelungen, ein Alkaloid aus dem Mutterkornpilz zu isolieren,[211] weil dies jedoch ohne erkennbaren praktischen Wert war, ruhte die Forschung für etwa 35 Jahre.[212] Zwischen 1932 und 1934 gelang es verschiedenen Labors gleichzeitig, das besonders wirksame Alkaloid Ergobasin zu isolieren.[213] Dieses Alkaloid stellte schließlich Albert Hofmann, der Chef des Labors Sandoz/Basel 1937 künstlich her.[214] Das Produkt – be-

kannt unter dem Namen LSD – kam zunächst als Psychopharmakon auf den Markt. Perutz hatte so mit seinem 1933 beendeten Buch[215] eine Entwicklung vorausgesehen.

St. Petri-Schnee beginnt geheimnisvoll:

»Als die Nacht mich freigab, war ich ein namenloses Etwas, ein unpersönliches Wesen, das die Begriffe ›Vergangenheit‹ und ›Zukunft‹ nicht kannte. Ich lag, vielleicht viele Stunden lang, vielleicht nur den Bruchteil einer Sekunde hindurch, in einer Art Starrheit, und sie ging dann in einen Zustand über, den ich jetzt nicht mehr beschreiben kann. Wenn ich ihn ein schattenhaftes, mit dem Gefühl einer völligen Bestimmungslosigkeit gepaartes Bewußtsein meiner selbst nenne, so habe ich das Besondere und Eigenartige an ihm nur unzureichend wiedergegeben. Es wäre leicht zu sagen: Ich schwebte im Leeren – aber diese Worte besagen nichts. Ich wußte nur, daß irgend etwas existierte, aber daß dieses ›Irgend etwas‹ ich selbst war, das wußte ich nicht.«[216]

Der Ich-Erzähler, Dr. Amberg, gibt gleich zu Anfang zu, von einer Nacht umfangen gewesen zu sein. Vergangenheit und Zukunft sagen ihm nichts. Sein Leben läßt sich für ihn nicht mehr kontinuierlich rekonstruieren – eine bereits bekannte Grundkonstellation in Romanen von Leo Perutz. Amberg liegt im Krankenhaus und weiß nicht, wie lange er das Bewußtsein verloren hat, ob es fünf Wochen sind, wie ihm das Krankenhauspersonal versichert, oder nur fünf Tage, wie er selbst glaubt. Beide Möglichkeiten werden im Roman entwickelt. Gemeinsam ist ihnen die Vorgeschichte: Der junge Arzt, Dr. Amberg, soll seine erste Stelle als Gemeindearzt in dem kleinen Dorf Morwede antreten. Auf dem Weg dorthin erblickt er auf dem Bahnhofsvorplatz Bibiche, eine junge Frau, in die er einmal verliebt war. Version eins, die Version des Krankenhauspersonals, ist banal: Aufgrund dieser Ablenkung erleidet Dr. Amberg einen Autounfall und verliert das Bewußtsein. 5 Wochen liegt er in diesem Zustand im Krankenhaus. Das übrige Romangeschehen träumt er.

In Ambergs Version, der zweiten, kommt es gar nicht zu diesem Unfall. Hier bückt sich Dr. Amberg auf der Straße vor dem Bahnhof, um seine Zeitschriften aufzuheben,

»da hörte ich dicht hinter mir ein Hupensignal, ich ließ sie liegen und sprang zur Seite. – Nein! Ich muß die Zeitungen aufgehoben haben, denn ich las sie ja dann später während der Bahnfahrt. Ich hob sie also auf und sprang zur Seite, und dann – was geschah dann?

Gar nichts geschah. Ich kam auf den Gehsteig, ging zum Bahnhof, löste die Fahrkarte und holte mein Gepäck, das alles ist ja selbstverständlich. Und dann saß ich im Zug.«[217]

In seiner Version kommt der junge Arzt auch in Morwede an, wo ihn seltsame Zustände erwarten. Der Gutsherr, Freiherr von Malchin, lebt in dem Wahn, das Hl. Römische Reich Deutscher Nation wiederauferstehen lassen zu müssen. Zu diesem Zweck hat er einen italienischen Jungen adoptiert, den er für den letzten Nachfolger der Stauffer hält. Er erzieht ihn, bis der Tag gekommen sein wird, an dem er seine rechtmäßige Herrschaft wieder übernehmen kann. Dieser Glaube an das Kaisertum ist für Malchin zu einer Religion geworden. Um auch andere Menschen mit diesem religiösen Eifer zu infizieren, entwikkelt er einen eigenartigen Plan. Seit langen Jahren hat er die Auswirkungen der Krankheit, die ein auf Getreide parasitierender Pilz beim Menschen auslöst, beobachtet. Er hat entdeckt, daß nach dem Auftreten der Getreidekrankheit von den betroffenen Landstrichen stets starke religiöse Erneuerungsbewegungen ausgegangen sind. Nun möchte er der mangelnden Religiosität seiner Umgebung auf diesem chemischen Weg nachhelfen. Dr. Amberg trifft in Morwede die junge Chemikerin Bibiche wieder, eben jene Frau, der er auf dem Bahnhof in Osnabrück nachgeschaut hat. Zwischen den beiden entwickelt sich eine Liebesbeziehung. Es ist die Aufgabe der Chemikerin, »den Parasiten auf künstlichem Nährboden zur Entwicklung und zu rascher Vermehrung« zu bringen. Es gelingt ihr, »durch ein Destillationsverfahren aus dem Pilz und seinen Sporen das flüssige Rauschgift zu gewinnen«,[218] das sie dem Baron zur Verfügung stellt. Den Dorfbewohnern wird das Rauschgift in Schnaps verabreicht. Doch statt der erwarteten religiösen Erweckung kommt es zur Revolution:

»›Marienlieder?‹ schrie der Schullehrer. ›Die Glocken läuten? Ja, die Glocken läuten, aber sie läuten Sturm und die Bauern singen, aber nicht Marienlieder, sondern die Internationale. Sie wollen ihnen das Dach über dem Kopf anzünden, Herr Baron.«[219]

Bibiche, die das Rauschgift ebenfalls genommen hat, hat sich an die

Spitze der Arbeiter und Bauern gestellt. Der Baron schießt auf sie, Dr. Amberg wirft sich vor sie und fängt die Kugel ab.

> »Ich spürte plötzlich einen stechenden Schmerz an der Schulter. Der Raum begann zu schaukeln und sich zu drehen. Ich sah einen Dreschflegel über meinem Kopf schweben, jetzt hob er sich, um auf mich niederzusausen (...). Dann verlor ich das Bewußtsein.«[220]

Er wacht erst im Krankenhaus wieder auf. In dieser zweiten Version fehlen Dr. Amberg fünf Tage seines Bewußtseins.

Zwischen diesen beiden Versionen oszilliert der Roman. Immer wieder scheint eine der beiden die wahrscheinlichere. Nie läßt sich das Geschehen eindeutig klären. Auch die zeitgenössischen Rezensenten des Buches sind sich nicht einig, welche Version die richtige ist.[221]

Dr. Amberg legt seine Version der Geschehnisse dem Leser durchaus glaubhaft dar. Die Gegendarstellung des ihn behandelnden Arztes kann Amberg nicht gelten lassen, obwohl sie ihn zum Zweifeln bringt. Doch die Ereignisse in Morwede, vor allem die Liebesbeziehung zur Chemikerin Bibiche bedeuten ihm so viel, daß ihn die Bestreitung dieser Realität in tiefe Verzweiflung stürzt. Er lamentiert: »Wozu weiterleben! schrie und klagte es in mir. – Warum bin ich aufgewacht! (...) Es ist zu Ende, ich habe alles verloren (...)«.[222] In diesem Augenblick des Zweifels betritt der Pfarrer von Morwede das Krankenzimmer, bestätigt die Version Ambergs und bittet ihn, zum Schein auf die Version des Klinikpersonals einzugehen, um Bibiche, die hier in Osnabrück mit einem berühmten Mann verheiratet sei, zu schützen. Amberg geht darauf ein, bleibt aber für sich bei seiner Version des Geschehens, als er die Klinik verläßt. »Ich ging über den Hof. Bibiche stand am Fenster und sah mir nach, ich wußte es – ohne hinzusehen, wußte ich es, ich fühlte ihren Blick (...). Die Luft war milde, es sah aus, als wollte es noch heute Frühling werden.«[223] So endet der Roman, für Amberg zufriedenstellend.

Doch die Krankenschwester, die im Zimmer Ambergs Wache gehalten hat, hat den Pfarrer nicht bemerkt. War er nur Einbildung? Im Gegensatz zu Dr. Amberg, der seinen Weg aus dem Irrgarten der sich widersprechenden Versionen gefunden hat, kann sich der Leser auch zum Schluß noch nicht ganz sicher sein. Viele Indizien scheinen die Version des Krankenhauspersonals zu bestätigen. Die Versatzstücke

aus der Realität des Krankenzimmers durchdringen gewandelt Ambergs Träume.
Unabhängig davon, welcher Version man Glauben schenkt, der Traum erhält in St. Petri-Schnee eine ungleich größere Bedeutung als in Perutz' früheren Werken. Der Traum löst nicht nur die Handlung aus und treibt sie voran, die Protagonisten sprechen ihm eine eigene lebensspendende Wirkung zu. »Der Traum gibt uns mit verschwenderischen Händen, was uns das karge Leben schuldig bleibt,«[224] bekennt der Arzt. »Was man im Traum besitzt, kann einem keine Welt von Feinden nehmen«,[225] erklären Dr. Amberg und Bibiche. Der Arzt fordert Dr. Amberg im Krankenhaus auf, die Irrealität seiner Liebe zu Bibiche zu akzeptieren. Doch Amberg, dem sein Leben ohne die Erinnerung an die erfüllte Liebe sinnlos scheint, hält an seinen Erinnerungen fest. Ohnehin ist ihm klar, »wie klein der Unterschied ist zwischen vergangener Wirklichkeit und Traum«.[226] Er braucht sich Bibiches Liebe nicht mehr in der Realität zu versichern. Ohne hinzusehen fühlt er ihren Blick,[227] und so bleibt ihm die Erinnerung an jene Nacht mit Bibiche oder der Traum von jener Nacht – einerlei: »Eine Nacht lang hatte sie mir gehört. Und diese Nacht blieb mir, die konnte mir niemand entreißen, sie lag in meinem Leben eingeschlossen, wie der dunkelrote Almandin in einem Stück Granit.«[228]

Erinnerung und Traum war auch alles, was Perutz von seiner ersten Frau, Ida, geblieben war. Er klammerte sich an seine Erinnerungen, auch ihm zerrannen vergangene Wirklichkeit und Traum. Seiner ersten Frau galt denn auch die Widmung des Romans »St. Petri-Schnee«:

»Der Erinnerung
an eine früh Vollendete,
früh Gegangene«[229]

Bibiche erinnert nicht an Perutz' Frau Ida. Sie gleicht eher den zahllosen, sich in Perutz' Tagebuchaufzeichnungen nur durch ihre Anfangsbuchstaben unterscheidenden Frauen. Bibiche ist hübsch, begehrenswert, ein wenig unnahbar, auch ein wenig exotisch. Obwohl sie als einzige von Perutz' Romanfrauen einen Beruf ausübt – und es gelingt ihr als Chemikerin immerhin, worum sich zahlreiche Labors zu Leo Perutz' Zeit vergeblich bemühten -, sind für den Protagonisten nur ihre Schönheit und ihre Liebe interessant. Für den Freiherrn von Malchin ist sie als Chemikerin unersetzbar, für Dr. Amberg, obwohl er behauptet, sie zu lieben, aber austauschbar. Trotz der so unvergleichlichen Nacht, die er nie missen möchte, gehört Bibiche im Moment seines Erinnerns schon der Vergangenheit an. Amberg spricht zu sich: »Vielleicht gehörte sie jetzt einem anderen – ohne Trauer vermochte ich daran zu denken. Lebewohl Bibiche!«[230]

Perutz' Romanfrauen sind alle ausgesprochen hübsch, oft so märchenhaft schön, daß sie die Begierden aller Männer auf sich ziehen. Alle Feldherren möchten die »Dalila« der »dritten Kugel« besitzen, alle Offiziere die »Monjita« des »Marques de Bolibar«. Wenn Perutz' Frauen handeln, so ist ihre Motivation die Liebe. Für sie nehmen sie einiges in Kauf. Dalila verrät ihren Retter, Bibiche betrügt ihren Ehemann, Steffi aus »Zwischen neun und neun« bringt sich in Konflikt mit dem Gesetz, und Niccola aus dem »Judas des Leonardo« bestiehlt ihren Vater. Frauen lieben und werden geliebt, ihr Leben wird bestimmt von der Liebe zum jeweiligen Mann, nicht etwa von anderen Idealen oder Überlegungen. Perutz' Frauen handeln nur selten. Meist initiieren sie die Handlung der Protagonisten nur durch ihr Dasein, durch ihr Schönsein. Sie selbst aber werden behandelt (gut oder schlecht), beschützt oder entführt, verteidigt oder erschossen. Sie haben keinen Überblick über das Geschehen, ihr Handeln entspringt momentanen Gefühlen, nicht der Kenntnis von Zusammenhängen. Perutz' Idealisierung beschränkt die Frauen gleichzeitig.

»Der schwedische Reiter«, Perutz' 1936 erschienenes Buch, fiel endgültig dem Nationalsozialismus zum Opfer. Zwar war Perutz' Name auf der Liste der verbotenen Bücher 1935 nicht vermerkt,[231] das Buch konnte also noch erscheinen. Doch schon im Vertrag überließ Perutz dem Zsolnay-Verlag die Entscheidung darüber, ob es in Deutschland vertrieben werden sollte.[232] Am 19. Oktober erfuhr er von Zsolnay, »daß die Einfuhr des schwedischen Reiters in Deutschland verboten«[233] war. Das kleine Österreich als einziger Markt konnte weder materiellen noch ideellen Erfolg bieten.[234]

Perutz selbst bezeichnete den historischen Roman »Der schwedischen Reiter« als sein »reifstes Buch«.[235] Dem 1936 erschienenen Werk ging ein mindestens neunjähriger Produktionsprozeß voraus. Im Mai 1928 vermerkte Perutz über seine Vorstudien: »5 Bücher aus dem 17. Jahrhundert über Landwirtschaft gelesen.«[236] Im darauffolgenden September konstatierte er: »Der Schwedische Reiter hat (durch tägliches Spazierengehen) große Fortschritte in meinem Kopf gemacht. Bald startbereit.«[237]

Einen Monat später begann er zu schreiben. Doch die Arbeit stockte. Obwohl er sich stets mit dem Projekt beschäftigte und Ideen ergänzte,[238] war der Fortgang immer wieder von mehrmonatigen Pausen und anderen Arbeiten unterbrochen. Erst ab Juni 1934 blieb Perutz am »Schwedischen Reiter«. Die äußerst positiven Rückmeldungen von Freunden motivierten ihn. Am 6. Juni 1936 war der Roman fertig. Perutz schickte ihn an die *Schweizer Illustrierte*, die einen Vorabdruck jedoch ablehnte[239] und an die Verlage Zsolnay und Fischer. Am 30. Juni notierte er: »Vormittag bei Zsolnay. Helle Begeisterung über das Buch, aber sie zahlen nur 1680 S(chilling) als Vorschuß. Ich habe es angenommen, weil sie so begeistert über das Buch waren und weil kein anderes Angebot zu erzielen war.« Die jahrelange Arbeit brachte finanziell fast nichts.

»Der schwedische Reiter« beginnt mit einer Quellenfiktion. Marie Christine, die Tochter des schwedischen Reiters, erinnert sich in ihren Memoiren daran, daß der Tod ihres Vaters ihr »Leben lang ein dunkles, trauriges und unergründliches Geheimnis geblieben«[240] sei. Denn der Vater sei für den schwedischen König im Krieg gefallen, er sei tot gewesen, doch gleichzeitig habe er sie heimlich jede Nacht an ihrem Fenster besucht. Perutz lüftet dieses unergründliche Geheimnis, das Marie Christine nicht versteht, gleich zu Beginn des Romans mit den Worten:

> »Die Geschichte des ›schwedischen Reiters‹ soll nun erzählt werden. Es ist die Geschichte zweier Männer. Sie trafen einander an einem bitterkalten Wintertag des Jahres 1701 in eines Bauern Scheune und schlossen Freundschaft miteinander. Und dann gingen sie zu zweit die Landstraße weiter, die von Oppeln durch das verschneite schlesische Land hinüber nach Polen führte.«[241]

Der eine dieser Männer ist Christian von Tornefeld, ein junger, verarmter Reiter, der desertiert ist, um sich in den Dienst des schwedi-

schen Königs zu stellen. Er versucht, für dieses Vorhaben von einem Vetter Geld zu bekommen und schickt den zweiten Mann, einen namenlosen Dieb, als Bittsteller. Der Dieb aber betrügt ihn. Ohne seinen Auftrag ausgeführt zu haben, kehrt er zurück und gibt vor, daß die kaiserlichen Musketiere dem desertierten Tornefeld auf der Spur seien und ihm der Galgen drohe. In seiner Todesangst erklärt sich Tornefeld bereit, mit dem Dieb die Identität zu tauschen. Tornefeld gibt ihm seine Erkennungszeichen, einen Wappenring und die Bibel des schwedischen Königs Adolf, ein Familienerbstück. Dann zieht er an Stelle des Diebes in die »Hölle des Bischofs«, einen Steinbruch und ein Stahlwerk, wo der Bischof selbst gesuchte Verbrecher arbeiten läßt und die der Dieb als seine letzte Zuflucht gesehen hatte. Nach neun Jahren Steinbruchfron treffen sie wieder zusammen und tauschen erneut ihre Identität. Nun zieht der wirkliche Christian von Tornefeld, wie er es einst geplant hatte, in den schwedischen Krieg und stirbt.
Die Geschichte des zweiten Mannes, des Diebes, beginnt eigentlich erst in dem Moment, in dem er als Tornefelds Bittsteller auf dem Gut von dessen bereits verstorbenem Vetter eintrifft. Als er sieht, in welch verwahrlostem Zustand sich der Besitz befindet, weil die junge Tochter des Vetters, Marie Agneta, skrupellosen Betrügern und Wucherern in die Hände gefallen ist, geht plötzlich eine »sonderbare Verwandlung« mit ihm vor. »Er dachte nicht mehr daran, daß er als Bittsteller für den Tornefeld hiehergekommen (sic) war, er hatte jetzt eine andere Aufgabe.«[242] Er glaubt nun, »daß er wiederkommen müßte und Ordnung machen unter den Knechten, Ordnung auf seinem Hof, denn all das, das Mädchen, das Haus, der Hof, die Felder, das mußte sein eigen werden.«[243] So entschließt er sich, Tornefeld zu betrügen und ihn mitleidslos in die Steinbrüche zu schicken.
Der Dieb selbst stellt sich an die Spitze einer Räuberbande und plündert zwei Jahre lang die Kirchen der Umgebung, um sich genug Geld für seinen Plan zu beschaffen. Danach kehrt er in das Haus der jungen Marie Agneta zurück, gibt sich als Christian von Tornefeld aus, heiratet sie, bekommt ein Kind und verwaltet Haus und Hof sieben Jahre lang auf das vortrefflichste. Dann holt ihn die Vergangenheit ein. Er erfährt, daß die »rote Lies«, seine Geliebte aus der Räuberzeit,

sich mit einem seiner Erzfeinde vermählt und ihn bereits verraten habe. Er muß fort, ehe man ihn findet und entschließt sich, in den Dienst des schwedischen Königs zu treten. Seiner Frau kann er nicht sagen, »daß die Sorge um sie und um des Kindes Namen, Ehre und künftiges Glück ihn trieb, sein Schicksal von dem ihren zu trennen, daß er es in äußerster Not tat und daß er nicht Kriegsglorie suchte im schwedischen Heer, sondern einen ehrlichen Tod, der ihm nicht vergönnt war, wenn er auf dem Hof blieb.«[244]

Doch zuvor will er die »rote Lies« töten, weil sie sein Glück zunichte gemacht hat. Er spürt sie auf, bekommt aber von ihr, ehe er sie tötet, ein Brandmal auf die Stirn gebrannt. Nun kann er sich nicht mehr dem schwedischen Heer stellen. »Die Welt war ihm versperrt, seit er das Brandzeichen auf der Stirne trug, nur die Hölle des Bischofs stand ihm noch offen.«[245] Auf dem Weg dorthin trifft er Christian von Tornefeld, der nach neun Jahren den Steinbruch verläßt. Der Dieb gibt Tornefeld die Zeichen seiner Identität zurück. Tornefeld zieht ins schwedische Heer, der Dieb begibt sich zur Zwangsarbeit. Nur in der Nacht flieht er mehrmals heimlich und besucht seine Tochter Marie Christine. Auf dem Weg zu einem dieser Besuche, als er sich gerade vorgenommen hat, alles zu beichten, stürzt er in die Tiefe und stirbt. Begraben wird er an eben jenem Tag, als auf dem Gut seine junge Frau vom Tod des echten Christian von Tornefeld auf dem Schlachtfeld erfährt, der bereits drei Wochen her ist. Die Tochter, Marie Christine, die noch gestern Besuch von ihrem Vater, dem falschen Tornefeld bekommen hatte, glaubt die Schreckensbotschaft nicht. Als ihre Mutter sie auffordert, das Vaterunser für den im Krieg gefallenen Vater zu beten, tut sie dies zwar, aber sie spricht das Gebet für jenen Namenlosen, dessen kärglicher Sarg gerade an ihrem Fenster vorbeigetragen wird. So betet sie für den Dieb, den Namenlosen, der sieben Jahre den Namen Christian von Tornefeld getragen hat und ihr leiblicher Vater ist.

Leo Perutz zeichnet mit wenigen Episoden ein detailliertes Bild der gottlosen, verrohten Welt im frühen 18. Jahrhundert. Räuberbanden ziehen plündernd durch die Lande, der »Malefizbaron«, ausgestattet mit der kaiserlichen Richtergewalt, vernichtet kleine Übeltäter und Landstreicher. »Der Henker, den er mit sich führte, hatte niemals Strikke genug, und sein Erbarmen hieß: das Brandzeichen auf die Stirne und hernach lebenslängliche Knechtschaft auf den venezianischen Galeeren.«[246] Der Adel treibt Wucher,[247] ein Treueeid wird vergessen, »die Zeit ist darüber hinweggelaufen«,[248] der einstige Kamerad wird zum eigenen Vorteil gewissenlos belogen und betrogen.[249] Nicht einmal auf die Geistlichkeit ist Verlaß. Der kleine Landpfarrer, dem die Räuberbande die Kirche ausraubt, hat nur Angst um die Honigfässer, die er in seiner Sakristei verborgen hält,[250] der Bischof gar, »des Teufels Ambassadeur«[251] genannt, läßt in seinen Steinbrüchen Menschen zu Tode schinden. »Es heißt (...), daß Seine fürstlichen Gnaden, der Herr Bischof, in seiner fränkischen Residenz sich einen neuen Lustgarten anlegen will mit Bassins und Kaskaden, Felsgrotten, Wasserkünsten, chinesischen Pavillons und mit einer Orangerie.«[252] Um das zu finanzieren, betreibt er Steinbrüche, Schmelzöfen und Kalköfen, er läßt die Arbeiter peitschen und ihre Rationen kürzen .

> »Dort stöhnten an den Karren geschmiedet die Lebendig-Toten, Landdiebe und Vaganten (...). Sie brachen (...) mit bloßen Händen Steine in des Bischofs Steinbrüchen, einen Stein nach dem anderen, ein Leben lang, sie zogen den glühenden Schutt aus dem Schürofen, sie standen Tag und Nacht vor dem feurigen Schlund unter dem schmalen Holzdach, das sie ›Sarg‹ nannten, das Feuer verbrannte ihnen die Stirn und die Wangen«.[253]

Dennoch erscheint dem Dieb diese Hölle noch nicht als das Schlimmste. Auf der Flucht vor dem Henker wünscht er sich dorthin zurück, ist ihm des Bischofs Hölle »die letzte Zuflucht.«[254]

Geheimnisvolles durchzieht Perutz' Roman »Der schwedische Reiter«: »Magische Zahlen spielen in ihm eine entscheidende Rolle: sieben Jahre währt das Glück des namenlosen Diebs mit seiner Familie, neun Jahre die Verbannung Tornefelds in die Hölle des Bischofs; dreimal ist die Mühle der Ort, an dem sich das Schicksal der Helden bestimmt, dreimal taucht das Motiv des namenlos zu Grabe Getragenen auf, und drei Teile schließlich hat der Roman«.[255]

Es sind Zauber und Traum, es sind die unwirklichen Gestalten und Visionen, die das Geschehen im »Schwedischen Reiter« voranbringen. Ein Müller, der Selbstmord begangen hat, steht in jedem Jahr für einen Tag aus seinem Grab auf und besorgt menschlichen Nachschub für des Bischofs Hölle. Er begleitet zunächst den jungen Tornefeld, später auch den Dieb dorthin. Ein geheimnisvoller Zauber, mit dem Marie Christine ihren in den Krieg ziehenden Vater an sich zu binden versucht, führt zu dessen verschwiegenen nächtlichen Besuchen, zu jenem Geheimnis, das Marie Christine in ihren Memoiren als unerklärlich bezeichnet. Der Grund für den Tod des Diebes in den Steinbrüchen schließlich liegt darin, daß er sich nicht an die ihm auferlegte Strafe des in einer Vision gesehenen Gottesgerichtes hält. Vor diesem Gottesgericht »in Himmelshöhen (...) zwischen Wolkentürmen und Wolkenmauern«[256] klagt ihn der Engel mit dem Schwert aller seiner Taten an. Während jedoch Diebstähle und selbst Kirchenplünderungen kein Grund für einen Schuldspruch sind, wird ihm der Betrug am jungen Tornefeld schwer angelastet. »Das ist eine schwere und bittere Sünd'«, klagt »der erste von den Beisitzern mit einer Stimme, in der Trauer und Bestürzung«[257] klingt. »Für ihn ist keine Gnade«,[258] spricht der höchste Richter und so wird ihm auferlegt, »daß er soll allein tragen durch sein Leben seiner Sünden Last und sie keinem gestehen und bekennen als der Luft und dem Erdreich«.[259]

Es war wohl nicht zuletzt die schwierige finanzielle Situation, die Perutz veranlaßte, die Arbeit an seinen Romanen immer wieder zu unterbrechen und sich Projekten zu widmen, die schnellen Verdienst versprachen. 1930 erschien der Novellenband »Herr erbarme dich meiner« im Phaidonverlag, der nur bereits veröffentlichte Erzählungen enthielt.[260]

Einige Texte hatte Perutz vor der Aufnahme ins Buch überarbeitet. Im »Gasthaus zur Kartäsche« ist die Atmosphäre ungleich dichter als in der ersten Fassung »Der Feldwebel Schramek«. Winzige Details, wie der Stempel der Unteroffiziersbibliothek auf einem alten Witzblatt und die im Zimmer herumliegenden Uniformteile vermitteln einen farbigen Eindruck vom soldatischen Alltagsleben. In der Kartäsche grölen die Soldaten verbotene Lieder,[261] Rauchschwaden durchziehen den Raum, die Bierlachen am Boden stinken. Aus den langen erzählenden Passagen der ersten Fassung werden erregte Gespräche, von Liedern und den Zwischenrufen der Soldaten durchbrochen.

Bei der Erzählung »Der Mond lacht« fällt die Veränderung der Erzähltechnik im Vergleich zur früheren Fassung »Die Hatz auf den Mond« auf. Die erste Fassung ist aus der Perspektive eines Ich-Erzählers geschrieben. Dieser schildert seine Angst vor dem Mond, die mysteriösen, durch den Mond verursachten Todesfälle in seiner Familie und seinen Versuch, dieser Angst durch die wissenschaftliche Betrachtung des Mondes mit einem Teleskop Herr zu werden. Bei einer dieser Betrachtungen entdeckt er im erleuchteten Fenster des Nachbarhauses, daß ihn seine Frau mit dem Nachbarn betrügt. Er ist außer sich und ruft nach den Pferden, um hinzueilen. Dann wechselt Perutz unvermittelt die Erzählperspektive, ein allwissender Erzähler berichtet, der Ich-Erzähler sei zum Nachbarn geeilt und dann vom Geliebten seiner Frau erschossen worden. Die spätere Fassung vermeidet diesen Bruch durch eine zusätzliche Erzählebene. Sie führt einen Rahmen ein: Ein Rechtsanwalt erzählt die Geschichte jenes seltsamen Mannes, der vor dem Mond Angst hat, bis zu dessen gewaltsamem Tod. Er gibt zunächst wieder, was er in Gesprächen mit dem Mann selbst erfahren hat, den Schluß rekonstruiert er, so weit es ihm möglich ist.

Hoffnungen setzte Perutz auch auf die Produktion populärer Theaterstücke. Er arbeitete gleichzeitig an mehreren Projekten. Am 16. April 1929 notierte Perutz: »Frank bei mir, ich soll aus der ›Fahrt nach Preßburg‹ mit ihm ein Stück machen.« Einen Tag später erzählte Perutz den Stoff einer Freundin.[262] Die Zusammenarbeit mit Paul Frank klappte offensichtlich nicht. Perutz besprach sich mit Hugo Lifczis[263] und Bruno Brehm[264], mit Hans Adler beriet er sich häufiger.[265] Er vollendete den I. Akt im Dezember 1929 allein. Am 3. September 1930 brachte Perutz das Stück dem Verleger Georg Marton zur Vervielfältigung. Die Verhandlungen mit dem Theater an der Josefsstadt waren bereits abgeschlossen. Schon am 13. August 1930 hatte Marton Perutz mitgeteilt, daß »der Vertrag mit dem Theater an der Josefsstadt über ›Reise nach Preßburg‹ perfekturiert worden«[266] sei. Anfang Dezember besuchte Perutz täglich die Theaterproben – mit mäßiger Zufriedenheit. Bei der Premiere am 4. Dezember 1930, mit Lilli Darvas, Hans Thiemig und Hans Moser in den Hauptrollen,

kündigte sich die eher verhaltene Resonanz des Publikums bereits an. Perutz notierte: »Dann Premiere (...). Weniger Hinunterrufe, als ich erwartet hatte.«
Die Grundidee des Stücks ist nicht besonders vielversprechend. Nichts erinnert an den Autor der »Dritten Kugel« oder des »Marques de Bolibar«.

»Eine polnische Gräfin (...) ist natürlich weder Polin noch Gräfin, sondern (...) eine jener Personen, die sich auf dem Strich bewegen, der die Halbwelt von der andern halben Welt trennt. Vorher war die polnische Gräfin die Frau eines Schmierenkomödianten, der aus Verzweiflung über den Lebenswandel seiner Klementine (...) Mixer in einer Bar wurde. In dieser Bar ist noch ein Oberkellner tätig, der aus purem Idealismus (...) unter schweren materiellen Opfern aus seinem jüngeren Bruder das soziale Gegenteil eines Kellners: einen Gast, machen (will), er läßt ihn studieren, bringt ihn in einer Sparkasse unter, aber das Fatum mixt es anders: der Junge begegnet der ›polnischen Gräfin‹ (...) verliebt sich in sie, defraudiert ihr zuliebe, erfährt schließlich die schreckliche Wahrheit (...) und (...) stößt die Gräfin (...) in die Donau, und dann geht er nach Hause und schießt sich eine Kugel vor den Kopf (...)«.[267]

Während die Leistungen der Schauspieler in den Kritiken fast durchwegs gewürdigt wurden, wurde das Stück meist verrissen, wie ein Querschnitt durch die Kritiken zeigt:[268]

»Leo Perutz ist sicherlich ein Dichter von Rang. Er hat, zum Teil, sehr schöne Romane geschrieben und die Reise nach Preßburg ist seine erste Reise ins Land des Theaters. Daß er darin noch nicht viel gereist ist, erkennt man auf Schritt und Tritt.«[269]

»Was alles sich doch gegen dieses seltsame Schauspiel einwenden läßt! Sein episch novellistischer Ablauf vor allem (...). Penetrante Unerquicklichkeit (...) des Milieus (...). Nicht einmal sehr neu ist die Geschichte.«[270]

»Sicherlich ist die Komödie von einem, der manche Bar-Nacht tapfer abgesessen hat und um keinen nennenswerten Rausch reicher wurde. Er hat da immerhin ein paar Typen abgezeichnet, die amüsant und lebensecht sind, wenn man diesen Schattentanz aufgepulverter Langeweile Leben nennen kann.«[271]

Am 25. Dezember wurde das Stück bereits nach drei Wochen vom Spielplan abgesetzt. Auch in Amerika hatte es kaum Erfolg. Es wanderte 1932 durch die Hände mehrerer Agenten, wurde 1933 im Shubert Theatre am Broadway aufgeführt und nach sieben Aufführungen als »flop« wieder abgesetzt.[272]

Kurz nach seinem ersten Theater-Mißerfolg hatte Perutz die Idee für ein neues Stück. »Natascha lügt« nannte er es zuerst, später »Grazina lügt«. Unter dem Titel »Warum glaubst du mir nicht?« erschien es schließlich 1935. Ab März 1931 arbeitete Perutz für dieses Stück mit Hans Adler zusammen, traf ihn dazu im Café und zu Hause. Vielleicht war Adlers häufige Abwesenheit von Wien dafür verantwortlich, daß große zeitliche Unterbrechungen nötig waren, vielleicht war es Perutz' eigene Arbeit an anderen Projekten. Erst 1933 stellten die beiden einen ersten Entwurf fertig. Ein Jahr später, im September 1934 nahm Perutz die Arbeit erneut auf, diesmal mit Paul Frank. »Nachmittag mit Frank an Grazina gearbeitet. Nachmittags gute Einfälle, das ganze wird umgeschmissen«, notierte er am 21. September 1934. Bis März 1935 arbeiteten sie nun meist zu dritt an dem Stück.

Grazina ist eine notorische Lügnerin.[273] Sie genießt die entstehenden Verwicklungen und Spannungen. Ihr Mann, der Kriegsminister, amüsiert sich über ihre Lügen. Als sie ihm erzählt, daß sie ein Verhältnis zu einem Revolutionär habe, glaubt er ihr nicht. Jener Revolutionär schießt auf ihren Mann. Das Attentat schlägt fehl. So beschließt er, es noch einmal, diesmal aus nächster Nähe zu versuchen. Als er Grazinas Mann in einem Konferenzzimmer des Parlaments aufsucht, gerät Grazina, die nach dem Attentat zu ihrem Mann geeilt ist, zwischen die beiden Männer. Sie entscheidet sich für ihren Mann, der Revolutionär steht als Lügner da. Um seine Ehre zu wahren, fordert er, Grazina solle ihrem Mann alles sagen; als sie es tut, glaubt ihr niemand.

Das Manuskript erschien 1935 im Marton Verlag,[274] das spritzige Stück mit den schnellen Dialogen wurde aber nie aufgeführt. Nach dem Krieg erst versuchte Hugo Lifczis, »Warum glaubst du mir nicht« in Argentinien an den Film zu verkaufen,[275] er gab aber zu bedenken, daß »der Schauplatz und der politische Hintergrund der Handlung sehr an Zustaende in lateinamerikanischen Republiken erinnern«[276]

und das Stück deshalb umgearbeitet werden müsse. Ob Lifczis' Verhandlungen Erfolg hatten, ist nicht bekannt. Der Atrium Bühnenverlag lehnte das Stück 1957 als veraltet ab.[277]

Größeren Erfolg hatte Perutz mit dem Stück »Morgen ist ein Feiertag«, das er zusammen mit Paul Frank am 2. Juli 1934 begonnen hatte. Sie arbeiteten sehr zügig, trafen sich beinahe täglich, im Oktober zogen sie Hans Adler hinzu, Ende des Monats war das Stück fertig.[278] Franz Höffner, ein an sich redlicher, aber kostenintensiv verliebter Beamter wird nach einigen unerlaubten Griffen in die Kasse von einer für den nächsten Tag, einem Feiertag, anberaumten Kassenprüfung überrascht. Verzweifelt versucht er mehrere Akte lang, das Geld aufzutreiben. Der Zufall kommt dem längst zum Selbstmord Entschlossenen schließlich zu Hilfe. Er borgt sein letztes Geld einem Spieler, der es beim Poker zu einem riesigen Gewinn verwandelt, und es ihm so ermöglicht, das gestohlene Geld zu ersetzen.

Das Stück wurde am 12. April 1935 im deutschen Volkstheater in Wien unter der Regie von Heinrich Schnitzler uraufgeführt und fand »stürmischen Beifall« beim Publikum, »ein Zwischenakt wurde fast durchapplaudiert«.[279] »Die Autoren wurden unzählige Male gerufen.«[280] Die Stimmen der Presse aber waren nicht durchwegs überzeugt. Das *Neue Wiener Tagblatt* schrieb am 14. April 1935:

> »Kein Fodor würde es wagen, sich die Realität so kühn zurechtzubiegen wie Leo Perutz und Hans Adler. Oft sieht es aus, als würden sie sich selber frozzeln und ihre Unwahrscheinlichkeiten ironisieren (...).
>
> Die Autoren wurden sehr gefeiert (...). Dennoch: Literatur verpflichtet. Es ist nicht gleichgültig, was ›zwischen acht und zehn‹ geschieht, nicht gleichgültig, wohin das Äpfelchen des Erfolgs rollt.«[281]

In Mährisch-Ostrau, wo das Stück am 8. Oktober 1935 Premiere hatte, blieb der Erfolg aus. In Warschau schaffte es 1937 40 Aufführungen.[282] Im November 1937 spielte es in Lemberg.[283]

Perutz' Freund, der Schauspieler Joseph Schildkraut, der seit 1932 in Amerika lebte, bemühte sich intensiv, das Stück in Amerika zur Aufführung zu bringen. Am 30. Juni 1935 schrieb der vom Stück begeisterte Schildkraut, er sei mit einer »ersten Rohübersetzung fertig«[284] und bat in diesem Zusammenhang für Reklamezwecke um Photographien der Autoren. Für die Realisierung des Stückes auf der amerikanischen Bühne hatte er sehr genaue Vorstellungen:

> »An der Traumszene arbeiten wir mit besonderer Sorgfalt!! (...) Alle Traumfiguren werden durch reflektierte Hohlspiegel mit Zerrspiegeln erscheinen!!! Die technische Einrichtung dafür allein wird einige Tausend Dollar kosten!!! (...) Anstatt Drehbühnen werden wir die (...) Scherenbühne benutzen – ein Bild fliesst – wie im Kino – ins andere – unter Musik – ohne Vorhang.«[285]

Trotz der aufwendigen technischen Gestaltung wurde das Stück in Amerika kein Erfolg. Uraufgeführt am 30. Dezember 1935 am »Golden Theatre« in New York, wurde es bereits nach acht Aufführungen wieder abgesetzt.[286] Das Stück wurde »überwiegend als ›seicht‹, die Inszenierung, bei der es bis zur Premiere Umbesetzungen gegeben hatte, als nicht überzeugend bezeichnet.«[287]

Andere Theater-Ideen, wie der »Jude von Lissabon« oder »Ein Päckchen Briefe in blauen Kuverts«,[288] die Perutz in seinen Tagebüchern erwähnt, kamen nicht über den Plan hinaus. Marton hielt die Idee von den Briefen »nicht für abendfüllend«.[289]

Es waren wohl nicht nur finanzielle Gründe, sondern vor allem die jahrelang gehegte Faszination für das neue Medium, die Perutz dazu bewegte, sich mit dem Film zu beschäftigen.

Trotz intensiver Nachforschungen in Filmarchiven lassen sich die meisten dieser Arbeiten aber nicht mehr dokumentieren, weil Perutz sie in den Tagebüchern nur unter den jeweiligen Arbeitstiteln erwähnt, Inhalt, Regie, Schauspieler, etc. aber ausspart. Perutz' Aufzeichnungen belegen, daß schon in den zwanziger Jahren erste Filmmanuskripte entstanden waren. Im März 1920 hatte er eine »Filmbearbeitung von ›Schatzinsel‹ gemacht«.[290] Die Idee für den »Meister des jüngsten Tages« verwendete er zuerst für das Filmmanuskript »Das jüngste Gericht«.[291] Er entwarf den Film »Der Adlerhorst«[292] und schloß 1923 einen »Vertrag über den Film ›Der Spiegel im See‹«[293] ab. 1925 stellte er dem Regisseur Friedrich Wilhelm Murnau[294] in Grunewald seine zwei Filme »Balzak spielt mit Puppen« und »Traumamerika« vor. Beide Filme begeisterten Murnau, er bot an, bei Realisierung der Ideen je 2000 Dollar zu zahlen.[295] Da die Filme aber nicht gedreht wurden, blieb es für Perutz beim Verdienst von 400 Dollar für die Option.[296] 1927 arbeitete Perutz am Film »Mac Quary« für die Metro-Goldwyn-Filmgesellschaft,[297] im Dezember 1927 folgte ein Filmgeschäft mit Bolton-Baeckers.[298]

Auch in den dreißiger Jahren engagierte sich Perutz in der Filmbranche. Am 17. Februar 1935 notierte er in sein Tagebuch: »Während die Gäste da waren, rief mich plötzlich ein Filmregisseur Engel an: ich soll am Forster Film mitarbeiten. Ich bestellte ihn ins Café (...). Sie boten mir 3000 S(chilling), ich muß aber Mittwoch anfangen.«

Am 1. März bestätigte ihm die Horus-Filmgesellschaft von Joseph Than den Auftrag:

> »Wir bestätigen Ihnen die mündlich getroffenen Vereinbarungen, wonach sie sich zu unserer Freude bereit erklärt haben, an der Fertigstellung unseres Drehbuches zu dem Rudolf Forster Film »König der Maske« mitzuarbeiten.
>
> Sie erhalten für Ihre Tätigkeit ein Honorar von S. 3000.- (...)
>
> Sie stehen uns bei der Ausarbeitung des Szenariums bis zum 20. März zur Verfügung und übernehmen es auch, an den Dialogen mitzuarbeiten (...).
>
> Im gegenseitigen Einverständnis und aus Ihnen und uns bekannten Gründen bleibt Ihre Mitarbeit an unserem Buch völlig geheim.«[299]

Die Arbeit gestaltete sich äußerst schwierig. Perutz war nie zufrieden. »Mißratene und undankbare Arbeit«, klagte er am 22. März 1935. Ständig lieferte er neue Ideen, von denen sich die Filmleute anfangs begeistert zeigten, die dann aber doch verworfen wurden. Der Stoff, »der Renaissance-Mist«,[300] behagte Perutz nicht. Die Arbeit zog sich. Bis Anfang April war Perutz fast täglich in Hietzing. Meist kam er frustriert, wütend oder traurig nach Hause. Warum die Horus-Filmgesellschaft schließlich statt der vereinbarten 3000 Schilling am 16. März 1935 nur 2500 zahlte, ist nicht bekannt.[301]

Der Film, eine historische Schauspielergeschichte, lief schließlich unter dem Titel »...nur ein Komödiant« am 20. 9. 1935 in Hamburg an. Unter der Regie von Erich Engel spielten neben Rudolf Forster unter anderem auch Christl Mardayn, Hans Moser und Paul Wegener.[302]

Der Herzog eines Kleinstaates verkauft Landeskinder ins Ausland, um sein aufwendiges Hofleben zu finanzieren. Ein junges Mitglied

einer Wandertruppe wird von seinen Werbern gehetzt und schließlich getötet. Der Chef der Wandertruppe stellt sich dem heimlichen Herrscher des Landes entgegen, wird aber von ihm auf einem Maskenball, auf dem er sich als Herzog verkleidet hatte, erschossen. Der echte Herzog wird durch diese Ereignisse wachgerüttelt und bewogen, fortan redlich zu regieren.[303]
Als Leo Perutz den Film am 9. Januar 1936 im Apollokino sah, bemerkte er: »Forster mäßig, die anderen miserabel (am ärgsten die Mardayn). Engels Regie schlecht.«
Zahlreiche andere Filmideen lassen sich nicht mehr dokumentieren, weil Perutz sie in seinen Tagebüchern nur unzureichend erwähnt und sich Manuskripte nicht mehr auffinden lassen. Zudem scheint sich Leo Perutz große Mühe gegeben zu haben, seine Mitarbeit an Filmen nicht öffentlich werden zu lassen, möglicherweise, weil er wegen des Nationalsozialismus sonst keine Chance auf einen Verkauf gehabt hätte, möglicherweise aber auch, weil er seinen Ruf als ernsthafter Schriftsteller nicht gefährden wollte. Nachweisen läßt sich, daß Perutz an einer »Salloker-Film-Idee«,[304] einem Film mit Angela Salloker in der Hauptrolle, arbeitete, die er an »Fantasia-Film« verkaufen wollte, an einem »Rühmann-Film«, aus dem nichts wurde,[305] an einem Film mit Bernheim,[306] und an den Projekten »Fantasia« und »Das Haus der Gestrandeten«.[307]
Das Exposée zum »Haus der Gestrandeten«, das Perutz zusammen mit Joseph Than erarbeitet hatte, befindet sich in der Österreichischen Nationalbibliothek und soll hier stellvertretend kurz vorgestellt werden. Es handelt sich um ein dreißigseitiges Typoskript, eine sehr knappe Inhaltsangabe zu einem Film, mit einzelnen ausgeführten Dialogen. Perutz war von seiner Idee begeistert.[308] Wieder stand im Zentrum der Geschichte eine für Perutz typische Identitätsverwirrung. Dr. Rossi, ein bekannter Chirurg, wechselt im Film mehrfach seine Identität. Zunächst gibt er sich vor seiner Braut als Spieler aus, um den Verbleib großer Geldsummen zu erklären. In Wirklichkeit steckt er das Geld in ein großes, wohltätiges Projekt, »das Haus der Gestrandeten«, das ehemaligen Kriminellen die Wiedereingliederung in die Gesellschaft ermöglichen soll. Inkognito sucht Dr. Rossi die »Gestrandeten« immer wieder auf, erfährt ihre Lebensgeschichten und

versucht, einen Weg zur Hilfe zu finden. Nach seiner Rückverwandlung zum bekannten Chirurgen wird Dr. Rossi von einem Erpresser aufgesucht, der die dritte Identität Rossis entlarvt. Rossi ist einst wegen Mordes an seiner Geliebten verurteilt worden und hat die Haftstrafe abgesessen. Der Erpresser spannt Dr. Rossi seine Braut aus, als dieser nicht mehr zahlen will. Als der verzweifelte Rossi nach langer Suche das Paar aufstöbert, sich seine ehemalige Braut aber weigert zurückzukommen, erschießt er sie. Rossis Projekt, Verbrecher zu rehabilitieren, wird durch ihn selbst ad absurdum geführt. Sein Widersacher resümiert: »Dein zweiter Mord. Dein zweiter, hörst du? Nun, und was sagst du jetzt? Du siehst, man bleibt, was man ist. Es ist uns allen nicht zu helfen.«[309]

Das Filmland Amerika und die Filmstadt Hollywood zogen Perutz magisch an. Die Amerikabegeisterung in dieser Zeit war allgemein. Zahlreiche Reiseberichte lieferten trotz aller Skepsis im Detail ein enthusiastisches Bild vom Land der Zukunft.[310] Durch seinen Freund Richard A. Bermann, der sich 1926 und 1928 in Amerika aufgehalten hatte und viel in Filmkreisen verkehrt war, war Perutz bestens informiert. Mit Sicherheit kannte er das 1927 erschienene, von Bermann verfaßte »Hollywood-Bilderbuch« und sein nicht veröffentlichtes »Amerika Bilderbuch«.[311]

Bermann berichtet sehr distanziert und skeptisch vom großen Traumland. Er zeichnet die Konsumtempel Woolworth, den Tabaktempel, in dem der Tabak für jeden Kunden eigens gemischt wird, er persifliert die gebildeten Kreise. Bermann sieht hinter die Fassade, bemerkt das Grundproblem Amerikas, die Weigerung, alt zu werden, den Jugendlichkeitswahn; er beschreibt die Todesstrafe mit dem elektrischen Stuhl und die Schlachthöfe von Chicago. Entlarvend berichtet er über die Filmstadt Hollywood: »Man sieht diesem Hollywood an, daß der Film die Stadt gegründet hat; der ganze Ort ist nichts als eine einzige große Filmdekoration. Die Häuser sehen alle aus, als wäre hinter ihrer Fassade nichts.«[312] Er beschreibt das in allen Details öffentliche Leben der Filmstars, den modernen Sklavenmarkt, auf dem sich Filmstatisten anbieten müssen, und er schildert die Versklavung der Dichter, die sich von der Filmwelt kaufen ließen. »Es wimmelt in dieser Stadt von angesehenen Schriftstellern; man hat sie für viel Geld engagiert, um

Filme zu dichten.«[313] Sie sitzen in »Dicht-Kontoren«[314] und müssen täglich – von der Stechuhr überprüft – acht Stunden Ideen liefern. Trotz dieses Horrorszenariums war Perutz von Hollywood fasziniert. Doch alle Hoffnungen zerschlugen sich. Schon 1926 wollte Bermann Perutz nach Hollywood bringen. Der Schauspieler Emil Jannings interessierte sich für die Rolle des Turlupin. Bermann schrieb an Perutz: »Wir saßen bei ihm, fraternisierten heftig, und dann hetzte ich ihn auf den ›Turlupin‹. (...) Dann verließ ich Jannings. Er erklärte, ›Turlupin‹ wäre eine herrliche Rolle für ihn, er suche gerade das.«[315] Fast zehn Jahre später bemühte sich Perutz' Freund Joseph Schildkraut noch einmal um seine Publizität in Amerika. Am 11. Mai 1935, als Perutz' finanzielle Situation immer dramatischer wurde und gleichzeitig seine Absatzchancen im deutschen Sprachraum beständig sanken, notierte Perutz: »›Feiertag‹ in Amerika. Schildkraut begeistert – kleine Chance, daß ich nach Hollywood berufen werde. Das wäre herrlich.« Perutz forderte Schildkraut nachdrücklich auf, ihm zu helfen. Am 3. Juni 1935 schrieb er ihm:

> »Hingegen will ich Sie durchaus nicht entmutigen, mir Nachricht darüber zu geben, wie die Chancen einer Berufung nach Hollywood für mich stehen. Ich nehme an, daß die Sache schon vor allem deswegen Schwierigkeiten macht, weil Sie 1000 Dollar wöchentlich für mich verlangen. Ich gebe Ihnen gerne die Vollmacht (...), auch unter diesem Preis abzuschließen, nach vorheriger Einholung meiner Zustimmung. Ich glaube nicht, daß die betreffende Filmgesellschaft ein schlechtes Geschäft mit meiner Berufung machen wird.«[316]

Zu dieser Berufung kam es nicht, trotz Schildkrauts und Perutz' Optimismus. Der Mißerfolg des Stücks »Tomorrow is a Holiday« auf der amerikanischen Bühne stand dieser Karriere sicher entgegen.

8 Finis Austriae (1938)

»Abschied für alle Zeiten«[1]

Bereits 1936 hatte Schuschnigg mit dem nationalsozialistischen Deutschland ein Abkommen geschlossen, in dem Deutschland die Souveränität Österreichs anerkannte,[2] Österreich Deutschland aber die Oberhoheit in Fragen der eigenen Außenpolitik zusprach und die Gründung nationalsozialistischer Organisationen tolerierte.[3] Deutschland strebte entschieden die Eingliederung Österreichs an. Nach einer Razzia in Wien, die durchgeführt worden war, weil ein Polizeihauptmann öffentlich erklärt hatte, für die verbotene Nazipartei Mitgliedsbeiträge zu sammeln,[4] befahl Hitler, Schuschnigg nach Berchtesgaden bringen zu lassen, an seinen vorübergehenden Rückzugsort. Papen überlistete Schuschnigg und dieser fuhr am 12. Februar 1938 nach Berchtesgaden in dem Glauben, mit Hitler diplomatisch verhandeln zu können.

Vom ersten Moment an behandelte Hitler Schuschnigg wie einen Gefangenen, demütigte ihn und forderte eine Generalamnestie für alle Nazis sowie das Innen- und Sicherheitsministerium für seine Partei. Falls seine Bedingungen nicht erfüllt würden, drohte er mit dem Einmarsch in Österreich.

Schuschnigg fügte sich. Er bildete das Kabinett um, der Nationalsozialist Artur Seyß-Inquart bekam das Innen- und Sicherheitsministerium; auch das Außenministerium wurde mit einem Nationalsozialisten besetzt.[5] Nach Deutschland geflüchtete österreichische Nazis kehrten zurück. Das österreichische Radio sendete eine Hitlerrede, in vielen österreichischen Städten kam es zu Naziaufmärschen, der Minister Seyß-Inquart verwendete den verbotenen Hitlergruß und gab den Beamten Tips, wie sie bestehende Gesetze umgehen konnten.[6]

Von Schuschniggs Abreise nach Berchtesgaden erfuhr Leo Perutz noch am selben Tag vom Journalisten Alexander Weisz, dem er in den kommenden Monaten zahlreiche aktuelle Informationen verdanken sollte. Gebannt wartete Perutz auf weitere Nachrichten, doch die Wiener Zeitungen verschwiegen die Angelegenheit.[7] So versuchte er, von tschechischen Journalisten und aus den Prager und Ostrauer Zeitungen Genaueres zu erfahren. Die Kabinettsumbildung deprimierte ihn sehr. Zum ersten Mal dachte Perutz an Auswanderung.[8] Die Familie war sich offensichtlich der kommenden Katastrophe bewußt. Am 19. Februar 1938 notierte Perutz: »Beim Weggehen sprach Paul über unsere Übersiedlung, die finanziellen Möglichkeiten. (...) Ich sagte Grete, wir müssen nach Paris. Sie war sehr unglücklich. Ich war mittags in der tiefsten Depression. Schlimmste Woche seit Bärs Tod.«

In einem letzten Aufbäumen suchte Kurt Schuschnigg nach Verbündeten. Er beriet sich mit den jahrelang verfolgten Sozialisten. Man kam überein, am 13. März 1938 eine Volksabstimmung stattfinden zu lassen. Die Frage sollte lauten: »Seid ihr für ein unabhängiges und soziales, ein christliches, deutsches und einiges Österreich?«[9]

Am 10. März 1938 besprach Schuschnigg diesen Plan mit dem Präsidenten der Israelitischen Kultusgemeinde, Dr. Desider Friedmann. Die Juden Wiens waren nun alarmiert. Zur Durchführung der antinationalsozialistischen Wahlwerbung übergab Friedmann der Vaterländischen Front insgesamt 800.000 Schilling.[10]

Doch Hitler erpreßte Schuschnigg: Falls die Abstimmung stattfinde, werde er mit seinen Truppen sofort einmarschieren. Zudem forderte er die Absetzung Schuschniggs und als neuen Kanzler Seyß-Inquart. Am Abend des 12. März 1938 hielt Schuschnigg seine berühmt gewordene Rede: Er sei gestürzt, Österreich eine Beute Deutschlands. Bei den österreichischen Nazis brach grenzenloser Jubel aus. Ein Augenzeugen berichtet:

> »Es war ein unbeschreiblicher Hexensabbat – Sturmtruppenleute, von denen viele der Schulbank kaum entwachsen waren, marschierten mit umgeschnalltem Patronengürtel (...) neben den Überläufern aus den Reihen der Polizei; Männer und Frauen brüllten und schrien hysterisch den Namen ihres Führers, umarmten die Wachleute und zogen sie mit in den wirbelnden Menschenstrom; Lastwagen mit SA-Leu-

ten (...) versuchten vergeblich, sich durch die Mengen von Männern und Frauen einen Weg zu bahnen, die im Lichte der nun auftauchenden schwelenden Fackeln brüllten und tanzten (...). Bis lang nach 3 Uhr waren die Straßen Wiens ein Inferno.« [11]

Das Bundeskanzleramt wurde gestürmt, Seyß-Inquart zum Kanzler erklärt. Deutsche Truppen überschritten die österreichische Grenze.[12] Unter den Anhängern Schuschniggs, noch mehr aber unter den Sozialisten und den Juden kam es zur Panik. Viele von ihnen hatten den Ernst der Lage bis zuletzt unterschätzt.

»Alle Landstraßen, die zur Grenze führten, waren von den Taxis und Privatautos der Flüchtlinge verstopft. Auf dem Flugplatz ebenso wie auf den Bahnhöfen drängte sich ein buntes Gemisch von Fürsten, Bauern und armen Leuten, von weltbekannten Bankiers und unbekannten Proletariern, Juden aus den höchsten wie aus den niedersten Kreisen, Offizieren (...), Polizeibeamten (...), Sozialisten und Kommunisten.«[13]

Die Nazis machten sich einen Spaß daraus, die Flucht zu verhindern.« Mit Hundepeitschen in der Hand gingen sie von Waggon zu Waggon und zwangen Männer, Frauen und Kinder, wieder auszusteigen. Wie Vieh wurden diese vom Bahnhof weg ins Gefängnis getrieben. Die Zurückgebliebenen wurden dann in aller Öffentlichkeit ihrer Wertsachen beraubt.«[14]

Ein Zug voller Flüchtlinge fuhr schließlich doch noch ab in Richtung Tschechoslowakei. Nach zwanzig Minuten hielt er auf offener Strekke und fuhr zurück. Noch einmal glückte die Abfahrt. Aber auch diesmal kam der Zug nicht nach Prag. Nach stundenlangem Aufenthalt wurden die Flüchtenden den österreichischen Nazis übergeben. Am nächsten Tag fuhr noch einmal ein Zug Richtung Tschechoslowakei. Unter den Flüchtenden befand sich Richard A. Bermann.[15] Auch sein Zug erreichte das Ziel nicht. Bermann wurde zurück nach Wien geschickt, mußte zwölf Stunden in einem Wartesaal stehen, ehe er gehen durfte. Ein neuer Fluchtversuch nach Italien endete an der Grenze, wo ihm die Einreise verweigert und er verhaftet wurde. Nur weil niemand Richard A. Bermann als den Journalisten und Schriftsteller Arnold Höllriegel identifizierte, wurde er schließlich entlassen und konnte endgültig ins Ausland entkommen.[16]

Perutz' Eintragungen aus den ersten Märztagen zeigen, daß er über die politischen Ereignisse bestens informiert war und die Lage sehr realistisch mit größter Sorge betrachtete. Zwischen dem 4. März und dem 16. April 1938 fehlen jedoch alle Eintragungen in Perutz' Notizbuch. Die Blätter sind aus dem Kalender herausgerissen, möglicherweise von Perutz selbst, der sich vielleicht auf diese Weise vor Schnüffeleien der Gestapo schützen wollte.

Bereits in der Nacht von Schuschniggs Rücktritt zogen SA-Leute zu Hausdurchsuchungen und privaten Raubzügen aus, so daß die SA-Führung Streifendienste gegen wilde Plünderungen aufstellen mußte – schließlich sollte das jüdische Vermögen dem Staat erhalten bleiben. Mit unvorstellbarem Zynismus ging die Wiener Bevölkerung am nächsten Tag gegen die Juden vor. Was nun passierte, lag so weit außerhalb jeder menschlichen Vorstellungskraft, daß man dem englischen Korrespondenten einer großen Londoner Tageszeitung, G. E. R. Gedye, der über diese Vorgänge berichtete, im Ausland kein Wort glaubte und die Veröffentlichung seiner Reportagen ablehnte.[17]
Gedye schilderte jene Mißhandlung der Juden, die man launig »Reibaktionen« nannte: Die Wahlparolen Schuschniggs, die dieser angesichts der bevorstehenden Volksabstimmung hatte anbringen lassen, mußten Juden mit ihren Zahnbürsten von Straßen und Brückenpfeilern kratzen. »Jüdische Männer und Frauen wurden gezwungen, auf allen vieren kriechend den Gehsteig mit einer scharfen Lauge zu reiben, die ihnen die Haut verbrannte, so daß sie sich sofort in Spezialbehandlungen begeben mußten.«[18] Immer wieder heulte die gaffende Menge begeistert auf, wenn ein Kübel Schmutzwasser über die am Boden kauernden Menschen gegossen wurde. »Jeden Morgen erhielt die SS-Abteilung Weisung, wie viele Juden sie an dem Tag für solche Reinigungsarbeiten zusammenfangen sollte.«[19] Als besonders beliebt galten Schikanen in den Synagogen.

> »Die SS schloß die Ausspeisung (eine Art Armenküche; Anm. d. Verf.) und stahl alle Lebensmittelvorräte. Dann gab sie an bedürftige Juden, die um Unterstützung kamen, besondere Passagierscheine aus (...). Sobald sie das Gebäude betreten hatten, wurden sie in die Synagoge geschleppt, wo SS-Leute herumlungerten, die Pfeifen und Zigaretten

rauchten. Die Juden wurden gezwungen, ›körperliche Übungen‹ zu machen, insbesondere Kniebeugen, wobei sie in jeder Hand einen Sessel halten mußten. Die alten und schwachen, die hinfielen oder zusammenbrachen, wurden von den Nazis auf die brutalste Art mit Füßen getreten und geschlagen. (...) Man hatte sie gezwungen, die heiligen Teffelins, die Gebetsstreifen mit den zehn Geboten Gottes, an ihren Handgelenken zu befestigen und so den Fußboden und die Klosettmuscheln zu reinigen. (...) Ich sah, wie man zur Belustigung der Menge Juden herausführte, die man gezwungen hatte, die Gewänder anzuziehen, die die Rabbiner beim Gottesdienst trugen. So mußten sie die Straße von dem Schmutz reinigen, den grinsende SA-Leute aus dem Fenster warfen.«[20]

Der Bürgermeister des Stadtteils Wien-Liesing zwang seine jüdischen Mitbürger auf Lastwagen und deportierte sie ins Zentrum Wiens. »Geht doch in die Donau, dort ist genug Platz für euch«, verabschiedete er sie.[21] Jüdische Kaufhäuser wurden geplündert, die Räume der Israelitischen Kultusgemeinde mehrfach durchsucht und ausgeraubt. Die Repräsentanten der Israelitischen Kultusgemeinde gehörten zu den ersten, die verhaftet und in das Konzentrationslager Dachau geschickt wurden. Ende Mai rollte eine weitere große Verhaftungswelle an. Knapp 2000 »unliebsame« oder angeblich »kriminell vorbelastete Juden«[22] wurden nach Dachau gebracht. Unter ihnen waren auch Perutz' Freunde Franz Elbogen, der später wieder frei kam, und Hugo Sperber.

Sofort nach dem Anschluß Österreichs begann die systematische Enteignung der jüdischen Familien. Die Vermögensverkehrsstelle nahm von knapp 48.000 Juden insgesamt über zwei Milliarden Reichsmark ein, mehr als 26.000 Betriebe wurden arisiert, das heißt gegen eine geringe Entschädigung an einen arischen Interessenten verkauft.[23]

Im Mai traten die Nürnberger Gesetze in Kraft: Berufsverbote, Entlassungen, Verbot der Heirat zwischen Juden und Ariern, Verlust der Bürgerrechte, Einführung des Namenszusatzes Sara oder Israel. Die von Goebbels inszenierte »Reichskristallnacht« im November zerstörte den in Wien verbliebenen jüdischen Besitz. Beinahe 2000 jüdische Wohnungen im ersten, achten und neunten Bezirk wurden zwangsgeräumt, 6547 Juden verhaftet, 3700 davon nach Dachau ge-

bracht. Innerhalb weniger Stunden waren alle Synagogen und Bethäuser Wiens zerstört.[24]
Die Suizidrate unter Juden war deutlich gestiegen. Nach Felix Czeike brachten sich zwischen 1938 und 1942 1264 Juden selbst um, vor allem dann, wenn eine Ausreise unmöglich schien.[25] Zahlreichen Juden gelang jedoch die Flucht ins Ausland, nach den USA, Großbritannien, Palästina und Shanghai. Von März bis November 1938 waren von den 125.000 österreichischen Juden, denen die Flucht überhaupt gelang, bereits 50.000 ausgewandert, bis März 1939 noch einmal 50.000.[26]
Den Brüdern Hans und Paul Perutz war es bereits im April gelungen, Österreich zu verlassen.[27] Sie hatten befürchtet, aufgrund ihrer Bekanntheit keine Ausreisegenehmigung bekommen zu können. So flohen sie durch Deutschland und kamen nachts mit Hilfe eines Fluchthelfers über Stacheldraht ins vorerst sichere Holland. Pauls Sohn Fred bekam über Beziehungen – vermutlich über Gretls Schwester, die mit einem griechischen Konsularbeamten verheiratet war – einen griechischen Paß und konnte auf diesem Wege entkommen.[28]
Geschickte Transaktionen hatten es den Brüdern ermöglicht, das Firmenvermögen zu retten. Die Villen in Wien wurden am 8. Mai von den Nazis beschlagnahmt.[29] Während des Krieges bewohnte ein deutscher General Pauls Haus, der es nach Kriegsende leerräumte und mit Teppichen, Porzellan, Möbeln, Büchern und Wäsche nach Deutschland verschwand.[30]
Leo Perutz' Familie überstand die Schikanen weitgehend ohne Schaden. Zwar wurde auch Leo Perutz einmal auf der Straße angehalten und sollte zur Teilnahme an einer »Reibaktion« gezwungen werden, weil er aber Kriegsauszeichnungen vorweisen konnte, so erinnert sich seine Tochter Michaela, wurde er verschont.[31] Grete wurde von der Gestapo verhört.[32] Doch die Kinder gingen wie gewohnt zur Schule, Michaela bereitete sich auf die im Juli stattfindenden Maturaprüfungen vor, Felix besuchte die Grundschule, Lore, die das Gymnasium nach der sechsten Klasse verlassen hatte, wurde in praktischen Arbeiten unterrichtet.[33] Auch als die Mädchen Naziaufmärschen und NS-Fakkelzügen zusahen, wurden sie nicht belästigt.[34]
Trotz seiner Bekanntheit entging Leo Perutz allen Verhaftungswellen. Er selbst vermutete, daß ihn möglicherweise sein Freund, der

Nationalsozialist und Schriftsteller Bruno Brehm,[35] vor dem Schlimmsten bewahrt hatte. Bemerkenswert ist auf jeden Fall, daß Brehm es in diesen Tagen noch gewagt hat, Leo Perutz zu besuchen. Am 24. Juni 1938 notierte Perutz in sein Tagebuch: »Vormittag Brehm. Er hat mich die ganze Zeit über zusammen mit Weinheber beschützt. Es wäre möglich.«
Ein unangenehmer Zwischenfall war für die Familie Perutz aber sicher das Verhalten von Frau Wermerscher, der Haushälterin, die seit zehn Jahren zur Familie gehörte. Sie hing mit großer Liebe an den Kindern und nahm nach dem Krieg wieder Kontakt mit ihnen auf. Nach den Nürnberger Gesetzen vom 24. Mai 1938 durfte sie jedoch als Arierin nicht länger bei einer jüdischen Familie arbeiten. Um ihr Gesicht vor der Familie Perutz nicht zu verlieren, versuchte sie, sich durch einen Vorwand zu verabschieden. Perutz notierte am 30. April: »Wermerscher brachte ein Telegramm: ›Mutter schwere Lungenentz.‹ Sie hatte es sich selbst bestellt, um nach Hause fahren zu können, aber als es herauskam, fiel sie in Ohnmacht.«[36]

Die Auswanderung der Juden wurde von nationalsozialistischer Seite mit größtem Nachdruck betrieben. Am 23. März 1938 schrieb die *New York Times* über die Entwicklung in Österreich: »In 14 Tagen ist es gelungen, die Juden einem ungleich härteren Regime zu unterwerfen, als es in Deutschland in einem Jahr erreicht wurde.«[37] Es war erklärtes Ziel, Österreich so schnell wie möglich »judenfrei« zu machen. Unmittelbar nach dem Anschluß standen die zur Ausreise Genötigten vor der beinahe unlösbaren Aufgabe, alle notwendigen Formalitäten in den verschiedensten Ämtern zu erledigen. Nur schwer konnten die einzelnen Vorgänge zeitlich korrekt aufeinander abgestimmt werden. Otto Adolf Eichmann war es schließlich, der die Abschiebung der Juden aus Österreich im großen Stil organisierte. Eichmann, der im März 1938 nach Wien versetzt worden war, war ein ehrgeiziger Beamter, darauf angewiesen, Befehle ausführen zu können, ein Mann, dem nur »eins ein schlechtes Gewissen bereitet hätte: wenn er den Befehlen nicht nachgekommen wäre.«[38] Er hatte sich innerhalb der SS zum Fachmann für die Judenfrage emporgearbeitet. Zunächst ließ er sich erklären, warum die Abschiebung nur so zögerlich vonstatten ging. Dann entwickelte er bis August 1938 ein System, bei dem er sich der vorhandenen jüdischen Organisationen bediente, »die sowohl das Geld aufzubringen als auch den bürokratischen Apparat zu stellen hatten«.[39] Eichmann zog alle für die Ausreise notwendigen Behörden in einem Haus zusammen, dem beschlagnahmten Rothschildpalais, und nannte das neue Amt »Judenauswanderungszentrale«.[40] So sollte vermieden werden, daß die Gültigkeit einzelner Papiere schon wieder abgelaufen war, ehe der Emigrant alle notwendigen Dokumente beisammen hatte. Zudem wollte Eichmann dem deutschen Staat einen möglichst großen Anteil am jüdischen Vermögen sichern. Aus diesem Grunde lehnte er es auch ab, das Haavara-Transfer-Abkommen,[41] das den deutschen Juden eine Transferierung ihres Vermögens nach Palästina ermöglicht hatte, auf Österreich zu übertragen. Den Juden sollte nur bleiben, was sie für den Kauf von Visen und Dokumenten benötigten.

> »Als alles bereit war und das laufende Band auf vollen Touren lief, beeilte sich Eichmann, die jüdischen Funktionäre aus Berlin zur Besichtigung ›einzuladen‹. Sie waren entgeistert: ›...es ist wie ein automatisch laufender Betrieb, wie eine Mühle, in der Getreide zu Mehl zermahlen wird und die mit einer Bäckerei gekoppelt ist. Auf der einen Seite kommt der Jude herein, der noch etwas besitzt, einen Laden oder eine Fabrik oder ein Bankkonto. Nun geht er durch das ganze Gebäude, von Schalter zu Schalter, von Büro zu Büro, und wenn er auf der anderen Seite herauskommt, ist er aller Rechte beraubt, besitzt keinen Pfennig, dafür aber einen Paß, auf dem steht: ›Sie haben binnen 14 Tagen das Land zu verlassen, sonst kommen Sie ins Konzentrationslager‹.«[42]

Leo Perutz hatte schon vor dem Anschluß Österreichs begonnen, seine Ausreise zu planen. Als Exilorte waren Paris, die Bretagne,[43] Amerika und England[44] im Gespräch. Palästina stand als Exilland keineswegs von Anfang an fest. Noch am 13. Dezember 1937 hatte Perutz notiert: »Ich habe keine Gusto auf Scholet und keine Lust Ivrisch (sic) zu lernen.«[45] Auch Grete war von Palästina nicht begeistert; zudem wurde sie von ihrer Familie bedrängt, auf keinen Fall dorthin zu gehen.[46] Perutz hoffte noch lange, bis einen Monat vor der Abreise, auf ein europäisches Exil.[47]

Daß letztendlich doch Palästina das Land war, das Familie Perutz rechtzeitig eine Aufnahme angeboten hatte, war mit großer Wahrscheinlichkeit Perutz' Bruder Hans, dem überzeugten Zionisten, zu verdanken.[48] Die quälenden Bemühungen und die langen Wartezeiten um die notwendigen Dokumente blieben jedoch auch Perutz nicht erspart: Die Judenauswanderungszentrale hatte ihre Arbeit noch nicht aufgenommen. Beinahe zwei Monate, vom 19. Mai bis zum 9. Juli 1938 konsultierte Perutz täglich die verschiedensten Ämter, bemühte sich um seine Ausreisedokumente. Mehrfach war er bei der Polizei und im Rathaus, bei der Bezirkshauptmannschaft und im Wanderungsamt.[49] Er sprach beim Reichsfluchtsteueramt vor[50] und mußte sich die Freiheit von Steuerschulden bescheinigen lassen. Am 28. Mai 1938 notierte er: »Vormittag Hausverwaltung, Rathaus. Dann von 1/4 11 bis 3/4 1 Hauptzolltaxamt! Dort war man unfreundlich. Nach stundenlangem Warten schickte man mich weg, weil kein Geburtszeugnis. Zischa angerufen, sie wird es mir aus Prag besorgen.« Als das Geburtszeugnis nach Tagen endlich eintraf, bekam Perutz seinen Steuerunbedenklichkeitsschein, der aber abgelaufen war, ehe er Wien verlassen konnte, und der so nochmals mühevoll verlängert werden mußte.[51]
Am 1. Juni sprach Perutz im englischen Konsulat vor. Nun wurden die Einreisebemühungen nach Palästina konkret. Die mit Perutz' Bruder Hans bekannte Konsularbeamtin versprach Perutz die Visen für die ganze Familie kostenlos.[52] Gleichzeitig aber versuchte Perutz immer noch, Visen für Frankreich zu bekommen. Gretes Schwester Steffi, die in diplomatischen Kreisen verkehrte, reichte sein Visumsgesuch beim französischen Konsulat ein; einem Unterhändler, dem Perutz Pässe und Gesuch vorlegte, zahlte er 150 Mark.[53] Doch diese Bemühungen scheiterten; die Einreise nach Palästina dagegen kam langsam voran.

Immer wieder hatte Perutz mit den typischen Schwierigkeiten zu kämpfen. Papiere waren schon abgelaufen, wenn man sie brauchte, bestimmte Genehmigungen bekam man erst durch den Nachweis anderer Papiere, die aber wieder nur unter bestimmten Bedingungen zu bekommen waren. Am 29. Juni 1938 notierte Perutz beispielsweise: »Früh zu Miss St(amper), englisches Konsulat. Sie war bereit, mir das Visum vor der Ausreise in meinen Paß zu schreiben. Ich fuhr zum

Anwalt: Der Paß war bei der Polizei. Zurück zu Miss St. und ließ mir einen Brief geben, Bestätigung.« Am 1. Juli 1938 um halb acht Uhr abends bekam er endlich die polizeiliche Ausreiseerlaubnis, am 2. Juli notierte er: »Englisches Konsulat, Visum bekommen. Selig.«
Perutz' Familie reiste mit sogenannten Kapitalisten-Zertifikaten. Das dafür nötige Vorzeigegeld von 1000 Pfund pro Person hatte Perutz' Bruder Hans zur Verfügung gestellt.[54]

Die quälenden Erfahrungen aus diesen letzten Wochen in Wien spiegeln sich in Perutz' Romanfragment »Mainacht in Wien«, das vom 24. Juli bis zum 21. August 1938 entstand. Zum ersten Mal nähert sich Perutz einem Thema nicht aus der historischen Distanz, sondern legt seine unmittelbaren Erfahrungen zugrunde. Detailreich schildert er die politischen Ereignisse in Wien und die Ausreisebemühungen der drei jüdischen Protagonisten:

> »Anfangs bot der Versuch, die polizeiliche Erlaubnis zur Ausreise zu erlangen, ungefähr die gleichen Erfolgschancen wie etwa das Bemühen, den Haupttreffer der Klassenlotterie einer ganz bestimmten Losnummer zuzuwenden. (...) Später trat an die Stelle der Regellosigkeit ein starres System. Die Ausreiseerlaubnis wurde jedem zugesichert, der ›politisch unbedenklich‹ war und sich der Zustimmung der Steuerbehörden vergewissert hatte.
> Die Steuerbehörde – das war nicht etwa ein einziges Amt, das seine Zustimmung erteilte oder verweigerte, sondern ein kompliziertes Gebilde aus den verschiedenartigsten, örtlich meist weit auseinanderliegenden Amtsstellen, deren jede sich mit einer anderen Steuerquelle zu befassen hatte.«[55]

Den drei Freunden stellt sich das Gewirr der Ämter als völlig unübersichtlich dar, ständig kommen neue hinzu, die konsultiert werden müssen, die Wartezeiten sind lang. Schon im Morgengrauen bilden sich Schlangen, mittags werden die Menschen wieder weggeschickt, sie müssen es am nächsten Tag erneut versuchen. Die Behandlung ist zumindest unfreundlich, oft erniedrigend. »Eine Behörde gab der in den Gängen und auf den Treppen eingekeilten Menge Gelegenheit, sich die lange Wartezeit durch das Studium der an den Wänden befestigten Plakate zu vertreiben, die die Juden darüber be-

lehrten, welche Unsumme schlechter Eigenschaften ihre Rasse aufzuweisen habe.«[56] Immer mehr Nachbarländer beginnen, ihre Grenzen vor den Flüchtlingen zu verschließen. »Zugleich setzten in den Straßen und Häusern Wiens Razzien auf Juden ein. Männer zwischen achtzehn und fünfzig Jahren wurden zusammengefangen und, wenn sie nicht die Einreiseerlaubnis eines fremden Staates vorweisen konnten, in die Anhaltelager verschleppt. Wer noch nicht verhaftet war, verbrachte die Nächte in Geschäftsräumen hinter Rollbalken, in kleinen Gaststätten der Umgebung (...) oder in den Wohnungen alleinstehender alter Damen. Es gab in manchen Straßen Wiens Häuser, in denen fast nur Frauen, Kinder und Greise anzutreffen waren.«[57]
Wien hat sich verändert. »Die ausgedienten Wahlplakate an den Mauern der Häuser schrieen den Vorübergehenden noch immer ihr ›Unser Dank dem Führer – ein freudiges Ja‹ zu.«[58] Auf den Geschäften findet man Aufschriften wie »Reinblütiges Geschäft« oder »Deutscharisch seit 1879«. Propaganda ersetzt die Information. Zeitungen werden zwar immer noch laut schreiend angeboten, aber »Warf man dann einen Blick in eines dieser Blätter, so fand man außer wütenden Angriffen auf ausländische Staatslenker und jüdische Geschäftsinhaber nur noch Nachrichten wie etwa diese: ›Unfall eines Motorradartisten‹, ›Teppichschmuggler in Budapest dingfest gemacht‹, ›Reichsfrauenführerin in Salzburg‹, ›Der Elefant als Lebensretter‹. Und: ›Reichliche Niederschläge im Gaue Oberdonau‹«[59]
Schon Wochen vor der Abreise mußte sich Leo Perutz in acht nehmen und zurückgezogen leben. Kaffeehäuser, Bars, Theater waren für ihn als Juden nicht mehr zugänglich. Fred Perutz erinnert sich, daß sein Onkel in diesen Tagen oft im Schutz der Dunkelheit mit Freds Mutter, Pauls erster Frau Liesl, spazierengegangen war. Beide wußten, daß sie sich wohl nie wiedersehen würden.[60] Die Tage waren ausgefüllt mit Reisevorbereitungen. Reisetaschen wurden gekauft, Juwelen geschätzt, Schiffs- und Fahrkarten besorgt, ein Spediteur bestellt, alte Bücher aussortiert und verkauft und neue erworben.[61] Für die Fahrt in die Fremde kaufte Perutz Ausgaben von Goethe, Puschkin, Poe, Daniel Spitzer, Dostojewski, Dickens, Balzak und eine Luther-Bibel.[62]
Dann folgte die schwere Entscheidung, was mitgenommen werden

konnte. Aus Kostengründen konnte nur ein Container für die ganze Familie gemietet werden.[63] Zurückbleiben mußten alle einfachen Möbel, Betten, Tische, Stühle und Schränke, alle Lampen und Leuchter,[64] aber auch das komplette Speisezimmer und Perutz' antiker Bücherschrank mit wertvollen Einlegearbeiten. Sein Schreibtisch aber kam mit, auch Perutz' Diwan inklusive einem Beistelltischchen und natürlich Gretes Schlafzimmer, das sie erst wenige Jahre zuvor von ihren Eltern zur Hochzeit bekommen hatte.

Die Hunde der Familie, die Foxterrierdame »Blacky« und ihr Junges, mußten in Wien untergebracht werden, weil die Familie vor einer wochenlangen Quarantäne in Palästina gewarnt worden war. Auch Perutz' Sammlung antiker Goldmünzen mußte in Wien bleiben. Schon kurz vor dem Anschluß hatte er erfolglos versucht, die Münzen ins Ausland zu bringen.[65] Seiner Freundin Gerty Kelemen schrieb er 1945, daß die Sammlung unter Denkmalschutz gestellt worden und deshalb an das Münzkabinett gegangen sei.[66] In sein Notizbuch vermerkte er am 17. Juni 1938 – als einzige Notiz nicht in Steno geschrieben: »Meine Goldmünzensammlung um 7000 Mark an das Münzkabinett verkauft.« Einen Tag später notierte Leo Perutz – nun wieder in Steno -, er habe von seinem langjährigen Münzhändler das Geld für die Münzen geholt. Wie aus der Korrespondenz des Münzkabinetts hervorgeht, verkaufte der Münzhändler Trinks die Sammlung tatsächlich für 7000 Reichsmark an das Münzkabinett.[67] Dieses verzeichnete den Eingang jedoch nicht in seinen Büchern, behielt nur zwei Münzen[68] und verkaufte den Rest sofort an Dr. Busso Peus in Frankfurt, der die Firma »Adolph Hess – Nachfolger« übernommen hatte. In deren Korrespondenz wird immer wieder auf ein gelbes Notizbuch verwiesen, in das der Sammler seine Stücke verzeichnet hatte. Ein Vergleich dieses Notizbuches mit Perutz' Handschrift beweist eindeutig, daß es sich um Leo Perutz' Sammlung handeln muß.[69] Der Münzhändler Trinks hatte Perutz für seine Sammlung laut Tagebuchaufzeichnungen statt der erhaltenen 7000 Mark vom Münzkabinett nur 6500 Mark bezahlt.[70]

Die letzten Tage in Wien galten dem Abschied, oft einem Abschied für immer: Gerty Kelemen, Dr. Lamm, Buxbaum, Weltschs, Lilly Fürst, Elbogens, Lifczis, Dr. Brehm, Beer-Hofmann ...

Am 9. Juli verließ Leo Perutz mit seiner Frau und den drei Kindern Wien. »II. Classe nach Venedig gefahren. Lifczis, Lilly, Arthur, Wagners und Hilde Weil und Frau Wermerscher am Bahnhof«, notierte Perutz.[71] Zwei Tage zuvor hatten noch Polizei und Gestapo seine Wohnung durchwühlt und die Ausgaben der »Fackel« beschlagnahmt.[72] Die Familie fuhr mit dem Zug zunächst nach Italien, das für drei Monate Transitvisen[73] gewährte, um von dort auf eine Schiffspassage nach Palästina zu warten.
Am 10. Juli trafen Leo und Grete Perutz mit den drei Kindern in Venedig ein. Weil sie aber nicht mitten im Sommer nach Palästina wollten, auch weil die Schiffskarten nicht sofort aufgetrieben werden konnten, entschlossen sie sich zu einem längeren Zwischenaufenthalt in Italien.[74] So zogen sie weg aus der teuren Touristenstadt ins billigere Seebad Forte-dei-Marmi nahe bei Viareggio in eine kleine Pension. Sie lebten eher bescheiden, verbrachten die Tage am Strand, bauten Sandskulpturen und versuchten, sich an das Emigrantendasein zu gewöhnen, erleichtert über die eigene Ausreise und voll banger Sorge um die noch in Wien verbliebenen Angehörigen und Freunde. »Wir leben hier, wie Emigranten eben leben, das Schwimmen im Meer, hier und da ein Spaziergang in schöner Landschaft, und täglich ein Gelato für Gretl und die Kinder (...)«,[75] schrieb Perutz an seine Freunde Annie und Hugo Lifczis, die sich zu diesem Zeitpunkt bereits in der Schweiz befanden.
Sorgen bereitete Perutz sein noch in Wien verbliebener Besitz. Die Spedition Caro und Jellinek, die er mit dem Transport der Möbel beauftragt hatte, teilte mit, daß sie im vereinbarten Stauraum nicht alle Möbel unterbringen könne,[76] und daher einiges zurücklassen werde. Perutz echauffierte sich über den Betrug furchtbar, vor allem auch, weil er in Wien kein Geld mehr hatte, um die Sache regeln lassen zu können. Letztendlich sind dann aber doch alle für ihn wesentlichen Dinge in Palästina angekommen.
Noch in Italien erfuhr Perutz vom Tod seines langjährigen Freundes Hugo Sperber, der in Dachau angeblich an Blutvergiftung gestorben war. Schockiert schrieb er an Lifczis: »Wenn diese Nazihunde nicht den Geist vergiften können, so vergiften sie das Blut.«[77]
Trotz der Sorgen, der Sehnsucht nach Wien und der Angst versuchte

Perutz schon nach wenigen Tagen, wieder zu schreiben. Dem Ehepaar Lifczis klagte er:

»Wenn Sie eine Ahnung hätten, unter was für schwierigen Bedingungen ich hier diktiere und Gretl tippt, so wären wir Ihres Mitgefühls sicher. Neben uns im Garten hat sich eine Horde von Unholden zwischen 6 und 60 Jahren als umfangreiche Ellipse aufgetan und brüllt italienische Volksschullieder, immer drei verschiedene gleichzeitig (...).«[78]

Dennoch entstand in Italien das schon erwähnte Fragment »Mainacht in Wien«. »Die Erde des winzigen Piniengartens unserer Pension ist bedeckt mit erst zerrissenen und dann zerknüllten Manuskriptblättern«,[79] schrieb Perutz an Lifczis. Das Schreiben tat ihm wohl. »Es ist mein Gelato«.[80]

Ende August unternahmen Leo und Grete Perutz eine letzte Reise in Italien. Von Triest aus, wo sie neben Perutz' alten Bekannten auch seine Brüder trafen[81] und die Schiffskarten besorgten, fuhren sie nach Florenz, Pisa, Fiesolo, San Lorenzo, San Marco und schließlich nach Venedig.

Erst für den 10. September, zwei Monate nach der Ankunft in Italien, erhielt Perutz die Schiffskarten nach Palästina. Weil keine anderen Tickets mehr zu haben waren, fuhr die Familie auf dem Luxusdampfer »Marco Polo« der Schiffsgesellschaft »Adriatica« erster Klasse. Die Kinder erinnern sich noch heute an die schönen Kabinen und das wunderbare Essen.[82] Ein Blick auf die erhaltene Speisekarte zeigt, daß es sich durchaus um eine Luxusfahrt gehandelt hat.[83]

Die Küste Italiens im Rücken notierte Perutz: »Kühler Abschied von Europa«.[84]

Es war Ende der dreißiger Jahre für Juden keineswegs einfach, eine Einreiseerlaubnis nach Palästina zu bekommen. Die englische Mandatsregierung von Palästina war bestrebt, die im Land schwelenden Konflikte zwischen arabischer und jüdischer Bevölkerung nicht ausbrechen zu lassen. Seit 1880 waren in vier großen Wellen Flüchtlinge überwiegend aus Osteuropa eingewandert, nun stand die fünfte Flüchtlingswelle, die fünfte »Alija«[85] mit den vor den Nationalsozialisten Fliehenden bevor. Die eingesessene arabische Bevölkerung setzte

Speisekarte der »Marco Polo«: Abb. links Deckblatt, unten Menüangebot

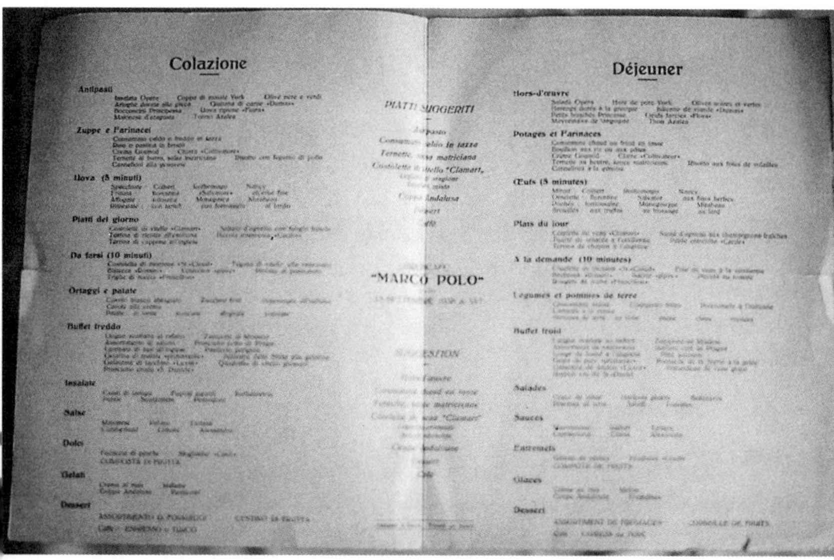

Colazione

Antipasti

Zuppe e Farinacei

Uova (5 minuti)

Piatti del giorno

Da farsi (10 minuti)

Ortaggi e patate

Buffet freddo

Insalate

Salse

Dolci

Gelati

Dessert

PIATTI SUGGERITI

"MARCO POLO"

Déjeuner

Hors-d'œuvre

Potages et Farinaces

Œufs (5 minutes)

Plats du jour

A la demande (10 minutes)

Legumes et pommes de terre

Buffet froid

Salades

Sauces

Entremets

Glaces

Desserts

sich mit zunehmender Brutalität gegen die jüdischen Einwanderer zur Wehr. So führte die britische Regierung Einwanderungsquoten ein, die gewährleisten sollten, daß die Zahl der Einwanderer beschränkt blieb und nur im Land benötigte Berufsgruppen hereingelassen wurden. Ab 1933, als Palästina für deutsche Juden ein wichtiges Ziel wurde, wurden nur mehr Personen aufgenommen, die einer der folgenden Kategorien zugeordnet werden konnten:

A I: Kapital von 1000 Pfund (= 20.000 RM)
A II: freier Beruf, der benötigt wird und 500 Pfund
A III: gelernter, benötigter Handwerker und 250 Pfund
A IV: gesichertes Einkommen und monatlich 4 Pfund neben der Berufstätigkeit
A V: 500 Pfund, falls das für die erstrebte Tätigkeit reicht
B: Waisen, religiöse Berufe, Schüler mit gesichertem Unterhalt
C: Personen mit bestimmter Aussicht auf Beschäftigung
D: Familienangehörige [86]

1937 und 1938 wurde auch die Aufnahme von Personen aus diesen Kategorien beschränkt, zudem war ab 1937 für jedes Familienmitglied eines Einwanderers aus Kategorie A I ein eigenes Kapitalistenzertifikat notwendig.[87]

Zwischen 1933 und 1940 wurden ca. 200.000 Asylsuchende in Palästina aufgenommen. Für die meisten wurde eine berufliche Umorientierung notwendig, konnte doch das kleine Land so vielen Kaufleuten und Akademikern nicht genügend Beschäftigung bieten. Ein Witz aus dem Palästina jener Zeit illustriert die Verhältnisse sehr gut:

> »Auf einer Baustelle in Tel Aviv reichen sich die in einer Schlange stehenden Arbeiter den ganzen Tag Ziegel und murmeln ununterbrochen vor sich hin. Geht man näher ran, hört man aus dem Gemurmel beständig wiederholt: ›Bitte schön, Herr Doktor, – danke schön, Herr Doktor!‹«[88]

Die Ansiedlung der Juden wurde im Jishuw, der jüdischen Gemeinschaft im Land, gut organisiert. In aller Welt wurde zu Spenden aufgerufen.[89] Die Einwanderer hatten meist nur sehr vage Vorstellungen von Palästina, auf den Palästinaämtern gab es nur Informationen für Touristen. So wurde bereits 1932 die Hitachduth Olej Germania (HOG) gegründet, die Vereinigung der Einwanderer aus Deutsch-

land, die 1938 mit der österreichischen Organisation zur Hitachduth Olej Germania og Austria (HOGOA) fusionierte. Bereits 1932 erschien das erste Mitteilungsblatt.
Als ihre Aufgabe sah die HOG im einzelnen Arbeitsvermittlung, Beratung für Existenzgründungen, Wohnungsvermittlung, Hilfe beim Verkehr mit Behörden, Einschulung von Kindern, Umschulungen, Lehrlingsausbildungen, Herausgabe von Mitteilungsblättern, juristische Beratung, die Einführung einer Hilfskasse, finanzielle Hilfen, die Eröffnung einer Volkshochschule, die Gründung einer Darlehenskasse, Versuche zur Hebräisierung der Einwanderer, die Veranstaltung von Seminaren zur Sprach- und Landeskunde und schließlich ab 1939 auch die Sorge für die illegalen Einwanderer.[90]
Von einer der Einrichtungen der HOG hat sicher auch Leo Perutz profitiert. An Bord jedes Schiffes wurde kostenlos das sogenannte »Bordmerkblatt« der HOG verteilt, das über Palästina informierte und Hilfen für die erste Zeit im Land gab. Detailliert berichtete diese Schrift über alles, was der Reisende noch im Hafen zu erwarten hatte, über Zollangelegenheiten, Gesundheitskontrollen, Gepäcktransport, Anmeldung von Umzugsgut. Sie stellte die HOG, die Krankenkasse, die Arbeitsvermittlung und das Verkehrssystem vor. Sie gab Adressen für die erste Unterkunft bekannt und informierte über die ländlichen Siedlungsprojekte. Ein ausführlicher Teil war der Gesundheitsvorsorge gewidmet. Die Neuankömmlinge erfuhren, was sie essen und was sie meiden sollten, wie sie sich am zweckmäßigsten zu kleiden hatten, welche Besonderheiten bei der Hautpflege zu beachten waren, wie sie sich während der Chamsintage[91] verhalten sollten und wie sie sich vor Typhus, Malaria und der Pappataci-Krankheit schützen konnten.[92]
Die Einwanderer, die aus Deutschland und Österreich nach Palästina kamen, betraten eine ihnen völlig fremde Lebenswelt. Bereits der Hafen machte dies deutlich, in dem bis 1934 noch auf offener See ausgebootet wurde,[93] und in dem man sich auch später »nur mit Mühe durch die Haufen von Trägern und die Fahrer von heruntergekommenen Automobilen«[94] hindurchkämpfen konnte. Zu Beginn der fünften »Alija« galt Palästina als zurückgebliebenes Agrarland. Das Verkehrssystem war kaum ausgebaut, Strom und fließendes Wasser

waren eine Seltenheit, Luftpost und Überseetelefone gab es kaum, und auch die Lebensmittelversorgung entsprach nicht den gewohnten Maßstäben. »Der übliche Eßwarenladen der palästinensischen Städte in den dreißiger Jahren war klein, unsauber und entsprach in keiner Weise den Begriffen europäischen Warenhandels. Die Auswahl war beschränkt, Waren wurden kunstlos feilgeboten.«[95]

Die Einwanderungswelle aus Deutschland brachte neben vielfach gut qualifizierten Menschen auch Kapital ins Land. Da etwa 37 Prozent der Einwanderer sogenannte Kapitalisten waren,[96] flossen von 1933 bis 1940 fast 55 Millionen Pfund nach Palästina[97] und begründeten das sogenannte »Israelische Wirtschaftswunder«.[98] 85 Prozent aller Einwanderer zogen in die Städte[99] und trugen so mit ihren Bedürfnissen zu einer Europäisierung der Städte bei. Bald schon gab es gut sortierte, hygienische Geschäfte, Hotels, Restaurants und Kaffeehäuser in den großen Städten Tel Aviv, Haifa und Jerusalem. Straßen wurden gebaut, Verkehrsverbindungen eingerichtet, das Stromnetz erweitert,[100] Schulen und medizinische Zentren entstanden. Dennoch war der Lebensstandard der meisten Einwohner deutlich geringer als der in Europa gewohnte.[101]

Bei der Ankunft der Familie Perutz in Haifa war es heiß und turbulent. Ein drückender Sommertag, ein undurchdringliches Gewirr am Hafen, Lastenträger, Esel, Kamele, unzählige Formalitäten vor der Einreise, Ärger mit dem Zoll wegen einer Sammlung antiker Schwertgriffe[102] – die Familie war froh, nach Stunden endlich zu entkommen und mit einem Taxi nach Tel Aviv zu fahren.[103] Das Ziel stand fest. »Es war ein Befehl von Onkel Hans«, erinnert sich Michaela Staples. »Wir wollten nicht nach Tel Aviv, denn es ist die mieseste Stadt. Aber wir haben getan, was man uns gesagt hat, und wir mußten noch dankbar sein.«[104]

In Tel Aviv mieteten sie zunächst für die erste Zeit »zwei kleine (...) Pensionslöcher«[105] in der Allenby Street. Eine Frau Kalmonorici vermietete dort privat für 15 Piaster pro Person Zimmer mit Halbpension.[106] Die Auswahl wird nicht groß gewesen sein – noch ein paar Jahre zuvor waren Hotels in Palästina völlig unbekannt. Perutz beklagte die Enge, die vom Zwiebelgeruch erfüllte Raumluft.[107]

Die ersten Eindrücke von der neuen Heimat waren zum großen Teil erschütternd. »Bis gestern war höllischer Sommer,« schrieb Perutz im November seinen Freunden, »und ich ging mit hängender Zunge im bloßen Hemd meiner Wege durch die Hitze.«[108] Im Vergleich zu Wien war selbst das moderne Tel Aviv völlig unterentwickelt. Michaela Staples erinnert sich an ihre ersten Eindrücke:

> »Es war ein riesiger Kulturschock. Da waren Kamele und Pferdewagen, die Araber verkauften auf der Straße Obst. Die Leute waren so anders. Wir verstanden nichts, aber es schien immer, als wären sie aufgebracht, als stritten sie miteinander, sehr laut, sehr gedrängt. Es war sehr schwer, sich daran zu gewöhnen.«[109]

Als nach sechs Wochen die Möbel aus Wien eintrafen und viele einfache Möbel neu hinzugekauft waren, konnte sich die Familie daran machen, die schon bei der Ankunft gemietete Wohnung in der Gottlieb Street 16 einzurichten und heimisch zu werden.[110] Die 4-Zimmer-Wohnung war kleiner als die in Wien, doch die mitgebrachten Möbel machten sie für Perutz schnell behaglich, »und an den Wänden meines Zimmers hängen die Schattenspielfiguren, die Lebkuchenmodels und die Glasbilder erzählen uns von alten Zeiten und machen uns Mut (...)«.[111]

Michaela Staples beschreibt die Aufteilung der Wohnung:

> »Das hintere Zimmer bewohnten meine Schwester und ich. Grete hatte ihr eigenes Schlafzimmer; dann gab es ein Speisezimmer mit einem Diwan, da hat mein Vater nachts geschlafen; und das Zimmer mit Fenster auf der Seite war das Arbeitszimmer meines Vaters, in dem mein Bruder nachts schlief. Dann gab es eine Küche mit einem großen Kühlschrank, denn in Palästina muß alles kühl gelagert werden und ein Badezimmer. In Palästina war das schon eine große Wohnung.«[112]

Für Hauspersonal, wie es die Familie aus Wien gewohnt war, fehlte in der neuen Wohnung der Platz. Grete und die beiden Töchter versorgten den Haushalt zunächst selbst – zur vollsten Zufriedenheit des Familienvorstands, der seinen Freunden von selbstgemachten Mehlspeisen vorschwärmte. Später wurde tagsüber eine »Ozereth«, ein Hilfskraft, eingestellt.

Perutz versuchte, der neuen Situation möglichst viel Positives abzugewinnen. Dennoch verdunkelte die Sorge um die alten Freunde seine Stimmung. Neue soziale Kontakte hatten sich noch nicht ergeben. Leo Perutz schrieb im November an seine Freunde Hugo und Annie Lifczis: »Hier haben wir noch wenig Freunde. Ein Chameleon (sic), ein kleiner Skorpion und eine schöne grüne Gottesanbeterin waren bis jetzt unsre interessantesten Besuche.«[113]

Ähnliche Probleme hatten fast alle neueintreffenden Emigranten. Der Kulturschock saß tief. Viele wollten sich nicht eingewöhnen, sahen sie doch ihr Exil als eine vorübergehende Situation an. Behördengänge ließen sie in der Anfangszeit kaum zur Ruhe kommen, die Sorge um die Angehörigen, die noch auf deutschem Gebiet oder auf der Flucht waren, blockierte sie seelisch. Alle waren aus ihren gewohnten sozialen Beziehungen gerissen und beinahe alle klagten über Einsamkeit und Fremdheit.

> »Die Emigranten hockten zusammen und versuchten, als Clique der Langeweile und Einsamkeit zu entrinnen. Damit bildeten sie aus der Sicht der Einheimischen eine Gruppe und verhinderten Kontakte zur Bevölkerung. Sie stellten eine Art Emigrantenkolonie dar, die über die Heimat, in der Sprache der Heimat, diskutierte, sich dabei automatisch dem Exilland gegenüber abschloß und eine Anpassung bewußt oder unbewußt für den Einzelnen unmöglich machte.«[114]

Ein tiefgreifendes Problem für alle Emigranten war die Sprachkluft. In der jüdischen Gemeinschaft war Hebräisch die gültige Amtssprache, Deutsch wurde bewußt abgelehnt. Im Gegensatz zu den meist osteuropäischen Juden der vorangegangenen Einwanderungswellen konnten die assimilierten Juden aus Deutschland oder Österreich hebräisch weder sprechen noch lesen oder schreiben. Akademiker hatten in der Schule allenfalls etwas Französisch, meist aber nur Latein und Griechisch gelernt und sollten nun in kurzer Zeit in einer neuen Sprache leben, die mit den beherrschten Sprachen überhaupt keine Ähnlichkeiten hatte.

Oft waren es die Kinder, die die Brücke zum Hebräischen bildeten, weil sie viel schneller lernten und weniger Schwierigkeiten mit Kontakten hatten. Ein Autoritätskonflikt war so in vielen Familien vorprogrammiert.

Der Einmarsch Hitlers in Österreich hatte die Großfamilie Perutz in kürzester Zeit in alle Winde verstreut. Perutz' Schwester Lilly war mit ihrer Familie in Kenia, wo ihr Mann eine Farm leitete. Die beiden Brüder gründeten in erstaunlich kurzer Zeit je eine neue Existenz. Paul lenkte zunächst von Paris aus eine neue Firma und kaufte sich nach seiner Emigration in die USA in eine gutgehende amerikanische Firma ein. Der Zionist Hans, so schrieb Perutz an das Ehepaar Lifczis, »lebt hier mit uns und leitet von hier aus die Zweigfirma in Alexandrien, zu deren Gründung er sich mit großer Energie die Erlaubnis erwirkt hat. Beide haben also wieder einen Ausgangspunkt, und wir sind froh darüber.«[115]

9 Perutz' dritte Heimat (1938-1957)

»Das Leben des Juden gleicht einem Regenwurm, der (durch zwei Weltkriege) in drei Teil geschnitten worden ist. Der letzte Teil windet sich ein bißchen, jammert, klagt Jehova an, gräbt sich dann ein und lebt weiter.«[1]

Hans Perutz hatte als Wohnsitz für sich und seine Familie und damit auch für die seines Bruders Tel Aviv gewählt. Vor allem wirtschaftliche Gründe hatten ihn dazu veranlaßt, denn Tel Aviv war das Industrie- und Handelszentrum Palästinas.[2] Hier waren 1934 für die Levante-Messe, eine Handelsmesse des ganzen vorderen Orients, riesige Messehallen im Bauhausstil errichtet worden.[3] Hier waren neue Firmenansiedlungen stets willkommen. Hier hatten 1936 die Arbeiten an einem eigenen Hafen begonnen. Zudem war diese Stadt der Sitz der deutschsprachigen Hilfsorganisation, der Hitachduth Olej Germania. Die für Hans' Firmengründung notwendigen Formalitäten ließen sich hier schnell erledigen.

Für den Zionisten Hans war es aber sicher auch der besondere Charakter der Stadt, der seine Wahl auf Tel Aviv fallen ließ. 1909 hatten 60 Familien aus Angst vor antisemitischen Übergriffen der arabischen Bevölkerung vor den Toren Jaffas die rein jüdische Stadt gegründet. Tel Aviv wurde zur Stadt der Einwanderer. »Auf den Straßen von Tel Aviv kann man hören, wo es jeweils den Juden am schlechtesten geht«, schrieb die Journalistin Gabriele Tergit 1936. »Jetzt hört man deutsch. Vorher hörte man polnisch, eine Zeitlang ungarisch, eine Zeitlang rumänisch, um 1920 russisch.«[4] Tel Aviv war die erste rein jüdische Stadt in Palästina. Die Amtssprache war hebräisch, der Bürgermeister war Jude, ebenso die Arbeiter, die Geschäftsleute, die Akademiker. Flüchtlinge waren hier nicht nur geduldet, sondern ganz selbstverständlich willkommen[5] – auch die assimilierten Juden aus Deutschland und Österreich. Die Toleranz ihnen gegenüber war in Tel Aviv wesentlich größer als etwa bei den zionistischen Pionieren auf dem Land oder im orthodoxeren Jerusalem.

Die Stadt war ohne städtebauliches Gesamtkonzept in die Wüste gesetzt worden. Es gab keine Grünanlagen, keine Parks, keine Sportanlagen, keine Schwimmbäder. Rein äußerlich betrachtet war das erst 30 Jahre existierende Tel Aviv sicher nicht besonders attraktiv.

> »Alle ästhetischen Leute sind außer sich vor Entsetzen über die Häßlichkeit und Geschmacklosigkeit und Nüchternheit (...) dieser rein jüdischen Stadt (...). Diese Stadt ist so planlos gebaut worden! Hier eine Straße und dort eine Straße – wie es den Leuten eben eingefallen ist. Keine einzige große Linie in der Straßenführung, kein Schwung, keine Einheitlichkeit.«[6]

Die Fassaden der Häuser spiegelten die Heimatsehnsüchte ihrer jeweiligen Erbauer. Die Menschen, die Tel Aviv gegründet hatten, wollten eine Heimat für eine neue jüdische Kultur. Fernab der traditionellen Feierlichkeit Jerusalems suchten die Bewohner nach einer neuen jüdischen Identität, die auf Geistigkeit setzte. »Dafür standen die vielen Schulen, dafür stand die Allgegenwart der hebräischen Sprache, dafür standen die Theater, auch Tel Avivs Beiname ›das zweite Leipzig‹ mit dem die Stadt als Bücherstadt, als Verlagsort charakterisiert wurde.«[7] Eines der ersten Gebäude, die noch mitten im Wüstensand errichtet worden waren, war das imposante Herzl-Gymnasium. 1933 gab es bereits 42 Kindergärten, 129 Volksschulklassen, 2 Realschulen, ein Gymnasium, Theater, Kabarett, Oper, Bibliotheken und mehrere medizinische Einrichtungen, am Strand Hotels und Kaffeehäuser.[8]

Sehr schnell etablierten sich in Tel Aviv neben den öffentlichen Bibliotheken meist in Zusammenarbeit mit Buchhandlungen oder Antiquariaten zahlreiche private Leihbibliotheken. Ernst Loewy, der ab 1938 in Tel Aviv als Bibliothekar, Archivar und Publizist tätig war, berichtet, daß unter den Kunden seiner Leihbibliothek auch Leo Perutz gewesen sei.[9] Gespeist wurden diese deutschsprachigen Bibliotheken aus dem Besitz der deutschen Flüchtlinge. Loewy erinnert sich:

> »Nie werde ich die Eindrücke vergessen, (...) die auf mich als angehenden Buchhändler die vielen Flüchtlinge machten, die in dieser Zeit

die von ihnen mitgebrachten Bücher zu verkaufen suchten. Sie hatten buchstäblich ihre ganze Habe zurücklassen müssen, außer einem oder zwei Koffern mit oft kostbaren Büchern, ihrem letzten Besitz und dem vermeintlich einzigen Wertobjekt, die sie hatten retten können.«[10]

In Tel Aviv herrschte ein beinahe städtisches Leben. Es war »ein Anziehungspunkt für diejenigen aus Deutschland kommenden Juden, die, an Großstadtleben gewöhnt, dieses nicht entbehren zu können«[11] glaubten. Natürlich war Tel Aviv nicht mit Wien vergleichbar, vor allem die wenigen Kaffeehäuser boten kaum das, was Leo Perutz erwartete: Die Zeitungen waren bereits zehn Tage alt, Kartenspieler fehlten völlig, nur Schach wurde gespielt. Trotzdem gab es in Tel Aviv aber doch einige Annehmlichkeiten. Die Einwanderer aus Deutschland und Österreich hatten ihre Vorstellungen vom städtischen Leben mitgebracht. Die kleinen orientalischen, oft schmutzigen Läden genügten ihren Ansprüchen nicht. Schon bald gab es neue. »Jeder Laden ganz berlinerisch aufgemacht, mit hübscher Auslage und blinkender Klinge.«[12] Man bekam »in Tel Aviv alles, was selbst ein verwöhnter Europäer haben«[13] wollte, schrieb Gabriele Tergit 1936. Das Gesicht des kleinen jüdischen Vororts von Jaffa hatte sich verändert, Tel Aviv hatte etwas Großstädtisches bekommen, der orientalische Einfluß war aber durchaus noch zu erkennen. Der Palästinafachmann Hugo Herrmann schrieb 1933:

»Rechts und links Geschäftshäuser, Laden an Laden, Bureau an Bureau; Reklametafeln an den Häusern, den Dächern, den Telefonmasten, den Bogenlampen. Vor den Häusern am Rand des Trottoirs viele Verkaufsbuden, da die Häuser für die fieberhafte, geschäftige Betätigung zu eng sind, Buden von Schustern, von Lebensmittel- oder Zigarettenhändlern, vor allem Buden mit Sodawasser (...). In den Straßen bewegt sich ein ununterbrochener Strom von Personen- und Lastautos, Droschken, Kamelen, Eseln und Fußgängern. Jeder hat es eilig, jeder ist in Geschäften; alles trägt weiße Leinenanzüge und Strohhut oder Tropenhelm (...). Und über allem ein geschäftiger Lärm. Das Tuten der Automobile, die Rufe der Kutscher, Kamel- und Eseltreiber, das Summen der Passanten, die Rufe der Straßenhändler (...).«[14]

Wenn an Tel Aviv etwas gelobt wurde, dann war es meist die Lebendigkeit der Stadt, das »Gewimmel von Menschen«,[15] das Tag und

Nacht die Straßen bevölkerte. Voll Verachtung blickten die orthodoxen Juden Jerusalems auf das weltliche Treiben der neuen Stadt. Ihnen galt Tel Aviv als besonders »gottlos und unfromm«.[16] Der Sabbat wurde aber auch hier gehalten.

> »Am Freitagnachmittag ist in den Straßen der Stadt ein geradezu lebensgefährliches Gedränge. Kurz vor Toresschluß, d. h. vor Sabbathbeginn sucht die Hausfrau ihre Einkäufe zu regeln, der Geschäftsmann seine Gänge zu erledigen, der müßiggehende Tourist zum Orte seiner Verabredung zu gelangen, das Kind zum Elternhaus zurückzukommen. Dann wird der Sabbath ›eingeblasen‹; wer den alten Mann, der dieses wichtige Geschäft, durch die Straßen gehend, im Vollgefühl seiner Würde besorgt, einmal gesehen hat, wird noch lange an jenen Augenblick zurückdenken. Die Straßen leeren sich mit außerordentlicher Schnelle: der Sabbath beginnt.«[17]

Doch der Charakter dieses Sabbat war ganz anders als in orthodoxen Kreisen. Der Strand Tel Avivs war überfüllt, die Menschen gingen spazieren, saßen in Cafés und rauchten. Von strengen Verboten und Einschränkungen war nichts zu spüren.[18]

Diese Charakterzüge der jungen Stadt kamen Leo Perutz sicher entgegen: die Vorzüge der Großstadt, der einigermaßen komfortable, moderne Lebensstil mit Straßen und Elektrizität, die kulturellen Einrichtungen und die religiöse Indifferenz. Perutz hatte nie viel von religiöser Orthodoxie gehalten. Zudem aß er für sein Leben gerne Schweinefleisch, diese für Juden wie Moslems gleichermaßen verbotene Speise. Im liberalen Tel Aviv war die Beschaffung kein Problem. »Wenn man wußte, wo man hingehen muß, war es nicht schwierig,« erinnert sich Michaela Staples. »Es waren geschlossene Geschäfte, man ging hinten rein und bekam, was man wollte.«[19] Und Perutz notierte mit Begeisterung in seinem Tagebuch, wenn es ihm gelungen war, an Schweinekoteletts und Schnitzel heranzukommen.[20]

Auffallend ist, daß Leo Perutz Tel Aviv als Stadt nirgends in seinen Tagebuchaufzeichnungen erwähnt, nicht positiv, nicht negativ. Er liebte die Stadt nie. »Sie ist auf Sand gebaut,« pflegte er zu sagen, »sie wird nicht bestehen.«[21] Tel Aviv war für ihn nur die Kulisse seines erzwungenen Exils, nicht »Erez Israel«, die erträumte Heimat.

Doch Perutz fügte sich zunächst in die Situation. Seine ersten Briefe aus dem Exil waren nicht voller Klagen über das Verlorene, er suchte die positive Seite seines neuen Daseins. Seinen Freunden Hugo und Annie Lifczis schrieb er schon am 6. November 1938: »Was mich hier angenehm berührt, sind die lachenden Gesichter der Menschen, die man auf den Straßen sieht. Welt- und lokale Krisen können ihnen nichts anhaben. Das Ivrith tut meinem Ohr ebenso wohl wie das gute alte Jiddisch.«[22]

Zu schaffen machte Perutz – wie fast allen europäischen Einwanderern – das Klima. Der Winter brachte wolkenbruchartige Regenfälle und starke Temperaturschwankungen. Seiner Tochter schrieb er 1951:

> »Hier haben wir jetzt den richtigen Palästina-Winter: Regen, Regen und nasskalte Tage. Unsere elektrischen Öfen dürfen wir strommangelshalber nur zwischen 9 Uhr abends und 6 Uhr früh benutzen. (...) Sturm und Regen haben die Olimzelte weggeweht und auch einen Teil der Häuschen abgedeckt.«[23]

Der Sommer war noch schlimmer.

> »Im Mai kommt der Chamsin, ein Wind aus der arabischen Wüste, der unberühmte Bruder des berühmten Samum (...). Der Chamsin ist glühend. Die Luft steht. Der Himmel ist grau. (...) Die Geschäfte stehen still. Verabredungen werden nicht eingehalten. Im Freien wird nicht gearbeitet. Die Straßen sind leer. Glühend weht ein heißer Wind vom Osten (...). Die Wüste, tötend und lähmend, schickt sich an, das Land zu überfallen, um alles Lebendige auszudörren.«[24]

Die Durchschnittstemperatur lag im Sommer bei 37° Grad im Schatten.[25] Sechs Monate im Jahr könne er wegen der Hitze überhaupt nicht arbeiten, klagte Perutz.[26] Das 800 Meter höher gelegene Jerusalem wäre sicher angenehmer gewesen.

Schon sehr bald führten Perutz seine Wege dorthin, in die ca. 60 km entfernte alte Stadt, die man mit dem Autobus für sehr wenig Geld erreichen konnte. »Nach Jerusalem fahren wir häufig«, schrieb er an das Ehepaar Lifczis, »die hundert Gasserln der Altstadt ersetzen uns alle historischen Plätze zwischen dem Minoritenplatz und Taormina.«[27] Lange hegte Perutz den Gedanken, ganz nach Jerusalem zu ziehen, lediglich finanzielle Gründe zwangen ihn, diesen Plan aufzugeben. An seinen Bruder Paul schrieb er 1946: »Ich wäre glücklich, wenn wir in Jerusalem leben könnten. Aber es geht leider nicht, denn durch

Übersiedlung oder Wohnungstausch würde ich den Mieterschutz[28] verlieren.«[29]

Oft gelang es ihm aber, für die Sommermonate einen Wohnungstausch zu arrangieren,[30] um dem feucht-heißen Klima in Tel Aviv zu entfliehen. An den Schauspieler Otto Schmöle schrieb Perutz 1946:

> »Ich bin jetzt, wie alle Sommer, im Begriffe, für zwei Monate in Jerusalem unterzutauchen, wo ich alles finde, was meinem Herzen wohltut, – winkelige Gassen mit byzantinischen Brunnen od. omajadischen Fassaden, bunte Trachten, Lärm, Stille, Gedränge von Menschen, Eseln u. Kamelen, römische Ruinen, Kreuzfahrerkirchen, Bazars, Markthallen, verträumte Gärten, 18 Jahrhunderte neben- und durcheinander. (...) Dort, in der Altstadt, habe ich auch eine Art Stammcafé mit gurrenden Tauben, schweigsamen Gästen und lautloser Bedienung, man bestellt Wein und bekommt 2 Dutzend verschiedener arabischer Salate dazu.«[31]

In Jerusalem faszinierte Perutz vor allem das Leben, das multikulturelle Gemisch, das laute, warme, orientalische Flair der Stadt. In der Altstadt, »von hohen grauen Mauern umgeben, mit gewaltigen Toren, mit zackigen Türmen«,[32] existierten, getrennt durch die Bazargassen, völlig unterschiedliche Kulturen nebeneinander.[33] Seinem Bruder schrieb Perutz 1945:

> »Wir hatten heuer den schönsten Sommer seit sieben Jahren. Wir waren den ganzen August in Jerusalem. Wir wohnten allein in einem verwunschenen arabischen Haus mit einem verzauberten Garten, einem verstopften Klosett und einem Keller, in dem es spukte, wenigstens kam unser Kater immer fauchend aus ihm heraus. (...) Unsere Liegestühle standen auf jener Zisterne, in der Johannes der Täufer gefangengehalten worden war. Neben dem Haus stand eine zerfallene Bäkkerei. Aber nachts wurde dort gearbeitet, dann geflucht, gestritten, gellend um Hilfe gerufen und Schlag vier Uhr wurde dort allnächtlich der Chef ermordet.«[34]

Wichtig war für Leo Perutz in Jerusalem auch die Bibliothek, die es »mit jeder europäischen aufnehmen«[35] konnte und die seine Besuche in Tel Aviver Leihbibliotheken ergänzte. Er fand dort, was sein Herz begehrte: »langgesuchte Quellenwerke, mathematische Spezialwerke, überhaupt Bücher, die sonst nicht zu bekommen sind.«[36]

Ebenso bedeutsam war Jerusalem für Perutz' Hobby. Die Sammelleidenschaft hatte ihn wieder ergriffen. Schon bald begann er, »eine schöne antike Sammlung«[37] anzulegen. Er kannte den Markt, pflegte intensive Kontakte zu Händlern, wußte über Qualität und Preis Bescheid. Von allen seinen Einnahmen verplante er sofort einen relativ hohen Anteil für diese Leidenschaft. An Gerty Kelemen schrieb er 1945:

> »Wir sammeln jetzt ganz andere Dinge, wir haben eine große Vitrine voll von Herrlichkeiten, die in der Erde Palästinas gefunden worden sind: Wundervolle Gläser aus der Zeit vor und nach Chr. Geb., Gebrauchsgegenstände aus Bronze mit dunkelgrüner Patina, graziöse Öllämpchen aus Ton und geschnittene Steine.«[38]

Ihr gesteht er auch: »Ich bin auf diesem Gebiet ein richtiger ›Mumecke‹ (das ist das hiesige Wort für Experte) geworden.«[39] Perutz sammelte römischen Schmuck, antike Münzen, Amulette, Bronzestatuen, Terracottafigürchen, alte Siegel, Millefiori-Perlen, mit besonderer Leidenschaft aber Öllämpchen. Seine Tochter Lore bat er 1945: »Und dann seckier (sic) den Mansur,[40] dass er Dir Öllämpchen verschafft. Ich fliege auf Öllämpchen.«[41] Lore spielte beim Kauf der Antiquitäten eine wichtige Rolle. Sie hatte offensichtlich einen Blick für besonders schöne Stücke. Lore hatte sich während ihres Militärdienstes für längere Zeit in Ägypten aufgehalten und dort eine Reihe guter Antiquitätenhändler entdeckt. Im Besitz von Michaela Staples befindet sich ein Dutzend Briefe, in denen Leo Perutz seiner Tochter Lore detaillierte Anweisungen gibt, was sie kaufen solle und zu welchem Preis. So schrieb er ihr beispielsweise am 18. Oktober 1945:

> »1. Die Kobra. Sie scheint mir mit 8 Pfund teuer zu sein (...). Kaufe sie also nur, wenn Mansur mit sich handeln läßt.(...)
> 2. Das Kelekianglas, das blaue mit dem weissen Faden (12 Pfund). Kaufe es, wenn der Faden nur unwesentlich oder gar nicht beschädigt ist. (...)
> 3. Öllampen gehen allem anderen vor, wenn sie schön und gut erhalten sind. (...)«[42]

Die Vitrine mit Perutz' Kostbarkeiten stand im Speisezimmer der Familie. Mit Stolz führte er seinen Besuchern einzelne Stücke vor. Allerdings war er nach Aussagen seines Sohnes im praktischen Um-

gang mit seinen Kostbarkeiten nicht besonders geschickt: »Er hatte zwei linke Hände. Er hat alles kaputt gemacht und ich mußte es reparieren. Ich habe die zwei rechten Hände. Wenn er ein Glas aus dem Schrank genommen hat, hat er ein anderes kaputt gemacht.«[43]
Zum »Mumecke« entwickelte sich Perutz auch auf dem Gebiet der Briefmarkensammlungen. Mit seinem Sammlerinstinkt hatte er vor allem Interimsmarken gesammelt, die die Zeit des Übergangs von der englischen Mandatsregierung zum israelischen Staat markierten und die schnell an Wert gewannen. 1952 wurde Perutz sogar mit einem Polizeiauto von zu Hause abgeholt, um eventuell gefälschte Marken aus der k.u.k. Zeit zu begutachten.[44] Seine eigene Sammlung verkaufte er kurz vor seinem Tod. Er notierte: »Die Markensammlung für 1480.- Pfund an Erl. Weich verkauft. 1200.- Pfund für Felix Wohnung; 200 Pfund Gretl für Wohnung, 80.- Pfund aufgehoben.«[45]
Die zahlreichen Antiquitätenkäufe lassen die Frage aufkommen, wie Perutz diesen, für einen Emigranten durchaus aufwendigen Lebenstil finanzieren konnte.
Perutz war nach seiner Flucht zunächst »ganz von Hans abhängig«.[46] 27,5 Pfund monatliche Unterstützung hatte er mit seinem Bruder vereinbart.[47] Dies scheint aber nur eine unverbindliche Übereinkunft gewesen zu sein. Einmal, als Hans' Geschäfte schlecht gingen, bekam Perutz nur 17 Pfund,[48] einen knappen Monat später gab ihm Hans 100 Pfund für die nächsten drei Monate.[49] Die wirtschaftliche Lage der Firma bestimmte auch Perutz' Einkommen. Bis zum Lebensende blieb die Abhängigkeit von den Brüdern bestehen. Vor allem die Europareisen, die Perutz ab 1950[50] jedes Jahr nach Österreich, manchmal auch in andere europäische Länder führten, hätte er ohne die Hilfe seiner Brüder nicht finanzieren können. Lore erinnert sich nach dem Tod ihres Vaters:

> »Ich weiss es und kann es auch ausdrücklich bestätigen, dass die Sommeraufenthalte meines verstorbenen Vaters in Oesterreich in den Jahren 1950 bis 1957 durch meinen Onkel Paul PERUTZ, einen Bruder meines Vaters, der in Amerika lebte (er ist vor zwei Jahren gestorben) zur Gaenze getragen wurden. Mein Onkel war Mitinhaber der Firma Schwabach und Co in New York und ein ziemlich wohlhabender Mann.«[51]

Ständig manövrierte sich Perutz in finanzielle Engpässe. Mehrfach sah er sich genötigt, den Schmuck seiner Frau und seiner Töchter zu versetzen.[52] Erst 1940 konnte er eigene Einnahmen aus seinen Werken verzeichnen, alles Früchte seiner früheren Arbeiten. Die Summen waren, verglichen mit den regelmäßigen Unterstützungen durch seinen Bruder, enorm. Die Metro-Goldwyn-Filmgesellschaft zahlte ihm 1940 497,5 Pfund,[53] die spanischen Filmrechte für »Morgen ist ein Feiertag« und »Zwischen neun und neun« brachten 106 Pfund. In seiner Bilanz 1940 gibt Perutz an, 700 Pfund verdient zu haben. Bedenkt man, daß die Lebenshaltungskosten für Perutz' fünfköpfige Familie zu dieser Zeit mit etwa 20 Pfund pro Monat veranschlagt wurden,[54] hätte Perutz damit drei Jahre auskommen können. Doch schon im nächsten Jahr sind im Notizbuch wieder häufig finanzielle Probleme vermerkt. Die monatliche Unterstützung von Hans wurde sehnsüchtig erwartet, obwohl die Einkünfte vor allem aus der Agententätigkeit von Hugo Lifczis auch 1941 nicht unbeträchtlich waren.[55] Wieder einmal war es nicht unbedingt der Mangel an Geld, sondern die Unfähigkeit, damit umzugehen, die Perutz in Bedrängnis brachte. Den Großteil seiner Einkünfte gab Perutz sofort nach Erhalt für Antiquitäten aus. Seiner Tochter Lore, die ihn darauf angesprochen hatte, schrieb er 1945: »Ich bin nicht leichtsinnig, sondern ich möchte, wenn ich ein Sammelobjekt weggebe, doch wieder etwas Wertbeständiges, das vielleicht sogar im Werte steigt, dafür bekommen. Es soll nicht alles für den Haushalt aufgehen.«[56] Michaela Staples kann dieses Verhalten ihres Vaters einsichtig erklären:

> »Mein Vater wollte sein Geld anlegen, er wollte, daß etwas da ist für die Grete, wenn er tot ist. Wegen seiner Kriegsverletzungen konnte er keine Lebensversicherung abschließen. So waren die Antiquitäten die Lebensversicherung für Grete.«[57]

Die Einkünfte aus der Tätigkeit als Versicherungsmathematiker ab 1948 waren sicher ein wertvoller Beitrag zur Konsolidierung der Familienfinanzen. Einen weiteren wichtigen Beitrag leisteten ab 1955 die Kinder Lore und Felix. Perutz berichtete Gerty Kelemen: »Bei uns ist eine Art Erdbeben oder Vesuvausbruch erfolgt: Die Kinder – Felix und Lore – haben sich ein sehr schönes Photostudio aufgemacht (...) und Gretl als sehr begabtes Lehrmädel mit weg engagiert.«[58]

An dem Familienbetrieb waren nach Felix' Aussagen alle mehr oder weniger beteiligt.[59] Er und Lore arbeiteten, Grete half mit, der Vater besorgte die Buchhaltung. Genauestens verfolgte Perutz die täglichen Einnahmen, registrierte schlechte und rekordverdächtig gute Tage. Die Erträge wurden, so Felix, dem Familienbudget zugerechnet. Leo Perutz hatte darauf bestanden, daß Grete Teilhaberin des Geschäftes war, ähnlich, wie das Testament seines Vaters ihn zum »sleeping partner« seiner Brüder gemacht hatte. Neben den Antiquitäten war dies für Leo Perutz die zweite Garantie, daß für die 22 Jahre jüngere Grete im Falle seines Todes gesorgt sei.[60]

Perutz' Leben hatte sich im Exil verändert. Das öffentliche Leben der Wiener Zeit, die Kaffeehausbesuche, die Barnächte, die Flirts, all dies war einer großen Zurückgezogenheit gewichen. In dieser Situation gewann die Familie an Bedeutung. Während man in der Wiener Zeit oft den Eindruck hat, daß die Kinder eine eher nebensächliche Rolle spielen, nimmt die Kernfamilie nun auch in Perutz' Tagebüchern breiteren Raum ein. Mit der räumlichen Enge und der gestiegenen Bedeutung nahmen aber auch die Probleme gewaltig zu.

Perutz' Frau Grete kam mit der neuen Situation nur schwer zurecht. Die Mitglieder ihrer eigenen Familie waren weit weg, Perutz' Kinder hatten sie nie ganz akzeptiert, auch die Situation mit Leo Perutz war plötzlich eine ganz andere. »Was Gretl an meinem Vater schätzte,« so die Tochter Michaela, »war sein social life«, war das Leben an der Seite des berühmten Mannes, war sein Umgang mit Schauspielern, Literaten, Wissenschaftlern und Bohemiens. Grete liebte es zu repräsentieren. All dies konnte in Palästina nicht aufrechterhalten werden. Grete beklagte das zurückgezogene Leben und wollte am liebsten erneut auswandern, nach England oder Amerika. Der Ehefrieden war häufig gestört. Es gab Differenzen wegen Felix' Erziehung, wegen einer neuen Wohnung, wegen finanzieller Schwierigkeiten. Seinem Bruder schrieb Perutz beispielsweise: Grete gehört »zu dem von mir so bekämpften Typ der Sauberkeitsbesessenen (...). Sie wütet sogar gegen die Urgesetze des Kosmos, so z. B. das Gravitationsgesetz, das die Asche meiner Zigarette zu Boden fallen läßt.«[61] Grete war unglücklich und überfordert. »Gretl wollte abends zu Fränkels«, notierte Perutz am 16. Januar 1942, »bekam aber plötzlich ohne Grund einen Weinanfall, weil es uns nicht gut ginge und wir die armen Verwandten seien. Wollte mehr Taschengeld.« Weinanfälle waren häufig, ebenso Migräne.[62] Die Familie interpretierte Gretes Beschwerden als Hypochondrie.

Das Exil hatte die Ehe auf eine harte Bewährungsprobe gestellt. »Unglückliches Jahr,« notierte Perutz in seinem Jahresrückblick 1939. »Das schlimmste: Gretl wollte fort von mir. Ist beinahe dem Einfluß eines mediokren Menschen erlegen, der sie mir abspenstig machen wollte. Ich hab sie zurückerobert. Noch einmal ist es mir gelungen.«

Der Altersunterschied von 22 Jahren zwischen den beiden machte sich nun bemerkbar. Oft beklagte Perutz, daß sich Grete auf Festen glänzend amüsiere, plaudere und tanze, während er den ganzen Abend allein bleibe, ja, sich sogar in die Küche zurückziehe, um zu lesen.[63] Grete ließ ihren Mann deutlich spüren, daß er nicht mehr die erste Wahl war,[64] wiederholt drohte sie ihm nach einem Streit mit Scheidung oder – nach dem Krieg – mit der Rückkehr nach Wien.[65] Perutz war mißtrauisch. Er spionierte Grete nach, merkte, daß nicht immer die von ihr angegebene Adresse mit ihrem tatsächlichen Aufenthaltsort identisch war,[66] doch traurig und resigniert vermerkte er, 64jährig: »Was soll ich alternder Mann dagegen tun?«[67] Er begann, sich vor seiner Frau zu schämen. Als ihm einmal die Gaumenplatte seines Gebisses brach, schmiedete er einen abenteuerlich durchdachten Plan, um Grete das ihm peinliche Malheur zu verheimlichen.[68]

Das Paar blieb zusammen, Perutz war froh darüber, denn in Grete fand er trotz allem einen »guten Kameraden«.[69] Nach außen wirkte die Beziehung der beiden durchaus harmonisch. Gretes Nichte erinnert sich, daß der Umgang der beiden Eheleute miteinander sehr liebevoll gewesen sei. Ihrer Meinung nach habe Leo in der Beziehung dominiert, Grete sei ihm aber sicher eine gute Frau gewesen, die stets sehr stolz auf ihn gewesen sei.[70] Vielleicht war es nicht zuletzt ein etwas schlechtes Gewissen, das Leo Perutz veranlaßte, Grete nach außen vehement zu verteidigen, sowohl seinem Bruder als auch den eigenen Kindern gegenüber. Michaela Staples erinnert sich – noch immer mit Zorn in der Stimme:

> »In Tel Aviv gab es oft Streit der Gretl wegen. Und mein Vater war immer auf ihrer Seite, ob sie recht hatte oder ob wir recht hatten. (...)

Sie hat versucht, uns auszunützen, sie wollte nichts tun und wir sollten die Arbeit machen. (...) Und wenn wir uns dann beschwert haben, dann hat er immer ihr recht gegeben.«[71]

Im April 1941 erhielt die Familie Perutz unerwarteten Zuwachs. Seinem Bruder Paul schrieb Perutz:

»Unmittelbar nach Abschluß der Kriegsereignisse in Griechenland läutete es eines Nachmittags an der Tür und Gretls Vater erschien, der aus Griechenland evakuiert und hierher geschickt worden war. Gretl, die sich vor Seligkeit nicht fassen konnte, hat ihm ihr eigenes schönes Zimmer eingeräumt, und so leben wir jetzt zwar etwas unbequemer, aber Gretls gehobener Seelenzustand ist jedem von uns das kleine Opfer wert. Ihr kennt ja die alte Anekdote von der alten Jüdin, die sich beim Wunderrabbi beklagte, daß sie mit fünf Kindern und sechs Hendeln in einer Stüb zusammenhocke und den Rat bekommt, sich einen Ziegenbock zu kaufen. Also mit einem Wort: er ist unser Ziegenbock.«[72]

Was hier noch recht wohlgelaunt klingt, entwickelte sich mit der Zeit zu einem großen Problem. Der »Ziegenbock« – Leo Perutz nannte ihn in Tagebuch und Briefen nie anders – scheint ein schwieriger, aufbrausender alter Mann gewesen zu sein.[73]

Er fühlte sich nicht als Gast, sondern, als der Ältere, eher als Herr des Hauses. Er mischte sich in Felix' Erziehung, verwendete ihn gegen Perutz' ausdrücklichen Wunsch als Laufburschen und verlangte von Grete, sie solle ihm den ersten Platz im Haus verschaffen.[74] Obwohl Leo Perutz ihn während seines Aufenthaltes in Palästina finanziell stark unterstützte,[75] brachen die alten Animositäten zwischen den beiden Männern wieder auf. Pausenlos kam es zum Streit, ständig sollte Grete der einen oder der anderen Seite zu ihrem Recht verhelfen. Zwar zog der ungeliebte Schwiegervater aus der Familienwohnung in eine eigene nahe gelegene Wohnung, doch versäumte er es nicht, sich ständig vor allem in die Beziehung zwischen seiner Tochter und Leo Perutz einzumischen und Grete gegen Perutz aufzubringen. Zielsicher traf er den wunden Punkt. Perutz notierte am 18. März 1942: »Über mich und sie sagte er: Jugend gehört zur Jugend (also sie nicht zu mir).« Vater Humburger hielt seiner Tochter vor, sie ziehe sich zu jugendlich an, wo sie doch die Frau eines alten Mannes sei.[76] Meist

kam Grete heulend von den Besuchen bei ihrem Vater nach Hause. Erst 1947, als Gretes Vater sich repatriieren ließ und nach Wien zurückkehrte, löste sich das Problem.
Seinen Kindern konnte Perutz in Palästina nicht mehr das Leben ermöglichen, das er sich für sie gewünscht hätte. Felix ging zwar aufs Gymnasium, die Ausbildung ließ aber in den Augen des Vaters zu wünschen übrig. »Er lernt nicht Latein, dafür aber den Talmud«,[77] beklagte er sich in einem Brief an das Ehepaar Lifczis. Lore arbeitete vor ihrem Armeedienst als Schneiderin, Michaela, die in Wien hätte studieren sollen,[78] verdiente ihren Lebensunterhalt in einem Heim für körperbehinderte Kinder, später arbeitete sie für 4 Pfund im Monat als Säuglingsschwester in Jerusalem.
Perutz verhielt sich seinen Kindern gegenüber sehr dominant. »Was er sagte, war ein Gesetz.«[79] Ungeniert mischte er sich in ihre Angelegenheiten, auch als sie bereits erwachsen waren. Mit großer Selbstverständlichkeit gestand er beispielsweise seiner Tochter Lore, einen Brief gelesen zu haben, den sie an ihre Schwester geschrieben hatte und in dem sie über eine Liebesbeziehung erzählte. Er schrieb ihr, er habe den Brief irrtümlich geöffnet, »dann aber auch gleich gelesen. Ich sag Dir, ein L-Kl., der sich nur jeden zweiten Tag rasiert, kann sich nichts aus Dir machen, verlieb Dich nicht in ihn, verlieb Dich überhaupt nicht in jedes uniformierte zweibeinige und nur an ungeraden Tagen rasierte Wesen. Wenn ich mir aus einem Mädel etwas gemacht habe, dann hab ich mich zweimal täglich rasiert.«[80]
Michaela scheint das resoluteste der Kinder gewesen zu sein. Sie bot ihrem Vater wiederholt die Stirn. Perutz notierte über die damals 21jährige: »Früh Streit mit Michaela. (Wegen Telefonieren zu Gretls Friseurin). Sie bekam eine Ohrfeige, weil sie mir nicht folgen wollte.«[81] Erst einen Monat später versöhnten sich die beiden wieder. Vor Michaela hatte Perutz stets Respekt. An ihr hing er aber auch mit großer Liebe. Die Briefe an sie sind warm und voller Sehnsucht. Michaela hatte 1947 geheiratet und war nach England gezogen. Dieser Hochzeit waren große Probleme vorausgegangen. Michaelas Mann, der Engländer Bert Staples, bekam wegen des Befreiungskrieges in Palästina, der sich gegen die englische Mandatsregierung richtete, keine Einreiseerlaubnis.[82] Perutz ließ aber seine Tochter nicht unverheira-

Grete Perutz mit ihrem Vater

tet nach England reisen. So entschieden sie sich für eine bürokratisch sehr aufwendige Hochzeit in Italien. Zehn Tage dauerte es, bis alle notwendigen Dokumente beisammen waren und die beiden heiraten konnten.[83] Perutz besuchte seine Tochter einige Male in England oder traf sich mit ihrer Familie auf seinen Reisen nach Österreich. Von seinen beiden Enkeltöchtern Phyllis und Maureen schwärmte er sehr. »Sie sind beide 100 mal süsser, als ich sie mir vorgestellt habe und der Abschied fiel uns sehr schwer,«[84] schrieb er Michaela nach dem ersten Besuch. Bis zu seinem Tod ließ er der Familie immer wieder Nahrungsmittelpakete zukommen, die er von seinen Freunden aus Argentinien erhielt und steckte der Tochter ohne das Wissen seiner Frau größere Geldbeträge zu. Offensichtlich hatte er bei ihr auch eigenes Geld deponiert,[85] häufig bat er Hugo Lifczis, ihm zustehende Tantiemen auf Michaelas Konto zu überweisen.
Eine besonders intensive Beziehung hatte Leo Perutz zu seiner zweiten Tochter Lore, die er liebevoll »Lorli« nannte. »Sie war sein Lieb-

ling,« erinnert sich ihre Schwester. »Sie war sehr hübsch, sie war wohl meiner Mutter ähnlich.«[86] Lore war ein eher wortkarger Mensch, doch was sie sagte, muß sehr treffend gewesen sein.[87] Und sie hatte die Gabe, in allem, was sie erlebte, stets das Komische zu sehen.[88] Sie lebte bis zu Perutz' Tod im gemeinsamen Haushalt. Die Liebe zu den Antiquitäten verband Vater und Tochter. Zwischen ihnen scheint es Streit nicht gegeben zu haben.

Äußerst schwierig war dagegen die Situation mit Felix, dem einzigen Sohn. Felix, der von frühester Kindheit an die Ablehnung seines Vaters zu spüren bekommen hatte, ist noch heute davon überzeugt, daß in den Tagebüchern seines Vaters, die er nicht kennt, eine Menge schlechter Dinge über ihn stehen.[89] Er war bei der Einwanderung zehn Jahre alt, paßte sich schnell an, lernte die neue Sprache in unheimlicher Geschwindigkeit und untergrub so die väterliche Autorität. Perutz schrieb 1939:

> »Das reinste Wunder aber in dieser Hinsicht ist mein Sohn Felix, der die Sprache der Erzväter schon fließend spricht und mit einer Schnelligkeit, daß keiner von uns ihm folgen kann. Er fühlt sich mir gegenüber auch sehr überlegen und bringt mir hie und da ein paar Brocken bei.«[90]

Perutz bestand darauf, seinen Sohn aufs Gymnasium zu schicken, 1948 gab er aber seinem Bruder Paul gegenüber zu: »Ich glaube, ich habe einen großen Fehler gemacht, indem ich ihn mit aller Gewalt durch das Gymnasium schleppte und zerrte. (...) Zum Büffeln taugte er nicht.«[91]

Felix weigerte sich zu lernen, erreichte das Klassenziel nicht,[92] mußte häufig Nachprüfungen ablegen[93] und schwänzte den Unterricht.[94] »Wir müssen fortwährend in die Schule rennen«, schrieb Grete Perutz an ihren Schwager 1946, »aber Leo sagt, das sei für ihn die verdiente Strafe, seinen Eltern sei es mit ihm ebenso ergangen.«[95] Felix hatte eher sportliche Ambitionen, er war »ein erstklassiger Djudjitskämpfer (sic),«[96] lernte Boxen, Ringen, Schwimmen und Leichtathletik.[97] Etwa ab 1946 engagierte er sich bei der Haganah, der nationalen Untergrundorganisation, die es sich zum Ziel gesetzt hatte, das Land von der englischen Mandatsregierung zu befreien. Der Vater wußte, daß Felix häufig Schule schwänzte, um bei der Haganah zu sein, und er wußte auch, daß die sogenannte »Landarbeit«, zu der Felix einrückte, eine paramilitärische Ausbildung war. »Bald wird er wohl eingesetzt«, schrieb er seinem Bruder am 24. Mai 1946, »wenn Polizeiforts gesprengt werden oder Eisenbahnlinien.«[98] Leo Perutz empfand für die Haganah durchaus Sympathie, sah aber Felix' Tätigkeit dort mit gemischten Gefühlen.

> »Es steckt viel Heroismus und Idealismus, vor allem aber ein ausgezeichneter Generalstab dahinter, auch war auf der Gegenseite ein Übermass von Cynismus und Provokation am Werk. Aber in meiner Brust war seit jeher Raum für zwei oder noch mehr Seelen und eine von ihnen drängt mich, Felix etwas Richtiges lernen zu lassen, bevor er ein nationaler Held («Gibor«) wird.«[99]

Perutz' Erziehungsstil war nicht sonderlich einfühlsam. Am 12. März 1946 notierte er z. B.: »Felix wollte aus der Schule austreten, bekam 2 Dutzend Ohrfeigen.« Als die Probleme mit Felix 1946 eskalierten, bat Perutz seinen Bruder Paul, Felix für ein oder zwei Jahre nach Amerika zu nehmen und für seine Ausbildung zu sorgen. »Als ich 16 Jahre alt war, hat er mich nach Amerika abgeschoben für zwei Jahre; er wollte, daß ich etwas lerne,«[100] so kommentiert Felix die damalige Situation. Er lernte Zahntechniker und schrieb seinen Eltern aus Amerika – trotz des massiven Drucks von Pauls Seite – kein einziges Mal.[101] Auch nach seiner Rückkehr war die Lage keineswegs entspannter. Die Einmischungen der Eltern waren massiv, der Streit »fast unheilbar«.[102] Irgendwann noch vor seiner Hochzeit zog Felix nach ein paar Ohrfeigen aus, nahm sich ein eigenes Zimmer.[103]

Nach 1938 kamen Perutz und seine Geschwister nur noch selten zusammen. Lilly war in Kenia, kam 1943 für einige Monate nach Palästina, ehe sie endgültig nach Amerika emigrierte. »Sie hat sich nicht verändert«, schrieb Perutz seinem Bruder während ihres Aufenthaltes. Sie »schießt wie eine Wahnsinnige in Tel Aviv herum, ist an 7 Plätzen zur gleichen Zeit, protegiert, vermittelt, hetzt die Jungen gegen die Alten auf, mästet Felix mit Schokolade und mengt sich in alles ein.«[104]

Paul, der in seiner Exilheimat Amerika schnell reich geworden war, besuchte seine Brüder zweimal in Palästina, einige Male trafen sich er und Leo Perutz im Sommer in Europa. Paul Perutz unterstützte seinen Bruder nach wie vor finanziell.

Er ermöglichte Perutz' Sommerreisen und die Zusammenkünfte mit seiner in England lebenden Tochter. Als Paul 1956 starb, war Perutz tief erschüttert. »Seit Bärs Tod der schlimmste Schlag«, notierte er am 6. Juli 1956. Die beiden Brüder führten einen sehr regen Briefwechsel. Leo Perutz erzählte ihm offen von allen Familienangelegenheiten, seinen literarischen Plänen, seinen politischen Standpunkten, seinen wirtschaftlichen Problemen. Die Beziehung zu ihrem jüngsten Bruder Hans klammerte er aber in allen Briefen aus.
Hans übernahm in Palästina die Rolle allein, die er in Wien mit seinem Bruder geteilt hatte. Er fühlte sich verpflichtet, seinen in der Familie als exzentrisch geltenden Bruder Leo unter seine Fittiche zu nehmen und scheute selbst massive Einmischungen nicht. Unmittelbar nach der Flucht war es Hans gelungen, eine neue Firma zu gründen, eine Textilfabrik, die während der Rohstoffknappheit des Krieges alte Wollsachen wiederverwertete und das Militär belieferte. Nach einigen Anfangsschwierigkeiten hatte sich die Firma sehr gut entwikkelt. 1945 schrieb Perutz in einem Brief: »Mein Bruder Hans hat hier eine Baumwollspinnerei, (...) eine Maschinen-Werkstätte und in Ägypten ein In- und Exportunternehmen.«[105]
Als die Fabrik nach dem Krieg Probleme bekam, machte sich Leo Perutz große Sorgen.[106] Leos Familie war von Hans finanziell abhängig. Die Rente, die Leo Perutz aus der Firma seines Vaters zustand, zahlte nun Hans. Daraus zog er aber auch die Berechtigung, in allem mitzureden. Wie früher Paul, so forderte jetzt er seinen Bruder auf, sparsamer zu leben und sich das Geld anders einzuteilen. Er hätte es wohl gern gesehen, wenn Leo sich in seinem Familienbetrieb engagiert hätte. Einige Zeit mußte Michaela in seinem Büro arbeiten; sie fand an der Tätigkeit keinen Gefallen. Die Bemühungen, Felix einzubinden, scheiterten völlig.[107] Hans warf seinem Bruder vor, ein Faulenzer zu sein und mit ihm seine ganze Familie.[108] Am 3. Dezember 1946 klagte Perutz:

> »Nach dem Nachtmahl (...) gestand mir Gretl, daß sie bei Hans war, er hatte sie rufen lassen. Hans hat sehr häßlich von uns allen gesprochen, auch von den Kindern, sie sollen »hergeben«, Gretl Pullover stricken. Gretl war sehr unglücklich, ich noch mehr. Es ist ein Riss zwischen Annie und Hans und uns.«

Anlaß für Auseinandersetzungen waren aber auch unterschiedliche politische und religiöse Einstellungen. Leo Perutz weigerte sich, zum Sederabend zu gehen und erzürnte damit Hans, dessen Familie religiös lebte.[109] Michaela Staples erinnert sich: »Hans war sehr rechts. Er war auch einmal kurze Zeit im Gefängnis. Er hat die Haganah finanziell unterstützt, auch den Irgun, glaube ich, das waren die Terroristen. Er war mit Begin befreundet, Begin kam zu seinem Begräbnis.«[110] Wahrscheinlich um Streit zu vermeiden, sprach Leo Perutz, dem an der Gründung eines jüdischen Staates nie etwas gelegen war, nur selten mit seinem Bruder über Politik. Doch in den Tagebüchern ist kaum ein Monat zu finden, wo nicht eine Auseinandersetzung mit Hans erwähnt wird. Die Konflikte scheinen aber nur sehr selten vor den Kindern ausgetragen worden zu sein. Perutz' Sohn Felix erinnert sich – nach dem Verhältnis der Brüder zueinander befragt – nur an die umfassende finanzielle Unterstützung durch den Onkel.[111]

In Palästina hatte Leo Perutz keine Freunde. Die Seinen waren in alle Welt zerstreut. Schon in Italien hatte er einen intensiven Briefwechsel begonnen. Er, der bislang stets von allen Bekannten wegen seiner Schreibfaulheit gerügt worden war, machte es sich nun zur »Gewohnheit, jeden Brief am Tage des Empfanges zu beantworten.«[112]
Er schrieb an Richard A. Bermann, der inzwischen in Amerika lebte:

> »Leider sind alle Menschen, an denen ich wirklich hänge, in alle Welt verstreut. Mir fehlt es sehr, daß ich mich mit Dir nicht anders als schriftlich unterhalten kann. Fast unser ganzes Leben brauchten wir einander nur anzurufen, um uns alles Wissenswerte zu sagen.«[113]

Umfangreiche Briefwechsel existieren mit Richard A. Bermann, Annie und Hugo Lifczis, später auch mit Gerty Kelemen.[114] Ihnen schilderte Perutz sein Leben in Palästina, seine Ängste und Hoffnungen, seine Pläne und seine »grenzenlose Einsamkeit«.[115]
Perutz mußte den Tod vieler seiner liebsten Wegbegleiter beklagen. Es traf ihn schwer, als Bermann am 1. September 1939 in New York an einem Herzschlag starb. »Mein ältester und liebster Freund«, klagte er. »Wie wird der Rest meines Lebens werden ohne ihn? Ich habe immer gehofft, er wird meinen Nekrolog schreiben.«[116]

Nun war es an Perutz, für seinen Freund einen Nachruf zu verfassen. Er schildert in »Klage um einen Toten«[117] ihre ersten Kontakte im literarischen Verein »Freilicht«, Bermanns unermüdliche und abenteuerliche Reisen, seine Flucht vor den Nazis. Zum Schluß stellt er sich Bermanns »letzte Reise«, seinen Tod, vor:

»Er lag vier Tage nach Ausbruch dieses Krieges nachts in seinem Zimmer, da öffnete sich die Tür, einer trat ein.

›Sie sollen reisen, Höllriegel‹, sagte eine Stimme.

›Reisen? Für wen? Für welche Zeitung?‹

›Für keine Zeitung‹, kam die Antwort. ›Die Zeit selbst schickt sie auf die Reise.‹

›Und wohin? Nach England? Nach Frankreich? In den Krieg?‹

›Nicht in den Krieg. In die Ewigkeit.‹

In die Ewigkeit! Alle Straßen der Erde hatte er durchwandert. Alle Winkel der Erde waren ihm vertraut. In die Ewigkeit!

Und Arnold Höllriegel, mein liebster Freund, der große Globetrotter, war im gleichen Augenblick schon reisefertig.«[118]

Vom Tod Hugo Sperbers hatte Perutz bereits in Italien erfahren. Paula Beer-Hofmann[119] starb auf der Flucht in der Schweiz. Die Frau von Perutz' langjährigem Co-Autor Paul Frank hatte sich in Casablanca das Leben genommen, weil sie durch die ständige Jagd nach Visen einer Angstpsychose verfallen war.[120] Perutz' Jugendfreund Ernst Weiß nahm sich am 14. Juni 1940 in Paris beim Herannahen der deutschen Truppen das Leben.[121] In einem Brief an Gerty Kelemen, die aus dem Konzentrationslager Bergen-Belsen gerettete gute Freundin, listete Perutz 1945 seine toten Freunde auf:

»Franzl Elbogen ist tot (...). Auch Anton Kuh ist in New York gestorben, an einem jener Herzanfälle, die wir ihm in Wien nicht glauben wollten. (...) Dietrichstein, Sperber, (...) Arnold Höllriegel, (...) Ernst Toller. Lisl Geiringer (...) hat sich vor sechs Wochen in N. Y. mit Gas vergiftet. (...) An Herzschlag gestorben ist Konrad Veidt (...). Von den Toten dieses Sommers, Beer-Hofmann, Roda-Roda, Werfel, Salten, wirst Du wohl wissen. (...) Das war eine lange Liste. Die Liste unserer lebenden Freunde ist kürzer.«[122]

Zwar fand Perutz in Palästina schon bald neue Bekannte, sie konnten ihm die alten Freunde aber nicht ersetzen. Mit fast identischen Wor-

ten klagte Perutz in vielen Briefen: »Was mir fehlt, sind Freunde, die für meine Arbeit Interesse und Verständnis haben. Freunde habe ich hier nur für Bridge und Schach, sonst nicht. Mit keinem kann ich über Arbeitsprobleme und Ideen ein Wort sprechen.«[123]
Oberflächlich betrachtet, kann man aus den Tagebüchern durchaus den Eindruck gewinnen, daß Perutz schon bald wieder an einem regen gesellschaftlichen Leben teilnahm. Mehrmals in der Woche traf er sich mit den verschiedensten Menschen. Mit Joachim, der »Schildkröte«, spielte er Schach – einem nach Felix' Aussagen ziemlich langweiligen Menschen -, ebenso mit dem Architekten und Archäologen Stolzer. Dr. Reiss, der Wohnungsvermittler, ein aus Nürnberg emigrierter Jude,[124] kam regelmäßig zum Bridge, obwohl Perutz ihn meist »parterre« und »gräßlich« fand.[125] Mit Fränkels, die er häufig traf, weil Frau Fränkel eng mit Grete befreundet war, stritt er mehr, als er versöhnt war. Sie alle langweilten ihn.
Auch Kontakte zu den im Land lebenden Schriftstellern pflegte Perutz nur sporadisch. Zu Max Brod, der wie er in Tel Aviv lebte, stand er »in losem Kontakt.«[126] Arnold Zweig, den er bereits 1928 in Wien kennengelernt hatte,[127] der ständig über die Lebensverhältnisse in Palästina klagte[128] und im Exil als aggressiv, aufdringlich und schwierig galt,[129] traf er nur wenige Male. Sie hatten sich bei einem Besuch über E. T. A. Hoffmann unterhalten, und Zweig lieh Perutz einen Band mit Briefen und Tagebüchern des Dichters.[130] Den Schriftsteller Josef Kastein, den er 1941 in Haifa besuchte, um sich seine Gläsersammlung anzusehen, fand er angenehm und interessant.[131] Eine Freundschaft ergab sich aber nicht. Etwas intensiveren Kontakt hatte Perutz zu Schalom Ben-Chorin. Der 1913 als Fritz Rosenthal in München geborene Schriftsteller lebte seit 1935 in Jerusalem. Ihn quälte, wie Perutz, die Sprachbarriere und die Sehnsucht nach seiner alten Heimat.[132]
Mit ihm tauschte Perutz einmal die Sommermonate über die Wohnung und las sich durch Ben-Chorins Bibliothek.[133]

Exkurs: Momentaufnahme von Perutz' Persönlichkeit

Als Leo Perutz aus Österreich vertrieben wurde, war er 55 Jahre alt. Die 19 Jahre des Exils veränderten ihn grundlegend.

»Die Brennessel ist meine liebste Blume. Sie duftet nicht, sie blüht nicht. Aber sie brennt«,[134] hatte er 1914 geschrieben. In Wien war Perutz ein selbstbewußter, berühmter Mann gewesen. Seine Bücher waren bekannt, er hatte Kontakt zu Verlegern, Film- und Theaterleuten, immer wieder bekam er Aufträge. Hier waren seine Freunde, denen er von seiner literarischen Arbeit erzählen konnte, hier waren die Kaffeehäuser, die Anregung und Entspannung boten, hier gab es Theater, Konzerte, Bibliotheken.

In Palästina ist Leo Perutz ein Niemand. Erschüttert schreibt er seinem Bruder 1949, daß er in Tel Aviv gefragt worden sei, ob er ein Verwandter des bekannten Industriellen Hans Perutz wäre.[135] Kaum jemand kennt Perutz' Bücher. Niemand hat für seine Arbeit Interesse oder Verständnis:

> »Die Freunde, die ich hier habe, rümpfen die Nase über meine Tätigkeit und würden es lieber sehen, wenn ich den Roman der jüdischen Kolonien oder etwas ähnlich Lokalpatriotisches, womöglich in Iwrith, schriebe. Und so bin ich, was meine Arbeit betrifft, ein Fremdkörper hier im Lande und werde es bleiben (...). Wahrscheinlich aber würde ich hier weitaus angesehener sein, wenn ich ein Lebensmittelgeschäft führen und meine Kunden in Iwrith bedienen würde«,[136]

schreibt Perutz 1939 an seinen Freund Bermann. Die Anerkennung von außen bleibt ihm in Palästina weitgehend versagt, wie er seinen Freunden klagt:

> »Ich habe natürlich versucht, mir hier Verbindungen und einen bescheidenen Namen zu machen (...). Ich habe mich an Dramaturgen, Regisseure, Übersetzer, Iwrith-Verleger und englische Middle-East-Verleger gewandt. Ich bekam nie eine Absage. Aber auch nie eine Zusage, sondern einfach überhaupt keine Antwort. (...) Kurz, es gibt nur etwas, was trost- und hoffnungsloser ist als das Dasein eines überholten Schriftstellers, und das ist hier sein literarischer Agent zu sein.«[137]

Perutz schottet sich ab. In seinen Erinnerungen erzählt Max Brod:

»Es war schwer, mit ihm ins Gespräch zu kommen. Die Vorbedingungen seiner Weltanschauung waren so verschieden von denen, die wir erarbeitet hatten, daß man den Eindruck hatte, man müsse einen Urwald ausroden, ehe man mit ihm, dem völlig Einsamen zusammentraf. Aber er war stets liebenswürdig, sehr kultiviert, hörte an, gab Auskunft – auch dies ist ja eine Art, sich hinter tausend Mauern zu verstecken.«[138]

Nach dem Krieg fühlt sich Perutz auch von Österreich abgelehnt. Es grämt ihn lange, daß sich von offizieller Seite niemand an ihn erinnert, ihn niemand zur Rückkehr auffordert.[139] Er ist wurzellos. Keines der drei Vaterländer, die er gehabt hat, bietet ihm wirkliche Heimat.

Häufig wird er in dieser Exilszeit von Depressionen geplagt, er hat Angst, fühlt sich traurig und niedergeschlagen. Von dem Stier, den Perutz im Fasching 1914 gespielt hat, ist nichts geblieben. Ein anderes Tier scheint sein Lebensgefühl in dieser Zeit viel eher zu symbolisieren. Perutz schreibt 1939: »Das Leben des Juden gleicht einem Regenwurm, der (durch zwei Weltkriege) in drei Teile geschnitten worden ist. Der letzte Teil windet sich ein bißchen, jammert, klagt Jehova an, gräbt sich dann ein und lebt weiter.«[140]

Leo Perutz vergräbt sich, windet sich, lebt im Dunkeln. Er ist weich geworden, nachgiebig. Verschwunden ist die einstige Aggressivität, die Klarheit, mit der er Freund und Feind getrennt hat. Mit Alexander Lernet-Holenia z. B., der ihn 1938 schmählich im Stich gelassen hat, der »seit dem 12. März 38 nichts mehr von sich hören« lassen, »ja nicht einmal einen Telefonanruf« riskiert hat,[141] verbringt Perutz ab 1950 jedes Jahr einige Wochen in Österreich. Es ist schwer vorstellbar, daß er das früher getan hätte. Die einstmals stolzen Vermerke über erfolgreiche Wortgefechte, über ausgetragene Konflikte fehlen in seinen Tagebüchern nun völlig. Offene Auseinandersetzungen scheint es fast nur noch innerhalb der Familie gegeben zu haben. Doch anders als früher leidet Perutz unter den Verstimmungen. Meist notiert er nach einem Streit: »Sehr unglücklich!«[142] Er sehnt die Versöhnung herbei. Ganz anders als früher kommt es nun auch vor, daß er Konflikten ausweicht.[143]

Michaela Staples resümiert: »Er ist milder geworden, er hat seine Im-

Leo Perutz auf seinem Balkon in Tel Aviv

pulsivität verloren, seinen Jähzorn, seine Gehässigkeit.«[144] Das Exil hat ihn zum alten Mann gemacht. Seine Gedanken hängen an Vergangenem. Seine Träume sind in Wien lokalisiert,[145] das Prag seiner Kindheit läßt ihn nicht mehr los.[146] Lange liest er in seinen alten Tagebüchern, denkt an Wien, an die Freunde und voller Sehnsucht und Wehmut an seine erste Frau. In seinen Gesichtszügen erscheint eine neue, weiche Linie. Auf manchen Photos scheint er zu lächeln. Er läßt sich mit wilden Katzen photographieren, die er zum Ärger seiner Nachbarn jeden Abend von seinem Balkon aus füttert,[147] er streichelt seinen roten Cockerspaniel, blickt liebevoll auf seine beiden Enkeltöchter. Gezeichnet vom Leben des Vertriebenen schreibt jener Leo Perutz, der Gott bislang noch nie gebraucht zu haben schien, der für die religiösen Riten seiner Vorfahren nie etwas anderes übrig gehabt hatte als Spott, ohne jeden ironischen Ton in sein Tagebuch: »Lieber Gott, hilf uns!«[148] und »Gott hat geholfen. Gelobt sei er.«[149]

Über die Vorgänge im Konzentrationslager Dachau, wo sein Freund Hugo Sperber umgekommen war, wußte Perutz verhältnismäßig früh Bescheid. Im Exil plante er, über Dachau zu schreiben. Bermann informierte er hierüber 1939:

> »Es wird Dich vielleicht nicht sehr interessieren, aber mich macht es unendlich froh, daß mein Freund, Dr. Franz Elbogen, (...) seit vier Tagen aus Dachau draußen ist. (...) Ich sammle jetzt verläßliche Berichte aus Dachau. Vielleicht werde ich Dir einmal diese Berichte, die ich vorher durchgearbeitet haben werde, zusenden. Ich glaube, es wird notwendig sein, einen Tatsachenbericht hierüber in New Yorker Blättern zu veröffentlichen. Du wirst Dich dann darauf verlassen können, daß nicht ein Wort drinnen stehen wird, für das ich nicht einstehen könnte.«[150]

Im Nachlaß Leo Perutz' findet sich auch eine Bildpostkarte, die einen in Dachau gefolterten Mann zeigt.[151] Zu einer Veröffentlichung kam es nicht, auch sind die gesammelten Berichte im Nachlaß nicht mehr vorhanden. Perutz dachte wohl an eine Art Dokumentation, denn auf den Plan des österreichischen Schriftstellers Raoul Auernheimer, über seine eigenen KZ-Erfahrungen ein Buch zu schreiben, reagierte Perutz, ebenfalls in einem Brief an Bermann, mit schroffer Ablehnung, wobei ihn wohl weniger der Inhalt als vielmehr die erwartete Gestaltung störte:

> »Und ich kann mir daher vorstellen, daß ein Mensch wie Auernheimer sehr gelassen über die Dinge schreibt, die ihm in Dachau angetan wurden und die er nun hinter sich hat. Aber er (hat) ja diese Dinge nicht nur selbst ertragen, sondern auch zugesehen, wie andere an ih-

nen zugrunde gegangen sind. Und daß man über das, was man mitangesehen hat, ein graziöses Buch schreiben kann, ist mir unverständlich. Gestern abend war ein Mensch bei mir, der vier Monate Dachau und vier Monate Buchenwald hinter sich hat. Und es wurde mir, als er erzählte, totenübel vor Wut, nicht nur über die Nazis, sondern auch über die Auernheimers, die graziöse und überlegene Berichte aus dem Inferno schreiben.«[152]

Mit Beginn des Zweiten Weltkrieges versiegten die Informationen. Perutz' Tochter Michaela erzählt, daß sie während des Krieges von den Vorgängen in den nationalsozialistischen Gebieten und vor allem in den Vernichtungslagern im Osten nichts wußten. Auch in Perutz' Tagebuchaufzeichnungen von 1939 – 1943[153] gibt es darauf keine deutlichen Hinweise.[154] Erst nach dem Krieg, so Michaela Staples, hätten sie alles erfahren. Die Schwester ihrer Mutter, Hilde Weil, war im KZ Ravensburg umgekommen. Leo Perutz nahm nach dem Krieg mit ihrem Freund Kontakt auf, der ihm vieles erzählen konnte.[155] Auch von seiner Freundin Gerty Kelemen, die aus dem niederländischen Exil deportiert worden war und schließlich aus Bergen-Belsen befreit werden konnte, erfuhr Perutz Details, die ihn erschütterten.[156] Über Westerbork hatte sie erzählt:

»In Westerbork gab es ein Theater! Während die Transporte nach Polen gingen, führte man in W. Revuen auf (...). Die teuersten Kräfte waren da, und der Kommandant hatte ein Faible für die Revue. Er (...) spielte sich auf wie ein Renaissancefürst, während der ganze jüdische Hofstaat um ihn tanzte. Er ließ sich und seine zahlreichen Freundinnen auf das luxuriöseste ausstatten mit Kleidern, Wäsche, Möbeln, Kunstgegenständen, Fotos, und alles lief und tat, denn das bedeutete ›Sperre‹, Aufschub des Transportes. Für die Revue stellte er große Summen Geld zur Verfügung und jedesmal, wenn er ›hohen Besuch‹ bekam, führte er den in die Revue. Dann standen alle auf, er grüßte huldvoll, ehe er in den für ihn und seine Gäste bereitgestellten Fauteils (sic!) Platz nahm ... Am nächsten Morgen schickte er dann 2000 Menschen in die Gaskammern nach Auschwitz, und als er genug von der Revue hatte, folgten die Künstler.«[157]

Die Ereignisse, die dem Ausbruch des Zweiten Weltkrieges vorangingen, verfolgte Leo Perutz voll düsterer Erwartung, aufgeregt, mit kaltem Schweiß.[158] Bis zuletzt glaubte er nicht an den Krieg, hoffte, Hitlers Ende würde unmittelbar bevorstehen.[159] Er verfolgte im Radio die Reden Chamberlains und Roosevelts. Die englische und französische Appeasementpolitik kritisierte er aufs schärfste:

»Mein Pessimismus gründet sich darauf, daß überall noch die alten Kerle die Geschäfte führen. Dieser Beck,[160] der bereit ist, mit Hitler einen Separatfrieden zu schließen, um nicht russische Hilfe annehmen zu müssen. Dieser Bonnet,[161] der sehr darauf bedacht bleibt, in Deutschland eine gute Presse zu haben und mit den feinsten Mitteln das Bündnis mit Rußland zu verhindern trachtet. Und Chamberlain, der, wenn die Nazis vier Wochen lang Frieden halten, sofort bereit sein wird, Frieden für unsere Generation zu verkünden und es gerne sähe, wenn die Oststaaten mit Hitler verhandeln würden und ihm das freiwillig konzedieren würden, was vielleicht die Ursache eines Krieges werden könnte! Ich fürchte, es wird noch ein oder zwei Fait accomplits geben, bevor eine wirkliche Front zustande kommt.«[162]

Als der Krieg dann doch ausbrach, legte Perutz »seine pazifistische Überzeugung bis zur Zeit der Beendigung dieses Krieges auf Eis.«[163] 1939 schrieb er an Bermann:

»Ich denke mit ein bißchen melancholischer Sehnsucht an den vergangenen Krieg. (...) In diesem Krieg stehen wir zwar auf der richtigen Seite, sind aber alle so ziemlich abgehalftert, müßige und überflüssige Zuseher der Ereignisse. (...) Mit dem früheren Krieg dürfte der jetzige nur ein gemeinsames (sic) haben: It is a long way to Tiparary.«[164]

Obwohl in Tel Aviv vom Krieg zunächst nichts zu spüren war, strapazierten Perutz die Kriegsereignisse sehr. Jeder deutsche Erfolg erschütterte ihn, immer wieder plagten ihn dann schwere Depressionen. »Düstere Stimmung, fast Verzweiflung«;[165] »Schreckliche Nachrichten (...). Tiefe Depression. 2 Paracodein genommen«.[166] Solche und ähnliche Notizen prägen seine Tagebucheintragungen in den ersten Kriegsjahren.

1940 geriet auch Palästina in den Weltkrieg. Das Land wurde zu einem militärischen Hauptumschlagplatz.[167] Am 24. Juli des Jahres kamen bei Mussolinis Luftangriff auf Haifa 43 Menschen um.[168] Nun erschwerten Ausgangssperren das tägliche Leben, ständig mußte man mit Luftangriffen rechnen. Am 17. Januar 1941 notierte Perutz: »Nachmittag um 4 h erster Bombenangriff auf Tel Aviv; er dauerte 3 Minuten, trotzdem 149 Tote und 120 Verletzte, viele zerstörte Häuser im Zentrum.«[169] Unmittelbar nach den ersten Fliegerangriffen erreichte Perutz ein Telegramm seines Bruders Paul. Dieser wollte der Familie aus der unmittelbaren Gefahrenzone heraushelfen. Perutz, der noch wenige Jahre zuvor alles gegeben hätte, um nach Amerika zu kommen, lehnte Pauls Angebot am 26. Juni 1941, trotz der sich ständig nähernden Gefahr,[170] endgültig ab:

> »Wir alle waren ganz weg über die große und beharrliche Mühe, die Ihr Euch gegeben habt, uns in Eure Nähe zu bekommen. Aber Ihr werdet uns nicht für undankbar halten, wenn ich Euch sage, daß das beherrschende Gefühl zunächst bei uns allen eine ziemliche Verlegenheit war. Keiner wollte auch im Ernstfall weg, und jeder hat dem anderen zugeredet, von der Sache doch Gebrauch zu machen. Ich gestehe Dir, daß die Vorstellung von Palästina fort und in eine neue Emigration gehen zu müssen, für mich ein Albdruck war.«[171]

Seinem Bruder gegenüber spielte Perutz die drohende Gefahr durch die Deutschen herunter, die ihm aber wohl bewußt war. Unter den 136.000 Juden Palästinas, die sich freiwillig zur englischen Armee gemeldet hatten, waren auch Perutz' Töchter. Lore, die der Enge und den Streitigkeiten im Elternhaus entfliehen wollte, ging 1941 nach Ägypten. Sie schwärmte von dem freien Leben beim Militär, von Partys und Abenteuern. Michaela folgte ihr. Der Vater unterstützte das Verhalten seiner Töchter ausdrücklich, wenn auch aus anderen Gründen. »Es ist sicherer, bei der Armee zu sein, als hier in Palästina zu sitzen«, sagte er zu Michaela. »Wenn die Deutschen kommen, dann seid ihr englische Kriegsgefangene und nicht einfach Juden.«[172]

1942 »war ein Schicksalsjahr für Palästina: das Jahr der Entscheidungsschlacht von El Alamein. Dort wurden die Truppen Rommels geschlagen. Hätten die Alliierten verloren, so wäre die jüdische Bevölkerung Mandats-Palästinas tödlich bedroht gewesen.«[173] Dann nahm die akute Bedrohung Palästinas wieder ab; der Krieg in Afrika war vorbei, Italien stand kurz vor der Kapitulation, die Alliierten waren in der Normandie gelandet. Der Krieg war wieder in die Ferne gerückt. In Perutz' Briefen aus dieser Zeit sind Kriegsereignisse nie ein Thema. Tel Aviv war ruhig. Ein Zeitzeuge berichtet:

> »Ein Weg durch Tel Aviv von 1944. Es ist der Weg durch eine sonnige Stadt am Mittelmeer. Gutgekleidete, fröhliche Menschen überall, volle Caféhäuser mit Musik und Tanz, Soldaten, man ist ja im Krieg, aber Gott sei Dank, er ist weit weg, man sieht und hört nicht viel davon. Es herrscht Prosperity, man lebt und man verdient.«[174]

Was Perutz schmerzte, war die Zerstörung alter Kulturstätten in Europa, besonders das Bombardement Wiens traf ihn hart. Dem Ehepaar Lifczis schrieb er am 17. März 1944: »So sehr man mit diesem Bombardement gerechnet hat, so geht es mir doch irgendwie nahe, obgleich ich schon längst palästinensischer Staatsbürger bin.«[175]
Da die Tagebuchaufzeichnungen aus den Jahren 1944 und 1945 fehlen, läßt sich nur anhand eines Briefes von Leo Perutz an seinen Bruder dokumentieren, wie er auf das Ende des Krieges reagierte.

> »Vielleicht sehe ich zu schwarz, aber ich sehe jetzt in vielem schwarz. In mir ist eine Schraube locker geworden oder eine Feder gebrochen, die Schraube oder die Feder, die 7 Jahre lang meine Spannkraft, meinen Optimismus, mein Vertrauen in die Zukunft aufrecht und in Gang hielt, die mich Nacht für Nacht am Radio auf Nachrichten, gute und böse, mit unbeirrbarer Zuversicht horchen ließ. Jetzt haben wir gesiegt (...). Und manchmal ertappe ich mich bei dem Gedanken, wie schön es wäre, wenn wir aus unserem Sieg vom Jahre 45 in unsere Niederlage von anno 18 flüchten könnten.«[176]

Leo Perutz hatte sich zunächst große Hoffnungen gemacht, seine literarische Karriere in Palästina fortsetzen zu können. Im Mai 1939 war sein Roman »Zwischen neun und neun« ins Hebräische übersetzt in der Tageszeitung »Dawar« erschienen. Perutz schrieb darüber an Bermann:

> »Gestern wachte ich auf und war in Tel Aviv berühmt. Einige Dutzend mir unbekannte Menschen sprachen mich auf der Straße, im Autobus und im Kaffeehaus an. Die größte hiesige Tageszeitung, das Arbeitergewerkschaftsblatt, hat nämlich die Unvorsichtigkeit begangen, ›Zwischen neun und neun‹ ohne meine Erlaubnis zu drucken. Da ich auf eine Reklamation eine schnoddrige Antwort bekam, nahm

ich mir einen Rechtsanwalt. Die Folge davon war, daß alle anderen Tageszeitungen die Sache aufgriffen«.[177]

Schon im Juli 1939 wurde Perutz in den hebräischen PEN-Club aufgenommen »in einer feierlichen Sitzung mit feierlichen Reden«, die er »aber noch nicht verstand«.[178] Im selben Jahr erschien eine Karikatur, die Perutz als Mitglied einer Kaffeehausrunde neben Felix Weltsch, Max Brod und Sammy Gronemann zeigt.[179]

Doch Perutz' literarische Produktivität geriet im Exil in eine schwere Krise. Das in den ersten Exiltagen in Italien begonnene Romanprojekt »Mainacht in Wien« gab er bald wieder auf. Die Ereignisse hatten ihn längst überholt. Anschließend beschäftigte er sich intensiv mit einer zweiten Idee, einem Roman mit historischem Hintergrund, der seine Lebensproblematik spiegelte, der »Mayflower«. Mit diesem Romanprojekt über die Pilgrimsväter, die Emigranten nach Amerika, hatte Perutz bereits 1932 begonnen. 1934 besprach er sich erstmals mit Lernet-Holenia,[180] Ende 1937 suchte er einen Mitarbeiter. Die Arbeit war offensichtlich ins Stocken geraten.[181] Lernet-Holenia aber, den sich Perutz 1938 zur Mitarbeit aussuchte, hatte »sich kaum mit der Sache beschäftigt«,[182] so daß die Arbeit in Wien keine Fortschritte machte. In Palästina begann Perutz erneut; »immer noch am Quellenexcerpieren«,[183] schrieb er den Lifczis am 1. Januar 1939, wobei er seinem Freund Bermann gegenüber, der ihm ein Buch geschickt hatte, klarstellte, wie er mit diesen Quellen umzugehen trachte.

> »Das Buch ist von großem Wert für mich. Es gibt mir ziemliches Tatsachenmaterial, das ich natürlich nur mit großer Vorsicht und gänzlich verändert verwenden werde. Aber ich weiß z. B. jetzt, wie alt John Garver oder Eduard Winslow waren, und wer von den Leuten aus England und wer aus Leyden stammte. Im Übrigen werde ich mich aber nicht abhalten lassen, mit diesen Gesellen so umzuspringen, wie ich will, und nur der historischen Wahrscheinlichkeit, nicht aber der historischen Wahrheit ihr Recht zu geben.«[184]

»Ein Teller Suppe, so heiß wie der Höllenkessel!«, so beginnt das erste der beiden erhaltenen Kapitel.[185] John Ashborn, der vor den Wachen des Königs fliehen muß, rettet sich auf ein Schiff im Hafen – jenes Schiff, das die Pilgrimsväter für ihre Überfahrt nach Amerika gemietet haben. Er erwacht erst, als sich das Schiff bereits auf hoher

Leo Perutz an seinem Schreibtisch in Tel Aviv

See befindet, nach wirren Träumen, in denen sich Phantasie und Wirklichkeit kaum trennen lassen. Das zweite Kapitel gibt Einblick in die Geschichte, die Pläne und Charaktere der Pilgerväter und ihre Beziehungen untereinander. Auch eine mögliche Liebesgeschichte bahnt sich an. Die junge Frau, die Ashborn in seinem Versteck entdeckt hat, stammt aus der gleichen Gegend wie er und kennt ihn schon von Jugend an. »Wie lange ist das her?«, fragt Ashborn. »Elf Jahre? Ich habe mir immer gewünscht, dich wiederzusehen, Waitstill.«[186] Mit diesen Sätzen bricht das Mayflower-Fragment ab.

Perutz versuchte, seinen neuen Bekannten in Palästina daraus vorzulesen, traf aber auf keinerlei positive Resonanz. Sie kritisierten ihn überheblich, »als wenn (er) ein Anfänger wäre«.[187] Tief gekränkt brach Perutz den Roman nach vier Kapiteln schließlich ab,[188] weil, wie er selbst sagte, »der einzige Mensch, dem ich ihn zu lesen gab, ihn mir durch unerbetene, mit Bleistift an den Rand geschriebene, stupide Verbesserungsvorschläge vollständig vermieste.«[189] Diese im Manuskript noch sichtbaren Anmerkungen von fremder Hand sind äußerst selbstbewußt und oberlehrerhaft. Perutz' Leser strich ganze Passagen einfach durch, verbesserte Perutz in Wortwahl und Satzbau.[190]

Erst 1941 nahm Perutz die Arbeit am »Judas des Abendmahl« und an »Meisls Gut« wieder auf. Beide Bücher waren schon vor dem Exil begonnen worden und werden ihn noch 11 bzw. 16 Jahre beschäftigen – eine lange, mit vielen Schaffenskrisen durchsetzte Zeit. Die Kraft, Neues zu schreiben, konnte Perutz in Palästina nicht aufbringen. Er schilderte Bruno Brehm:

> »Mir macht meine Arbeit wenig Freude. Je älter ich werde, desto skeptischer stehe ich jeder Zeile gegenüber, die ich schreibe, und ein mißlungener Satz läßt mich wochenlang daran zweifeln, daß ich weiter schreiben soll. Ich stelle mir zu schwierige Aufgaben und bin von dem, was mir gelingt, nie befriedigt.«[191]

In Palästina erschienen während des Krieges auch keine älteren Werke von Perutz mehr. Etwas größer war Perutz' Präsenz in Südamerika. Seine Freunde Hugo und Annie Lifczis hatten sich in Buenos Aires niedergelassen und dort eine literarische Agentur gegründet. Ungefähr 2000 Werke v. a. österreichischer, aber auch anderer zentraleuropäischer Autoren brachten sie in spanischer und portugiesischer

Sprache heraus.[192] Perutz' Traum war es, den »Marques de Bolibar« ins Spanische übersetzen zu lassen. Er schrieb 1939 an Hugo Lifczis:

> »Es gibt einen großen Verlag in Buenos Aires, der alle großen deutschen Autoren, also Werfel und Thomas Mann, herausbringt. (...) Wenn Sie ihn eruieren, Verbindungen zu ihm schaffen und ihm den Marques anbieten könnten, wäre ich froh. Es ist Zeit, daß ich endlich nach Südamerika eindringe. Ich sehe den wahren Sinn der ganzen Hitlerei darin, daß Sie als mein Schrittmacher nach Südamerika gehen mußten, um meine Romane durchzusetzen. Wenn das geschehen ist, wird Hitler verschwinden.«[193]

Der Marques de Bolibar kam erst 1945 in einer Übersetzung von Annie Lifczis und Elvira Martin heraus. Das erste auf Spanisch erschienene Buch war 1944 der »Turlupin«, ihm folgten 1945 »Zwischen neun und neun« und »St. Petri Schnee«. Besonders erfolgreich waren sie aber offenbar alle nicht, wie man aus Perutz' Nachfrage schließen kann: »Hat es schon Abrechnungen für die 3 spanisch erschienen Bücher (...) gegeben? Ich fürchte sehr, sie werden auch triste ausfallen. Die Zeit ist gegen mich und für die feminine Literatur, für die Vicky Baums[194] beiderlei Geschlechts und aller Nationen.«[195] Der einzige Roman, der wirklich Erfolg in Südamerika hatte, war »Der Meister des jüngsten Tages«. Er wurde auf Veranlassung von Jorge Luis Borges in die Reihe klassischer Kriminalromane der ›Emeie El séptimo Crulo‹ aufgenommen.[196] Auch der Verkauf von Filmrechten brachte Leo Perutz Tantiemen. Hugo Lifczis schrieb ihm 1941:

> »Ich habe (...) endlich Ihren ersten Film an Saslovsky verkauft, ›Morgen ist ein Feiertag‹. Er kam unter dem Titel ›Historia de una noche‹ heraus und hatte einen kolossalen Erfolg hier. (...) Zugleich mit dem ersten Abschluß verkaufte ich auch die Grundidee von ›Zwischen neun und neun‹. (...) Der zweite Film hatte nicht mehr den Erfolg des ersten, (...) ein sehr eigenwilliger Regisseur und eine sehr berühmte erste Darstellerin setzten in vielem ihren Kopf durch und machten aus dem Stoff etwas anderes, als er war. Außerdem griff die Presse den Stoff an, da er ein Plagiat an einem hier sehr erfolgreich gespielten Film frz. Produktion sei (...). Dieser frz. Film wurde von THAN produziert und ich glaube, er hat sich bei Ihnen den Stoff wahrhaftig ausgeborgt.«[197]

Mehr Freude als an der literarischen Arbeit fand Perutz bei seiner alten Leidenschaft, der Mathematik. Mit ihr beschäftigte er sich häufig und intensiv. 1939 gestand er:

> »Sonderbarerweise bin auch ich zu meinen Ursprüngen zurückgekehrt. Ich habe (...) für meine Brüder ein Privatcodebuch gedichtet, das, um vor Verstümmelungen gesichert zu sein, auf rechnerischer Basis aufgebaut ist. Es ist jetzt schon in Gebrauch und außerdem an eine amerikanische Firma verkauft und ich habe durch dieses zweite Geschäft 40 Pfund verdient.«[198]

An diesem Projekt arbeitete Perutz etwa einen Monat.[199] Darüber hinaus notierte er häufig mathematische Probleme in sein Tagebuch.[200] Er wälzte Bücher, konsultierte Bibliotheken, diskutierte mit Mathematikern, bat sogar seinen Freund Bermann, sich in den Vereinigten Staaten wegen eines mathematischen Problems mit Hermann Broch, den er noch aus Wien kannte, in Verbindung zu setzen.[201]

Die Mathematik bildete auch die Grundlage für eine Arbeit, der sich Perutz ab 1942 widmete und bei der er drei seiner Leidenschaften verbinden konnte, die Mathematik, das Schreiben und das Kartenspielen. Am 26. August 1942 schrieb er an Lifczis: »(...) ich habe heuer im Frühjahr ein kleines Buch geschrieben, und zwar ein Bridgebuch. Umfang ca. 70 – 80 Druckseiten. Bridge vom mathematischen Standpunkt aus gesehen und analysiert.«[202] Perutz schickte das Buch, von dem nur noch ein komplizierter mathematischer Anhang im Nachlaß erhalten ist,[203] seinem Bruder Paul, der eine englische Übersetzung anfertigen ließ und diese dem Ehepaar Lifczis weitergab. Hugo Lifczis äußerte sich über Verkaufsaussichten sehr skeptisch.[204] Paul Perutz fand schließlich eine andere Publikationsmöglichkeit. 1942 oder 1943 muß das Buch in Amerika unter einem Pseudonym erschienen sein, denn am 11. Oktober 1943 notierte Perutz in sein Tagebuch: »Ein Brief von Paul gekommen mit einem Check von 40 L (1. Rate, das Bridge Buch ist verkauft).«[205]

1948 entschloß sich Perutz seinen erlernten Beruf als Versicherungsmathematiker wieder auszuüben und so das Familieneinkommen aufzubessern.[206] Trotz seiner anfänglichen Zweifel, ob er der Arbeit physisch gewachsen sei, denn er mußte mangels weiterer Angestellter die mechanische Rechenmaschine den ganzen Tag über allein bedienen,[207] fühlte er sich bald bei der Versicherungsgesellschaft »Menorah« sehr wohl. Die Struktur, die diese Tätigkeit in sein Leben brachte, war offensichtlich seiner literarischen Arbeit eher förderlich. Nach einem Jahr schrieb Perutz an seinen Bruder:

> »Es ist heute auf den Tag genau ein Jahr her, daß ich wieder Versicherungsmathematiker bin, die Arbeit macht mir Freude und nicht mehr allzugroße Mühe; im ersten Halbjahr freilich hatte ich ca. 12 Stunden täglich zu arbeiten, denn die Gesellschaft war neu gegründet und besass noch keine Tarife, ja nicht einmal Rechnungsgrundlagen. Das ist jetzt alles gemacht, und jetzt gehe ich vormittags täglich auf 2 Stunden ins Bureau und zuhause arbeite ich dann noch 2 – 3 Stunden an der elektrischen Rechenmaschine. Wir sind eine komische Versicherungsgesellschaft, in Europa kannte ich und gab es wohl auch so etwas nicht: Wir bestehen nämlich aus drei Verwaltungsräten, einem acting manager, einem Arzt, zwei Bureaubeamten und aus mir. Eine Überraschung war für mich, daß ich nach zwei Tagen wieder so drin war, als wäre ich nicht 25 Jahre draußen gewesen. Eine noch größere Überraschung ist, dass ich jetzt, wo ich weniger Zeit habe, viel mehr als vorher an meinen Büchern arbeite.«[208]

Es ist wahrscheinlich, daß Leo Perutz bei dieser Gesellschaft, für die er bis zu seinem Tod arbeitete, einen speziell auf ihn zugeschnittenen Arbeitsvertrag hatte, denn ab 1950 war er jedes Jahr für ca. drei Monate in Europa, also nicht an seinem Arbeitsplatz. Möglicherweise wurde er auch für bestimmte Arbeiten eigens bezahlt.[209] Als ein neuer Versicherungsmathematiker eingestellt wurde, hatte Perutz an manchen Tagen gar keine Arbeit.[210] Seiner Freundin Gerty Kelemen schilderte er 1955: »Ich bin noch immer als Mathematiker beschäftigt, bleibe aber, da ich mir einen jungen Universitätshörer als Nachfolger ausgebildet habe, nicht länger als 1 – 2 Stunden täglich in meinem Büro.«[211] Dieser Mitarbeiter, mit dem Perutz übrigens nur Deutsch sprach, erinnert sich, daß Perutz an fünf Tagen in der Woche von 11 – 13 Uhr im Büro war.[212] Daneben arbeitete er noch zu Hause. Mit sehr gemischten Gefühlen erinnert sich Felix an die alte mechanische Rechenmaschine, mit der sein Vater oft bis spät in die Nacht einen höllischen Lärm veranstaltete, – in eben jenem Zimmer, in dem Felix schlafen sollte.[213]

Natürlich gab es vereinzelt Unstimmigkeiten im Büro, insgesamt war Perutz aber bei der »Menorah« zufrieden. Im Jahr seines Todes notierte er: »Im Büro angenehm und bessergestellte (180 L) Arbeit, sehr geschätzt von allen.«[214]

10 Unstillbare und vergebliche Sehnsucht nach Österreich

»Eigentlich wäre mein Lebensproblem gelöst, wenn ich ein kleines Haus bauen könnte, von dessen vorderen Fenstern man die Omarmoschee sieht und von den hinteren den Kahlenberg.«[1]

Am 20. September 1940 erwarb Leo Perutz die palästinensische Staatsangehörigkeit. Dafür mußte er die Beherrschung der Amtssprache Ivrith nachweisen. Perutz schrieb in sein Tagebuch: »Vormittag Immig. Amt die Prüfung gemacht. Ich bin fast durchgefallen, nur weil ich perfekt aus dem Englischen übersetzen konnte, kam ich durch.«[2] Obwohl Leo Perutz in Palästina manches vermißte, fehlen in seinen Briefen die stereotypen Klagen über das Land und den niedrigen zivilisatorischen Standard, die man bei Arnold Zweig beispielsweise immer wieder findet. Gerty Kelemen, die sich nach ihrer Befreiung aus dem Konzentrationslager neu orientieren mußte, schrieb er am 21. November 1945:

> »Ich bin gerne hier und denke nicht daran, fortzugehen, am allerwenigsten nach Wien, ich habe keine Menschenseele dort. Tel Aviv ist eine fröhliche Stadt, Jerusalem ein romantischer Traum. (Tiberias, am Kinnerethsee, sieht aus wie St. Wolfgang.) (...) Wenn Du eine Heimat oder besser gesagt ein Zuhause suchst, so wirst Du es in Palästina finden. Hier ist man kein Emigrant, kein Geduldeter. Auch geistig, kulturell und menschlich wird Dir nichts abgehen. Fehlen wird Dir die europäische Landschaft.«[3]

Diese grundsätzlich positive Einstellung änderte sich nach dem Krieg rapide. Zwischen dem Jischuw und der Mandatsregierung, die die legale jüdische Einwanderung auch nach dem Krieg möglichst niedrig halten wollte und die illegale Einwanderung nach Kräften unterband, baute sich ein gewaltiges Konfliktpotential auf. Proteste und Bombenattentate von jüdischer Seite wurden mit englischem Polizeigroßeinsatz beantwortet. Dem Beschluß der UNO vom 29. November 1947, der Gründung eines jüdischen Staates zuzustimmen, folgte ein arabischer Aufstand und die Plünderung des jüdischen Viertels in Jerusalem.[4] Die Städte durchzogen Trennlinien zwischen den jüdischen und arabischen Vierteln, die jüdische Befreiungsarmee eroberte zahlreiche Gebiete zurück und vertrieb die arabische Bevölkerung.[5] Perutz wandte sich entschieden gegen die Gründung eines Nationalstaates. Ein binationaler palästinensischer Staat wäre seine Lösung gewesen, denn »Nationalstaaten (...) bedeuten immer den Krieg«,[6] hatte er schon 1939 prophezeit. Am 14. Mai 1948 wurde das englische Mandat beendet, der Staat Israel ausgerufen. Einen Tag später fielen die ersten arabischen Bomben auf Tel Aviv,[7] die ägyptische Armee kam 35 Kilometer vor Tel Aviv zum Stehen.[8] Die Kämpfe rissen nicht ab. Immer wieder gingen Truppen der arabischen Staaten gegen israelische Ansiedlungen vor, selbst in Tel Aviv kam es zu Kämpfen. Perutz distanzierte sich vom neuen Patriotismus. »Nur ich bin ein schwarzes Schaf«, schrieb er seinem Bruder 1949.[9] »Ich habe (...) die Lage (...) mit allem Pessimismus betrachtet – aber habe ich nicht recht gehabt? Der Judenstaat ist gesichert, aber wie teuer, mit welchen Strömen von Blut, mit wieviel zerstörtem Glück von 100.000 mußte er bezahlt werden.«[10] Gerty Kelemen gegenüber wurde Perutz noch deutlicher. Ihr schrieb er 1948:

> »Was mich weit mehr bedrückt hat und noch heute bedrückt, hängt mit meinem Pazifismus zusammen, mit meiner Abscheu vor jedem Krieg und vor seinen unausbleiblichen Begleiterscheinungen, mit meiner prinzipiellen Abneigung gegen jeden Sieger und mit meiner Überzeugung, dass der Nationalstaat, jeder Nationalstaat etwas Überholtes und Abschaffungswertes ist. Ich war hier immer für den binationalen Staat und gehöre nun, wie es sich gehört, zu den Besiegten.«[11]

Vieles von dem, was Leo Perutz in seiner neuen Heimat so geschätzt hatte, wurde mit der Gründung des Nationalstaates zerstört. Jaffa, »dieses farbenschillernde orientalische Juwel, ist eine rumänisch-jiddische Stadt geworden, es sieht aus und hört sich an wie Braila,«[12] bemerkte Perutz verächtlich. Und vor allem Jerusalem, die Stadt, »in der man täglich ein neues kleines Wunder entdecken konnte,«[13] litt sehr unter der Teilung in »zwei Provinzhauptstädte«.[14] Perutz' geliebte Altstadt war nun zum »Feindesland« geworden. Zum ersten Mal trug sich Leo Perutz mit dem Gedanken, das Land wieder zu verlassen. Seinen Freunden Lifczis schrieb er:

»Mit Nationalgefühl beginnt's und mit Cholera und Ruhr und Diktatur endet es. Ich will also fort, sowie ich kann, aber dabei weiß ich, daß mir ewig nach Palästina, und sogar nach Tel Aviv bange sein wird. So geht es einem, der allzu viel Vaterländer hat. Ich habe deren drei gehabt, und alle drei wurden mir wegeskamotiert.«[15]

Doch nach der Gründung des neuen Staates war die Ausreise unmöglich. Perutz klagte seinem Bruder, daß niemand mehr hinausgelassen werde.[16] Er wurde im neuen Staat nicht heimisch. Seine »einzige Beziehung zum Staat Israel« bestehe darin, daß er »infolge des Gesetzes der Trägheit hier«[17] anstatt anderswo seine Steuern zahle, schrieb er 1949 an Gerty Kelemen.

Israel hatte aufgrund der Isolation von seinen Nachbarstaaten und der Masseneinwanderung von Juden[18] mit gewaltigen wirtschaftlichen Schwierigkeiten zu kämpfen. Die Ernährungslage war katastrophal, vieles mußte rationiert werden. Perutz berichtete seinem Bruder, daß sich die Preise für Gemüse wegen des Wegfalls der arabischen Händler vervierfacht hätten.[19] Er litt seit Jahren an Diabetes. Deshalb trafen ihn die Rationierungen besonders schwer. »Brot, Mehl und Teigwaren gibt es noch genug, aber das alles ist mir verboten, ich bin auf Fleisch angewiesen«, klagte er Paul Perutz.[20] Fleisch aber war beinahe gar nicht zu bekommen. Paul sandte Konserven, ebenso Gerty Kelemen[21] und ab 1950 auch Hugo und Annie Lifczis. Perutz hatte sie gebeten, seine Honorare nicht nach Israel zu überweisen, weil er dort »75 % an den Staat« verliere »und für den Rest Inflationsgeld« bekomme.[22] Die angespannte Versorgungslage in Israel legte eine andere Zahlungsart nahe. Perutz schlug am 10. Dezember 1950 vor:

»Nun hätte ich eine andere Verwendungsform für diese Pesos. Ich weiss nicht, wie es ist und ob es ausreicht, uns dafür ein paar Fleischkonserven zu schicken. Wenn ja, dann tun Sie es bitte, u. zwar nur konzentriertes Fleisch (d. h. ohne Souce (sic.), ohne Gemüse) in Büchsen.«[23]

Die Inflation war hoch; in Jerusalem mußte Leo Perutz beobachten, daß ein Ausländer eine schöne Öllampe »mit einer Tafel Schokolade, einer Sard. Büchse und etwas Zucker«[24] bezahlte. Mit sehr deutlichen Worten beschrieb Perutz Gerty Kelemen nach seinem ersten Österreichaufenthalt seine Situation: »In Wien haben wir 5 Wochen lang fröhlich gelebt und vor allem vorgegessen, denn hier hat unsere liebliche Regierung noch eine Nazidevise übernommen: ›Jude verrecke!‹, und führt sie durch.«[25]
Perutz war mit der politischen Linie der neuen Machthaber höchst unzufrieden. »Unsere Regierung hat den Weitblick einer Kellerassel«, äußerte er gegenüber seiner Tochter.[26] »Nicht Gottes mehr ist der Orient, sondern des Teufels ist er mit seinem Öl, seinen Fabriken, seinem nationalen Chauvinismus, seiner Friedlosigkeit und seiner beiderseitigen Aggressionsbereitschaft.«[27]
Die Einschränkungen seiner persönlichen Freiheit erlebte Perutz als beschämend. Mehrfach kam er nach 1948 mit der Postzensur in Konflikt. Briefe mit negativen Äußerungen über Israel wurden eingezogen.[28] Die Genehmigung der Europareise entwickelte sich jedes Jahr zu einem Kampf, die Ausreise wurde regelmäßig verweigert[29] und konnte erst nach vielen Behördengängen durchgesetzt werden. Der junge Staat hatte offensichtlich Angst vor Abwanderungen. Ausreisegenehmigungen wurden deshalb in der Regel nur Einzelpersonen gewährt, nicht aber Ehepaaren oder Familien. Ein Brief von Leo Perutz an seine Tochter in England dokumentiert diese politische Entwicklung sehr eindringlich:[30] Lore wollte versuchen, als Grund für ihre Ausreise die berufliche Fortbildung vorzuschieben. Sie benötigte deshalb eine Bestätigung eines englischen Photogeschäftes, daß sie an einem Spezialkurs für Photographie teilnehmen könne. Leo Perutz legte den Behörden eine Einladung des österreichischen PEN-Clubs vor und gleichzeitig ein ärztliches Attest, daß er Diabetiker und darauf angewiesen sei, daß ihm seine Frau die notwendigen Injektionen verabreiche. Leo und Grete Perutz bekamen schließlich die Ausreise, Lore mußte zurückbleiben. »Es ist ein unvorstellbares Gesindel, das sich als Ungeziefer in Theodor Herzls Traum eingenistet hat,«[31] kommentierte Perutz die Ereignisse. Die sich wiederholenden Auseinandersetzungen um seine Ausreise dürften auch der Grund

dafür gewesen sein, daß Perutz 1951 die österreichische Staatsbürgerschaft wieder annahm. So konnte man ihm die Ausreise nach Österreich nicht mehr verwehren.[32]

Die grundsätzliche Ablehnung alles Deutschen in Israel hielt Perutz für unangebracht. »Stell Dir vor,« empörte er sich in einem Brief an Gerty Kelemen, »hier hat die Zensur verboten, Brahms- und Schubertlieder in Konzerten deutsch zu singen.«[33] Auch Reisen nach Deutschland waren strikt verboten.[34] Perutz war außer sich vor Wut über den Empfang, den ihm Israel deshalb 1954 nach seiner Heimkehr aus Europa bereitete:

> »In Tel Aviv sind Gretl und ich herzlich willkommen geheissen und sofort der Polizei übergeben worden, die sogleich uns unsere Fingerabdrücke abnahm. Wir haben nämlich das Verbrechen begangen, zwar nicht nach Deutschland zu fahren, was verboten ist, aber ab Ostende einen Zug nach Salzburg zu benützen, der über deutsches Gebiet fuhr. Nun wird uns ein Prozess angehängt, auf den ich mich freue, denn ich kann den Leuten meine Meinung sagen.«[35]

Ein rigoroser Bruch mit Deutschland oder Österreich kam für Perutz nicht in Betracht. »Ich vergesse das Wien nicht, das einmal war und nie wieder sein wird«, schrieb er an seinen ehemaligen Lektor im Ullstein Verlag, Paul Wiegler. »Und ich kann Deutschland nicht vergessen, dem ich mich für das, was ich vor 1933 geistig von ihm empfing, für immer verbunden fühle. Daran können auch die Missetaten, die Hitler an uns – wie später an Deutschland – beging, nichts ändern«.[36]

Perutz unterschied streng zwischen Politik und der Verstrickung des einzelnen Menschen darin. Nur so ist seine Haltung ehemaligen Nationalsozialisten gegenüber nach dem Krieg erklärbar, die in seiner Umgebung auf viel Unverständnis stieß. Schon 1945 machte Perutz für seinen bretonischen Freund François Taldir-Jaffrennou, der wegen Kollaboration angeklagt war, eine Eingabe an das Justizministerium.[37] Als er erfuhr, daß die bereits angetretene Strafe nur durch einen Gnadenakt des Staatspräsidenten aufgehoben werden könne, wandte er sich an Charles de Gaulle.[38] Seinen früheren Freunden Bruno Brehm und Mirko Jelusich bot Perutz nach dem Krieg ebenfalls Hilfe an; er war bereit, für sie zu zeugen, wenn sie vor Gericht gestellt würden.[39] »Ich schrieb (...) für Dr. Brehm und Jelusich an das Volksgericht,« notierte er am 4. Februar 1946 in sein Tagebuch. Jelusich, der schon 1920 in einem Gedicht den Anschluß Österreichs an Deutschland befürwortet hatte und bereits 1930 ein Anhänger der NSDAP war, hatte 1931 die Leitung des »Kampfbundes für deutsche Literatur« übernommen.[40] 1933 verfaßte er ein »Heil-Hitler-Gedicht«, 1939 legte er in einem Artikel in der *Braunen Woche* dar: »Mein Weg zu Hitler«.[41] Doch als er 1938 die kommissarische Leitung des Burgtheaters übernahm, setzte sich Jelusich sehr für den Verbleib nichtarischer Künstler ein,[42] was ihm nach 1945 zahlreiche günstige Zeugenaussagen einbrachte. Schon bei der Gründung des »Bundes deutscher Schriftsteller Österreichs« hatte er gegen die Einführung des Arierparagraphen votiert.[43] Auch Bruno Brehm spielte, wie bereits erwähnt,[44] im nationalsozialistischen Kulturbetrieb eine nicht unbedeutende Rolle. »Mein Vater war kein nachtragender Mensch«, kommentiert Michaela Staples die Reaktion ihres Vaters.

> »Er hat gewußt, daß jeder sich irren kann, jeder kann Fehler machen, dann war es vorbei, was sollte man da nachtragen. Ich glaube, er hat niemandem etwas nachgetragen, außer Leuten, die er persönlich nicht gemocht hat. Wenn er jemanden persönlich nicht gemocht hat, der hatte keine Chance bei ihm. Aber das waren Freunde, auch wenn sie Fehler gemacht haben, die hat er verziehen.«[45]

Den ebenfalls aus dem Exil zurückgekehrten Schriftsteller Otto Soyka, mit dem Perutz sich in den 20er Jahren zerstritten hatte, ignorierte er auch dreißig Jahre später.[46] Brehm und Jelusich aber rechnete er es an, daß sie nach dem Anschluß Österreichs, in einer Zeit, als ihnen das schon gefährlich werden konnte, an der Freundschaft mit ihm festgehalten hatten. Brehm war noch im Juni 1938 »als ein solcher Besuch für einen Arier schon gefährlich werden konnte«, in Perutz' Wohnung erschienen und hatte Hilfe angeboten.[47] Jelusich hatte sich »bis zum letzten Augenblick, und da besonders (...) nicht nur gentlemenlike, sondern auch freundschaftlich«[48] verhalten. Dem Ehepaar Lifczis, das sich über Perutz' Haltung befremdet zeigte, versuchte er, seinen Standpunkt zu erklären:

> »Glauben Sie doch nicht der Schwarz-Weiß-Technik unserer Zeit. Daß alle Faschisten, nur deswegen, weil sie faschistisch gesinnt waren, au-

Leo Perutz im Salzkammergut, 1956

tomatisch Schurken sein müssen, und daß die Ulmanns, nur weil sei als Juden zur Welt kamen, schon Edelmenschen sind.«[49]

Perutz hielt allen alten Freunden die Treue, unabhängig von ihrer politischen Einstellung. Er suchte sie nach dem Krieg, erkundigte sich nach ihnen, viele bekamen Pakete mit Kakao, Kaffee, Früchten.[50] Für Hilde Spiel, die Perutz bei einem der ersten Österreichaufenthalte in den 50er Jahren kennengelernt hatte, und die er »ekelhaft«[51] und »grässlich mies«[52] fand, war dieses Verhalten unbegreiflich. Sie schrieb in ihren Erinnerungen:

»Leo Perutz, anders als wir, nimmt ohne weiteres die ärztliche Betreuung durch den einstigen Ortsgruppenleiter Doktor Reiss in Anspruch, hat Mirko Jelusich und Weinheber ihre Vergangenheit großmütig verziehen und trifft sich hier und in Bad Aussee immer wieder mit Bruno Brehm.«[53]

Grete Perutz erzählt in einer Anekdote, ihr Mann habe für das Problem des Umgangs mit ehemaligen Nationalsozialisten eine sehr einfache Lösung gefunden:

> »Er hatte einen Freund, Schriftsteller, von dem jedermann wusste, dass er ein Nationalsozialist war. Nach dem Krieg trafen sie sich wieder, und als man meinen Mann fragte, wie er einem solchen Mann die Hand geben konnte, sagte er: Ich bin sicher, er hat Hitler die rechte Hand gegeben, nun habe ich seine linke ergriffen bei der Begrüssung.«[54]

Nach der europäischen Landschaft, seiner verlorenen Heimat, hatte sich Perutz schon bald nach seiner Flucht zu sehnen begonnen. 1940 vertraute er seinem Tagebuch an: »Brief von Elb.(ogen), er fährt im Sommer an die Seen und in die Wälder von Viskonsin. Herzweh bekommen. Seen und Wälder!«[55] Wie bei vielen seiner exilierten Leidensgenossen bezog sich seine Sehnsucht nicht zuerst auf Wien, sondern auf die Landschaft, das Salzkammergut. »Wenn ich in Amerika Heimweh habe«, schrieb auch Gina Kaus, »ist es niemals Heimweh nach Wien, immer Heimweh nach Aussee, nach einem Waldweg, einer bestimmten Aussicht, nach dem Geruch.«[56]

Ab 1950 konnte Leo Perutz jedes Jahr für ein paar Wochen seine Sehnsucht stillen. »Da hast Du's! Zwölf Jahre haben wir uns danach gesehnt. Es ist schön wie je«, begann er 1950 eine Postkarte vom Wolfgangsee.[57] Er reiste ins Salzkammergut, ins geliebte St. Wolfgang, wohnte dort in der Pension Seerose,[58] im »Heuschober«[59] oder in kleinen Pensionen der Umgebung.

Er genoß die Wälder, die »Eierschwammerl« und Herrenpilze, die Eiben und die Steinadler, schwamm vormittags im See, schrieb Briefe und ging spazieren, »und während ich in Tel Aviv nach zwei Treppen müde bin und mich hinhauen muß, gehe ich hier auf schlechten und steilen Waldwegen 800 m hoch, ohne müde zu werden und vorgestern haben wir dabei herrlichen langstieligen Enzian gefunden«,[60] schrieb er an seine Tochter.

Der gesellschaftliche Kontakt war beschränkt. Die Besitzer des »Weissen Rössl«, das Ehepaar Peter, kannte Perutz noch gut. »Mit Peter immer zusammen«, teilte er seiner Tochter mit. »Abends saßen wir auf der Rösslterasse und sprachen von alten Zeiten.«[61] Er traf Alexan-

Gerty Kelemen und Leo Perutz im Salzkammergut 1955

der Lernet-Holenia, der »nett und langweilig«[62] war, Peter de Mendelssohn, Hilde Spiel, Bruno Brehm und Franz Theodor Czokor.[63] Sie saßen im Haus von Lernet-Holenia oder Hilde Spiel, oft auch im Café Zauner[64] oder in der Weinstube von Gustav Furian.[65]
1955 besuchten ihn in St. Wolfgang auch seine Tochter Michaela und Gerty Kelemen mit ihren Familien.
Nach dem Aufenthalt im Salzkammergut ging Perutz jedes Jahr für mindestens einen weiteren Monat nach Wien. Er hatte dieser Rückkehr anfangs mit großer Skepsis entgegengesehen. Wien war für ihn »ein großer Friedhof geworden«.[66] Vor der geplanten ersten Reise nach Österreich schrieb er:

> »Ob ich es lange in Wien ertragen werde, weiß ich nicht, denn nicht die Deutschen, sondern die Wiener waren die wahren Pogromisten, sie waren und sind es schon von Natur aus. Lieber noch als Wien

würde ich Prag wiedersehen, aber dort dürfte es heute recht trostlos aussehen. Das Prag, das ich wieder sehen möchte, ist längst vom Erdboden verschwunden.«[67]

Doch konnte er seine Aufenthalte in Wien durchaus genießen. Er wohnte mit Grete in einer Pension in der Mariahilferstraße, besuchte Kaffeehäuser,[68] Theater, Museen, die Oper. Er traf sich mit den wenigen Bekannten, die ihm in Wien geblieben waren, suchte Literaturagenten. Auf langen Spaziergängen erinnerte er sich an die Vergangenheit. »Es war schön in Wien«, schrieb er von Palästina nach England, »wir sind eines Tages nach Grinzing und über den Kobenzl (...), auf die Jägerwiese und hinunter nach Sievering, das unvorstellbar schön ist, gegangen. Oder in der Dämmerung durch die kleinen Gassen der Inneren Stadt! Davon zehren wir jetzt. Dahin flüchten sich unsere Gedanken.«[69] Doch trotz allem blieb sein Verhältnis zu seiner Heimatstadt distanziert: »Wien ist freilich nicht mehr das, was es war, (es fehlen auf Schritt und Tritt, besonders mir für das letztere, die Juden, das Salz jeder Stadt, Tel Aviv ist leider zu arg versalzen), aber Charme hat es noch immer und Burg und Oper sind besser denn je.«[70] Perutz blieb unbehaust. Eine Heimat fand er weder in Israel noch im neuen Österreich. [71]

Die einzigen beiden Werke, die Leo Perutz während seiner 19jährigen Exilzeit fertigstellen konnte, »Nachts unter der steinernen Brükke« und »Der Judas des Leonardo«, haben einiges gemeinsam. Beide historischen Romane spielen in großen europäischen Städten, in Prag bzw. in Mailand. Beide wurden schon vor dem Exil begonnen, »Nachts unter der steinernen Brücke« 1924, »Der Judas des Leonardo« 1937. Und beide brauchten die erneute Anregung durch die Wiederkehr nach Österreich, ehe die zum Teil schon jahrelang ruhenden Werke vollendet werden konnten. Über den Prager Roman schrieb Perutz 1951 an das Ehepaar Lifczis:

> »Mir haben seit Jahren drei Kapitel zu ›Meisls Gut‹ gefehlt, sie schienen mir zu schwierig, zu wenig durchdacht, zu substanzlos, und so traute ich mich nicht an sie heran. Aber ich kam aus Europa mit einer immensen Arbeitswut geladen zurück und habe die drei Kapitel in einem Zug geschrieben, und sie, wie auch das ganze Buch, sind so geworden, wie ich es immer erhofft habe.«[72]

Die Geschichten aus dem alten Prag hatten Perutz' Kindheit begleitet. »Und wenn mein Vater erklärte, daß er sich eine Ausgabe, die man von seiner Freigebigkeit erwartete, nicht leisten könne, dann pflegte er hinzuzusetzen: ›Ja, wenn ich Meisels Gut hätte!‹«,[73] das Gut jenes legendären Prager Juden des 16. Jahrhunderts. Mit 40 Jahren kehrte Perutz gedanklich zurück in jenes alte Prag, begann den Roman »Meisls Gut« – so der Arbeitstitel von »Nachts unter der steinernen Brücke«. 1924 war das erste Kapitel, die »Ghettolegende«, erschienen.[74]

Die in der Prager Judenstadt spielende Erzählung hatte Perutz von Anfang an nicht als eigenständige Novelle gedacht, sondern als Teil eines Romans geplant. Darauf deutet nicht nur, daß er sie in seine Novellensammlung »Herr erbarme dich meiner« nicht aufgenommen hat, sondern auch, daß er schon in den zwanziger Jahren seinen Freunden die Romanidee erzählt hatte.[75] Als Perutz »Meisls Gut« 1936 wieder zur Hand nahm, fand er zu seiner Überraschung »eine ganze Menge Vorarbeit schon gemacht«.[76] Nun las er Bücher über Rudolph II.[77] und die »Briefe des Aneas Sylvios, um die Hofsprache aufzusammeln«,[78] um dem »größte(n) Teil des Buches«, der »auf der Prager Burg, bei Rudolph II. und seinem Hof«[79] spielt, Substanz zu geben. Dann ruhte die Arbeit erneut. Erst 1945 im Exil schrieb er an Gerty Kelemen, daß er die Arbeit an »Meisls Gut« wieder aufgenommen habe, »was mir ans Wunderbare grenzt, denn ich fand hier weder Quellen noch Augenzeugen, ich musste alles in mir selbst zusammensuchen.«[80] Mehr als einige Bücher über Juden im Mittelalter,[81] »das Ghetto Buch und die beiden Stadtpläne«,[82] die er nach Abschluß der Arbeiten 1951 von seinem Schreibtisch räumte, hatte er wohl nicht auftreiben können. Es waren seine eigenen Erinnerungen, die das Werk speisten, die Namen der Dörfer,[83] der Bäche, der Menschen, die eigenen lebendigen Erinnerungen an das Judenghetto, die, »je älter ich werde desto reichlicher strömen und mir immer neuen Stoff geben«,[84] die sogar seine nächtlichen Träume speisten.[85] Einem Journalisten erzählte Perutz 1955:

> »Ich bin aber das ganze Leben lang vom Prag meiner Kindheit nicht losgekommen. Ich ging immer dem Phantom des Prager Ghetto nach und habe es überall gesucht. Manchmal fand ich »etwas«, was mich

an das Ghetto erinnerte: Einst glaubte ich es in Sfax in Tunis zu sehen, einst sah ich es in der Altstadt Jerusalems im arabischen Viertel.«[86]

Der Roman »Nachts unter der steinernen Brücke« umspannt den Zeitraum zwischen der Ankunft Rudolfs II. aus Spanien etwa 1572 und der Vernichtung des böhmischen Königreiches in der Schlacht am Weißen Berg 1621.[87]

Viele der Prager Legenden haben in dieser Zeit ihren Ursprung. Es ist die Zeit des hohen Rabbi Löw (1520 – 1609). Er galt als bedeutender Gelehrter und zauberkräftiger Weiser. Schon seine Geburt hatte auf wundersame Weise dazu beigetragen, daß das Judenghetto seiner Heimatstadt von einem Pogrom verschont geblieben war.[88] Als Rabbi spürte er die Ursache der in Prag wütenden Kinderpest auf,[89] er schuf den Golem, jene übermenschlich große Lehmfigur, die er zum Leben erwecken konnte und die der Prager jüdischen Bevölkerung zum Schutz diente. Mit Rabbi Löw befreundet war Mordechai Meisl, ein ungemein reicher jüdischer Bürger, der nicht nur ein bedeutender Mäzen der jüdischen Gemeinde war, sondern auch ein wichtiger Financier Rudolfs II. »Meisl betrieb Geschäfte und bereicherte sich schon unter Maximilian, zur Höhe des Reichtums schwang er sich aber erst unter Rudolf empor. Diesem Könige, der zu seinen Kunstsammlungen und alchimistischen Gelüsten immer des Geldes bedurfte, war Meisl stets gefällig.«[90] Dafür erhielt er persönlich zahlreiche Privilegien, zugleich schützte König Rudolf die jüdische Gemeinde. Rudolf II. hatte »den Hradschin als Residenz« gewählt,«und machte ihn durch eine fast wahllos ausgreifende Sammelleidenschaft zur Kunst- und Wunderkammer. Das düster-spekulative Naturell des Herrschers ließ Prag zu einem Zentrum des Manierismus und der Esoterik werden, zugleich aber zum Zufluchtsort moderner Naturwissenschaften.«[91]

Hauptschauplatz des Romans »Nachts unter der steinernen Brücke« ist neben der Burg Rudolfs II. das Prager Judenghetto, jene etwa im Jahre 900 gegründete jüdische Siedlung, die Perutz in seiner Jugend in Prag noch erlebt hat und über die er im Epilog des Romans schreibt:

»Aneinandergedrängte altersschwache Häuser im letzten Stadium des Verfalls, mit Vor- und Zubauten, die die engen Gassen verstellten. Diese krummen und winkeligen Gassen, in deren Gewirr ich mich auf das Hoffnungsloseste verlaufen konnte, wenn ich mich nicht vorsah. Lichtlose Durchlässe, düstere Höfe. Mauerlücken und höhlenartige Gewölbe, in denen Trödler ihre Waren feilhielten, Ziehbrunnen und Zisternen, deren Wasser von der Prager Krankheit, dem Typhus, verseucht war, und in jedem Winkel, an jeder Ecke eine Spelunke, in der sich die Prager Unterwelt zusammenfand.«[92]

Diese Erinnerung riecht geradezu nach seltsamen Geschichten, nach einer Mischung von Hausierern, Gelehrten, Trödlern, Zauberern, Künstlern, Alchimisten, Kaufleuten. Geheimnis lag seit jeher über diesem fünften Stadtviertel Prags und seinen Bewohnern. Die zahlreichen Erzählungen und Legenden, die mit dem Auf und Ab der jüdischen Gemeinde in Prag so eng verwoben sind, haben wohl schon den Schüler Leopold Perutz gefesselt. Fasziniert hat ihn aber sicher auch der Ruf, den die Judenstadt bis zu ihrem Ende genoß, der Ruf, Unmoral und Verbrechen zu beherbergen, Zauberei und Verderben.

»Denn es wimmelte von unheimlichen Gerüchten über die Judenstadt. Ward etwas irgendwo gestohlen – es wurde gewiß in die Judenstadt verschleppt; ward jemand spurlos verschwunden – wohin konnte er hingeraten sein als in die Judenstadt? (...) Ist je in Prag ein Mord oder ein großer Raub verübt worden, die Fährte führte regelmäßig in das geheime Winkelversteck des Ghettos.«[93]

Zu Perutz' Zeit war das Ghetto das Elendsviertel der armen Prager Juden. Als es im Mittelalter gegründet wurde, war es den ansässigen Juden verboten, außerhalb des Ghettos zu wohnen, zeitweise mußten sie ihre Abstammung bei Besuchen in anderen Stadtteilen durch das Tragen eines spitzen Hutes oder eines gelben Rädchens an der Kleidung offensichtlich machen.[94] Erst unter Josef II. waren die Ghettomauern gefallen,[95] 1850 hatte sich die Judenstadt Prag angeschlossen.[96] Doch ungeklärte Besitzverhältnisse verhinderten eine zeitgemäße Renovierung der Häuser. Ein Haus hatte oft mehrere Dutzend Eigentümer, von denen meist viele verschollen waren,[97] oft »gehörten Wohnungen, aber auch einzelne Zimmer zwei Familien zugleich, die den Raum durch einen auf den Boden gezogenen Kreidestrich sichtbar teilten«.[98] Saubere Brunnen oder Abwassersysteme gab es nicht, kein Wetter konnte »den Geruch nach Moder und feuch-

ten Gemäuern« wegblasen, »den geöffneten Türen« entströmte »im Sommer ein giftiger Atem«.[99]
Aus hygienischen Gründen wurde 1893 die Assanierung, der Abriß der Judenstadt, beschlossen,[100] und von 1895 bis 1905 unter großem Protest der Hauseigentümer durchgeführt.[101] Das Niveau des Stadtteils wurde im Vergleich zum Moldauniveau gehoben, neue Straßen, moderne Mietshäuser mit Trinkwasser- und Kanalisationsversorgung gebaut.[102] Sicher erlebte Leo Perutz als Schüler die Demolierung der Judenstadt mit, sicher sah er die Schneisen, »die die Spitzhacke gerissen hat« und entdeckte durch die entstandenen Lücken »Gassen und Gäßchen«, die ihm bis dahin verborgen gewesen waren, wie er es im Epilog des Prager Romans beschreibt.[103]
Auf den ersten Blick ist »Nachts unter der steinernen Brücke« eigentlich kein Roman. Jedes Kapitel ist eine in sich abgeschlossene Novelle. Jede Novelle hat ihre eigenen Protagonisten, spielt in einem eigenen sozialen Milieu, eine stringente Chronologie fehlt. Erst im Prozeß des Lesens erschließt sich allmählich ein Zusammenhang. Perutz schreibt über den Roman an Paul Zsolnay:

> »Es ist, wie Sie sehen werden, ein Roman mit einem etwas eigenwilligen Aufbau. Die einzelnen Kapitel sehen aus und lesen sich wie selbständige Erzählungen, und es dauert einige Zeit, ehe man darauf kommt, daß man Kapitel einer eigentlich ziemlich straffen Romanhandlung vor sich hat, die aber nicht chronologisch erzählt wird. So ist der Beginn der Handlung erst im letzten, dem vierzehnten Kapitel zu finden, während das erste seinen Stoff aus der Mitte der Handlung sich holt. Und doch erscheint mir diese Anordnung nicht willkürlich, sondern als die einzige denkbare und mögliche.«[104]

»Nachts unter der steinernen Brücke« ist ein zyklischer Roman. Das Ende weist auf den Anfang, der Anfang erschließt den Schluß. In den Kapiteln 1, 7 und 14 – die Zahl sieben symbolisiert in der kabbalistischen Zahlenmystik die Unendlichkeit – wird die Geschichte von Rabbi Löws Zauber entfaltet. In diesen Kapiteln verbindet Perutz die unterschiedlichen Erzählstränge unlösbar miteinander, die Legende um die Zauberkraft des hohen Rabbi Löw, die Geschichten aus dem Judenghetto um den sagenhaften Reichtum Meisls und die historischen Überlieferungen über Rudolf II..

Der Anfangspunkt der Geschichte enthüllt sich dem Leser erst im Schlußkapitel, als der Rabbi in seinen Gedanken alles Geschehene noch einmal vorbeiziehen läßt. König Rudolf hat sich unsterblich verliebt in die schöne Esther, die Frau des Juden Mordechai Meisl. In seiner Sehnsucht bittet er den hohen Rabbi Löw, sie auf die Burg zu bringen. Als dieser sich weigert, droht der König: »Wenn ich bei dir keinen Gehorsam finde, und keine Liebe bei der, an die ich immer denke, dann will ich die Juden allesamt als ein untreues Volk aus meinen Königreichen und Ländern vertreiben«.[105] Um ein Pogrom zu verhindern, ging der hohe Rabbi Löw, »und er pflanzte am Ufer der Moldau unter der steinernen Brücke, vor den Blicken der Menschen verborgen, einen Rosenstrauch und einen Rosmarin. Und über beide sprach er die Worte des Zaubers. Da öffnete sich eine rote Rose an dem Rosenstrauch, und die Blüte des Rosmarins strebte zu ihr hin und schmiegte sich an sie. Und jede Nacht flog die Seele des Kaisers in die rote Rose und die Seele der Jüdin in die Blüte des Rosmarins. Und Nacht für Nacht träumte der Kaiser, er halte seine Geliebte, die schöne Jüdin, umschlungen, und Nacht für Nacht träumte Esther, die Frau des Mordechai Meisl, sie läge in den Armen des Kaisers.«[106] Die Mitte des Buches, Kapitel sieben, entfaltet die Liebesbeziehung zwischen Rudolph II. und der schönen Esther. Kapitel eins beinhaltet die bereits 1924 erschienene Ghettolegende und bildet zugleich Anfang und Ende des Romans. Hier reißt der hohe Rabbi Löw den Rosmarinstrauch aus der Erde.

> »In dieser Nacht erlosch die Pest in den Gassen der Judenstadt.
> In dieser Nacht starb in ihrem Haus auf dem Dreibrunnenplatz die schöne Esther, die Frau des Juden Meisl.
> In dieser Nacht fuhr auf seiner Burg zu Prag der Kaiser des Römischen Reiches, Rudolf II., mit einem Schrei aus seinem Traum.«[107]

Die anaphorische Wiederholung der Formel »In dieser Nacht« verbindet die Schicksale miteinander. Das erste Kapitel schildert das Ende der Liebesbeziehung, das bereits in der Auswahl der Blüten – die Rose symbolisiert Liebe und Tod, der Rosmarin Hochzeit und Grab[108] – vorausgedeutet ist. Denn der Zauber des Rabbi, der geträumte Ehebruch ist die Ursache für das große Kindersterben, das die Prager Judenstadt im Herbst des Jahres 1589 heimsucht. Als Rabbi Löw diesen Zusammenhang erkennt, steigt er hinunter an die Moldau und nimmt »den Bann von dem Haupte des Weibes, das die Ehe gebrochen hatte.«[109]

Doch die Schuld, die der Rabbi sich und den anderen durch seinen Eingriff in die Schöpfung auflädt, und an deren Beginn die Liebe des Kaisers zur Jüdin stand, diese Schuld wird am Ende wieder relativiert. Als der Engel Asael im letzten Kapitel im Gespräch mit dem Rabbi die Liebe als die Ursache so vielen Übels benennt, erinnert ihn der hohe Rabbi Löw, daß auch »die Kinder Gottes, als die Zeiten begannen, mit den Töchtern der Menschen in Liebe gewesen«[110] seien. Da senkt der Engel Asael »sein Haupt und seine Gedanken flogen zurück durch die Jahrtausende zum Urbeginn der Zeiten. ›Ja, sie war schön, Naema,(...)‹ sagte er leise. ›Schön war sie und lieblich. Schön war sie wie ein Garten in der Frühlingszeit um die Stunde, da der Morgen anbricht. Ja, sie war schön, die Tochter des Lameth und der Silla.‹ Und wie er der Geliebten seiner fernen Jugend gedachte, fielen zwei Tränen aus den Augen des Engels, die waren Menschentränen gleich.«[111]

Umfangen von dem sich schließenden Kreis der sich nachts unter der steinernen Brücke abspielenden Geschichte stehen die anderen Novellen des Romans. Diese stellen die Protagonisten Rudolf II., Rabbi Löw und Mordechai Meisl in die unterschiedlichsten Lebenszusammenhänge, verknüpfen ihre Leben untereinander. So schildern sie die erste Begegnung zwischen Rudolf und Meisl noch als Jugendliche und ihre spätere enge geschäftliche Beziehung, sie geben als Motiv für Meisls herausragendes Mäzenatentum im Judenghetto die Rache an Rudolf nach dem entdeckten Ehebruch an, und sie spinnen Fäden von dem einen oder anderen der Protagonisten zu Gestalten aus dem Legenden- und Geschichtenschatz der Stadt Prag, zu Alchimisten und Malern, Astronomen und Bettlern, Revolutionären, Edelleuten, Räubern und dem Hofstaat.

Neben der inneren Klammer hält auch noch ein äußerer Rahmen die Novellen zusammen. Die Prager Erzählungen entstammen – so gibt Perutz vor – einer langen mündlichen Tradition, an deren Endpunkt sich der Erzähler als 15jähriger Schüler setzt. Im Epilog berichtet er, daß ihm die Geschichten von seinem Nachhilfelehrer Jakob Meisl, einem Nachkommen des Bruders jenes legendären Mordechai Meisl, erzählt worden seien. Dieser habe zu seiner Legitimation das Testament Meisls vorgewiesen. Diese Figur des Jakob Meisl, eines verbummelten Studenten, der sich mit Nachhilfeunterricht erhält, bezeugt nicht nur die mündliche Tradition, sie dient nebenbei auch dazu, die Qualität des Schulunterrichts und der offiziellen Geschichtsschreibung – ganz im Sinne Perutz' – an mehreren Stellen anzuzweifeln. Zwar würden in Schulen viele Ereignisse und Daten überliefert, doch seien Ursachen und Zusammenhänge, so Jakob Meisl, in der offiziellen Version stets falsch dargestellt. So will in der Erzählung »Des Kaisers Tisch« Peter Zaruba nicht vom Tisch des Kaisers essen, damit nicht einer Prophezeiung gemäß »Blut und Jammer kommen über das Böhmerland«.[112] Ohne sein Wissen tut er dies dann aber doch. Im Anschluß an die Geschichte erklärt Jakob Meisl seinem Schüler, dem Erzähler der Rahmenhandlung:

> »Und da kannst du wieder sehen, wie die Geschichtsprofessoren am Gymnasium und die Herren, die die Geschichtsbücher für die Schulen verfassen, wie die alle zusammen nichts wissen und nichts verstehen. Sie werden dir erzählen und haargenau beweisen, daß die böhmischen Aufständischen die Schlacht am Weißen Berg verloren haben, weil auf der anderen Seite der Tilly kommandierte und weil ihr Feldherr, der Graf von Mansfeld, in Pilsen geblieben war (...). Das ist alles Unsinn. Die böhmischen Aufständischen haben die Schlacht auf dem weißen Berg verloren, weil der Peter Zaruba damals (...) von des Kaisers Tisch gegessen hat.«[113]

Wie auch schon in früheren Romanen von Leo Perutz' entfalten Verwünschungen, Prophezeiungen, Flüche und Träume eine prädestinierende Kraft, die den Lauf der Geschichte bestimmt. Der Mensch ist hineingestellt in ein vielsträngiges Beziehungsgeflecht, dessen Zusammenhänge er oft nur ahnt und dessen magischen Fesseln er nicht entkommen kann.

Der Erzählrahmen baut zum erzählten Geschehen eine doppelte Distanz auf. Auf den 15jährigen Schüler kommen die Geschichten aus dem 16. Jahrhundert noch in ungebrochener mündlicher Tradition. Aufgeschrieben werden sie von ihm aus der Erinnerung erst »ein halbes Jahrhundert« später.[114]

Als Leo Perutz seinen Roman vollendet, ist der viele Jahrhunderte währende mündliche Erzählstrom gewaltsam abgerissen, die Prager jüdische Kultur mit der Vernichtung der Prager Juden in Auschwitz, Buchenwald und Theresienstadt untergegangen.
Daran knüpfte Leo Perutz an, als er 1943, nachdem er seinem Bruder Hans die Novelle »Sarabande« vorgelesen hatte, in sein Tagebuch notierte: »Hans (und alle) sehr beeindruckt, sagte, ich hätte die Geschichte vor 20 Jahren schreiben sollen. Ich sagte, damals wäre das unmöglich. Das persönliche Erlebnis hätte gefehlt.«[115]
Die drohende Verfolgung und Vernichtung der Juden, die über vielen Novellen schwebt, wird in dieser ursprünglich »Die Todessarabande« genannten Novelle offensichtlich. Baron Juranic verschont nach einem Duell das Leben des Grafen Collalto und zwingt ihn, stattdessen zu den Klängen einer kleinen Musikkapelle bis zum Morgen durch alle Straßen Prags zu tanzen. Die katholischen Musiker unterbrechen ihr Spiel aber an jedem Kruzifix, an jeder Muttergottesstatue, um zu beten, und verschaffen so dem Grafen Collalto eine kurze Verschnaufpause, die ihm Baron Juranic mißgönnt. Daher führt er die Gruppe in die Judenstadt und zwingt den Grafen so, ohne Unterbrechung bis zum Ende seiner Kräfte zu tanzen. In seiner Not schreit Collalto verzweifelt bittend um ein Jesusbild, dessen Anblick ihm wieder eine Pause verschaffen würde. Rabbi Löw, der ihn hört und erkennt, daß es einen Menschen vom Tod zu erretten gilt, läßt auf einer verfallenen Mauer »durch seine zauberische Kraft aus Mondlicht und Moder, aus Ruß und Regen, aus Moos und Mörtel«[116] ein »Ecce homo« entstehen, dessen Züge so erschütternd sind, daß sich der Baron wie »von einem Blitzschlag des Selbsterkennens getroffen« zu Boden wirft und sich anklagt, »in dieser Nacht ohne Erbarmen und ohne Furcht Gottes gewesen«[117] zu sein.
Perutz dreht eine uralte Geschichte um. Jahrhundertelang waren die Juden von den Christen nicht zuletzt deshalb verfolgt worden, weil die Christen die Juden für Jesu Tod verantwortlich gemacht hatten. In Perutz' Novelle wird ein Christ von einem anderen Christen auf einen Kreuzweg geschickt, an dessen Ende sein Tod stehen soll. Kein Christ hilft. Erst in der Judenstadt, durch den Juden Rabbi Löw und mit Hilfe der jüdischen Tradition, aus der der Rabbi seine Zauber-

kraft bezieht, erfährt der Leidende Rettung. Doch nicht das Bild des gekreuzigten Christus erschüttert den grausamen Baron so tief, daß er seine Erbarmungslosigkeit und Gottferne erkennt, es ist ein »Ecce homo« von anderer Art, das der hohe Rabbi Löw der erbarmungslosen Christenheit vor Augen führt. Jakob Meisl, der seinem Schüler die Geschichte erzählt, erklärt:

> »Es war das Judentum, das durch die Jahrhunderte verfolgte und verhöhnte Judentum war es, das auf diesem Bild seine Leiden offenbart hat. Nein, geh nicht in die Judenstadt, du würdest es dort vergeblich suchen. Die Jahre, Wind und Wetter haben es zerstört, keine Spuren sind von ihm geblieben. Aber geh durch die Straßen, wo du willst, und wenn du einen alten jüdischen Hausierer siehst, der seinen Binkel von Haus zu Haus schleppt, und die Straßenjungen laufen hinter ihm her und rufen ›Jud! Jud!‹ und werfen mit Steinen nach ihm, und er bleibt stehen und sieht sie mit einem Blick an, der nicht der seine ist, der von seinen Ahnen und Urahnen herkommt, die wie er die Dornenkrone der Verachtung getragen und die Geißelhiebe der Verfolgung erduldet haben, – wenn du diesen Blick siehst, dann hast du vielleicht etwas, ein Kleines und Geringes, von dem ›Ecce Homo‹ des hohen Rabbi Loew gesehen.«[118]

Baron Juranic läßt sich erschüttern, als er die Leiden des jahrhundertelang geknechteten Judentums sieht. Die Verbrecher des 20. Jahrhunderts zerstörten das Prager Judentum erbarmungslos. Das Schicksal der Prager Juden symbolisiert Perutz im Bild der Zerstörung des Judenviertels, das der 15jährige Schüler mit seinem Nachhilfelehrer beobachtet.

> »Und wir sahen, wie Meisls Gut in Schutt und Asche fiel und wie es sich noch einmal vom Boden erhob und in die Höhe stieg, eine dichte Wolke von rötlich-grauem Staub. Noch immer war es Meisls Gut, und es stand, und wir sahen es, bis es ein Windstoß forttrieb und verschwinden ließ.«[119]

Obwohl Perutz sehr von der Qualität seines Romans überzeugt war, gelang es ihm beinahe nicht, einen Verleger für das Buch zu finden. Perutz' Befürchtung, daß »der – zum Teil – jüdische Inhalt des Romans für einen deutschen Verlag von heute (...) ein handicap« darstelle,[120] bewahrheitete sich. Der Zsolnay-Verlag lehnte ab; er wollte lieber zunächst ein anderes Buch von Perutz herausbringen. Paul Zsolnay schrieb, um seine Ablehnung vom 12. Juni 1951 zu erklären:

»Der Idealfall wäre, daß wir in absehbarer Zeit einen neuen Roman von Ihnen herausbringen könnten, der stofflich auf eine unbeschränkte Leserschaft rechnen kann und daß wir dann, gestützt auf diesen Erfolg, ›Meisls Gut‹ folgen lassen können. Bis dahin nehme ich an, daß die Stimmung für ein Buch wie ›Meisls Gut‹ eine günstigere sein wird.«[121]

Perutz war darüber verzweifelt und schrieb erbost:

»Zsolnay schont die Empfindlichkeiten jenes Wiener Gesindels, das nicht gerne daran erinnert werden will, daß es Juden gibt, gegen die es sich schlecht benommen hat. Ich will aber nicht warten, bis – wie Zsolnay schreibt – die deutsche Seele sich Werken jüdischen Geistesguts wieder eröffnet, und so habe ich das Buch meinem Freund Jakob Hegner geschickt, der mir einen weniger beschissenen Verlag dafür anraten soll.«[122]

Auch die Verlage Piper, Rütten & Loening und Rowohlt lehnten »Meisls Gut« ab.[123] Im November 1951 bekundete die Frankfurter Verlagsanstalt Interesse an dem Buch, im Frühjahr 1953 erschien es unter dem Titel »Nachts unter der steinernen Brücke«. Von Freunden und Literaturkritikern wurde es begeistert aufgenommen. Perutz schrieb an Hans Reimann, es wären »etwa 30 außerordentlich gute Beprechungen in deutschen Blättern.«[124] Gelobt wurden die »raffinierte Anlage«,[125] die Meisterschaft des Erzählens,[126] das Märchenhafte,[127] die Phantasie.[128] »Ihr Roman hat mir großartig gefallen. Ich habe mir nur ein Kapitel täglich vergönnt«,[129] schrieb Paul Frank 1953. »Es ist das Beste und Schönste, was ich seit vielen Jahren gelesen habe,«[130] im gleichen Jahr Bruno Prochaska. Dennoch wurde »Nachts unter der steinernen Brücke« alles andere als ein Erfolg. Mit seinem Verlag hatte Perutz großes Pech. Das Buch gelangte nicht in den Vertrieb. Im Sommer 1954 war die Frankfurter Verlagsanstalt zahlungsunfähig. Die Europäische Verlagsanstalt, die Teile der Verlagsproduktion übernommen hatte, wollte »Nachts unter der steinernen Brükke« zunächst nicht,[131] erst am 7. Juni 1957, wenige Wochen vor Perutz' Tod, entschied sie, ehe die Rohbögen des Romans an ein Großantiquariat abgestoßen werden sollten, »den Restbestand in Höhe von

3500 Exemplaren« zu erwerben und »das Buch im Herbst mit als eine Neuerscheinung unseres Verlages auf der Messe zu zeigen (...).«[132] Diese Neuauflage erlebte Perutz nicht mehr.
Das Erscheinen von Perutz' letztem Roman »Der Judas des Leonardo« fiel bereits in die Zeit nach seinem Tod. Perutz hatte ihn wenige Wochen vorher auf der Überfahrt von Israel nach Europa fertiggestellt. Seinen Kindern schrieb er am 6. Juli 1957: »In den ersten beiden Tagen der Fahrt habe ich auch das letzte Kapitel meines Buches geschrieben und umgeschrieben und nachdem ich alle Kapitel nochmals gelesen und ausgefeilt habe, ist das Buch beendet.«[133]
Der Roman erschien 1959 im Zsolnay-Verlag, Alexander Lernet-Holenia betreute die Veröffentlichung.[134] Zwanzig Jahre hatte Leo Perutz an seinem letzten Roman gearbeitet. Am 7. Juli 1937 hatte er Bermann abends im Herrenhof seine »Leonardo-Novelle«[135] erzählt und sich intensiven Quellenstudien gewidmet. Dann ruhte der Plan vier Jahre, erst 1941 machte sich Perutz erneut ans Quellenstudium. Ein Zufall kam ihm zu Hilfe. In einem Antiquariat in Tel Aviv fand er die Aufzeichnungen des Leonardo da Vinci, ein Quellenwerk, von dessen Existenz er gewußt hatte, das er in Europa aber nicht auftreiben konnte.[136] Bis 1943 schaffte er fünf Kapitel, dann ruhte die Arbeit erneut und wurde erst nach Perutz' erstem Österreichaufenthalt wieder aufgenommen. Am 25. November 1951 notierte er: »Das VI. Kapitel des JA (Judas des Abendmahls; Arbeitstitel; Anm. d. Verf.) begonnen. Die ersten Seiten gingen nicht schwer.« Beständig arbeitete er nun bis 1957, oft ein ganzes Jahr an einem einzigen Kapitel.
Im »Judas des Leonardo« sind, wie schon oft bei Leo Perutz, zwei Geschichten ineinander verwoben. Die erste geht auf eine historische Quelle zurück, wie die Leonardo-Biographie von Giorgio Vasari belegt.[137] Der Prior des Klosters, in dem Leonardo da Vinci »Das Abendmahl« malen soll, beschwert sich beim Geldgeber, dem Herzog, über den zähen Gang der Arbeit: »Monatelang läßt er sich nicht blicken, und wenn er dann endlich einmal kommt, steht er den halben Tag vor dem Bild, ohne daß er den Pinsel auch nur in die Hand nimmt.«[138] Leonardo rechtfertigt sich damit, das Werk in seinem Kopf bereits weitgehend fertiggestellt zu haben, er könne es aber nicht vollenden, solange ihm noch das Allerwichtigste fehle, der Kopf des Judas.

»Nicht irgendeinen Spitzbuben oder sonst einen Übeltäter suche ich, nein, den allerschlechtesten Menschen in ganz Mailand will ich finden, hinter ihm bin ich her, damit ich dem Judas seine Züge gebe, ich suche ihn überall, wo ich auch bin, Tag und Nacht (...); und bevor ich ihn nicht habe, kann ich die Arbeit nicht weiterfördern«.[139]

Intensiv diskutiert der Hof, welcher Mensch denn dieser schlechteste von ganz Mailand sein könne. Neid, Geiz und Bosheit reichen Leonardo nicht, denn diese Sünden »hätte ihm der Heiland vergeben«.[140] Die Judassünde sei eine andere, sei der »Stolz, der ihn Verrat an seiner eigenen Liebe üben ließ«,[141] sagt Leonardo.

Hier trifft der zweite Handlungsstrang den nur episodisch aufblitzenden Kern der Erzählung. Das fehlende Gesicht liefert der böhmische Kaufmann Joachim Behaim. Im Namen Behaim »steckt das hebräische Wort Behemot, das jiddische Behaime, der Begriff für das vertierte, verrohte Wesen, für das wilde Biest. Aber auch als hebräisches »be chaim«, das »im Leben« oder »am Leben« bedeutet, kann der Name verstanden werden. Der Händler war die lebendige Vorlage für das Abbild.«[142] Behaim kommt nach Mailand, um von einem verhaßten, gewissenlosen Wucherer namens Boccetta eine Schuld von 17 Dukaten einzutreiben. Einmal in der Stadt, verliebt er sich in das schöne Mädchen Niccola, das seine Liebe rührend erwidert. Dann aber erfährt Behaim, daß seine Niccola die Tochter eben jenes Wucherers ist. Fassungslos steht er vor dieser Nachricht. Liebe und Vernunft streiten in seinem Inneren.

»Freilich, mit dieser Liebe müßt es ein Ende haben. Ich müßt aufhören, mit meinen Gedanken bei ihr zu sein, ihr Bild müßt ich mir aus dem Sinn schlagen. Aber kann mir denn das gelingen? Weh mir, allzusehr bin ich in Liebe verfangen (...). Wie konnte mir das widerfahren? Wo ist mein Stolz geblieben? Und was sagt meine Ehre dazu?«[143]

Behaim stellt Vernunft, Stolz und Ehre über seine Liebe. Er greift zu einer List, trifft sich mit Niccola, gesteht ihr, Mailand ohne sie verlassen zu müssen, weil ihm das Geld für eine Reise zu zweit fehle. Da entschließt sich Niccola, Behaim zu helfen.

Stolz erzählt Behaim später in der Wirtsstube Leonardo da Vinci, wie er »es zuwege gebracht« hat, »von dem Boccetta, der doch als Dieb und Leutebetrüger in ganz Mailand bekannt ist, (sein) Geld, die siebzehn Dukaten, zurückzuerlangen.«[144] Er preist zunächst seine Liebe zu Niccola, in der er »die Frau gefunden zu haben« glaubte, die er sein »Leben lang gesucht«[145] hatte, dann berichtet er:

> »Es fehle mir an Geld, sagte ich ihr, vierzig Dukaten müßte ich haben (...). Sie erschrak ein wenig, und ein Weilchen überlegte sie, und dann sagte sie, (...) sie könne es mir beschaffen (...), sie kam am nächsten Tag und brachte das Geld und zählte es mir auf, vierzig Dukaten; sie meinte, sie hätte mir einen großen Dienst erwiesen (...). Genug, sie gestand ein, daß sie ihrem Vater das Geld des Nachts, als er schlief, entwendet habe, und ich sagte ihr, das sei nicht recht (...) und sie könnte, da sie mir nun ihr wahres Wesen gezeigt habe, die Meine nicht mehr werden, sie solle gehen, und ich wolle sie nicht wiedersehen. (...) Ich zählte von dem Geld die siebzehn Dukaten ab, die mir zustanden, und gab ihr eine Quittung darüber, wie es sich gehört, und die restliche Summe gab ich ihr auch, daß sie sie ihrem Vater wiedergeben könnt, und so ging alles auf dem Wege der Rechtlichkeit vonstatten.«[146]

Da bittet Leonardo da Vinci, Behaim malen zu dürfen. »Nun habe ich, was ich brauche«,[147] atmet der Künstler erleichtert auf. Er hat das Gesicht des Menschen, dem sein Stolz wichtiger war als seine Liebe. Mit Behaim skizziert Perutz den Typus eines Menschen, der sich keiner Schuld bewußt ist. Noch indem er die entsetzliche Sünde begeht, jene Sünde, die nicht verziehen wird, bleibt er bürokratisch kühl. Er zählt die ihm geschuldeten Dukaten ab, gibt seiner verratenen Liebe »eine Quittung darüber, wie es sich gehört«, damit alles »auf dem Wege der Rechtlichkeit vonstatten«[148] gehe. Als er acht Jahre später noch einmal nach Mailand kommt und sieht, wozu ihn Leonardo abkonterfeit hat, flucht er laut über dessen »Bubenstreich«.[149] Ein Bewußtsein seiner Schuld fehlt.

Perutz' Anspielung auf die jüngste deutsche Geschichte ist deutlich,[150] auch wenn Perutz im letzten Schliff, den er seinem Roman verpaßte, den Deutschen Joachim Behaim in einen in Böhmen geborenen Kaufmann verwandelt, der zwar in böhmischer Sprache flucht,[151] es aber vorzieht, »sich einen Deutschen zu nennen«, weil ihm das »mehr Ansehen und Geltung«[152] verschafft. Leo Perutz schrieb am 6. Juli 1957, zwei Tage nach der Fertigstellung seines Romans in sein Tagebuch: »Das Buch gelesen. Aus dem Deutschen einen Böhmen gemacht.« Allzu deutliche Hinweise wollte er auch in seinem letzten Werk nicht geben.

Bis zu seinem Tod blieb Perutz in Palästina ein weitgehend unbekannter Autor. An seine Tochter schrieb er 1951: »Ich muss mich wieder in meine Rolle als Null, die ich dreizehn Jahre hindurch hier innehabe, hineinfinden. In Wien konnte ich mir einbilden, irgendwer zu sein.«[153] Leo Perutz hatte während des Krieges alle Hoffnung darauf gesetzt, nach dem Ende des Faschismus in Deutschland und Österreich literarisch wieder Fuß fassen zu können. Deshalb war er auch sehr wütend, als Hugo Lifczis 1946 den »Schwedischen Reiter« an den Aleman-Verlag verkaufte. Er wollte sein bis dahin »bestes Buch«, das vor dem Krieg nicht mehr zur Geltung gekommen war, für ein literarisches Comeback in Europa aufbewahren.[154] Er telegraphierte: »Aleman Edition Schwedischer Reiter für Europa unauthorized, injuring my own important.«[155] Die Auslieferung des Buches nach Europa konnte er verhindern. Die beiden Exilwerke »Nachts unter der steinernen Brücke« und »Der Judas des Leonardo« waren von vornherein für den deutschsprachigen Büchermarkt gedacht. Seinen Freunden in Argentinien schrieb Perutz 1943:

> »An Veröffentlichung denke ich vorläufig nicht. Für Amerika sind sie, fürchte ich, beide nicht das Richtige, außer sie haben einen großen Erfolg in Deutschland. An diese Möglichkeit kann man, so wie der Krieg heute steht, schon wieder denken. In einem den Nazihänden entwundenen *Berliner Tageblatt* und in einer aus Grab und Verwesung wieder auferstandenen *Neuen Freien Presse* (...) werden die beiden Romane einmal erscheinen.«[156]

Das erhoffte Comeback gelang mit keinem der Bücher. Perutz selbst schätzte die Lage sehr treffend ein, als er 1947 an Bruno Brehm schrieb:

> »Die Verleger von einst, die ich kannte, gibt es nicht mehr. Und die Verleger von heute haben wahrscheinlich nicht die leiseste Ahnung, daß ich jemals vorhanden gewesen bin. Denn seit ich aus der deutschen Literatur entfernt worden bin, sind 14 Jahre verflossen. Meine früheren Bücher können meinen Verlegern oder Lektoren von heute nicht in die Hände kommen, weil sie nicht mehr vorhanden sind.«[157]

Der Nationalsozialismus hatte Perutz' Spuren in Deutschland und

Österreich gründlich ausgelöscht. 1947 nahm Perutz zu seinem alten Verlag, dem Zsolnay-Verlag, wieder Kontakt auf. Weil Zsolnay aber nur in Schilling zahlen konnte, versuchte er, seine Romane im Linzer »Verlag für Belletristik und Wissenschaft« wieder präsent zu machen. Hier erschienen zwar 1947 und 1948 die Romane »Die dritte Kugel«, »Der Marques de Bolibar« und »Der Meister des jüngsten Tages«, doch erhielt Perutz nie ein Honorar. Der Verleger starb 1948, der Verlag verramschte die Bücher nach dem Konkurs.[158] 1949 bat Perutz den Zsolnay-Verlag, den »Schwedischen Reiter« herauszubringen. Er erschien 1950, ein Jahr später folgte »St. Petri-Schnee«. Beide Bücher verkauften sich zunächst mäßig, erst 1954 erzielte der »Schwedische Reiter« Erfolg mit einer Ausgabe in der Deutschen Buchgemeinschaft mit 35.300 Exemplaren.[159]

Gründe für die spärliche Resonanz, die Perutz' Romane fanden, waren sicher, daß historische Romane ebenso wie Perutz' Schreibweise nach dem Krieg nicht mehr als zeitgemäß galten und Perutz durch den Nationalsozialismus aus dem Markt verdrängt worden war. Daneben dürfte aber auch der nach wie vor latente Antisemitismus eine Rolle bei seinem mißglückten Comeback gespielt haben. Als 1946 – vermittelt durch Richard Charmatz – die Novelle »Des Kaisers Tisch« aus dem Roman »Nachts unter der steinernen Brücke« in der Weihnachtsnummer der *Presse* in Wien erschien, waren konsequent alle Abschnitte getilgt worden, in denen Juden auftreten.[160] Der Verleger rechtfertigte sein Vorgehen: »Das eine der Gespräche mußte wohl in einer Zeitung unveröffentlicht bleiben, da man vom Psycholgischen her auf gewisse Empfindungen heute sehr Rücksicht nehmen muß.«[161] Perutz war tief gekränkt. Voll Bitterkeit schrieb er seinem Freund, dem Schauspieler Otto Schmöle:

> Vielleicht kommt inzwischen die österreichische Öffentlichkeit durch irgendeinen Zufall darauf, daß ihr im Jahre 38 einige ihrer repräsentativen Schriftsteller auf eine ›einmalige‹ Art abhanden gekommen sind, Schriftsteller, die nicht nur in Österreich, sondern auch für Österreich wirkten. Es scheint aber, daß die österreichische Öffentlichkeit sich mit dieser Einbuße sehr gerne, ja geradezu begeistert abgefunden hat. Was an schriftstellerischen Talenten im Lande verblieben ist, scheint den Ansprüchen zu genügen, man ist jetzt ganz unter sich, ist

die ›Zugereisten‹ los, – und von Werfel bis K. Kraus war ja alles ›zugereist‹ – und fühlt sich sehr wohl dabei. Nur so kann ich es mir erklären, daß ich weder im Radio noch in den Wiener Zeitungen jemals ein Wort der Klage darüber fand, daß österreichische Dichter wie Werfel, Zweig, Salten, Beer-Hofmann und Roda-Roda in der Fremde sterben mußten«.[162]

Perutz fand in Österreich keinen Platz mehr. Am 22. Februar 1952 notierte er: »Ich wurde traurig, weil ich in der Welt so vergessen bin.« Als er elf Jahre nach dem Ende des Krieges, ein Jahr vor seinem Tod, aufgefordert wurde, für das Bildarchiv der österreichischen Nationalbibliothek ein Portraitphoto zur Verfügung zu stellen, antwortete er dem Generaldirektor:

> »Ich danke Ihnen sehr für Ihre freundliche Absicht, meine Photographie in die Porträtsammlung der österr. Nationalbibliothek aufzunehmen, und freue mich über diese Absicht um so mehr, als Sie die erste officielle Stelle in Österreich sind, die mir die Ehre erweist, von meiner Tätigkeit als Schriftsteller Notiz zu nehmen.«[163]

Perutz gehörte zu den vergessenen Autoren. Noch 1973 wurde er in dem Band »Literatur in Österreich von 1945 – 1970. Strömungen und Tendenzen«, das von der Dokumentationsstelle für neuere österreichische Literatur herausgegeben worden war, mit keinem Wort erwähnt.[164] Doch sehr klar sah Perutz schon 1949 seine literarische Renaissance voraus:

> »Die wirklich maßgebenden Faktoren, die Zeitungen, die Kritik, die Verleger und die Literaturgeschichte, registrieren mich als nicht mehr vorhanden, wenn nicht gar als nie vorhanden gewesen. Um so sicherer ist meine Auferstehung in 40 Jahren, wenn mich irgendein Literaturhistoriker wiederentdeckt und ein großes Geschrei darüber erhebt, daß meine Romane zu Unrecht vergessen sind.«[165]

Die Perutz-Renaissance begann tatsächlich in den 80er Jahren mit der Gesamtausgabe der Werke im Zsolnay-Verlag. Die Ausgaben der 60er und 70er Jahre hatten nur wenig Resonanz gefunden.[166]

Schon immer hatte Leo Perutz gegen seine Gesundheit gelebt. Seit den 30er Jahren war er zuckerkrank,[167] im Exil verstärkte sich die Krankheit so, daß er auf tägliche Injektionen angewiesen war.[168] Vorgeschriebene Diäten hielt er stets nur wenige Tage durch, beinahe bis zum Tod blieb er Kettenraucher, trotz der Kriegsverletzung, die seine Lungenfunktion beeinträchtigt hatte. Erst als ihm der Arzt nur mehr fünf Zigaretten pro Tag erlaubte, hörte er zu rauchen auf, von einem Tag auf den anderen.[169]

Ab Mitte 1956 kamen neue Beschwerden hinzu. Ständig klagte Perutz über »erschreckende Schwindelanfälle«,[170] Übelkeit, Erbrechen. Zum ersten Mal konnte er bei seinem jährlichen Österreichaufenthalt die Wanderungen nicht mehr richtig genießen. »Der Abstieg fürchterlich«, schrieb er am 20. August 1956. »3 1/2 Stunden über Gerölle, Mich. und Gretl halfen mir hinuntergehen. Ich war am Ende meiner Kraft.« Im November des Jahres erlitt er mehrfach Ohnmachtsanfälle, Schweißausbrüche, Hungerkoma. Anfang 1957 notierte er: »Im letzten Jahr sehr gebrechlich geworden, kann nicht mehr treppensteigen, nicht bergaufgehen. Vor 2 Tagen klopfte zum 1. Mal der knöcherne Finger an (...). Sonst der Vergessenheit nahe, keine Erfolge mehr, kein Verleger.«[171] Auch 1957: Blutzirkulationsstörungen, Schwindel, Ohnmachtsanfälle.[172] Dennoch fuhr Perutz am 2. Juli 1957 wie üblich nach Europa. Er fühlte sich schwach. Mehrfach suchte er einen Arzt auf: Grippe, schwankender Blutdruck, eine Knieverletzung nach einem nächtlichen Sturz, Insuffienz des Herzens.[173] Am 19. August notierte er: »Es geht mir besser. Ich kann schon ohne auszuruhen auf den Kirchplatz gehen.« Die Besserung täuschte, das Druckgefühl in der Brust verstärkte sich, am 24. August wurde Perutz in das Krankenhaus in Bad Ischl eingeliefert. Die Diagnose lautete: Coronarsklerose, akutes Lungenödem, Kreislaufversagen.[174] Am 25. August 1957 starb Leo Perutz.

Es war eine kleine Beerdigung. Am äußersten Rand des protestantischen Teils des Friedhofs in Bad Ischl wurde Leo Perutz begraben. So wie ihm das Leben so viele Wünsche offen gelassen hatte, erfüllte auch der Tod nur ein Kleines seiner Hoffnung. Nicht im Kaffeehaus konnte er begraben werden, nicht im Rauch der Zigaretten und im Duft des schwarzen Kaffees, aber doch in Österreich, in der alten Sommerresidenz des Kaisers. Aus London kam seine Tochter Michaela, aus Tel Aviv Hans und Annie Perutz, aus New York Perutz' Schwester Lilly. Wenige der österreichischen Freunde versammelten sich,

Bruno Brehm, Dr. Friedrich Reiss, Peter de Mendelssohn, Hilde Spiel, Alexander Lernet-Holenia. Letzterer hielt die Grabrede. Der Grabhügel war bedeckt mit Blumen und Kränzen. Aus seiner Erinnerung schreibt Bruno Brehm im Nachruf auf Leo Perutz:

> »Es war ein regnerischer Tag. Vom Ischler Friedhof sah man die waldigen Berge, aus denen der Nebel aufstieg und auf die sich die Wolken herabsenkten. ›Regen‹, hatte Perutz gesagt, ›macht mir nichts. Sie können sich gar nicht vorstellen, wie sehr man sich in Palästina nach Regen sehnt.‹«[175]

Der Regen schafft eine Verbindung zwischen Himmel und Erde. Die Welt spiegelt sich im regennassen Pflaster, Konturen verflüssigen sich, Reales wird verzerrt, Himmel und Erde laufen wie nasse Farbschlieren ineinander. Leo Perutz liebte den Regen. Regennasses Pflaster mit seinen glitzernden Lichtreflexen regte ihn zum Schreiben an.

Perutz sah eine Verbindung von Himmel und Erde; er glaubte, daß es mehr Dinge zwischen Himmel und Erde gebe, als wir wahrhaben wollen, daß ein Geheimnis wirke hinter der Welt. Aus diesem Bewußtsein entwickelte er seine Romanideen. Doron Rabinovici verglich die Komposition von Perutz' Romanen mit Bildern von M. C. Escher. »Der Blick wechselt zwischen verschiedenen Dimensionen und Perspektiven, die einander widersprechen, und dennoch beide auf gleiche Weise möglich sind.«[176]

Nicht das Unerklärliche, das Übersinnliche, das Phantastische bestimmt das Denken und Handeln von Perutz' Romanfiguren. Es ist ihr Blick auf die Realität, der zunächst lange im Logisch-Nachvollziehbaren bleibt, dann plötzlich bricht, sich verschiebt, verzerrt. Konturen verschwimmen, die Personen entfremden sich der Wirklichkeit. Perutz' Helden sind gespaltene Persönlichkeiten, Entfremdete, Getriebene; gefangen in der ausweglosen Verstrickung ihrer eigenen Wahrnehmung. Hinter den spannenden Handlungen verbergen sich die Abgründe der menschlichen Seele.

Zum Zeitpunkt, als er zu schreiben begann, war Leo Perutz bereits selbst ein Heimatloser. Die Geburtsstadt Prag mit ihren Geheimnissen und Legenden, mit ihren Zeugnissen einer langen jüdischen Geschichte hatte er bereits verlassen müssen. Wien bot ihm nun für beinahe vierzig Jahre eine neue Heimat: Das intensive öffentliche Leben, die zahlreichen Freunde, Erfolg und Anerkennung paarten sich hier mit privatem Glück. Mit dem Tod von Perutz' erster Frau, der Mutter seiner Kinder, wendete sich für ihn das Schicksal. Einsamkeit, Sinnverlust und Orientierungslosigkeit bestimmten nun sein Dasein. Zudem drängte ihn der Nationalsozialismus aus dem öffentlichen Bewußtsein. Für seine letzten in Europa geschriebenen Werke gab es weder Markt noch Leser.

Die Nationalsozialisten vertrieben ihn, Europa gewährte ihm kein Asyl. Es blieb keine andere Möglichkeit als nach Palästina zu gehen, in eine andere Welt, abgeschnitten von allem, was ihm Lebenskraft gegeben hatte. Seine Freunde waren in alle Welt verstreut. In Palästina gab es nur Bekannte, bei denen er seine Ironie, den beißenden Spott zurückhalten mußte. Niemand interessierte sich für seine Arbeit. Ruhm und Anerkennung waren nur mehr schmerzende Erinnerungen an seine frühere Existenz. Betrachtet man Perutz' Leben im Exil, so schlägt einem eine große Lähmung entgegen. Über dem Alltag liegt Totenstarre. Perutz lebte zurückgezogen im privaten Kreis, vergrub sich in seinen Antiquitäten. Zehn Jahre dauerte es, ehe er sich der Realität stellte, ehe er verläßlich zum Unterhalt seiner Familie beitrug und eine Arbeit annahm. Zuvor lebte er vor allem auf Kosten seines Bruders Hans, den er weiterhin, auch nach Flucht und Vertreibung, sich gegenüber in der Pflicht glaubte. Fünf Jahre vergingen, ehe er die Arbeit an seinen beiden letzten, schon in Wien begonnenen Romanen wieder aufnahm. Man hat den Eindruck, als verstehe Perutz sein Exil nur als kurzzeitiges Moratorium, als lohne es sich kaum, das Leben wieder zu beginnen, als müsse man nur kurzzeitig überwintern. Mit der Ankunft in Palästina umgab Perutz sich mit seinen Erinnerungen, seinem vergangenen Ruhm wie mit einem Kokon und bewahrte sich.

Anders als viele der mit ihm im Exil lebenden Autoren veröffentlichte er weder in hebräischen Zeitschriften, noch in einer der zahlreichen Exilzeitungen. Den Kontakt zu anderen Schriftstellern suchte er nicht, den PEN-Club, in den er kurz nach seiner Ankunft in Palästina aufgenommen worden war, mied er. Seine Isolation und Einsamkeit, Vertreibung, Flucht und Exil fanden in seinen Werken keinen Niederschlag, obwohl er sie im privaten Kreis häufig beklagte.

In seinem Roman »Stichwort: Liebe« zeichnet der 1954 geborene israelische Autor David Grossmann das gewaltige Tabu, das sich über die Nachkriegsgesellschaft in Israel legte. Der neunjährige Protagonist des ersten Buches erfährt nur aus erlauschten Gesprächsfragmenten vom Lande »Dort«, in dem die »Nazi-Bestie« hauste, die er sich vorstellt als ein wildes, grauenvolles Tier. Was dort geschehen ist, wird verschwiegen. Fragen dürfen nicht gestellt werden.

Dieses Tabu galt auch für Leo Perutz. Nicht einmal in seinem Tagebuch erwähnte er die Vernichtung von über sechs Millionen Juden. Selbst als er sich nach dem Krieg in Wien vom Freund seiner Schwägerin Hilda berichten ließ, daß Idas Eltern in Theresienstadt, Hilda im KZ Ravensbrück ums Leben gekommen waren, fand dies in seinen Notizen keinen Niederschlag. Sein ursprünglicher Plan, eine Dokumentation über das KZ Dachau zusammenzustellen, wich bald einem großen Schweigen. Auf die Berichte seiner Freundin Gerty Kelemen, die das Konzentrationslager überlebt hatte, reagierte er anfangs betroffen:

> »Dein erster Brief (...) hat mich erschüttert. Nicht nur durch das, was ihr erlebt und ertragen habt, auch durch die leidenschaftslose und schlichte Art, in der du es berichtest. Ich bekam grossen Respekt vor Dir. Und ich fand, dass ich Dich, die einstige Heldin so vieler meiner komischen Anekdoten, nun endlich ernst nehmen müsse.«[177]

Auf Gerty Kelemens Schilderung vom Theater im KZ Westerbork vom November 1945[178] ging Perutz im Antwortbrief nicht mehr ein. In späteren Briefen wurde über das Thema kein Wort mehr verloren. In den erhaltenen Briefen an andere Freunde erwähnte Perutz den Holocaust nie.

Perutz' Tochter bestätigt, daß man zwar nach dem Krieg alles gewußt, über die Schoah aber nie gesprochen habe. Über die vielen Toten, die in Perutz' Freundes- und Verwandtenkreis zu beklagen waren, wurde nicht einmal in der Familie getrauert. Das Tabu scheint eine ganze Generation vor der ausweglosen Verzweiflung geschützt zu haben.

Seit den siebziger Jahren hat die literarische Auseinandersetzung mit der Verfolgung, Vertreibung und Ermordung der Juden während der nationalsozialistischen Zeit bis heute angehalten. Neben zahllosen Dokumentationen, Prosa- und Lyrikanthologien erschienen zunächst große Erinnerungsromane von Elias Canetti[179], Manès Sperber[180] und Imre Kertész,[181] in den achziger Jahren hauptsächlich Memoiren,[182] eine Tendenz, die sich in den neunziger Jahren fortsetzte.[183] Die Literatur, die sich in den unterschiedlichsten Gattungen die Bewahrung der Erinnerung und die persönliche Bewältigung zur Aufgabe gemacht hat, ist kaum zu überblicken. Doch darf die heutige Situation den Blick auf die Nachkriegsepoche nicht trüben.

Zwar waren unmittelbar nach dem Krieg zahlreiche Publikationen von Überlebenden erschienen: Dokumentationen, Erzählungen, Berichte, Romane und Gedichte, die zum Teil noch in den Lagern und Ghettos entstanden waren oder während der Erholungszeit in den Sanatorien unter dem noch unmittelbaren Eindruck des Erlebten,[184] doch wurden diese Werke in Deutschland kaum rezipiert. Der nach wie vor vorhandene Antisemitismus, die Diffamierung der Überlebenden und die dringende Sehnsucht, die Geschichte hinter sich zu lassen, neu zu beginnen, blockierten eine Auseinandersetzung mit den Opfern. Wenn Erinnerung überhaupt zugelassen wurde, so diente sie der Aufrechnung eigener Schuld gegen fremde oder der Minimierung der eigenen Verantwortung. Selbst Geständnisse ehemaliger Nationalsozialisten »prallten an der kollektiven Informationsverweigerung ab«.[185] »Der wirtschaftliche Aufstieg in den fünfziger und sechziger Jahren ließ in Deutschland die Illusion aufkommen, man habe die Vergangenheit überwunden (...). Die meisten erfolgreichen Autoren in Deutschland und Österreich blendeten die Konzentrationslager-Erlebnisse aus«.[186] Erst in den sechziger Jahren zeigte sich ein Teil der deutschen Bevölkerung bereit, sich den Wahrheiten des Nationalsozialismus zu stellen, Beteiligung, Verantwortung und Mitwisserschaft zu erkennen. So stieg auch die Zahl der Veröffentlichungen sprunghaft, die sich mit Vertreibung, Exil und Massenmord auseinandersetzten.[187]

Es ist auffallend, daß es nur ganz wenige der ins Exil gegangenen Juden schafften, sich dem Massenmord, begangen auch an ihren Freunden und Verwandten, geistig zu stellen. Einer von ihnen, Soma Morgenstern, soll als Beispiel dienen, weil er wie Leo Perutz in Wien gelebt hatte und mit ihm in den zwanziger Jahren Kontakt gehabt hatte. Morgenstern war 1890 in Galizien geboren und hatte seit 1912 mit Unterbrechungen in Wien gelebt. Am Tag vor Hitlers Einmarsch in Österreich war er nach Paris geflohen[188] und nach mehreren Internierungen 1941 über Marseille, Casablanca und Lissabon nach New York gelangt. 1943 erreichten ihn dort die ersten Schreckensnachrichten vom deutschen Massenmord an den Juden Europas. Morgenstern verdrängte nichts. Er setzte sich den Berichten über die Greuel unbarmherzig aus. Er postulierte, »daß ein jüdischer Schriftsteller, der sich von diesem ungeheueren Geschehen abwendet und seinem Beruf weiter nachgeht wie bisher, es nicht verdient, die Mörder überlebt zu haben.«[189] Systematisch studierte Morgenstern die Dokumente der Katastrophe, der seine Mutter, sein Bruder, eine seiner Schwestern und viele weitere Freunde und Verwandte zum Opfer gefallen waren. Er »fühlte sich verpflichtet, alle ihm erreichbaren schriftlichen, mündlichen, bildlichen und namentlich filmbildlichen Zeugnisse des ungeheuersten Verbrechens der Weltgeschichte zu erforschen.«[190] Die Konsequenz war eine Sprachlosigkeit, die er erst 1946 mit der Arbeit an seinem Roman »Die Blutsäule. Zeichen und Wunder am Sereth« – einem Totenbuch für die Opfer – überwinden konnte. Morgenstern erinnert sich:

> »Ich begann damit nach einigen Jahren vollständiger Unartikuliertheit, da ich mitten im Trubel von New York umherging wie ein Mensch, der Furchtbares träumt und schreien möchte, um zu sagen, wie fürchterlich es ist, aber sooft er zu schreien versucht, bemerkt, daß er keine Stimme hat. Ich hatte zuviel und zu oft mir Bilder von Auschwitz, Treblinka und andere solche Bildberichte angeschaut – mehr als ich vertrug. Und so bin ich unartikuliert geworden: ich habe meine Sprache verloren. Nach einigen Jahren raffte ich mich zusammen, und ich fing an, einen Aufschrei zu artikulieren. So begann meine Arbeit an dem Buch.«[191]

Von 1946 bis 1952 quälte sich Morgenstern, immer wieder von Trauer, Depression und Sprachlosigkeit erschüttert, mit seinem Totenbuch für die Opfer.

Morgenstern hatte sich dem Grauen gestellt, hatte die Sprachlosigkeit überwunden. Aber im Gegensatz zu Perutz lebte er in Amerika. Seit jeher hatte er sich mit dem jüdischen Volk identifiziert, für ihn war die Gründung des Staates Israel »das Wunder der Weltgeschichte,(...) ein großer Trost.«[192] Und Morgenstern hatte in Amerika begonnen, sich von der europäischen, christlich geprägten Kultur »unter dem Schock der Katastrophe innerlich«[193] abzuwenden. Er fühle sich als Jude und habe sich von der europäischen Kultur gereinigt, bekannte er.[194] Leo Perutz war Zeit seines Lebens Europäer geblieben. Die Gründung des Staates Israel war ihm nicht Hoffnungszeichen, sondern Ärgernis. Das Leben dort lähmte seine Schaffenskraft, die Isolation, die Einsamkeit durchschnitten seinen Lebensmut.

Alle in Israel lebenden Juden hatten nach dem Krieg Freunde und Verwandte zu betrauern. Viele waren selbst unmittelbar Überlebende. Alles Deutsche wurde marginalisiert. Man lebte und sprach nicht mehr über das, was war. Die in Israel lebenden Autoren verharrten lange in Sprachlosigkeit. Perutz' literarische Produktion war bis 1941 ganz versiegt. »Der Judas des Leonardo« hatte die jüdische Katastrophe völlig ausgeblendet. Allenfalls im 1943 wieder aufgenommenen Prager Roman lassen sich Ansätze finden, die die Vernichtung des Judentums in den Blick nehmen. Zum einen bewahrt der Roman literarisch die Geschichte der Prager Juden, die durch den Nationalsozialismus vernichtet worden waren. Zum anderen thematisiert das Kapitel »Die Todessarabande« aus »Nachts unter der steinernen Brükke« die jahrhundertelange Verfolgung des Judentums. Doch war dieses Kapitel keine Reaktion auf den Holocaust. Es war schon 1943 entstanden, lange bevor Perutz von den Vernichtungslagern im Osten wußte.

Leo Perutz hatte sein wahres Leben vor dem Exil gelebt. Die letzten 19 Jahre seines Lebens war er Überlebender.

Anmerkungen

Einleitung

1 Theodor W. Adorno. Blochs Spuren. Zur neuen erweiterten Ausgabe 1959. S. 235.
2 Carl von Ossietzky. Leo Perutz. In: Das Tage-Buch. Berlin 6 (1925), 44 (31. 10.). Zit. nach: Leo Perutz 1882 – 1957. Eine Ausstellung der Deutschen Bibliothek Frankfurt am Main. S. 162.
3 Vgl. Leo Perutz 1882 – 1957. Eine Ausstellung der Deutschen Bibliothek Frankfurt am Main. S. S. 111f, 88, 89, 127f, 61f, 109ff, 328, 37ff.
4 Egon Erwin Kisch. Zit. nach: ebd. S. 112.
5 Brief von Ernst Weiß an Leo Perutz vom 9. 9. 1918. DEA; Nachlaß Leo Perutz, I A 108.
6 Brief von Leo Perutz an Bruno Brehm vom 22. 1. 1947. Zit. nach: Bruno Brehm. Zwischen Omarmoschee und Kahlenberg. S. 366.
7 Perutz wird entweder als Autor historischer Romane gesehen (vgl. Murayama Masato. Leo Perutz. Die historischen Romane. Unveröff. Diss. Wien 1979; Bettina Hey'l. Geschichtsdenken und literarische Moderne. Zum historischen Roman in der Zeit der Weimarer Republik. Tübingen 1994.) oder in die phantastische Literatur eingereiht (Florian F. Marzin. Die phantastische Literatur. Eine Gattungsstudie. Frankfurt am Main, Bern 1982; Reinhard Lüth. Im Dämmerlicht der Zeiten. Ein Porträt des phantastischen Erzählers Leo Perutz. In: Franz Rottensteiner (Hg.). Die dunkle Seite der Wirklichkeit. Frankfurt am Main 1987; Ders. Drommetenrot und Azurblau. Studien zur Affinität von Erzähltechnik und Phantastik in Romanen von Leo Perutz und Alexander Lernet-Holenia. Meitingen 1988; Veronica Jaffé Carbonell. Leo Perutz. Ein Autor deutschsprachiger phantastischer Literatur zu Beginn des 20. Jahrhunderts. München 1986; Stephan Berg. Schlimme Zeiten, böse Räume. Zeit- und Raumstruktur in der phantastischen Literatur des 20. Jahrhunderts. Stuttgart 1991). Neben der Zuordnung zur historischen oder phantastischen Literatur binden Reinhard Lüth (Leo Perutz und das Fin-de-Siècle), Jan Christoph Meister (Das paralogische Lesen von Identität – Leo Perutz' Roman Die dritte Kugel) und Rolf Geißler (Zur Lesart des magischen Prag) Perutz' Werk an die Literatur des Wien um 1900 oder die Prager Literatur. Der zweideutigen Erzählstruktur, dem Aufbau eines realen und eines phantastischen Deutungsmusters in Perutz' Romanen widmet sich Matías Martínez' Dissertation. (Doppelte Welten. Struktur und Sinn zweideutigen Erzählens. Göttingen 1996. Darin:

Zwischen Apokalypse und Wahn. Leo Perutz, »Der Marques de Bolibar« (1920). S. 177 – 202). Daß eine allzu schematische Einordnung auch zu zweifelhaften Verkürzungen von Perutz' Werk führen kann, zeigt der Aufsatz von Uwe Japp (Logik des Wunderbaren. Leo Perutz' Roman »Der Meister des jüngsten Tages«. In: Frankfurter Rundschau vom 20. 1. 1976). Japp definiert phantastische Literatur so, daß sie »gegen den festen Boden der Tatsachen (...) das Bodenlose phantastischer Möglichkeiten« vorspiele. Dann wirft er Perutz vor, er verletze dieses Genre, in das er ihn eingeordnet hat, weil er »das ganze absonderliche Geschehen an vertraute logische Erklärungen zurückzubinden« versuche und sich somit für das Phantastische entschuldige. Lediglich Dietrich Neuhaus gibt bereits im Titel seiner Arbeit »Erinnerung und Schrecken. Die Einheit von Geschichte, Phantastik und Mathematik im Werk Leo Perutz'" Frankfurt a. M. 1984 zu erkennen, daß er die Parzellierung des Werkes in der Forschung für unangemessen hält und verweist auf die stets möglichen verschiedenen Lesarten. Neuhaus argumentiert aber rein werkimmanent und ignoriert eine biographische Komponente. Reinhard Lüth vermutet gar, daß die »positiv-akribische Detailforschung der Lebensgeschichte eines Autors insbesondere im Fall von Leo Perutz für die Interpretation seiner Werke nur einen geringen Aussagegehalt" besitze (Reinhard Lüth. Im Dämmerlicht der Zeiten. S. 60), zu einem Zeitpunkt, als er noch nicht einmal den gesamten Nachlaß Leo Perutz' gekannt haben dürfte.

8 Brief von Leo Perutz an Paul Perutz vom 22.6.o.J. Der Brief befindet sich im Besitz von Michaela Staples.

9 Brief von Leo Perutz an Joseph Kalmer vom 14.5.1957; DEA; Nachlaß Leo Perutz; I C 13a.

10 Leo Perutz an Georg Fröschel, vom 17. 11. 1927. Zit. nach: Leo Perutz 1882 – 1957. Eine Ausstellung der Deutschen Bibliothek Frankfurt am Main. S. 188.

11 Vgl. Tagebuch (im folgenden zitiert als TB) 26.11.1927. Unveröffentlichtes Manuskript im DEA, Nachlaß Leo Perutz. Es wird im folgenden auf eine Fußnote verzichtet, wenn das entsprechende Datum des Tagebucheintrags im Text vermerkt ist.

12 Brief von Robert Musil an Arne Laurin vom 8. 4. 1926. Zit. nach: Leo Perutz 1882 – 1957. Eine Ausstellung der Deutschen Bibliothek Frankfurt am Main. S. 135.

13 Hans Harald Müller. Leo Perutz. S. 9.

14 Belegbar sind Perutz' Interviews mit dem Journalisten Josef Finkelstein im Jahr 1955 (vgl. DEA; Nachlaß Leo Perutz, IV E 1) und mit Dr. Pollitzer für die Zeitschrift »Das Echo« 1936 (vgl. TB 6. 2. 1936 und 8. 2. 1936).

15 Leo Perutz 1882 – 1957. Eine Ausstellung der Deutschen Bibliothek Frankfurt am Main. Wien, München 1989.

Anmerkungen Kap. 1

1 Aussage von Leo Perutz in einem Interview mit Josef Finkelstein. Josef Finkelstein. Die Welt eines Romanschriftstellers.

2 Vgl. Hartmut Binder (Hg.). Kafka-Handbuch Band 1. Der Mensch und seine Zeit. S. 63.

3 Vgl. Gerhard Melinz / Susanne Zimmermann (Hg.). Wien – Prag – Budapest. S. 22.

4 Durchforscht man die Deutsche Zeitung Bohemia aus dieser Zeit, so fällt auf, daß beinahe jeden Monat, vor allem aber in den Zeiten der Moldauüberschwemmungen Typhuserkrankungen gemeldet wurden.

5 Deutsche Zeitung Bohemia vom 8. 12. 1894.

6 Gerhard Melinz / Susanne Zimmermann (Hg.). Wien - Prag - Budapest. S. 151.

7 Ebd. S. 149.

8 Vgl. Deutsche Zeitung Bohemia vom 26. 9. 1894: »Mit der elektrischen Beleuchtung des Wenzelsplatzes soll am 1. Oktober d. J. begonnen werden.«

9 Gerhard Melinz / Susanne Zimmermann (Hg.). Wien - Prag - Budapest. S. 149.

10 Vgl. Klaus Wagenbach. Franz Kafka. Bilder aus seinem Leben. S. 69.

11 Im Adreßbuch der Stadt Prag finden sich neben den Adressen auch die Telefonnummern der Familien. Vgl. Adressář Královského Hlavniho Města Prahy. Redakci Václava Lešera. Prag 1891.

12 Vgl. Hartmut Binder (Hg.). Kafka-Handbuch Band 1. Der Mensch und seine Zeit. S. 4.

13 Ferdinand Seibt (Hg.). Die Juden in den böhmischen Ländern. S. 246.

14 Lücken in der Geschichte 1890 – 1938. Polemischer Geist Mitteleuropas – Deutsche, Juden, Tschechen. S. 71.

15 Die Ausstellung fand vom 15. 5. 1891 bis zum 18. 10. 1891 statt und hatte 2.432.256 Besucher. Vgl. Ladislav Kesner / Reinhard Pohanka. Das alte Prag zur Zeit Kaiser Franz Josephs. S. 26.

16 Vgl. Robert Luft. Nationale Utraquisten in Böhmen. Zur Problematik ›nationaler Zwischenstellungen‹ am Ende des 19. Jahrhunderts. S. 37. Im fol. werden alle Bewohner Böhmens als Böhmen, der deutschsprachige Bevölkerungsanteil als Deutsche, der tschechischspr. als Tschechen bezeichnet. Perutz weicht in seinen Erinnerungen von dieser Terminologie ab. Er versteht sich selbst als Deutscher, den Begriff ›Böhme‹ setzt er jedoch mit dem Begriff ›Tscheche‹ gleich.

17 Vgl. Gary Cohen. Deutsche, Juden und Tschechen in Prag: das Sozialleben des Alltags 1890 – 1914. S. 57.

18 In Böhmen lebten 1900 37,2% Deutsche und 62,6% Tschechen, in Prag 1880 nur 15,5% Deutsche, 1910 gar nur 7,3% Deutsche. Vgl. Hartmut Binder (Hg.). Kafka-Handbuch Band 1. Der Mensch und seine Zeit. S. 4. Ferner: Wilma Iggers (Hg.). Die Juden in Böhmen und Mähren. S. 208.

19 52,5% waren selbständig, 35% angestellt, 11,5% Arbeiter. Vgl. Hartmut Binder (Hg.). Kafka-Handbuch Band 1. Der Mensch und seine Zeit. S. 63.

20 46% der deutschen Haushalte hatten eine Hausangestellte, 11,8% zwei, 2,9% sogar drei oder mehr Hausangestellte. Vgl. ebd. S. 63.

21 55,9%. Vgl. ebd..

22 1880 hatte Prag 200.000 Einwohner, 1910 bereits 442.000. Vgl. ebd.

23 Vgl. Mirjam Schadendorf. ›Lächerlich streng waren Kasteneinteilung und Kastenstolz‹. S. 6. Ferner: Pavel Petr. Ghetto oder Integration. Zu den Identitätsproblemen der Prager Schriftsteller. S. 177f. Tschechische Schauspieler, die mit deutschen Kollegen gefeiert hatten, wurden in der tschechischen Presse stark angefeindet. Vgl. Deutsche Zeitung Bohemia vom 16. 11. 1893.

24 Gary Cohen. Deutsche, Juden und Tschechen in Prag: das Sozialleben des Alltags 1890 – 1914. S. 65. In Prag gab es 1890 130 Deutsche und 380 tschechische Vereine. Vgl. ebd.

[25] Lücken in der Geschichte 1890 – 1938. Polemischer Geist Mitteleuropas – Deutsche, Juden, Tschechen. S. 14.
[26] Deutsche Zeitung Bohemia vom 24. 12. 1893.
[27] Vgl. Deutsche Zeitung Bohemia vom 25. 9. 1894.
[28] Vgl. Hartmut Binder (Hg.). Kafka-Handbuch Band 1. Der Mensch und seine Zeit. S. 74.
[29] Ebd. S. 6.
[30] Vgl. Deutsche Zeitung Bohemia vom 5. 11. 1893.
[31] Vgl. Deutsche Zeitung Bohemia vom 28. 3. 1884.
[32] Die Deutsche Zeitung Bohemia meldete am 4. 10. 1893, daß tschechischsprachige Straßentafeln durch doppelsprachige ersetzt werden mußten.
[33] Jan Kren. Die Konfliktgemeinschaft. S. 182.
[34] Vgl. Ladislav Kesner / Reinhard Pohanka. Das alte Prag zur Zeit Kaiser Franz Josephs. S. 31.
[35] Vgl. Bernhard Suttner. Die Badenische Sprachenverordnung von 1897. S. 245 – 274.
[36] Vgl. Ernst Pawel. Das Leben Franz Kafkas. S. 52.
[37] Vgl. Prager Tageblatt vom 20. 10. 1899.
[38] Jan Kren. Die Konfliktgemeinschaft. S. 212.
[39] Heinrich Pleticha (Hg.). Reise Textbuch Prag. S. 28.
[40] Vgl. Gary Cohen. Deutsche, Juden und Tschechen in Prag: das Sozialleben des Alltags 1890 – 1914.
[41] Vgl. Robert Luft. Nationale Utraquisten in Böhmen. Zur Problematik ›nationaler Zwischenstellungen‹ am Ende des 19. Jahrhunderts. S. 43.
[42] Vgl. Gary Cohen. Deutsche, Juden und Tschechen in Prag: das Sozialleben des Alltags 1890 – 1914. S. 65.
[43] Ebd. S. 67.
[44] Vgl. Wilma Iggers (Hg.). Die Juden in Böhmen und Mähren. S. 208.
[45] Vgl. Hartmut Binder (Hg.). Kafka-Handbuch Band 1. Der Mensch und seine Zeit. S. 25.
[46] Willy Haas. Die literarische Welt. S. 10.
[47] In der Hilsner-Affäre ging es um den Vorwurf eines Ritualmordes an einem nichtjüdischen Mädchen. Vgl. Lücken in der Geschichte 1890 – 1938. Polemischer Geist in Mitteleuropa – Deutsche, Juden, Tschechen. S. 15.
[48] Wichtige antisemitische Prozesse: 1884 Tisza / Ungarn; 1894 – 1900 Dreyfuß / Frankreich; 1899 – 1900 Hilsner / Böhmen; 1912 – 1913 Beiliß / Rußland; Vgl. Ve svetle tmy. Im Licht der Dunkelheit.
[49] Vgl. z. B. Prager Tageblatt vom 19. 5. 1893, 14. 4. 1893, 21. 4. 1893, 13. 9. 1899, 28. 9. 1899.
[50] Pavel Petr sieht dafür ein Indiz in der Tatsache, daß in Kafkas Jugendbriefen antisemitische Ausschreitungen nie erwähnt wurden. Vgl. Pavel Petr. Ghetto oder Integration. S. 177.
[51] Egon Erwin Kisch. Die Abenteuer in Prag. Bd. 1. S. 52.
[52] Deutsches Exilarchiv Frankfurt (im folgenden DEA); Nachlaß Leo Perutz; II B e 2a.
[53] Auszug aus dem Handelsregister. DEA; Nachlaß Leo Perutz; II B e 2a. Das im Ausstellungskatalog genannte Datum 1884 ist falsch. (Vgl. Leo Perutz 1882 – 1957. Eine Ausstellung der Deutschen Bibliothek Frankfurt am Main. S. 3).

[54] Vgl. verschiedene Ausgaben des Adressář Královského Hlavniho Města Prahy. Redakci Václava Lešera. Prag 1884 – 1901.
[55] Ein weiterer Nachweis über diese Fabrik fand sich nicht. Möglich wäre auch, daß es sich bei der Angabe im Prager Adreßbuch um einen Übersetzungsfehler handelt. Eventuell wurde »Cotton« durch »Karton« übersetzt.
[56] Vgl. Lehmanns Wohnungsanzeiger für die Hauptstadt Wien. Wien 1884. Ferner: DEA; Nachlaß Leo Perutz; II B e 2a.
[57] Vgl. Leo Perutz 1882 – 1957. Eine Ausstellung der Deutschen Bibliothek Frankfurt am Main. S. 1. Der Familiengeschichte nach stammte die Familie Perutz ursprünglich aus Polen; Leo Perutz erzählte seinen Kindern, einer seiner Vorfahren sei ein »Pinkeljud«, ein aus Polen eingewanderter Hausierer, gewesen. Vgl. Interview mit Michaela Staples vom 11.- 14. 8. 1997.
[58] Vgl. Foto von Rakonitz; DEA, Nachlaß Leo Perutz II A b 18. Ferner: Meyers Konversationslexikon. Bd. 14. Leipzig, Wien 1897.
[59] Felix Perutz. 100 Jahre Brüder Perutz. S. 4.
[60] Gustav Otruba erwähnt in seinem Aufsatz »Der Anteil der Juden am Wirtschaftsleben der böhmischen Länder seit dem Beginn der Industrialisierung« den Namen Perutz viele Male. In: Ferdinand Seibt (Hg.). Die Juden in den böhmischen Ländern. S. 209 – 268.
[61] Vgl. Prager Tageblatt vom 15. 1. 1899.
[62] Ferdinand Seibt (Hg.). Die Juden in den böhmischen Ländern. S. 251.
[63] Felix Perutz. 100 Jahre Brüder Perutz. S. 5. Felix Perutz' Ausführungen nach hatte ein Gulden 1882 etwa die Kaufkraft von 2 US-Dollar im Jahr 1962.
[64] Vgl. Ferdinand Seibt (Hg.). Die Juden in den böhmischen Ländern. S. 251 und Felix Perutz. 100 Jahre Brüder Perutz. S. 5 – 18.
[65] Vgl. Auszug aus den Dokumenten der jüdischen Gemeinde in Prag; DEA; Nachlaß Leo Perutz; II B e 2a.
[66] Vgl. Leo Perutz 1882 – 1957. Eine Ausstellung der Deutschen Bibliothek Frankfurt am Main. S. 3.
[67] Vgl. Leo Perutz. TB vom 11. 8. 1925, S. 300
[68] Richard A. Bermann alias Anton Höllriegel. Österreicher – Demokrat – Weltbürger. S. 387f. Mit Richard Bermann blieb Perutz bis zu dessen Tod eng befreundet. Bermann (1883 – 1939) wurde in den zwanziger Jahren als Publizist unter dem Namen Anton Höllriegel bekannt. Er war ebenso wie Leo Perutz in Prag und Wien aufgewachsen und veröffentlichte neben zahlreichen journalistischen Arbeiten auch historische Romane und Reiseberichte. Als Jude und aktives Mitglied des »American Guild for German Cultural Freedom« mußte er 1938 aus Österreich fliehen. Er ging in die USA und starb dort im September 1939.
[69] Brief von Ulrich Furst vom 25. 7. 1995.
[70] Ebd.
[71] Vgl. ebd.
[72] Vgl. Brief von Emma Perutz an Leo Perutz unter der Angabe »Prag, den 2/12«. DEA; Nachlaß Leo Perutz I A 61.
[73] Vgl. Brief von Paul Perutz an Leo Perutz vom 7. 9. 1952; DEA; Nachlaß Leo Perutz; I A 63.
[74] Ebd.
[75] So z. B. die Geschichten »Die Tragödie der Hundert«. Unveröffentlichtes Manuskript; DEA; Nachlaß Leo Perutz, III B a 6.

[76] Peter Stephan Jungk. Franz Werfel. S. 22. Vgl. hierzu auch Gary Cohen. Deutsche, Juden und Tschechen in Prag: das Sozialleben des Alltags 1890 – 1914. S. 62.
[77] Hartmut Binder. Literaturreisen. Prag. S. 229.
[78] Ebd.
[79] Vgl. Peter Demetz (Hg.) Alt-Prager-Geschichten. S. 127.
[80] N. O. Scrapi ist das Pseudonym für Fritz Bondy, einem Bankbeamten, der sich als Dramaturg, Erzähler und Übersetzer betätigte. Vgl. Hans Giebisch, Gustav Gugitz. Bio-Bibliographisches Literaturlexikon Österreichs. S. 35.
[81] Peter Demetz (Hg.). Alt-Prager-Geschichten. S. 127 – 130.
[82] Nach dem Adreßbuch Prags von 1878 gehörte das Haus in der Mariengasse 26 Zeyer Emil, Helene, Julius, Johann und Eleonore.
[83] Die nachfolgenden Angaben schildern eigene Beobachtungen vom Frühjahr 1997. Nach Aussagen der Bewohner wurden in dem Haus keine Bau- oder Renovierungsarbeiten durchgeführt.
[84] Brief von Ulrich Furst vom 25. 7. 1995.
[85] Vgl. TB 15. 11. 1937.
[86] Vgl. Interview mit Michaela Staples vom 11.- 14. 8. 1997.
[87] Leo Perutz schrieb im Tagebuch am 18. 9. 1924: »Ich lese tschechisch«.
[88] Vgl. Interview mit Michaela Staples vom 11.- 14. 8. 1997 und mit Felix Paz El vom 15. 4. 1996.
[89] Deutsche Zeitung Bohemia vom 24. 12. 1893. »fl« ist die Abkürzung für Gulden. Fünf Gulden waren relativ viel Geld. Vergleichszahlen aus den Werbeanzeigen der gleichen Zeitung zeigen, daß ein Kilo Kaffee 1,70 Gulden kostete, ein Kilo Mehl 0,15 Gulden, ein Damenkleid 2,8 Gulden.
[90] Grete Perutz. Biographischer Lebensabriß Leo Perutz. DEA; Nachlaß Leo Perutz; II B a 4.
[91] Von der Stadt Prag erzählte er seinen Kindern viel. Vgl. Interview mit Michaela Staples vom 11.- 14. 8. 1997.
[92] Bei seinen Notizen über einen Vortrag über Prag und das Prager Ghetto erwähnte Perutz die Durchhäuser besonders. Vgl. TB 1. 7. 1925.
[93] Egon Erwin Kisch. Die Abenteuer in Prag. Bd. 1. S. 62.
[94] Ebd.
[95] Vgl. TB 1. 7. 1925.
[96] Vgl. TB 5. 12. 1913.
[97] TB 5. 7. 1913.
[98] Vgl. Egon Erwin Kisch. Die Abenteuer in Prag. Bd. 1. S. 57.
[99] Auch in späteren Jahren wich Perutz Aggressionen nicht aus. Dazu: Kapitel 4.
[100] Vgl. TB 5. 12. 1913.
[101] Arnold Höllriegel. Leo Perutz. In: Richard A. Bermann alias Arnold Höllriegel. Österreicher – Demokrat – Weltbürger. S. 168.
[102] Ernst Pawel. Das Leben Franz Kafkas. S. 57.
[103] Ebd.
[104] Gustav Strakosch-Graßmann. Geschichte des österreichischen Unterrichtswesens. S. 335.
[105] Ebd.
[106] Es waren 40-45%. Bei den tschechischen Kindern war es nur eine geringe Minderheit. Vgl. ebd.
[107] Günther Wachmeier. Prag. Ein Kunst- und Reiseführer. S. 325.

[108] Vgl. ebd.
[109] Vgl. Ernst Pawel. Das Leben Franz Kafkas. S. 57 und Max Brod. Der Prager Kreis. S. 39. Die Schulen der Piaristen besuchten auch Max Brod, Egon Erwin Kisch, Fritz Mauthner, Willy Haas.
[110] Peter Stephan Jungk. Franz Werfel. S. 14.
[111] Vgl. Max Brod. Der Prager Kreis. S. 39.
[112] Richard A. Bermann alias Arnold Höllriegel. Österreicher – Demokrat – Weltbürger. S. 388.
[113] Das Zeugnis bestätigt den Besuch aller fünf Volksschulklassen.
[114] Vgl. DEA; Nachlaß Leo Perutz; II B b 1.
[115] 27 von 44 Schülern waren Juden. Vgl. dazu: Jahresbericht des k.k. Neustädter deutschen Staats-Ober-Gymnasiums in Prag am Graben 1893. S. 66.
[116] Vgl. Zeugnisse von Leopold Perutz. Vorlagen im Archiv der Hauptstadt Prag.
[117] Vgl. Jahresbericht des k.k. Neustädter deutschen Staats-Ober-Gymnasiums in Prag am Graben 1897. S. 56.
[118] Das Notensystem umfaßte fünf Stufen: vorzüglich, lobenswert, befriedigend, genügend, nicht genügend.
[119] DEA; Nachlaß Leo Perutz; II B b 1a.
[120] Vgl. dazu DEA; Nachlaß Leo Perutz; II B b 1a.
[121] Zit. nach: Gustav Strakosch-Graßmann. Geschichte des österreichischen Unterrichtswesens. S. 326.
[122] Grete Perutz schrieb am 7. 5. 1946 an Paul Perutz über Leos Sohn Felix: »Wir müssen fortwährend in die Schule rennen, aber Leo sagt, das sei für ihn die verdiente Strafe, seinen Eltern sei es mit ihm ebenso ergangen.« Das Dokument befindet sich im Besitz von Michaela Staples.
[123] DEA; Nachlaß Leo Perutz; I D 126.
[124] In der Deutschen Zeitung Bohemia finden sich wiederholt Anzeigen, die für die Schule und das zugehörige Internat werben. Vgl. z. B. Ausgabe vom 16. 6. 1884.
[125] Perutz wohnte hier bei einem im Zeugnis vermerkten Quartiergeber. Über die Ausgaben für den Zögling Nr. 39, Leo Perutz , wurde genau Buch geführt. Vgl. DEA; Nachlaß Leo Perutz; II B b 2.
[126] DEA; Nachlaß Leo Perutz; II B b 1a.
[127] Vgl. Jahresbericht des k.k. Erzherzog-Rainer-Gymnasiums 1902. S. 50f.
[128] Vgl. ebd. S. 53.
[129] Um einen Einblick zu geben, seien sie hier zitiert: Lektüren: Tacitus (Germania); Horaz; Plato (Apologie, Kriton, Schlußkapitel des Phaedon, Euthyphron); Sophokles (Antigone); Homer (Odyssee); Aufsatzthemen in Auswahl: Wie vereinigen sich in Schillers »Glocke« die Betrachtungen des Meisters zu einem Gesamtbild des menschlichen Lebens?; Die Selbstverteidigung der Maria Stuart in Schillers gleichnamigen Drama; Wie hat Wilhelm von Schlegel in seiner ersten Vorlesung über dramatische Kunst und Literatur den Geist des Romantischen zu erklären versucht?; Charakter des Sokrates aufgrund der Apologie; Der Prinz von Homburg – Charakteristik, Aufbau der Handlung; Wie widerlegt Lessing in seinem Laokoon die Behauptung des Franzosen Caylus und des Engländers Spence?; »Euch ihr Götter gehört der Kaufmann! Güter zu suchen geht er, doch an sein Schiff knüpfet das Gute sich an«. Schiller.
[130] Vgl. DEA; Nachlaß Leo Perutz; II B b 1a.

[131] Arnold Höllriegel. Leo Perutz. In: Richard A. Bermann alias Arnold Höllriegel. Österreicher – Demokrat – Weltbürger. S. 168.

[132] Vgl. Zeugnisse von Leo Perutz im Archiv des Wiener Erzherzog-Rainer-Gymnasiums, heute Gymnasium in der Kleinen Sperlgasse. Im »Verzeichnis der approbierten Abiturienten vom Jahre 1872 bis einschließlich Julitermin 1914« ist Perutz nicht aufgenommen.

[133] Vgl. Interview mit Michaela Staples vom 11.- 14. 8. 1997.

[134] Vgl. Grete Perutz. Biographischer Lebensabriß Leo Perutz. DEA, Nachlaß Leo Perutz; II B a 4.

[135] In den Adreßbüchern der Stadt Prag ist die Familie Benedikt Perutz bis 1901 mit der Wohnung in der Mariengasse 26 vermerkt, in den Adreßbüchern der Hauptstadt Wien taucht sie erst 1902 auf. Einen deutlichen Hinweis auf den Umzugstermin geben auch die Zeugnisse von Leo Perutz. Bis einschließlich 1901 ist als sein Wohnort und der des Vaters Prag, Mariengasse 26 angegeben. Erst 1901 wechselt die Adresse. Hans Harald Müller nimmt im Ausstellungskatalog »Leo Perutz 1882 – 1957« an, Ursache für den Umzug der Familie nach Wien sei die Liquidation der Firma 1894 (vgl. Leo Perutz 1882 – 1957. Eine Ausstellung der deutschen Bibliothek Frankfurt am Main. S. 6),
in seiner Biographie behauptet er, Ursache sei der Brand der Firma 1899. (Vgl. Hans Harald Müller. Leo Perutz. S. 14. Peter Stephan Jungk gibt in seinem Film über Leo Perutz »Der Meister der Nacht« sogar an, die Fabrik sei aufgrund antisemitischer Ausschreitungen abgebrannt. Diese einander widersprechenden Aussagen lassen sich beide nicht halten. Die Daten des Umzugs 1901 und der Liquidation 1893/94 liegen zeitlich zu weit auseinander, als daß sich ein ursächlicher Zusammenhang nahelegen würde. Eine Meldung über einen Brand findet sich weder in den Tageszeitungen *Das Prager Tageblatt* und *Deutsche Zeitung Bohemia* von 1893/94 noch von 1899. Bei der Geschichte um den Fabrikbrand handelt es sich vermutlich um eine in der Familie Perutz tradierte Version, die auf einer Verwechslung mit der Firma der Brüder Siegmund und Leopold beruht. Im Nachlaß Leo Perutz' befindet sich ein Buch mit dem Titel »100 Jahre Brüder Perutz«. Die Firmengeschichte bezieht sich aber auf die Firma der Brüder des Vaters, Siegmund und Leopold Perutz. Hier heißt es, das Baumwollmagazin in Warnsdorf sei am 8. Mai 1891 durch einen Blitzschlag getroffen und vollkommen eingeäschert worden (vgl. S. 15). Ein zweiter Brand ereignete sich drei Jahre später: »Am 31. Mai 1894 brannte die Warnsdorfer Fabrik bis auf die Grundmauern ab.« (S. 16).

[136] Vgl. Adreßbücher der Stadt Prag. Auch in Paul und Leo Perutz' Zeugnissen ist als Beruf des Vaters »Fabrikant« vermerkt. Vgl. Vorlagen im Archiv der Hauptstadt Prag.

[137] Prager Tageblatt vom 1. 1. 1899. Gleiches meldet die Zeitung am 1. 1. 1901. Am meisten zu leiden hatten im besprochenen Zeitraum Cottondruckereien, Bleichen und Appreturen.

[138] Vgl. Lehmanns Wohnungsanzeiger der Hauptstadt Wien aus den entsprechenden Jahren.

[139] Vgl. ebd.

[140] Vgl. Murayama Masato. Leo Perutz. Die historischen Romane. S. 8.

[141] Vgl. DEA; Nachlaß Leo Perutz; II B e 2a.

[142] Vgl. Briefe von Emma Perutz an Leo Perutz. DEA; Nachlaß Leo Perutz; I A 61.

[143] Vgl. Brief von Emma Perutz an Leo Perutz o.D. (1907/08). DEA; Nachlaß Leo Perutz; I A 61).
[144] Brief von Leo Perutz an Erich Ziffer o. D. 1908. DEA; Nachlaß Leo Perutz; I C 31.

Anmerkungen Kap. 2

1 Brief von Leo Perutz an seine Eltern vom 22. 9. 1904. DEA; Nachlaß Leo Perutz; I C 23.
2 DEA; Nachlaß Leo Perutz; II B b 7a.
3 Das Haupt-Grundbuchblatt für Leo Perutz befindet sich im Militärhistorischen Museum in Prag. Vgl. Leo Perutz 1882 – 1957. Eine Ausstellung der deutschen Bibliothek Frankfurt am Main. S. 13 und DEA; Nachlaß Leo Perutz; II B b 7a.
4 Alphons Freiherr von Wrede. Geschichte der k.u.k. Wehrmacht, 1. Band. S. 91f. Leo Perutz berechtigte zu diesem verkürzten Dienst sein bestandenes letztes Gymnasialjahr auch ohne bestandene Matura. Weitere Vorteile des Einjährigen-Dienstes waren, daß die Aspiranten sowohl die Garnison als auch den Zeitpunkt ihres Eintrittes frei wählen konnten. Vgl. hierzu: Ernst Zehetbauer. Die »Einjährigen« in der alten Armee. S. 23.
5 Ebd. S. 15.
6 Brief von Leo Perutz an seine Eltern vom September 1904; DEA; Nachlaß Leo Perutz; I C 23.
7 Ernst Zehetbauer. Die »Einjährigen« in der alten Armee. S. 41.
8 Vgl. ebd. S. 43.
9 Leo Perutz 1882 – 1957. Eine Ausstellung der Deutschen Bibliothek Frankfurt am Main. S. 13. Die Rangordnung in der k.k. Armee war folgende: Feldmarschall, Generaloberst, General, Feldmarschalleutnant, Generalmajor, Oberst-Brigardier, Oberst, Oberstleutnant, Major, Hauptmann, Oberleutnant, Leutnant, Fähnrich, Offiziersstellvertreter, Stabsfeldwebel, Feldwebel, Zugsführer, Korporal, Gefreiter, Gemeiner. Vgl. hierzu: Erwin A. Schmidl. Juden in der k. (u.) k. Armee. 1788 – 1918. S. 151.
10 Vgl. Ernst Zehetbauer. Die »Einjährigen« in der alten Armee. S. 59f.
11 Vgl. ebd. S. 60.
12 Brief von Leo Perutz an seine Großmutter o. D. 1904. Zit. nach: Leo Perutz 1882 – 1957. Eine Ausstellung der Deutschen Bibliothek Frankfurt am Main. S. 14.
13 Brief von Leo Perutz an seine Eltern vom 18. 9. 1904; DEA; Nachlaß Leo Perutz; I C 23.
14 Brief von Leo Perutz an seine Eltern vom September 1904; DEA; Nachlaß Leo Perutz; I C 23.
15 Ebd.
16 »Ich mache eine Diät durch, das heißt, ich bekomme täglich 6 mal zu essen (und wie fein, abends z.B. Beefsteak)«. Ebd.
17 Brief von Leo Perutz an seine Eltern vom 17. 9. 1904. Zit. nach: Leo Perutz 1882 – 1957. Eine Ausstellung der Deutschen Bibliothek Frankfurt am Main. S. 15.

[18] Superarbitriert: für dienstuntauglich erklärt.

[19] Leo Perutz 1882 – 1957. Eine Ausstellung der Deutschen Bibliothek Frankfurt am Main. S. 15.

[20] Alphons Freiherr von Wrede. Geschichte der k.u.k. Wehrmacht, 1. Band. S. 92.

[21] Ebd.

[22] Bezüglich Perutz' Militärlaufbahn gibt es widersprüchliche Informationen. Das Haupt-Grundbuchblatt (DEA; Nachlaß Leo Perutz; II B b 7) vermerkt: 1. 2. 1904 Beförderung zum Gefreiten; 29. 4. 1904 Beförderung zum Korporal. Seltsamerweise wird Perutz aber gemäß dieser Quelle noch einmal zum Korporal befördert, nämlich am 21. 3. 1916, am 20. 10. 1916 dann zum Fähnrich. Die Akten des österreichischen Kriegsarchives vermerken für die Beförderung zum Fähnrich den 1. 3. 1916 (Vgl. Brief des Österreichischen Staatsarchivs, Kriegsarchiv vom 10. 12. 1996). Perutz selbst gibt in seinem TB vom 18. 3. 1916 an, zum Zugführer befördert worden zu sein, eine Beförderung, die in den offiziellen Akten nicht vermerkt ist. Übereinstimmend legen Haupt-Grundbuchblatt und die Akten des österreichischen Kriegsarchives das Datum der Beförderung zum Leutnant auf Kriegsdauer auf den 1. 2. 1917 fest.

[23] DEA; Nachlaß Leo Perutz; I B b 7a.

[24] DEA; Nachlaß Leo Perutz; I D 126.

[25] DEA; Nachlaß Leo Perutz; II B b 7a. Die Annahme von Murayamo Masato, Leo Perutz habe von 1903 bis 1905 bei der Speditionsfirma Schenker und Co gearbeitet, ist mit Sicherheit falsch. (Vgl. Murayamo Masato. Leo Perutz. Die historischen Romane. S. 8) Sie beruht auf einer Verwechslung von zwei Personen mit gleichem Namen. Im Wiener Adreßbuch wird der Name Leo Perutz als der eines Prokuristen der Firma Schenker und Co genannt. Nun war aber die Stellung eines Prokuristen, eines Zeichnungsberechtigten, eine so herausragende Position innerhalb einer Firma, daß sie einem Berufsanfänger, wie Leo Perutz das ja war, mit Sicherheit nicht zugestanden wäre. Jener im Adreßbuch erwähnte Leo Perutz, ein Namensvetter des Schriftstellers, war ein Verwandter, vermutlich ein Cousin von Benedikt Perutz. Er lebte zunächst in Prag, war im Prager Adreßbuch des Jahres 1896 als Vertreter der Firma Schenker und Co aufgeführt, zog 1901, ebenso wie die Familie Benedikt und Emma Perutz, von Prag nach Wien um und arbeitete dort wiederum im Dienst der Firma Schenker und Co. Wie Otto Fritsch, ein heutiger Vertreter dieser Firma, herausgefunden hat, war der »Schenker-Perutz« eine äußerst schillernde und ehrgeizige Persönlichkeit, die der Firma viele Schwierigkeiten bereitet hatte. Vgl. hierzu Brief von Otto Fritsch an Alfred Breyer vom 7. 5. 1997.

[26] »Als außerordentliche Hörer können diejenigen aufgenommen werden, welche nicht die Qualifikation zum Eintritte als ordentliche Hörer (das heißt ein staatsgültiges Maturitätszeugnis; Anm. d. Verf.) besitzen, oder welche nur einzelne Vorlesungen in der Eigenschaft als außerordentliche Hörer besuchen wollen.« Wilhelm Jähnl (Hg.). Vorschriften für die Technische Hochschule Österreichs. Beide Einschränkungen trafen bei Perutz zu. Als »Grundlage, auf welcher der Studierende die Immatrikulation oder Inskription anspricht« gab Perutz an: »Absolvent Gymnasium; 8 Cl.«. Vgl. Nationale der Universität; DEA; Nachlaß Leo Perutz; II B b 2a.

[27] Vgl. Brief von Leo Perutz an Richard Beer-Hofmann vom 19. 4. 1906. Zit. nach: Leo Perutz 1882 – 1957. Eine Ausstellung der Deutschen Bibliothek Frankfurt am Main. S. 32.

[28] DEA; Nachlaß Leo Perutz; II B b 2a.

[29] Vgl. Nationale der Technischen Hochschule in Wien. Die zunächst eingetragene Lehrveranstaltung zum Handels- und Privatrecht wurde im Nationale wieder gestrichen, anders als Hans Harald Müller (Ders.. Leo Perutz. S. 17) angibt.

[30] Berücksichtigt man auch die an der Universität belegten Veranstaltungen, so fehlen Perutz für die vollständige Ausbildung die Kurse in Mathematik, Mechanischer Technologie, Recht (Handels-, Wechsel-, Privat- und öffentliches Recht) und Buchhaltung im Versicherungswesen. Vgl. Lektionskatalog, Studienpläne und Personalstand der Technischen Universität in Wien für das Studienjahr 1906/1907. S. 68.

[31] Vgl. DEA; Nachlaß Leo Perutz; II B b 3.

[32] Vgl. DEA; Nachlaß Leo Perutz; II B b 5.

[33] Dies vermutet Hans Harald Müller in: Ders. Leo Perutz. S. 17. Daneben: Leo Perutz 1882 – 1957. Eine Ausstellung der Deutschen Bibliothek Frankfurt am Main. S. 16.

[34] Leo Perutz. Klage auf einen Toten. Tel Aviv 1939. Zit. nach: Richard A. Bermann alias Arnold Höllriegel. Österreicher – Demokrat – Weltbürger. S. 415.

[35] Lebenserinnerungen von Richard A. Bermann. Zit. nach: Richard A. Bermann alias Arnold Höllriegel. Österreicher – Demokrat – Weltbürger. S. 5.

[36] Berthold Viertel (1885 – 1953) begann zunächst eine literarische Laufbahn, wechselte dann aber zum Theater und zum Film. Vgl. Hans Giebisch, Gustav Gugitz. Bio-bibliographisches Lexikon Österreichs. S. 433.

[37] Vgl. Richard A. Bermann alias Arnold Höllriegel. Österreicher – Demokrat – Weltbürger. S. 5f. Otto Müller war später Rechtsanwalt und Schriftsteller.

[38] Vgl. TB 3. 6. 1920. Dr. Arthur Rundt war Publizist.

[39] Otto Soyka war später Schiftsteller. Erwähnt sind in Aufzeichnungen auch noch die Namen Dr. Neumann, Dr. Becker, Dr. Jedermann, Beck, Schneeberger (vgl. TB 3. 6. 1920), Erich Ziffer, Eisler, Grünberger und Schosberger (vgl. Brief von Erhard Breitner an Leo Perutz vom 8. 9. 1907. Zit. nach: Leo Perutz 1882 – 1957. Eine Ausstellung der Deutschen Bibliothek Frankfurt am Main. S. 35).

[40] Vgl. TB 3. 6. 1920: »Nachmittag Bermann, Dr. Rundt, Dr. Neumann, der die Protokolle vom ›Freilicht‹ aus dem Jahre 1904 mitbrachte.«

[41] Leo Perutz. Klage auf einen Toten. Tel Aviv 1939. Zit. nach: Richard A. Bermann alias Arnold Höllriegel. Österreicher – Demokrat – Weltbürger. S. 415.

[42] Ebd. S. 415f.

[43] Lebenserinnerungen von Richard A. Bermann. Zit. nach: Richard A. Bermann alias Arnold Höllriegel. Österreicher – Demokrat – Weltbürger. S. 6.

[44] Ebd. S. 6f.

[45] DEA; Nachlaß Leo Perutz; II A a 4.

[46] Vgl. Brief von Erhard Breitner an Leo Perutz vom 8. 9. 1907: Breitner schrieb, Leo Perutz solle »Neuheiten aus dem Café Central« berichten und alles »Wissenswerte aus unserem Privatkreise«. Zit. nach: Leo Perutz 1882 – 1957. Eine Ausstellung der Deutschen Bibliothek Frankfurt am Main. S. 35.

[47] Richard A. Bermann alias Arnold Höllriegel. Österreicher – Demokrat – Weltbürger. S. 415.

[48] Leo Perutz 1882 – 1957. Eine Ausstellung der Deutschen Bibliothek Frankfurt am Main. S. 21.

[49] Unveröffentlichtes Manuskript; DEA, Nachlaß Leo Perutz; Manuskripte. III B a 6.
[50] Vgl. Leo Perutz 1882 – 1957. Eine Ausstellung der Deutschen Bibliothek Frankfurt am Main. S. 30.
[51] Zit. nach: Leo Perutz 1882 – 1957. Eine Ausstellung der Deutschen Bibliothek Frankfurt am Main. S. 31.
[52] Brief von Leo Perutz an Richard Beer-Hofmann vom 19. 4. 1904. Zit. nach: ebd. S. 32.
[53] Vgl. Leo Perutz 1882 – 1957. Eine Ausstellung der Deutschen Bibliothek Frankfurt am Main. S. 33.
[54] Vgl. Leo Perutz. Der Messer Lorenzo Bardi.

Anmerkungen Kap. 3

[1] Brief von Leo Perutz an Emma Perutz vom 3. 4. (1908). DEA; Nachlaß Leo Perutz; I C 23.
[2] Auf Perutz' Visitenkarte steht: Matematico presso »Assic. Generali«; DEA; Nachlaß Leo Perutz; II B b 4.
[3] Vgl. Barbara Hausegger. Triest, citta musicalissima. S. 165.
[4] Vgl. Horst Friedrich Mayer. Triest. Österreichs Tor zur Welt. S. 16.
[5] Vgl. Buchtitel von Alfred Niel. Die k.u.k. Riviera. Graz, Wien, Köln 1981.
[6] Zit. nach: Cornelia Szabo-Knotik. Wien – Triest um 1900. S. 137.
[7] Ein Anzeichen dafür ist der Zeitungsmarkt. Zwischen 1863 und 1902 gab es in Triest 560 Zeitungen und Zeitschriften. Davon waren 83,7% italienisch, 5,9% slawisch, 5,6% deutsch, 2,6% griechisch, 1,1% französisch, 1,1% lateinisch, spanisch und mehrsprachig. Vgl. hierzu: Angelo Ara / Claudio Magris. Triest. Eine literarische Hauptstadt in Mitteleuropa. S. 14.
[8] Ebd. S. 17.
[9] Vgl. ebd. S. 43.
[10] Ebd. S. 17.
[11] Politische Unabhängigkeitsbewegung, die den Anschluß abgetrennter Gebiete an das Mutterland anstrebt.
[12] Vgl. auch: Hermann Bahr. Dalmatinische Reise. S. 10f.
[13] Vgl. Basilio Francesco. Le Assicurazioni Marittime a Trieste. S. 187.
[14] Klaus Wagenbach. Franz Kafka. Bilder aus seinem Leben. S. 115.
[15] Ebd.
[16] Brief von Ernst Weiß an Leo Perutz vom 23. 5. 1908; DEA; Nachlaß Leo Perutz; I A 108.
[17] Vgl. Brief von Müller Nandor an Leo Perutz vom 17. 8. 1908; DEA; Nachlaß Leo Perutz; I A 60.
[18] Brief von Ernst Weiß an Leo Perutz vom 23. 5. 1908; DEA; Nachlaß Leo Perutz; I A 108.
[19] Iwan Bloch. Sexualleben unserer Zeit in seinen Beziehungen zur modernen Kultur. Berlin. 1909. Das Buch behandelt auf 850 Seiten physiologische, psychologische, forensische und hygienische Aspekte der Sexualität, aber auch kulturhistorische wie die Entwicklung von Nacktheit und Kleidung oder die Bedeutung von Liebe und Sexualität in der Literatur.

[20] Brief von Leo Perutz an seine Großmutter o. D. (1907/08). DEA; Nachlaß Leo Perutz; I C 4.
[21] Brief von Erhard Breitner an Leo Perutz vom 8. 9. 1907. DEA; Nachlaß Leo Perutz; I A 14.
[22] DEA; Nachlaß Leo Perutz; III Ca 55.
[23] Ebd.
[24] DEA; Nachlaß Leo Perutz; III Ca 19. Die Rezension erschien am 15. 12. 1907.
[25] Richard Schmid. Fakire und Fakirtum in Indien. Leipzig 1907.
[26] DEA; Nachlaß Leo Perutz; III Ca 23.
[27] Leo Perutz, Paul Frank. Das Mangobaumwunder. S. 92.
[28] DEA; Nachlaß Leo Perutz; III Ca 41.
[29] Perutz hat die Geschichte 1930 unter dem Titel »Das Gasthaus zur Kartäsche« in seine Novellensammlung »Herr erbarme dich meiner« aufgenommen.
[30] Leo Perutz. Der Feldwebel Schramek. S. 108.
[31] Michael Maar verweist in seinem Aufsatz über Leo Perutz (Gespaltene Würfel und die Welt als Traum; S. 122f) darauf, daß Kafka diese Erzählung sicher kannte. »Perutz' Soldaten ähneln frappierend den Soldaten aus Kafkas 1922 begonnenem SCHLOSS. Schon bei Perutz spielen sie ins Tierhafte und Phantasmagorische, in einem Fieberrausch des Ich-Erzählers verwandeln sie sich in bedrohliche Insekten. Bei Kafka scheinen ihnen dafür Erinnerungen an ihr Vorleben aufzublitzen, dann salutieren sie militärisch. Auch die Frau, an die sie sich kleben, sitzt schon im Gasthaus bei Perutz.«
[32] Leo Perutz. Der Bruder des Leonardo. Ein Gespräch. S. 123.
[33] Ebd.
[34] Hartmut Scheible. Literarischer Jugendstil in Wien. S. 75.
[35] Hermann Bahr. Die Moderne. S. 190.
[36] Brief von Leo Perutz an seine Großmutter o. D. (1907/08). DEA; Nachlaß Leo Perutz; I C 4.
[37] Ebd.
[38] Brief von Leo Perutz an Mela Weltsch vom 9. 11. 1907. DEA; Nachlaß Leo Perutz; I C 30.
[39] DEA; Nachlaß Leo Perutz; II D 3.
[40] Vgl. TB 16. 8. 1912.
[41] Hans Harald Müller. Leo Perutz. S. 18.
[42] Vgl. Brief von Emma Perutz an Leo Perutz o. D. (1907/08). DEA; Nachlaß Leo Perutz; I A 61.
[43] Ebd.
[44] Ebd.
[45] Brief von Leo Perutz an seine Großmutter o. D. (1907/08). DEA; Nachlaß Leo Perutz; I C 4.
[46] Ebd.
[47] Brief von Leo Perutz an Mela Weltsch vom 9. 11. 1907. DEA; Nachlaß Leo Perutz; I C 30.
[48] Ebd.
[49] Brief von Emma Perutz an Leo Perutz ca. 1907/08; DEA; Nachlaß Leo Perutz; I A 61.
[50] Brief von Leo Perutz an Mela Weltsch vom 9. 11. 1907. DEA; Nachlaß Leo Perutz; I C 30.

[51] Brief von Leo Perutz an Emma Perutz vom 3. 4. (1908). DEA; Nachlaß Leo Perutz; I C 23.
[52] Ebd.
[53] Ebd.
[54] Vgl. Brief von Leo Perutz an Erich Ziffer o. D. 1908. DEA; Nachlaß Leo Perutz; I C 31.
[55] Ebd.
[56] Brief von Rudolph Steinsberg an Leo Perutz vom 22. 4. 1908; DEA; Nachlaß Leo Perutz; I A 90.
[57] Vgl. Brief von Jankovich Alexander an Leo Perutz vom 2. 4. 1909. DEA; Nachlaß Leo Perutz; I A 39. Jankovich fragt, ob seine persönliche Anwesenheit in Wien Perutz' Anstellung beschleunigen könne.

Anmerkungen Kap. 4

[1] TB o. D. nach April 1914.
[2] Brief vom Anker an Leo Perutz vom 2. Juli 1908; DEA; Nachlaß Leo Perutz; II B b 5.
[3] Perutz verdiente in Wien zunächst 200 Kronen, wenn das »Provisorium« in ein »Definitivum umgewandelt« wird, ein Quartiergeld von 400 Kronen. Vgl. Brief vom Anker an Leo Perutz vom 2. Juli 1908; DEA; Nachlaß Leo Perutz; II B b 5.
[4] Rückzahlungen.
[5] Vgl. Brief vom Anker an Leo Perutz vom 9. Juli 1908; DEA; Nachlaß Leo Perutz; II B b 5.
[6] Die Gesellschaft hatte Niederlassungen in Österreich-Ungarn, Deutschland, Italien, Schweiz, Belgien, Holland, Serbien, Bulgarien, Rumänien, Türkei und Ägypten. Vgl. Der Anker. Allgemeine Versicherungsgesellschaft. Schrift zum 125-jährigen Bestehen der Gesellschaft. S. 13.
[7] Alfred Breyer, bis 1995 Chefmathematiker beim »Anker«, der zu Beginn seiner beruflichen Laufbahn noch nach denselben Methoden gearbeitet hat wie Leo Perutz, erklärt den Tätigkeitsbereich so: »Anläßlich einer Volkszählung wird nicht nur die genaue Einwohnerzahl eines Beobachtungsgebietes festgestellt, sondern auch das Alter und das Geschlecht jedes einzelnen erhoben. Aus diesen Daten ergibt sich je Geschlecht die sogenannte Alterspyramide. Weiters werden in der Nähe des Volkszählungstermins in einem mehrjährigen Beobachtungszeitraum die Alter aller Verstorbenen erfaßt. Die Gegenüberstellung dieser Daten (...) liefert dem Demographen die Rohdaten für eine Perioden-Sterbetafel. Der Vergleich mehrerer derartiger Tafeln zeigt dann dem Versicherungsmathematiker die Entwicklungstendenz. (...) Die Barwerte und die Nettoprämien, also jene Grundwerte, die sich aus der Sterbetafel und dem Zinsfuß ohne Berücksichtigung von Kosten ergeben, waren teils in Büchern, teils in Mappen von losen Tabellen vorbereitet. Jede einzelne Tarifposition (...) wurde mittels einer Handkurbelrechenmaschine aus dort nachgeschlagenen Grundwerten unter Einbeziehung der Zuschläge für die unterstellten Kosten errechnet und wieder in eine Tabelle eingetragen. Hierzu waren je nach dem

Tarif ca. 5 – 20 oder auch mehr Schritte erforderlich.« Brief von Alfred Breyer vom 3. 4. 1995.

8 Vgl. TB 17. 4. 1910; 18. 4. 1910; 30. 6. 1910.

9 Vgl. Leo Perutz 1882 – 1957. Eine Ausstellung der Deutschen Bibliothek Frankfurt am Main. S. 20.

10 Vgl. auch TB vom 4. 6. 1913: »Mein Vortrag fand viele Gegner.«

11 In: Der Nationalökonom (Wien). 22. Jg. Nr. 34, 1. 12. 1909. S. 237 – 239; DEA; Nachlaß Leo Perutz; III C b 2.

12 Österreichische Revue (Wien) 35. Jg. 1910. S. 239 – 240, 246 – 248, 252 – 253.

13 Mitteilungen des österreichisch-ungarischen Verbandes der Privat-Versicherungs-Anstalten (Wien) 5. Bd. 1910. S. 134 – 147.

14 DEA; Nachlaß Leo Perutz; III C b 1.

15 Hans Hall. Staatsrente und Assekuranz. In: Neue Freie Presse (Wien). Nr. 16463 vom 23. Juni 1910. S. 12 – 19. Laut Notizbucheintrag verfaßte Leo Perutz diesen Artikel für seinen Vorgesetzten.

16 Hans Hall, Generaldirektor der Lebens- und Rentenversicherungsgesellschaft »Der Anker«. Der sechste internationale Versicherungskongreß. In: Neue Freie Presse (Wien). Nr. 16103 vom 21. Juni 1910. S. 9. Laut Notizbucheintrag verfaßte Leo Perutz diesen Artikel für seinen Vorgesetzten.

17 Vgl. Leo Perutz 1882 – 1957. Eine Ausstellung der Deutschen Bibliothek Frankfurt am Main. S. 20.

18 Interview mit Michaela Staples vom 17. 6. 1995.

19 Brief von Rudolph Steinsberg an Leo Perutz vom 24. 11. 1908; DEA; Nachlaß Leo Perutz; I A 90.

20 Vgl. TB 22. 10. 1912.

21 Vgl. TB 5. 12. 1912.

22 Vgl. TB 25. 10. 1913, 30. 10. 1913.

23 Vgl. TB 12.- 14. 4. 1914.

24 Vgl. TB 7./ 8. 10. 1914.

25 Vgl. Brief von Leo Perutz an seine Eltern ca. 1904; DEA; Nachlaß Leo Perutz I C 23.

26 Vgl. DEA; Nachlaß Leo Perutz; II B e 2a und Interview mit Michaela Staples vom 11.- 14. 8. 1997.

27 Vgl. TB 3. 7. 1912; 13. 7. 1912.

28 Vgl. Interview mit Michaela Staples vom 11.- 14. 8. 1997.

29 Dieser Teil versteht sich als eine Zusammenfassung vorab. Die einzelnen Aussagen werden durch die weiteren Ausführungen in diesem Kapitel belegt.

30 Vgl. TB 23. 1. 1912; 27. 3. 1914; 22. 5. 1914; 5. 6. 1914; 3. 6. 1918; Da die Gerichtsakten bereits vernichtet wurden (vgl. Brief des Magistrats der Stadt Wien, Wiener Stadt- und Landesarchiv vom 9. 1. 1997), läßt sich nicht mehr genau nachweisen, worum es in diesen Prozessen ging. Aufgrund der Tagebuchnotizen dürfte es sich einmal um eine Beleidigungsanzeige gehandelt haben («Er hat einen Modisten mitgebracht, der unter Eid aussagte, ich hätte der Frau des Generalstabshauptmann gesagt: Halten's Maul!« Vgl. TB 27. 3. 1914). Ein andermal ging es um eine Mietangelegenheit.

31 Vgl. TB 22. 1. 1914.

32 TB 13. 8. 1914, vgl. auch TB 19. 7. 1914 und 13. 12. 1914.

33 TB o. D. 1914 nach 28.6..

34 Vgl. z. B. TB 6. 7. 1914.

[35] Vgl. TB 20.- 23. 8. 1912. Daneben: 24. 11. 1912, 23. 12. 1914.

[36] Hans Weigel. Lokale Legenden. S. 131.

[37] Rudolph Forster (1884-1968) war Schauspieler und seit 1914 an der Wiener Volksbühne engagiert.

[38] Alfred Polgar (1873 – 1955) war Journalist und Theaterkritiker. Er emigrierte 1938 in die USA und kehrte 1949 nach Europa zurück. Vgl. Kindlers Literaturgeschichte der Gegenwart. Die zeitgenössische Literatur Österreichs. S. 723.

[39] Paul Frank (*1885) schrieb Romane, Lustspiele und Operettentexte. Vgl. Hans Giebisch, Gustav Gugitz. Bio-Bibliographisches Literaturlexikon Österreichs. S. 93. »Das Mangobaumwunder« und »Der Kosak und die Nachtigall« erarbeitete er gemeinsam mit Leo Perutz.

[40] Rudolph Forster. Zit.nach: Hans Weigl. Das Wiener Kaffeehaus. S. 70.

[41] Vgl. TB 17. 10. 1914.

[42] Das wirft ihm Ernst Weiß in einem Brief von Mai oder Juni 1910 vor. Vgl. Leo Perutz 1882 – 1957. Eine Ausstellung der Deutschen Bibliothek Frankfurt am Main. S. 41.

[43] So bezeichnet man in Wien das Zusehen beim Kartenspielen.

[44] Vgl. TB 12. 7. 1913.

[45] Hans Heinz Hahnl berichtet in seinem Buch »Vergessene Literaten. Fünfzig österreichische Lebensschicksale. (S. 147f) über Leo Perutz und Otfried Krzyzanowski: »Angeblich war er nach dem Urteil seiner damaligen Freunde so verdreckt, daß man sich scheute, ihm die Hand zu geben. Er lebte im Café, wo er von den erfolgreichen Autoren einen Tribut einhob. (...) Vom Steueramt verlangte er für das Ausfüllen eines Fragebogens zwölf Kronen Honorar. Und als ihm Perutz einen Posten verschaffen wollte, bei dem er nur vormittags ein wenig hätte arbeiten müssen, rief er durch das Café: Herr Perutz hat mir soeben ein unsittliches Angebot gemacht.« Vgl. hierzu auch Hans Weigel. Lokale Legenden. S. 228.

[46] Steinsberg beginnt einen Brief an Leo Perutz mit den Worten: »Lieber Casanova! Für unsereins ist es geradezu niederschmetternd zu hören, was für ein Glück in der Liebe Menschen wie Sie haben.« Brief von Rudolph Steinsberg an Leo Perutz vom 26. 8. 1909; DEA; Nachlaß Leo Perutz; I A 90.

[47] Näheres s. Kapitel 6, S. 131.

[48] Brief von Ernst Weiß an Leo Perutz von Ende Mai / Anfang Juni 1910. Zit. nach: Leo Perutz 1882 – 1957. Eine Ausstellung der Deutschen Bibliothek Frankfurt am Main. S. 40f.

[49] Soma Morgenstern berichtet in seinem Buch »Alban Berg und seine Idole« (S. 59f), daß ihm Leo Perutz ein Erlebnis mit Peter Altenberg erzählt habe.

[50] Vgl. z. B. TB 26. 10. 1914; 23. 2. 1914; 28. 2. 1914; 2. 11. 1914; 11. 3. 1914; Als Konzipienten bezeichnete man in Österreich die Angestellten in einem Büro.

[51] Vgl. z. B. TB 11. 6. 1912; 11. 4. 1912; 1. 5. 1915.

[52] Vgl. Brief von Leo Perutz an Richard Bermann von September/Oktober 1910. Zit. nach: Leo Perutz 1882 – 1957. Eine Ausstellung der Deutschen Bibliothek Frankfurt am Main. S. 51.

[53] Vgl. Interview mit Felix Paz El vom 14. 6. 1995.

[54] Vgl. Brix Emil / Werkner Patrick (Hg.). Die Wiener Moderne. S. 80.

[55] Vgl. TB 11.- 30. 7. 1912.

[56] Ziele waren u. a. die Klosteralpe (TB 19. 1. 1913), Stuhleck (TB 23. 2. 1913), Schladming (TB 22. 3. 1913).

[57] Guido Müller. Früher Wintersport. S. 76.
[58] TB 9. 2. 1913.
[59] TB 3. 2. 1912.
[60] Vgl. 100 Jahre Wiener Eislaufverein. S. 27 – 34.
[61] TB 31. 8. 1913.
[62] TB 30. 8. 1913.
[63] TB 17. 1. 1913.
[64] TB 16. 1. 1913.
[65] Vgl. Interview mit Michaela Staples vom 11.- 14. 8. 1997
[66] Vgl. TB 5. 3. 1913.
[67] Vgl. TB 14. 3. 1912.
[68] Vgl. z. B. TB 8. 1. 1912; 16. 1. 1912; 26. 1. 1912; 29. 1. 1912; 30. 1. 1912 usw.
[69] TB 14. 12. 1912.
[70] Vgl. TB 9. 1. 1914.
[71] Das Duell war zu dieser Zeit in Österreich noch eine durchaus übliche Form der Auseinandersetzung unter Offizieren. Erst 1913 war die letzte der neun Auflagen von Franz von Bolgars »Die Regeln des Duells« erschienen, die den Ablauf festlegten. Obwohl es um die Jahrhundertwende zahlreiche Bewegungen gegen das Duell gab (1901 wurde die österreichische Anti-Duell-Liga gegründet), wurde es erst 1917 im Ersten Weltkrieg verboten, weil es nun den Interessen des Vaterlandes entgegenstand. Vgl. Hubert Mader. Duellwesen und altösterreichisches Offiziersethos.
[72] Vgl. TB 20. 5. 1918, 26. 5. 1918. Ein weiteres Duell mit einem Dr. Fuchs ist im TB am 12. 2. 1909 vermerkt.
[73] Vgl. Brief von Ulrich Furst vom 11. 12. 1996. Die Narbe ist auf einigen Photos zu erkennen.
[74] Vgl. TB 4. 3. 1912.
[75] Vgl. TB Mai 1912.
[76] Vgl. TB 27. 5. 1912.
[77] So notierte Leo Perutz am 16. 6. 1913 in sein TB: »Nur noch 3 Kronen – für den ganzen Monat.«
[78] Vgl. TB 4.- 22. 10. 1910.
[79] Perutz besichtigte Kopenhagen, Stockholm, Uppsala, Veksund, Rattwik, Christiana und die norwegischen Fjorde und Berge.
[80] In den Tageszeitungen wird häufig von verschiedenen Schiffahrtsgesellschaften für Orientreisen geworben. Vgl. z. B. Prager Tageblatt vom 20. 1. 1899. Zum Orientalismus s. auch S. 71f.
[81] TB 20. 9. 1913.
[82] Vgl. TB 1. 10. 1913.
[83] TB 8. 10. 1913.
[84] TB 12. 10. 1913.
[85] Vgl. z. B. TB 6. 10. 1913: »Früh mit der Bahn nach Aic Sofar. Im Libanon. Nachm. ein Spaziergang nach Mahana, einem kleinen libanesischen Dorf gemacht.« oder TB 4. 10. 1913: »Von einem Beduinenmädchen einen Stock gekauft. Im Bahnhof tanzten zwei Beduinenmädchen reizend.«
[86] Vgl. Arnold Höllriegel. Leo Perutz. In: Richard A. Bermann alias Arnold Höllriegel. Österreicher – Demokrat – Weltbürger. S. 168 – 170. Hier S. 168.
[87] Die Muskete. Humoristische Wochenschrift (Wien). Bd. VI Nr. 134 vom 23. April 1908. S. 242.

88 Arkebuse: schwere Handfeuerwaffe Anfang des 15. Jahrhunderts.

89 Die Muskete. S. 242. Vgl. auch: Leo Perutz 1882 – 1957. Eine Ausstellung der Deutschen Bibliothek Frankfurt am Main. S. 38f.

90 Ebd. Das Gedicht wurde nach seiner Veröffentlichung vertont vorgetragen und erntete großen Applaus. Vgl. TB vom 25. 1. 1910: »Abends bei Dolbin Kompositionsabend. Er sang mein Lied ›Die Opferung Isaks‹. Großer Erfolg. Es mußte wiederholt werden. Alle lachen.«

91 Brief von Leo Perutz an Richard Bermann; DEA; Nachlaß Leo Perutz; I C 6b und Leo Perutz 1882 – 1957. Eine Ausstellung der Deutschen Bibliothek Frankfurt am Main. S. 51.

92 DEA; Nachlaß Leo Perutz; Manuskripte. III A 1 und III A 2. Diese Notizen lauten etwa: »Warum erfährt der Leser nicht sofort das Schicksal der Dalila« oder »Der Schluß ist sehr hübsch«.

93 In den Briefwechseln mit Bermann und Weiß werden immer wieder derartige Korrekturen erwähnt (z. B. Brief von Bermann an Perutz vom 30. 5. 1912: »(...) ich habe sie (die Manuskripte, Anm. d. Verf.) (...) sofort gelesen und mit Notizen versehen.« Zit. nach: Leo Perutz 1882 – 1957. Eine Ausstellung der Deutschen Bibliothek Frankfurt am Main. S. 54).

94 Vgl. Briefe von Ernst Weiß an Leo Perutz vom 15. 12. 1911 und o. D. 1912. DEA; Nachlaß Leo Perutz; I A 108.

95 Brief von Richard A. Bermann an Leo Perutz vom 16. 10. 1911; DEA; Nachlaß Leo Perutz; I A 12 und Leo Perutz 1882 – 1957. Eine Ausstellung der Deutschen Bibliothek Frankfurt am Main. S. 53f.

96 Ebd.

97 Brief von Richard A. Bermann an Leo Perutz vom 30. 5. 1912; DEA; Nachlaß Leo Perutz; I A 12.

98 Alfred Polgar (1873 – 1955) war Journalist und Theaterkritiker. 1938 emigrierte er in die USA, 1949 kehrte er nach Europa zurück.

99 TB 21. 4. 1915 und Leo Perutz 1882 – 1957. Eine Ausstellung der Deutschen Bibliothek Frankfurt am Main. S. 57.

100 Michael Maar weist in seinem Aufsatz »Gespaltene Würfel und die Welt als Traum« darauf hin, daß die im Buch beschriebene Spaltung des Würfels in eine fünf und eine sechs, die Grumbach den Sieg bringt, gar nicht möglich sei. Dieser Fehler kann dem Mathematiker, Logiker und Spieler Leo Perutz kaum versehentlich unterlaufen sein. Maar sieht in ihm eine literarische Absicht: »Der Spalt ist der Ort, an dem die Zweifel keimen.« Vgl. Michael Maar. Gespaltene Würfel und die Welt als Traum. Zur Erinnerung an Leo Perutz. S. 113.

101 Leo Perutz. Die dritte Kugel. S. 9.

102 Hans Harald Müller weist in seiner Perutz-Biographie darauf hin, daß es sich hier um den ersten Vers eines Gedichtes von Friedrich Rückert handelt. Perutz habe das Gedicht in einer Vertonung Mahlers häufig angehört. Vgl. Hans Harald Müller. Leo Perutz. S. 113.

103 Brief von Ernst Weiß an Leo Perutz von 1912; DEA; Nachlaß Leo Perutz; I A 108 und Leo Perutz 1882 – 1957. Eine Ausstellung der Deutschen Bibliothek Frankfurt am Main. S. 56.

104 Ernst Mach. Antimetaphysische Bemerkungen. S. 141.

105 Ebd.

106 Manfred Diersch. Empiriokritizismus und Impressionismus. S. 29.

[107] So war zum Beispiel die Existenz eines Doppelgängers zu dieser Zeit ein gängiges Motiv und ein vielbeachtetes Problem. 1914 erschien in »Imago«, der Zeitschrift für die Anwendung der Psychoanalyse auf die Geisteswissenschaften Ernst Rankes Essay »Der Doppelgänger«. Sigmund Freud untersuchte das Motiv des Doppelgängers in einem Aufsatz über E. T. A. Hoffmanns »Der Sandmann«, eine Reihe literaturwissenschaftlicher Untersuchungen folgten. Vgl. hierzu: Bettina Hey'l. Geschichtsdenken und literarische Moderne. S. 203ff.

[108] Richard Beer-Hofmann. Der Tod Georgs. S. 114f.

[109] Hugo von Hoffmannsthal. Ein Brief. S. 437f.

[110] Vgl. z. B. Richard Beer-Hofmann. Der Tod Georgs; Arthur Schnitzler. Leutnant Gustl; Ders. Fräulein Else.

[111] Vgl. Hans Christoph Buch. Die Nähe und die Ferne. S. 114.

[112] Vgl. Jan Berg. »Der Beute-Gestus«. Dokumentatorische Exotik im Film.

[113] Mit Jakob Wassermann (1873-1934) verbindet Perutz auch die Bedeutung, die beide in ihren Werken der Mystik, dem Traum und der Phantasie einräumen.

[114] Die Ashanti-Ausstellung, die in Wien Peter Altenberg zu zahlreichen Skizzen anregte, gastierte 1899 auch (zum zweiten Mal) in Prag. Das Prager Tageblatt meldete am 13. 8. 1899: »Das Ashanti-Dorf auf der Hetzinsel wird vom Dienstag an dem Publikum zugänglich sein. Diese interessante ethnographische Schaustellung, welche hier bereits vor zwei Jahren sehr gefallen hat, ist bedeutend vergrößert.«

[115] Leo Perutz. Die dritte Kugel. S. 96.

[116] Ebd. S. 40.

[117] Vgl. Interview mit Michaela Staples vom 11.- 14. 8. 1997.

[118] Brief von Leo Perutz an Nadler. Zit. nach: Bettina F. Cothran. Der »Einbruch der E. T. A. Hoffmannschen Welt« in dem Werk von Leo Perutz. S. 36.

[119] Bettina F. Cothran. Der »Einbruch der E. T. A. Hoffmannschen Welt« in dem Werk von Leo Perutz. S. 40.

[120] Ebd. S. 41.

[121] Vgl. Leo Perutz 1882 – 1957. Eine Ausstellung der Deutschen Bibliothek Frankfurt am Main. S. 57.

[122] Peter Panter. Die dritte Kugel. Zit. nach: ebd. S. 62 – 63. Hier. S. 63.

[123] Richard A. Bermann. Die dritte Kugel. Zit. nach: ebd. S. 61 – 62. Hier S. 62.

[124] Ebd.

[125] Paul Frank (geb. 14. 4. 1885) schrieb Lustspiele, Romane, Operettenlibrettos.

[126] Paul Frank. Das Buch nach dem Krieg. Zit. nach: Leo Perutz 1882 – 1957. Eine Ausstellung der Deutschen Bibliothek Frankfurt am Main. S. 58 – 60. Hier S. 58.

[127] Ebd. S. 58f.

[128] Vgl. z. B. Helen Miller Bailey / Abraham P. Nasatir. Lateinamerika (Kindlers Kulturgeschichte). München 1969.

[129] Ernst Johann (Hg.). Innenansichten eines Krieges. S. 14.

[130] Thomas Mann. Gesammelte Werke Bd. 13. S. 533. Zit nach: Reinhard Rürup. Der Geist von 1914 in Deutschland. S. 13.

[131] Vgl. Norbert Ruske. Szenische Realität und historische Wirklichkeit. S. 70.

[132] Karl Kraus. Das technoromantische Abenteuer. S. 45.

[133] Brief von Leo Perutz an Richard A. Bermann vom September / Oktober 1910. Zit. nach: Leo Perutz 1882 – 1957. Eine Ausstellung der Deutschen Bibliothek Frankfurt am Main. S. 51.

[134] Vgl. Hans Harald Müller. Leo Perutz. S. 103. Müller verweist hier auf die Autoren Gustav Freitag, Felix Dahn und Georg Ebers.
[135] Paul Frank. Das Buch nach dem Krieg. Zit. nach: Leo Perutz 1882 – 1957. Eine Ausstellung der Deutschen Bibliothek Frankfurt am Main. S. 58 – 60. Hier S. 60.
[136] Brief von Richard A. Bermann an Leo Perutz vom 20. 10. 1910; DEA; Nachlaß Leo Perutz; I A 12 und Leo Perutz 1882 – 1957. Eine Ausstellung der Deutschen Bibliothek Frankfurt am Main. S. 52.
[137] Vgl. Leo Perutz 1882 – 1957. Eine Ausstellung der Deutschen Bibliothek Frankfurt am Main. S. 41. Vgl. ferner: TB 31. 7. 1909.
[138] Vgl. Brief von Ernst Weiß an Leo Perutz ca. 1910; DEA; Nachlaß Leo Perutz; I A 108 und Leo Perutz 1882 – 1957. Eine Ausstellung der Deutschen Bibliothek Frankfurt am Main. S. 42.
[139] Vgl. Leo Perutz 1882 – 1957. Eine Ausstellung der Deutschen Bibliothek Frankfurt am Main. S. 42.
[140] DEA; Nachlaß Leo Perutz; Unveröffentlichte Manuskripte.
[141] Leo Perutz 1882 – 1957. Eine Ausstellung der Deutschen Bibliothek Frankfurt am Main. S. 40.
[142] Sie wurde erstmals veröffentlicht in der SZ 1985 (15.-17. 6. 1985; S. 145). Vgl. Leo Perutz 1882 – 1957. Eine Ausstellung der Deutschen Bibliothek Frankfurt am Main. S. 41.
[143] DEA; Nachlaß Leo Perutz; I A 12.
[144] Gerty Kelemen. Die Zigarettendose. In: Neues Wiener Journal 45, 1937, 15594; 18. 4.; S. 3 – 4. Vgl. Leo Perutz 1882 – 1957. Eine Ausstellung der Deutschen Bibliothek Frankfurt am Main. S. 41.
[145] Vgl. TB 17. 3. 1915.
[146] Lediglich das bereits in Kap. 3 erwähnte Studium von Richard Schmids »Fakire und Fakirtum in Indien« scheint eine Art Vorarbeit gewesen zu sein.
[147] Vgl. TB 26. 3. 1915.
[148] Zit. nach Hans Harald Müller. Leo Perutz. S. 28f.
[149] Brief von Paul Frank an Leo Perutz vom 21. 1. 1916. DEA; Nachlaß Leo Perutz; I A 24.
[150] Egon Dietrichstein. Ein Buch der Abenteuer. Zit. nach: Leo Perutz 1882 – 1957. Eine Ausstellung der Deutschen Bibliothek Frankfurt am Main. S. 66.
[151] Alle Zitate: ebd.
[152] Vgl. Archiv der Stiftung Deutsche Kinemathek, Berlin.

Anmerkungen Kap. 5

[1] TB 15. 6. 1915.
[2] TB 28. 6. 1914.
[3] Richard A. Bermann alias Arnold Höllriegel. Österreicher – Demokrat – Weltbürger. S. 67.
[4] Karl Kraus. In dieser großen Zeit. S. 2.
[5] Hermann Bahr. Kriegssegen.
[6] Zit. nach »Die Fackel« 706 – 711. Dez. 1925. S. 29 – 42. Hier S. 30. Felix Dörmann reimte: » Und einen festen Rippenstoß / Kriegt England und der Herr Franzos

/ Wir werden's euch schon geben / Jetzt sollt ihr was erleben. / Das große Maul habt ihr allein / Wir aber, wir, wir pfeffern drein.« (Karl Kraus. Die letzten Tage der Menschheit. S. 340) oder Richard Dehmel: »Der Kaiser, der die Flotte schuf, / Der steht mit Gott im Bunde – / Denn das ist Deutschlands Weltberuf: / Es duckt die Teufelshunde (Ebd. S. 384).

7 Karl Kraus. In dieser großen Zeit. S. 16.

8 Vgl. z. B. TB 20. 11. 1914.

9 Vgl. TB 15. 6. 1915.

10 Perutz verweist auf den »Economist« aus London und die »Daily News« aus Amerika. Vgl. TB Anhang 1915.

11 TB 24. 7. 1914; Bemerkenswert ist die Ähnlichkeit mit Franz Kafka. Dieser notierte unter dem Datum des 2. August 1914: »Deutschland hat Rußland den Krieg erklärt. Nachmittag Schwimmschule.« Franz Kafka. Tagebücher 1910 – 1923. S. 261.

12 TB 26. 8. 1914.

13 TB 1. 9. 1914.

14 TB 8. 5. 1915.

15 Vgl. z. B. TB 21. 2. 1915: »Schlacht in den Masuren. 100.000 Russen gefallen. Vormittag am Eis. I. W. war sehr schön. Nachmittag L. F. im Kino. (...) Abends bei Frau Fürst. Nachher Central. Im Korso ein schönes Mädel (...).«

16 TB 19. 12. 1914.

17 TB 12. 6. 1915; das Wort »Zwicker« ist im Original nicht eindeutig zu lesen. Nach Aussagen seiner Tochter, Michaela Staples, war Perutz ohne seine Brille völlig hilflos. Vgl. Interview mit Michaela Staples vom 11.- 14. 8. 1997.

18 Vgl. z. B. TB 19. 8. 1915: »Kläglich die Zeit breitgeschlagen« oder TB 21. 8. 1915: »Den ganzen Tag verlungert.«

19 TB 27. 8. 1915.

20 Vgl. TB 26. 8. 1915: »Der Reg. Arzt (Dozent Bayloni) machte antisemitische Bemerkung, ich war beim Feldwebel Pollak um Ausgang und der Bayloni sagte: natürlich, der Herr Perutz, ein Jude, geht zum Feldwebel P., auch ein Jude! Wahrscheinlich felddiensttauglich...«.

21 TB 30. 9. 1915.

22 TB 12. 10. 1915.

23 Vgl. TB 7. 12. 1915; 13. 1. 1916; 31. 1. 1916; 1. 2. 1916.

24 Vgl. TB 2. 2. 1916.

25 Vgl. Brief von Lilly Fürst an Leo Perutz vom 23. 10. 1915; DEA, Nachlaß Leo Perutz; I A 25.

26 Brief von Emma Perutz an Leo Perutz ca. 1915; DEA, Nachlaß Leo Perutz; I A 61.

27 Vgl. TB 16. 1. 1916.

28 Vgl. TB 4. 12. 1915.

29 TB 17. 2. 1916.

30 TB 19. 2. 1916.

31 Vgl. TB 15. 11. 1915.

32 TB 24. 11. 1916.

33 Vgl. TB 31. 3. 1916.

34 Vgl. TB April 1916.

35 Unter einem Salonschuß verstand Perutz eine nicht lebensgefährliche Schußverletzung, die ihn vom weiteren Fronteinsatz befreit hätte.

[36] Vgl. TB 13. 5. 1916; 17. 5. 1916; 2. 6. 1916.
[37] Vgl. TB 17. 5. 1916.
[38] Vgl. TB 8. 6. 1916.
[39] Vgl. TB 2. 6. 1916.
[40] Am 18. 3. 1916 notierte Perutz: »Ich war Zugkommandant«, am 19. 5. 1916: »Krach mit dem Dienstführenden. Ich hatte 2 Leute für mein Zelt zuhaus gelassen. Als Zugkommandant abgesetzt.«
[41] Vgl. TB 9. 6. 1916.
[42] TB 10. 6. 1916.
[43] Brief von Leo Perutz an Mela und Hugo Weltsch vom 26. 6. 1916. DEA; Nachlaß Leo Perutz; I C 30 und: Leo Perutz 1882 – 1957. Eine Ausstellung der Deutschen Bibliothek Frankfurt am Main. S. 72.
[44] Vgl. TB 17. 6. 1916.
[45] »Meine Eltern und Lilly wissen nicht, daß ich an der Front bin. (...) Bitte schreibt aber von allem Lilly und den Eltern nichts.« Brief von Leo Perutz an Mela und Hugo Weltsch vom 26. 6. 1916; DEA, Nachlaß Leo Perutz; I C 30.
[46] Brief von Leo Perutz an seine Eltern vom 9. 6. 1916; DEA, Nachlaß Leo Perutz; I A 61. Im Tagebuch steht unter dem gleichen Datum: »(...) Wir ziehen Zelte ab in einem Wald, in dem die Schrapnelle über unseren Köpfen pfeifen.«
[47] Leo Perutz in einem Interview mit Josef Finkenstein. Joseph Finkenstein. Die Welt eines Romanschriftstellers.
[48] DEA; Nachlaß Leo Perutz; II B b 9. Die Kugel trat an der rechten Schulter ein und blieb im rechten Lungenflügel stecken.
[49] Wiedereinrichtung gebrochener Knochen.
[50] Perutz' älteste Tochter verdankt ihren Vornamen Perutz' Spitalaufenthalt in Stry. Perutz wurde dort von einer Krankenschwester, Erzherzogin Michaela, gepflegt und aufgemuntert. Ihr versprach er, wenn er einmal eine Tochter haben würde, sie nach ihr zu benennen. Vgl. Interview mit Michaela Staples 11.-14. 8. 1997.
[51] Brief von Leo Perutz an seine Eltern vom 24. 7. 1916; DEA; Nachlaß Leo Perutz; I A 61.
[52] Leo Perutz erinnert sich daran in einem Brief an Paul Perutz vom 22. 2. 1943. Dokument im Besitz von Michaela Staples.
[53] Leo Perutz 1882 – 1957. Eine Ausstellung der Deutschen Bibliothek Frankfurt am Main. S. 119.
[54] Leo Perutz. Dienstag, 12. Oktober 1916. S. 40f.
[55] Ebd. S. 42.
[56] Ebd. S. 44.
[57] TB 14. 10. 1916.
[58] Vgl. Leo Perutz 1882 – 1957. Eine Ausstellung der Deutschen Bibliothek Frankfurt am Main. S. 75.
[59] Vgl. TB 3. 11.- 2. 12. 1916.
[60] Vgl. Leo Perutz 1882 – 1957. Eine Ausstellung der Deutschen Bibliothek Frankfurt am Main. S. 75.
[61] Leo Perutz 1882 – 1957. Eine Ausstellung der Deutschen Bibliothek Frankfurt am Main. S. 75.
[62] Ulrich Furst schreibt u.a.: »But at a family gathering many years later, he had a terrible coughing attack – and out came a piece of his old uniform that had been in his body for many years.« Brief von Ulrich Furst vom 25. 7. 1995.

[63] Vgl. TB 14. 8. 1917.
[64] TB 24. 8. 1917.
[65] Laut Eintragung im Grundbuch-Hauptblatt wurde Perutz vom 15. Dezember 1917 bis zum 18. Februar 1918 für Kanzleidienste in der Ankerversicherung freigestellt. Vgl. Leo Perutz 1882 – 1957. Eine Ausstellung der Deutschen Bibliothek Frankfurt am Main. S. 77.
[66] Vgl. TB 7. 6. 1917.
[67] Vgl. TB 13. 9.- 1. 10. 1918.
[68] Die Novelle erschien 1929 zweimal in Zeitungen und gab 1930 den Titel zu einer Novellensammlung. Den zeitgeschichtlichen Hintergrund zu »Herr erbarme dich meiner« lieferte wohl Perutz' Freund Fedja. Perutz notierte am 14. 8. 1929 in sein Tagebuch: »Fedja den ganzen Tag bei mir. Gab mir die Erlaubnis, »Christus erlöse mich« zu schreiben.« Die Identität Fedjas konnte nicht geklärt werden. Im Nachlaß existieren Briefe von »Fedja und Tata« von 1920 bis 1933 aus Wien und Moskau. Vgl. DEA; Nachlaß Leo Perutz; I A 3. Michaela Staples glaubt sich erinnern zu können, daß es sich bei Fedja um einen vor der russischen Revolution geflohenen Weißrussen gehandelt habe. Vgl. Interview mit Michaela Staples vom 11.- 14. 8. 1997.
[69] Interview mit Michaela Staples vom 11.- 14. 8. 1997.
[70] Zit. nach: Norbert Ruske. Szenische Realität und historische Wirklichkeit. S. 219.
[71] Richard A. Bermann alias Arnold Höllriegel. Österreicher – Demokrat – Weltbürger. S. 71.
[72] Die Reise dauerte vom 10.- 27. 4. 1917. Vgl. TB.
[73] Vgl. TB 10. 4. 1918.
[74] TB 13. 4. 1918.
[75] Vgl. TB 16. 4. 1918.
[76] Vgl. TB 15. 4. 1918.
[77] Vgl. TB 16.- 24. 4. 1918.
[78] Vgl. TB vom 1.- 24. 9. 1918.
[79] Vgl. TB 1.- 24. 9. 1918; z.B. 7. 9. 1918: »Vormittag Pakete abschicken gegangen (...) 14 kg Mehl, 4 kg Reis, 4 kg Zucker.« oder 10. 9. 1918: »Fahrt nach Cherson, den Dnepr aufwärts. 80 kg Mehl gekauft.«
[80] Vgl. TB 7. 9. 1918.
[81] TB 9. 9. 1918.
[82] Arnold Höllriegel. Die letzte Fahrt des K.-P.-Q.. S. 4 – 5.
[83] Ebd.
[84] Vgl. TB 22. – 24. 9 1918.
[85] Leo Perutz. Skizzen aus dem Südosten. In: Prager Tageblatt. Morgenausgabe 43 (1916), 106 (9. 9.) S. 2, und Leo Perutz, Szenen aus der Ukraine. In: Deutsche Zeitung Bohemia. Prag 91 (1918), 136 (19. 5.) S. 9 – 10.
[86] Leo Perutz. Skizzen aus dem Südosten. DEA; Nachlaß Leo Perutz; III C a 46.
[87] Ebd.
[88] Vgl. Deutsche Zeitung Bohemia vom 19. 5. 1918.
[89] Leo Perutz. Szenen aus der Ukraine. DEA; Nachlaß Leo Perutz; III C a 49.
[90] Ebd.
[91] Ebd.
[92] Vgl. TB 19. 2. 1915: »Eine Idee zu einer Novelle: Der Mann mit den Handschellen.«

[93] Perutz richtete sich 1921, einige Tage vor dem Beginn des Romanabdrucks in der Arbeiterzeitung, an seine Leser. In: Arbeiterzeitung. Wien 33 (1921), 316 vom 18. 11. 1921.
[94] Ebd.
[95] Vgl. TB 10. 11. 1917.
[96] TB 13. 11. 1917.
[97] TB 12. 12. 1917.
[98] Im Berliner Tageblatt vom 1. 6. 1918 – 25. 7. 1918, in der Deutschen Zeitung Bohemia vom 1. 8. – 6. 12. 1918. Vgl. Leo Perutz 1882 – 1957. Eine Ausstellung der Deutschen Bibliothek Frankfurt am Main. S. 82f. Das Berliner Tageblatt zahlte für den Vorabdruck 3000.- Mark. Vgl. TB 11.- 26. 11. 1917.
[99] Leo Perutz. Zwischen neun und neun. S. 120.
[100] Ebd. S. 257.
[101] Brief von Ernst Weiß an Leo Perutz vom 9. 9. 1918. DEA; Nachlaß Leo Perutz; I A 108.
[102] Egon Erwin Kisch zit. nach: Leo Perutz 1882 – 1957. Eine Ausstellung der Deutschen Bibliothek Frankfurt am Main. S. 83.
[103] Leo Perutz bekam dafür M 1200.-.
[104] Vgl. Leo Perutz 1882 – 1957. Eine Ausstellung der Deutschen Bibliothek Frankfurt am Main. S. 87.
[105] In seiner Autobiographie schreibt Ambler: »Ich erinnere mich noch an die Handlung, weil ich sie bei Leo Perutz, einem österreichischen Schriftsteller, gestohlen hatte. Ein Mann flieht aus dem Polizeigewahrsam und versucht einen Tag und eine Nacht lang, sich aus seinen Handschellen zu befreien.« Zit. nach Leo Perutz 1882 – 1957. Eine Ausstellung der Deutschen Bibliothek Frankfurt am Main. S. 89.
[106] Murnau (*28.12.1888 in Bielefeld) war zunächst Schauspieler und Regieassistent bei Max Reinhard. Später wurde er mit seinen phantastischen Filmen einer der bedeutendsten Regisseure des deutschen Films. Ende der zwanziger Jahre ging er nach Hollywood und starb dort am 11. 3. 1931. Im Auftrag von Murnau wandte sich Hans Rameau 1925 an Leo Perutz und bat ihn, ob er »nicht vielleicht eine wesensverwandte Idee oder Novelle wie die Geschichte des Stanislaus Demba« für Murnau schreiben könnte. Vgl. hierzu: Leo Perutz 1882 – 1957. Eine Ausstellung der Deutschen Bibliothek Frankfurt am Main. S. 88.
[107] Ebd.
[108] Ebd. S. 90f.
[109] Alfred Döblin. Ein Kerl muß eine Meinung haben. S. 229 – 233. Zit. nach Leo Perutz 1882 – 1957. Eine Ausstellung der Deutschen Bibliothek Frankfurt am Main. S. 91f.
[110] Alfred Kerr. Leo Perutz und Hans Sturm: ›Zwischen neun und neun‹ Theater an der Königgrätzer Straße. In: Berliner Tageblatt. 52 (1923), 593 (24. 12.). Zit nach: Leo Perutz 1882 – 1957. Eine Ausstellung der Deutschen Bibliothek Frankfurt am Main. S. 92 – 94. Hier S. 94.
[111] Traum und Wirklichkeit. Wien 1870 – 1939. S. 587.
[112] Leo Perutz. Die zweitteuerste Stadt der Welt. DEA; Nachlaß Leo Perutz; III C a 58.
[113] Vgl. TB 5. 11. 1915.
[114] TB 29. 11. 1917.

[115] Vgl. hierzu: TB 10. 9. 1917; 23. 3. 1918; 1. 8. 1918; 12. 8. 1918; 13. 8. 1918; 21. 8. 1918.
[116] Erika Weinzierl / Kurt Skalnik. Österreich 1918 – 1938. S. 63.
[117] Rudolph Neck (Hg.). Österreich im Jahre 1918. S. 147.
[118] Ebd. S. 136.
[119] Vgl. ebd. S. 148.
[120] TB 12. 11. 1918.
[121] Vgl. Fritz Hofmann u.a. (Hg.). Servus Kisch. S. 216.
[122] TB 7. 11. 1918 und Leo Perutz 1882 – 1957. Eine Ausstellung der Deutschen Bibliothek Frankfurt am Main. S. 100.
[123] Das Tagebuch weist ihn als Verfasser dieser Artikel aus, die am 13. und am 31. Dezember 1918 erschienen.
[124] Leo Perutz. Der Abschußbefehl. DEA; Nachlaß Leo Perutz; III C a 1.
[125] Ebd.
[126] Ebd.
[127] Leo Perutz. Eine Musterung für den Galgen. DEA; Nachlaß Leo Perutz; III Ca 37.
[128] Ebd.
[129] Karl Kraus. Die letzten Tage der Menschheit. IV. Akt, Szene 32.
[130] Vgl. Eugen Gömöri. Das Problem der Todesstrafe.
[131] Ebd. S. 80 – 81.
[132] Perutz' Artikel ist auch in vielen Details besprochen in: Heinrich Kühle. Staat und Todesstrafe. Münster 1934.
[133] Zit. nach: Leo Perutz 1882 – 1957. Eine Ausstellung der Deutschen Bibliothek Frankfurt am Main. S. 102f.
[134] Richard A. Bermann alias Anton Höllriegel. Österreicher – Demokrat – Weltbürger. S. 116f. Perutz selbst notierte über vermutlich dieses Ereignis am 31. 10. 1918: » (...) am Graben überfallen und meine Rosette hergeben müssen. Nichts geblieben.«
[135] »Wurde zum Beamtenrat gewählt.« TB 26. 2. 1919.
[136] »Zum Arbeiterrat gewählt (200 Stimmen)« TB 2. 4. 1919.
[137] Vgl. z. B. TB 14. 3. 1919; 5. 4. 1919.
[138] Vgl. z. B. TB 8. 4. 1919; 28. 3. 1919; 14. 4. 1919.
[139] Vgl. TB 7. 5. 1919; 12. 6. 1919.
[140] TB 30. 5. 1919. Perutz versieht den Eintrag dieses Tages mit einem kleinen Kreuz (+), seinem Zeichen für negative Ereignisse.
[141] Vgl. TB 26. 6. 1919. Die Aussage des Ausstellungskatalogs, daß die Tagebücher nach dem 28. Mai 1918 »keine Hinweise mehr auf entsprechende Tätigkeiten« enthielten, ist falsch. Vgl. hierzu TB 30. 5. 1919; 15. 6. 1919; 26. 6. 1919. Auch die Jahreszahlen des entsprechenden Absatzes im Katalog stimmen nicht. Perutz engagierte sich nicht 1918, sondern 1919. Vgl. Leo Perutz 1882 – 1957. Eine Ausstellung der Deutschen Bibliothek Frankfurt am Main. S. 105.
[142] Zit. nach: ebd. S. 101.

Anmerkungen Kap. 6

[1] TB 25. 1. 1942. Leo Perutz schrieb diese Zeilen in der Erinnerung an die Jahre 1927 und 1928.

[2] Wien 1870 – 1930. Traum und Wirklichkeit. S. 268.

[3] 1919 standen in Wien von 100.000 Wohnungen nur 23 frei, weil sie gänzlich unbewohnbar waren, alle anderen Wohnmöglichkeiten wurden genutzt. (Vgl. Bruno Frei. Jüdisches Elend in Wien. S. 42.) Von 91 in einer Erhebung untersuchten jüdischen Zimmer-Küche-Kabinett-Wohnungen wurde nur eine Wohnung von einer Person, drei von drei Personen, sechs von vier Personen, 18 von 5 Personen, 16 von 6 Personen, 15 von 7 Personen, 14 von 8 Personen, 7 von 9 Personen, 2 von 10 Personen, 2 von 11 Personen, eine von 13 Personen, eine von 14 Personen und drei Wohnungen von mehr als 14 Personen. (Vgl. ebd. S. 42 und 45.) Bettgeher mieteten lediglich eine Bettstatt, die ihnen in den Zimmern ihrer Vermieter aufgestellt wurde und die sie nur nachts zum Schlafen aufsuchen konnten.

[4] Ging man 1914 von Lebenshaltungskosten von 13,23 Kronen pro Wochen aus, so waren es 1918 bereits 153,71 Kronen und 1925 452.080 Kronen. Vgl. hierzu: Julius Bunzel (Hg.). Geldentwertung und Stabilisierung in ihren Einflüssen auf die soziale Entwicklung in Österreich. S. 145ff.

[5] Etwa 80 % der Kinder waren unterernährt, etwa 50 % aller Kinder bekamen Schulspeisungen durch die Amerikaner, die Quäker verteilten bis 1923 Milch, Kakao, Fett, Zucker, Mehl und Seife an Kinder unter 6 Jahren. Eine Hilfsorganisation berichtete im Mai 1919 von der katastrophalen Ernährungslage. Kinder bekamen täglich nur etwa 800 Kalorien. »Die Ration der letzten bestand aus 1 1/4 Pfund Brot, 1/4 Pfund Mehl, 1/4 Pfund Erbsen und 1/8 Pfund Fett. Aber es gibt keinen oder nur sehr wenig Brennstoff, um die Lebensmittel zu kochen.« Vgl. F. L. Carsten. Die österreichische Republik im Spiegel zeitgenössischer Quellen. S. 21 – 42; Zitat S. 21f.

[6] Wien 1870 – 1930. Traum und Wirklichkeit. S. 276.

[7] Vgl. ebd. S. 272f.

[8] Vgl. Geschäftsstelle des Städtewerkes »Das neue Wien«. Das neue Wien. S. 128.

[9] Vgl. ebd. S. 23.

[10] Ebd. S. 22.

[11] Sie stieg von 272 Millionen im Jahr 1900 auf 601 Millionen im Jahr 1925. Vgl. ebd. S. 21.

[12] Leo Perutz. Eine Straßenmelodie. DEA; Nachlaß Leo Perutz; III C a 48.

[13] Studia Judaica Austraica. Bd. V. Der gelbe Stern in Österreich. S. 83.

[14] Vgl. Leopold Spira. Feindbild ›Jud‹. S. 75 – 79. Den Begriff »Konzentrationslager« verwendet Spira.

[15] Antisemitismus wurde häufig dem Antikapitalismus gleichgesetzt. Die christlichsoziale Partei formulierte in ihrem Wahlprogramm 1918: »Die auch im neuen Staat hervortretende Korruption und Herrschaft jüdischer Kreise zwingt die christlichsoziale Partei, das deutschösterreichische Volk zum stärksten Abwehrkampf gegen die jüdische Gefahr aufzurufen.« Studia Judaica Austraica Bd. V. Der gelbe Stern in Österreich. S. 82. Vgl. auch: Leopold Spira. Feindbild ›Jud‹. S. 30: »In Deutschland wie in Österreich war der moderne

Antisemitismus Ausdruck einer gewissen antikapitalistischen Sehnsucht (...), ein Unbehagen an der Modernität, die zwar die Vorteile des Kapitalismus akzeptierte, zugleich aber doch die gesellschaftlichen Strukturen der vorindustriellen Zeit gern bewahrt hätte.«

16 Am 10. 8. 1918. Vgl. Studia Judaica Austraica Bd. V. Der gelbe Stern in Österreich. S. 71.

17 Ebd. S. 6.

18 Ebd. S. 93.

19 Vgl. ebd. S. 78 – 83 und 95f.

20 Ebd. S. 93.

21 Ebd. S. 94.

22 Vgl. ebd.

23 Ebd. S. 8.

24 11. 1. 1923: antisemitische Kundgebung der deutscharischen Studenten; 19. 1. 1923: antisemitische Versammlung der NSDAP; 21. 1. 1923: 50.000 – 100.000 Personen fordern einen Numerus clausus für jüdische Studenten; 14. 2. 1923: antisemitische Massenveranstaltung unter dem Motto »Ostjuden raus!«; 10. 3. 1924: Massenversammlung der NSDAP; 13. 8. 1925: Massenversammlung der NSDAP; 18.- 30. 8. 1925: Demonstrationen gegen den Zionistenkongreß in Wien; August 1925: antisemitische Kundgebung; 1. 7. 1927: Massenkundgebung »Wien den Wienern«; 28. 9. 1928: Massenkundgebung der NSDAP; 4. 10. 1928: Massenkundgebung der NSDAP. Vgl. Studia Judaica Austraica Bd. V. Der gelbe Stern in Österreich.

25 Ebd. S. 53.

26 Ebd. S. 10.

27 TB 13. 3. 1921. Moritz Weil war Perutz' Schwiegervater.

28 Leopoldine Weil, Idas Mutter, kaufte für ihre Enkel zwar Schinken, doch durften sie ihn nicht von ihren Tellern essen, sondern nur aus dem Papier. Vgl. Interview mit Michaela Staples vom 11.- 14. 8. 1997.

29 Interview mit Michaela Staples vom Dezember 1995.

30 Interviews mit Michaela Staples vom 17. 6. 1995 und vom 11.- 14. 8. 1997.

31 Vgl. TB 18. 4. 1924.

32 Vgl. TB 21. 12. 1922.

33 Vgl. DEA; Nachlaß Leo Perutz; II D 4.

34 DEA; Nachlaß Leo Perutz; II B a 5.

35 DEA; Nachlaß Leo Perutz; II B a 7; vgl. auch TB 2. 4. 1927.

36 DEA; Nachlaß Leo Perutz; II B a 8.

37 TB 19. 3. 1918.

38 Vgl. Brief von Fred Perutz vom 29. 6. 1995.

39 Jünger als Ida war nur noch ihr Bruder Erich, der schon in den 30er Jahren starb.

40 Vgl. Brief von Ida Weil an Leo Perutz vom 1. 1. 1916. DEA; Nachlaß Leo Perutz; I A 104.

41 Vgl. TB. 19. 9. 1914 und 20. 1. 1918.

42 Vgl. z. B. TB 20. 1. 1918.

43 Leo Perutz berichtete seiner Tochter später, daß ihre Mutter an den Wochenenden immer um fünf Uhr früh aufgestanden sei, um zum Skifahren oder zum Klettern zu gehen. Vgl. Brief von Leo Perutz an Michaela Staples vom 14. 7. 1952; (Brief im Besitz von Michaela Staples).

[44] Arthur Rundt schreibt Leo Perutz, er solle sich medizinische Fachbegriffe doch von Ida erklären lassen. Vgl. Brief von Arthur Rundt an Leo Perutz vom 13. 4. 1926. DEA; Nachlaß Leo Perutz; I A 79.
[45] TB 24. 10. 1913.
[46] TB 18. 11. 1913.
[47] Vgl. TB 21. 11. 1913.
[48] Vgl. TB 1. 10. 1914.
[49] TB 20. 10. 1914: »Mittag rief mich I. W. an. Bot. Garten. Ihr Vater schimpft sehr auf mich.«
[50] TB 26. 2. 1915: »I. W. hatte wieder Ärger zuhaus. Ihre Mutter hat mich einen Schuft genannt, weiß nicht warum.«
[51] Vgl. Brief von Leo Perutz an Michaela Staples vom 17. 8. 1953; (Brief im Besitz von Michaela Staples).
[52] Hans Reimann. Mein blaues Wunder. S. 346.
[53] Vgl. Interview mit Michaela Staples vom 14. 12. 1995.
[54] Vgl. Brief von Fred Perutz vom 29. 6. 1995.
[55] Grete Perutz schrieb, daß ihre Stieftochter Lore ähnlich wie Ida verschlossen sei; vgl. DEA; Nachlaß Leo Perutz; I D 117.
[56] Vgl. TB 23. 1. 1914 und 12. 9. 1920.
[57] Vgl. DEA; Nachlaß Leo Perutz; II D 9.
[58] Vgl. z. B. TB 3. 8. 1920; 15. 9. 1920; 24. 9. 1920; 30. 9. 1920; 5. 12. 1920; 6. 1. 1921.
[59] Daneben beschäftigte die Familie auch noch eine Köchin. Vgl. TB 16. 7. 1920; 4. 11. 1921.
[60] Interview mit Michaela Staples vom 11.- 14. 8. 1997.
[61] Leo Perutz 1882 – 1957. Eine Ausstellung der Deutschen Bibliothek Frankfurt am Main. S. 101. Das Stammbuch dokumentiert auch, daß der Rechtsanwalt und Publizist Rudolf Olden das Baby vorgeführt bekam: »Den seltenen und ungewöhnlichen Fall, daß ein Bär einen Wurm zur Welt bringt und (wenn auch mit Widerwillen) säugt, – wer anders konnte ihn dem erstaunten Besucher demonstrieren als Dein Vater, der große Phantast Leo Perutz?« Zit. nach: Leo Perutz 1882 – 1957. Eine Ausstellung der Deutschen Bibliothek Frankfurt am Main. S. 133.
[62] Brief von Leo Perutz an Mela Weltsch vom 9. 9. 1926; DEA; Nachlaß Leo Perutz; I C 30.
[63] Brief von Michaela Staples vom 9. 6. 1995.
[64] Vgl. Interview mit Michaela Staples vom 11.- 14. 8.1997.
[65] Vgl. ebd.
[66] DEA; Nachlaß Leo Perutz; III C a 6.
[67] Vgl. DEA; Nachlaß Leo Perutz; II B a 9.
[68] Neben bretonischen Volksliedern und Nationaltänzen kamen in dieser Veranstaltung auch Lieder des 1924 verstorbenen Komponisten Theódore Botrel zur Aufführung, den Perutz sehr schätzte. Vgl. Werbeanzeige in: Kunst und Volk. Mitteilungen des Vereins Sozialdemokratische Kunststelle. III. Jg. Heft 3 (November 1928). S. 67.
[69] Vgl. Brief von Leo Perutz an Charles de Gaulle vom 1. 10. 1945. DEA; Nachlaß Leo Perutz; I C 10. Taldir-Jaffenrou hatte die oben erwähnte Urkunde über die Ernennung zum Ehrenbarden unterzeichnet und sich 1938 um ein Frankreich-Visum für Perutz bemüht.

[70] Leo Perutz. Der letzte Kreuzzug. Siehe auch: DEA; Nachlaß Leo Perutz; III C a 31.
[71] Ebd. S. 187.
[72] Ebd.
[73] Die Tagebuchaufzeichnungen vom März 1924 erwähnen Trude Saldner, Grete Wiedner, Lilli Weil, die Ehepaare Schwabach, Taussig, Pafes.
[74] »Arabische Cafés«, »Fantasia in Kairouan«, »Karthago«; alle neu abgedruckt in: Leo Perutz: Mainacht in Wien.
[75] Leo Perutz. Arabische Cafés. S. 182.
[76] Ebd.
[77] Ebd. S. 182f.
[78] Ebd. S. 183.
[79] Annie Lifczis berichtet in ihren Erinnerungen, daß in Perutz' Arbeitszimmer eine große Ahnentafel hing. Vgl. Murayama Masato. Leo Perutz. Die historischen Romane. S. 179; Auch die Festschrift »100 Jahre Brüder Perutz«, die sich der Firma von Perutz' Onkeln Siegmund und Leopold widmet, greift beim angeführten Stammbaum auf Leo Perutz' Forschungen zurück. Vgl. Murayama Masato. Leo Perutz. Die historischen Romane. S. 5.
[80] Brief von Emma Perutz an Leo Perutz vom Sommer 1920; DEA; Nachlaß Leo Perutz; I A 61.
[81] Brief von Emma Perutz an Leo Perutz vom 27. 10. 1920; DEA; Nachlaß Leo Perutz; I A 61; »Grießpapperl« bedeutet Grießbrei.
[82] Brief von Emma Perutz an Leo Perutz vom 20. 7. 1922; DEA; Nachlaß Leo Perutz; I A 61.
[83] Brief von Emma Perutz an Leo Perutz vom Sommer 1920; DEA; Nachlaß Leo Perutz; I A 61.
[84] Vgl. TB Juni 1922.
[85] Brief von Fred Perutz vom 29. 6. 1995.
[86] Das TB vermerkt lediglich am 20. 8. 1926: »Benedikt Perutz †« und am 22. 8. 1926: »1/2 12: Meines lieben Vaters Begräbnis.«
[87] TB 6. 4. 1923.
[88] Vgl. Interview mit Michaela Staples vom 11.- 14. 8. 1997.
[89] Jakob Wassermann, der dieses Phänomen beobachtet hatte, schrieb nach einem Besuch in Wien: »Ein Umstand machte mich bereits nach kurzem Aufenthalt stutzig. Während ich draußen mit Juden fast keinen Verkehr gepflegt hatte und bloß hier und da einmal einer, von dem es weder ausdrücklich von anderen noch von ihm selbst betont wurde, daß er Jude sei, in meinem Bezirk aufgetaucht war, zeigte es sich, daß hier fast alle Menschen, mit denen ich in geistige oder herzliche Berührung kam, Juden waren.« Jakob Wassermann. Mein Weg als Deutscher und Jude. S. 111.
[90] Vgl. Photo in: Leo Perutz 1882 – 1957. Eine Ausstellung der Deutschen Bibliothek Frankfurt am Main. S. 45.
[91] Vgl. Friedrich Torberg. Die Tante Jolesch oder Der Untergang des Abendlandes in Anekdoten. S. 155.
[92] Ebd.
[93] Vgl. TB 7. 5. 1919; 29. 3. 1919.
[94] Vgl. TB 17. 4. 1919.
[95] Leo Perutz 1882 – 1957. Eine Ausstellung der Deutschen Bibliothek Frankfurt am Main. S. 46.

[96] Vgl. Friedrich Torberg. Die Tante Jolesch oder Der Untergang des Abendlandes in Anekdoten. S. 50.

[97] Der Nachruf erschien in der Wiener Zeitung »Der Tag« vom 19. 8. 1937. Zit. nach: Leo Perutz 1882 – 1957. Eine Ausstellung der Deutschen Bibliothek Frankfurt am Main. S. 47.

[98] Vgl. TB 23. 3. 1926. Leo Perutz berichtet seinem Bruder 1945, es gäbe in Palästina eine Frucht, die stark stinke; »sie ist der Dietrichstein unter den Obstsorten.« Brief von Leo Perutz an Paul Perutz vom 25. 10. 1945; (Brief im Besitz von Michaela Staples).

[99] DEA; Nachlaß Leo Perutz; IV K 1.

[100] Leo Perutz. Dietrichstein in allen Lebenslagen. DEA; Nachlaß Leo Perutz; IV K 1.

[101] Hans Reimann. Mein blaues Wunder. S. 345. In einem Brief an Reimann aus dem Jahr 1954 bestritt Perutz diese Äußerung. »Nein, ich habe nie die Geschmacklosigkeit begangen, Ihnen Höllriegel, der von seinem 6. Lebensjahr bis zu seinem Tode (1. Sept. 1939) mein liebster Freund war, als Herr und Frau Bermann zu servieren. Dem – auch Ihnen bekannten, heute gleichfalls verstorbenen – Wiener Journalisten, der diese Bezeichnung erfand, habe ich dafür ein halbes Jahr hindurch, sooft ich ihn in den ersten Bezirken antraf, eine Watschen verabreicht.« Leo Perutz an Hans Reimann vom 12. 1. 1954. DEA; Nachlaß Leo Perutz.

[102] Interview mit Michaela Staples vom 11. – 14. 8. 1997.

[103] Vgl. DEA; Nachlaß Leo Perutz; I A 20 , I A 34 und II B a 6.

[104] Bruno Brehm (1892-1974) schrieb zahlreiche Romane und Erzählungen, engagierte sich während der NS-Zeit in der nationalsozialistischen Partei.

[105] Vgl. Grete Perutz. Lebensabriß von Leo Perutz. DEA; Nachlaß Leo Perutz; II B a 4.

[106] Vgl. Leo Perutz 1882 – 1957. Eine Ausstellung der Deutschen Bibliothek Frankfurt am Main. S. 156. Die Postkarte ist datiert auf den 21. 7. 1926.

[107] Vgl. Sabine Kebir. Ich fragte nicht nach meinem Anteil. S. 85.

[108] Diese Aussage von Elisabeth Hauptmann steht im Gegensatz zu den Ausführungen des Ausstellungskatalogs (Leo Perutz 1882 – 1957. Eine Ausstellung der deutschen Bibliothek Frankfurt am Main. S. 116): »Elisabeth Hauptmann und Leo Perutz hatten sich bei einem der Besuche von Perutz in Berlin kennengelernt.« Im Ausstellungskatalog werden keine Belege angeführt.

[109] Sabine Kebir. Ich fragte nicht nach meinem Anteil. S. 85.

[110] Ebd. S. 89. Elisabeth Hauptmann sagte aus, »ein Engländer hatte einen Roman von Leo Perutz dramatisiert, und ich habe das übersetzt.« Ebd. S. 256. Bei dem Stück dürfte es sich um die Dramatisierung des »Marques de Bolibar« von Graham Rawson gehandelt haben. Vgl. hierzu: Leo Perutz 1882 – 1957. Eine Ausstellung der deutschen Bibliothek Frankfurt am Main. S. 116f. In Perutz TB taucht Elisabeth Hauptmann zum ersten Mal am 19. 6. 1926 auf. Schon am 20. 6. 1926 war sie in seiner Wohnung. Er traf sie häufig, lud sie zum Essen ein, auch zu sich nach Hause. Vgl. TB 19. 6.- 6. 8. 1926.

[111] Annie Lifczis zit. nach: Murayama Masato. Leo Perutz. Die historischen Romane. S. 84.

[112] Vgl. Brief von Theodor Kramer an Leo Perutz vom 7. 5. 1928; DEA; Nachlaß Leo Perutz; I A 46. Theodor Kramer (1897-1958) war zunächst Buchhändler, ab 1931 freier Schriftsteller und Lyriker. Er emigrierte 1938 nach England und

kam erst 1957 nach Wien zurück. Vgl. Kindlers Literaturgeschichte der Gegenwart. Die zeitgenössische Literatur Österreichs. S. 718.

[113] Vgl. Brief von Bruno Prochaska an Leo Perutz vom 27. 4. 1928. DEA; Nachlaß Leo Perutz; I A 71. Bruno Prochaska (*1879 in Iglau) schrieb Romane, humoristische Skizzen und Lustspiele. Vgl. Hans Giebisch, Gustav Gugitz. Bio-Bibliographisches Literaturlexikon Österreichs. S. 312.

[114] Hans Adler (1880 – 1957) debütierte mit satirischen Gedichten für den »Simplicissimus«, schrieb vor allem Komödien (auch mit Leo Perutz zusammen), Chansons und Texte für Operetten und musikalische Lustspiele. Sein Roman »Das Städtchen«, eine realistische Gegenwartssatire, bekam 1927 den Preis der Stadt Wien. Vgl. Hans Heinz Hahnl. Vergessene Literaten. S. 131ff.

[115] Vgl. Brief von Hans Adler an Leo Perutz vom Pfingstsamstag 1925; DEA; Nachlaß Leo Perutz; I A 5.

[116] Vgl. Brief von Ludwig Beil an Leo Perutz vom 15. 11. 1923; DEA; Nachlaß Leo Perutz; I A 10.

[117] Vgl. TB 7. 4. 1925.

[118] Vgl. Leo Perutz 1882 – 1957. Eine Ausstellung der Deutschen Bibliothek Frankfurt am Main. S. 183. Die dort zitierte Notiz ließ sich in Perutz' TB unter dem angegebenen Datum nicht finden.

[119] Vgl. Briefe von Bruno Brehm an Leo Perutz von 1927/28. DEA; Nachlaß Leo Perutz; I A 13.

[120] Weinheber schrieb an Leo Perutz am 23. 12. 1924 unter anderem: »Es ist lächerlich hoffnungslos, noch eine Zeile zu schreiben. Warum nehme ich nicht Vernunft an und laß es endlich bleiben? (...) Ich bitte Sie, Herr Perutz, sich nicht mehr für das Buch einzusetzen, es ist bei mir alles vergeblich.« Vgl. Briefe von Josef Weinheber an Leo Perutz; DEA; Nachlaß Leo Perutz; I A 107.

[121] Vgl. Leo Perutz 1882 – 1957. Eine Ausstellung der Deutschen Bibliothek Frankfurt am Main. S. 144.

[122] Quellen sind Tagebuchaufzeichnungen von Leo Perutz, die Korrespondenz zwischen Perutz und Reck-Malleczewen, ein von Weisz verfasstes Protokoll und verschiedenen Artikel von Karl Kraus in der Fackel.

[123] Vgl. Protokoll über die Angelegenheit im Anhang von DEA; Nachlaß Leo Perutz; I A 73.

[124] Vgl. Karl Kraus. Die Fackel 726 – 729. Mai 1926. S. 4f.

[125] Vgl. TB 8. 2. 1927.

[126] Vgl. TB 23. 10. 1927.

[127] Brief von Leo Perutz an Bittner (Münchner Neueste Nachrichten) vom 3. 12. 1927. DEA; Nachlaß Leo Perutz; I C 7.

[128] Ebd.

[129] Reiser war 1885 in München geboren als Sohn eines Fabrikarbeiters. Er verdiente seinen Lebensunterhalt als Schreiner, Gelegenheitsarbeiter, Fabrikarbeiter und kunstgewerblicher Zeichner. Seit 1907 veröffentlichte er Erzählungen, Romane und Komödien.

[130] Brief von Friedrich Reck-Malleczewen an Leo Perutz vom 17. 12. 1926; DEA; Nachlaß Leo Perutz; I A 73.

[131] Ebd.

[132] Brief von Friedrich Reck-Malleczewen an Leo Perutz vom 2. 1. 1928; DEA; Nachlaß Leo Perutz; I A 73.

[133] Alphons Kappeler. Ein Fall von »Pseudologia phantastica« in der deutschen Literatur. S. 20.

[134] Ebd. S. 7. Bei dem Begriff der Pseudologia phantastica handelt es sich um eine in der klinischen Psychologie gebräuchliche Terminologie. »Karl Jaspers definiert die Pseudologia phantastica kurz als ›selbstgeglaubtes und mit entsprechenden konsequenten Handlungen verbundenes phantastisches Lügen‹ (Karl Jaspers. Allgemeine Psychopathologie. 6. Auflage. Berlin, Göttingen, Heidelberg 1953. S. 353), und C. G. Jung bestimmt sie als ›jene Hysterieform, welche sich durch die besondere Fähigkeit auszeichnet, die eigenen Lügen selbst zu glauben‹ (C. G. Jung. Aufsätze zur Zeitgeschichte. Zürich 1946. S. 92.« Alphons Kappeler. Ein Fall von »Pseudologia phantastica« in der deutschen Literatur. S. 15f.)

[135] Phrygische Mützen heißt ein Band von Revolutionsnovellen von Reck-Malleczewen.

[136] Brief von Friedrich Reck-Malleczewen an Leo Perutz vom 19. 11. 1927; DEA; Nachlaß Leo Perutz; I A 73.

[137] Hellmut Andics. Die Juden in Wien. S. 19. Als Schanigarten bezeichnet man den durch Kübelpflanzen vom Trottoir abgegrenzten Freisitz des Cafés.

[138] Friedrich Torberg. Kaffeehaus war überall. S. 49.

[139] Anton Kuh zit. nach: ebd. S. 19.

[140] Ebd.

[141] Ebd. S. 49f.

[142] Vgl. Friedrich Torberg. Kaffeehaus war überall. S. 50 und 60.

[143] Felix Salten zit. nach : Manfred Diersch. Empiriokritizismus und Impressionismus. S. 133.

[144] Richard Beer-Hofmann zit. nach: ebd.

[145] Hans Reimann. Mein blaues Wunder. S. 345.

[146] Brief von Elbogen an Jürgen Serke von 1984. Zit. nach: Jürgen Serke. Böhmische Dörfer. S. 269f. Erwähnenswert ist in diesem Zusammenhang auch folgende, von Friedrich Torberg überlieferte Anekdote: »Noch gröblicher betrug sich Perutz zur Frau Professor Eugenie Schwarzwald, der verdienstvollen Pädagogin und Leiterin einer von ihr gegründeten Schule, in der sie Wiens höhere Töchter nach den modernsten Methoden in Halbbildung unterwies. Sie war allenthalben für ihre aufdringliche Betriebsamkeit gefürchtet, lud ein und wurde eingeladen, befand sich ständig auf Prominentenfang und stieß dabei bei Leo Perutz auf so heftiges Mißbehagen, daß er sich immer wieder den Anschein gab, sie nicht zu kennen, und ihr immer aufs neue vorgestellt werden mußte. Bei irgendeinem offiziellen Empfang stand Perutz kauend am Buffet, als die Frau Professor zielstrebig auf ihn zugewatschelt kam und ihn gekränkt zur Rede stellte: ›Sie haben mich ja schon wieder nicht gegrüßt, Herr Doktor Perutz!‹ ›Entschuldigen Sie‹, erwiderte Perutz mit vollem Mund. ›Ich hab geglaubt, sie sind die Schwarzwald.‹« Friedrich Torberg. Die Tante Jolesch oder Der Untergang des Abendlandes in Anekdoten. S. 144f. Perutz hatte seine Tochter in die Volksschule in der Albertstraße, später auf das von Frau Postlmann gegründete Mädchengymnasium in der Grüne Tor Gasse geschickt. Michaela erinnert sich jedoch, daß ihr Vater sie aus dieser Schule herausnehmen und in die Schwarzwaldschule schicken wollte. Michaelas Weigerung verhinderte dies. Ob das Vorstellungsgespräch bei Eugenie Schwarzwald vor oder nach der ge-

schilderten Episode stattgefunden hat, ist nicht bekannt. Vgl. Interview mit Michaela Staples vom 11.- 14. 8. 1997.

[147] Otto Soykas (1882 – 1955) Romane wurden zum Teil in der Münchner Illustrierten Zeitung gedruckt. 1938 mußte er emigrieren und kam nach dem Krieg nach Wien zurück. Vgl. Hans Heinz Hahnl. Vergessene Literaten. S. 139ff.

[148] Zit. nach: Leo Perutz 1882 – 1957. Eine Ausstellung der Deutschen Bibliothek Frankfurt am Main. S. 136.

[149] Zit nach: ebd. S. 137.

[150] Leo Perutz. Leserbrief. DEA; Nachlaß Leo Perutz; III Ca 3 (veröffentlicht in der Wiener Zeitung *Der Tag*).

[151] TB 21. 10. 1925.

[152] Milan Dubrovic zit. nach: Hans Harald Müller. Leo Perutz. S. 48.

[153] Milan Dobrovic. Veruntreute Geschichten. S. 117.

[154] Dardeln ist ein aus Ungarn importiertes Spiel, zu dem doppeldeutsche Karten verwendet wurden und das man nur zu zweit spielen konnte. Vgl. Friedrich Torberg. Die Tante Jolesch oder Der Untergang des Abendlandes in Anekdoten. München 1977. S. 156.

[155] Der Verbrauch wird für eine Wiener Arbeiterfamilie im Januar 1922 mit ca. 76.195 Kronen pro Woche angegeben. Vgl. Julius Bunzel (Hg.). Geldentwertung und Stabilisierung in ihren Einflüssen auf die soziale Entwicklung in Österreich. S. 145ff. 1923 verlor Perutz innerhalb eines Monats 775.000 Kronen. Vgl. TB 31. 1. 1923; 2. 2. 1923; 23. 2. 1923.

[156] Friedrich Torberg. Die Tante Jolesch oder Der Untergang des Abendlandes in Anekdoten. S. 156.

[157] Zit. nach: Leo Perutz 1882 – 1957. Eine Ausstellung der Deutschen Bibliothek Frankfurt am Main. S. 99.

[158] Vgl. Friedrich Torberg. Die Tante Jolesch oder Der Untergang des Abendlandes in Anekdoten. S. 156f.

[159] Ebd. S. 157.

[160] Gerty Kelemen, eine gute Freundin, erkundigte sich am 7. 11. 1939 in ihrem ersten Brief nach Palästina, über wen Perutz denn nun seine Boykott-Launen verhänge. Vgl. DEA; Nachlaß Leo Perutz; I A 43.

[161] Brief von Elbogen an Leo Perutz vom 2. 10. 1922 DEA; Nachlaß Leo Perutz; I A 21; s. auch: Leo Perutz 1882 – 1957. Eine Ausstellung der Deutschen Bibliothek Frankfurt am Main. S. 98.

[162] Ein von Elbogen geschriebenes Chanson.

[163] TB 11. 11. 1921.

[164] Vgl. Hans Harald Müller. Leo Perutz. S. 47.

[165] Brief von Grete Perutz an Lambert Binder vom 10. 3. 1967. Zit. nach: Murayama Masato. Leo Perutz. Die historischen Romane. Anhang.

[166] Vgl. Hans Harald Müller. Leo Perutz. S. 46.

[167] Brief von Leo Perutz an Lifczis vom 15. 4. 1945. DEA; Nachlaß Lifczis; I A 3.

[168] Brief von Leo Perutz an Lifczis vom 2. 7. 1951. DEA; Nachlaß Lifczis; I A 3.

[169] Hans Harald Müller. Leo Perutz. S. 47. Hans Harald Müller behauptet in Peter Stephan Jungks Filmdokumentation »Der Meister der Nacht«, daß sich im Nachlaß bis zu 60 Exemplare einer einzigen Seite gefunden hätten. Diese Aussage läßt sich anhand der Materialien im DEA nicht bestätigen.

[170] Brief von Paul Frank an Leo Perutz vom 19. 6. 1927. DEA; Nachlaß Leo Perutz; I A 24.

[171] Bermann stellt diese Rede dem Vorabdruck des »Meister des jüngsten Tages« als Einführung voran. Zit. nach: Leo Perutz 1882 – 1957. Eine Ausstellung der Deutschen Bibliothek Frankfurt am Main. S. 125f.

[172] Vgl. Leo Perutz 1882 – 1957. Eine Ausstellung der Deutschen Bibliothek Frankfurt am Main. S. 127f. Walter Benjamins Empfehlung bezog sich auf den Roman »Der Meister des jüngsten Tages«.

[173] Brief von Leo Perutz an die Frankfurter Zeitung vom 5. 6. 1930. DEA; Nachlaß Leo Perutz; I C 8.

[174] Leo Perutz. Die sozialisierte Dichtkunst. (30. 3. 1919). DEA; Nachlaß Leo Perutz; III C a 47.

[175] Vgl. Brief von Leo Perutz an *Neues Wiener Journal* vom 26.8.1930. Zit. nach: Leo Perutz 1882 – 1957. Eine Ausstellung der Deutschen Bibliothek Frankfurt am Main. S. 170f.

[176] Brief von Leo Perutz an *Novyi Mir* (Moskau) vom 25. 11. 1928; DEA; Nachlaß Leo Perutz; I C 21.

[177] Veröffentlichungen gab es unter anderem in den Zeitungen *Der neue Tag* (Wien), *Münchner Neueste Nachrichten*, *Neues Wiener Tagblatt*, *Morgenzeitung und Handelsblatt* (Mährisch-Ostrau), *Vossische Zeitung*, *Berliner Börsen Courier*. Vgl. Hans Harald Müller / Wilhelm Schernus; Leo Perutz: Eine Bibliographie. Die Kapitel sind neu abgedruckt in: Leo Perutz. Mainacht in Wien.

[178] Vgl. TB 22. 5. 1918.

[179] Leo Perutz. Der Marques de Bolibar. Vorwort S. 5 – 10. Hier S. 8.

[180] Hans Harald Müller. Nachwort zu »Der Marques de Bolibar«. S. 267.

[181] Leo Perutz. Der Marques de Bolibar. Vorwort S. 9.

[182] Ebd. S. 7.

[183] Vgl. z. B. Brief von F. Genthe an Leo Perutz vom 14. 9. 1920. DEA; Nachlaß Leo Perutz; I A 26 und Brief von Alfred Bankwitz an Leo Perutz vom 30. 10. 1953. DEA; Nachlaß Leo Perutz; I A 9.

[184] Leo Perutz. Der Marques de Bolibar. S. 10.

[185] Die Guerillas erzählen über ihn: »Unser gnädiger Herr, der Herr Marques, vermag noch andere Dinge. Geben sie ihm zwei Maß Blut, zwölf Pfund Fleisch und einen Sack Knochen, so macht er einen Menschen daraus, einen Christen oder einen Mohren, das ist ihm gleich.« Leo Perutz. Der Marques de Bolibar. S. 42f.

[186] Ebd. S. 75.

[187] Ebd.

[188] Ebd. S. 77f.

[189] Ebd. S. 161.

[190] Ebd. S. 233.

[191] Ebd. S. 234.

[192] Ebd. S. 237.

[193] Bettina Hey'l. Geschichtsdenken und literarische Moderne. S. 213.

[194] Vgl. hierzu: Matías Martínez. Doppelte Welten. S. 194ff.

[195] Matías Martínez resümiert dagegen in »Doppelte Welten« (S. 196): »Die Konkurrenz der Geltungsansprüche (...) wird nie endgültig entschieden. Die Paradoxie der doppelten Welt des ›Marques de Bolibar‹ läßt sich nicht auflösen.

[196] Vgl. Leo Perutz. Der Marques de Bolibar. S. 235f.

[197] Perutz greift hier eine literarische Tradition auf. Ein bekanntes Volksbuch von 1602 »Kurtze Beschreibung und Erzehlung von einem Juden mit Namen

Ahasverus« erzählt von einem Schuster aus Jerusalem, der dem zum Kreuz gehenden Jesus die Rast verweigert hat. Darauf sprach Jesus zu ihm: »Ich will stehen und ruhen, du aber sollst gehen.« Seitdem zieht dieser Jude durch die Welt und kann nicht sterben. (Vgl. Avram Andrei Baleanu. Der Ewige Jude). Diese Geschichte wurde unzählige Male literarisch bearbeitet, häufig in der Romantik (vgl. Johannes Probst. Die Sage vom ewigen Juden in der neueren deutschen Literatur. Leipzig 1904). Dabei veränderte sich die ursprüngliche Aussage oft sehr stark, häufig kamen antisemitische Tendenzen hinzu (vgl. Eduard König. Ahasver »der ewige Jude«. Gütersloh 1907).

198 Leo Perutz. Der Marques de Bolibar. S. 83.

199 Vgl. Matías Martínez. Doppelte Welten. S. 186f.

200 Leo Perutz. Der Marques de Bolibar. S. 235.

201 Ebd. S. 158 – 161.

202 Bettina Hey'l. Geschichtsdenken und literarische Moderne. S. 214.

203 G. Heymans zit nach: Reinhard Lüth. Im Dämmerlicht der Zeiten. S. 82.

204 Max Dessoir. Vom Jenseits der Seele. Die Geheimwissenschaften in kritischer Betrachtung. Stuttgart 1917. Zit. nach: Matías Martínez. Doppelte Welten. S. 195ff.

205 Ebd.

206 Und zwar vom 9. 10. 1919 – 19. 12. 1919; im *Niewe Rotterdamsche Courant* vom 13. 11. 1920 – 21. 12. 1920. Vgl. Leo Perutz 1882 – 1957. Eine Ausstellung der Deutschen Bibliothek Frankfurt am Main. S. 108.

207 Laut Bericht der Sun-Films über die Verfilmung waren mehrere Maler angestellt worden, die die Kostüme entwarfen, drei Architekten beschäftigten sich mit dem Aufbau der Kulissen. Vgl. DEA; Nachlaß Leo Perutz; IV D 1. Vgl. auch Leo Perutz 1882 – 1957. Eine Ausstellung der Deutschen Bibliothek Frankfurt am Main. S. 114.

208 Alle Angaben zum Film entstammen einem Brief des Österreichischen Filmarchivs vom 4. 2. 1997.

209 Vertrag von Heinrich Bolton-Baeckers mit Leo Perutz vom 21. 12. 1927. DEA; Nachlaß Leo Perutz; I B 8.

210 Vgl. Leo Perutz 1882 – 1957. Eine Ausstellung der Deutschen Bibliothek Frankfurt am Main. S. 116.

211 Vgl. ebd. S. 117.

212 Vgl. ebd.

213 Rolf Nürnberg. Der Marques de Bolibar. Zit. nach: ebd. S. 118.

214 Ebd.

215 Leo Perutz. Turlupin. S. 11.

216 Ebd. S. 18.

217 Ebd. S. 51.

218 Ebd. S. 190.

219 Ebd. S. 191.

220 Turlupin »bezeichnet im französischen Theater des 17. Jahrhunderts eine feststehende Komödiantenfigur: ›Turlupin‹ – das heißt hier soviel wie Narr, Hanswurst, Possenreißer; ›Turlupinade‹ wurde der Gattungsbegriff für eine anspruchslose Posse.« Leo Perutz 1882 – 1957. Eine Ausstellung der Deutschen Bibliothek Frankfurt am Main. S. 157.

221 Eine zu der Zeit beliebte Form der Geschichtsdarstellung war die Heldenbiographie. Die Geschichte wurde begriffen als das Handeln großer einzelner.

Als Beispiel hierfür mag Mirko Jelusichs Cäsar-Biographie gelten, deretwegen er bei Mussolini eine Audienz erhielt. Vgl. Johannes Sachslehner. Führerwort und Führerblick. S. 26ff.

222 Bettina Hey'l. Geschichtsdenken und Modernität. S. 265.

223 Murayama Masato, der in »Leo Perutz. Die historischen Romane« auf diesen Zusammenhang hinweist, gibt sogar an, daß die Habsburger Monarchie ebenfalls am 11. November umgestürzt worden sei. (vgl. S. 124). Die Abdankung des Kaisers war aber am 9. November, die Ausrufung der Republik am 12. November 1918 (vgl. Hellmut Andics. Österreichische Geschichte von der Gründung des Kaiserstaates bis zur Gegenwart in 4 Bänden. Hier Bd. 2: Der Untergang der Donaumonarchie S. 306 und Bd 3: Der Staat, den keiner wollte. S. 24).

224 Vgl. Leo Perutz 1882 – 1957. Eine Ausstellung der Deutschen Bibliothek Frankfurt am Main. S. 158.

225 Vgl. ebd.

226 Peter Panter (Kurt Tucholsky). Die Geburt des Antichrist. In: Die Weltbühne. Berlin 18 (1922), 33 (17. 8.), S. 179f. Zit. nach: Leo Perutz 1882 – 1957. Eine Ausstellung der Deutschen Bibliothek Frankfurt am Main. S. 120.

227 Leo Perutz. Die Geburt des Antichrist. In: Ders. Herr erbarme dich meiner. S. 132.

228 E. E. Stein. Leo Perutz (Eine Betrachtung über den historischen Roman). Eine Studie. In: Arbeiterzeitung Wien 37 (1925), 115 (27.4.) S. 5. Zit. nach: Leo Perutz 1882 – 1957. Eine Ausstellung der Deutschen Bibliothek Frankfurt am Main. S. 121f.

229 Ebd. S. 121.

230 Alle Informationen über dem Film entstammen einem Brief des Österreichischen Filmarchivs vom 4. 2. 1997.

231 K. Sigmund belegt in seinem mir als Manuskript vorliegenden Aufsatz »Am oberen Ende der Strudelhofstiege. Mathematik und die Wiener Literaten« die Historizität des Geschehens. Vom »erst neunzehnjährige(n) Franzose(n) Evariste Galois« ist überliefert, daß er »in der Nacht vor einem Duell in fiebriger Hast seine epochale Entdeckung festhielt, und den nächsten Morgen nicht überlebte.« Sigmunds Aufsatz ist stark gekürzt inzwischen in der *Neuen Zürcher Zeitung* vom 8./ 9. 3. 1997 unter dem Titel »Musil, Perutz, Broch. Wiener Literaten und ihre Neigung zur Mathematik« erschienen.

232 Leo Perutz. Herr erbarme dich meiner. S. 225f.

233 Leo Perutz. Nachts unter der steinernen Brücke. S. 23.

234 Michaela Staples vermutet, daß Perutz als ältester Sohn und stiller Teilhaber eine monatliche Rente ausbezahlt bekam. Vgl. Interview mit Michaela Staples vom 11.- 14. 8. 1997.

235 TB 4. 8. 1920. Die Lebenshaltungskosten einer Wiener Arbeiterfamilie betrugen 1920 4689 Kronen. Vgl. Julius Bunzel (Hg.). Geldentwertung und Stabilisierung in ihren Einflüssen auf die soziale Entwicklung in Österreich. S. 145.

236 Brief von Fred Perutz vom 29. 6. 1995.

237 Brief von Paul Frank an Leo Perutz vom September 1946. DEA; Nachlaß Leo Perutz; I A 24.

238 Brief von Alfred Breyer vom 22. 3. 1995.

239 TB 24. 8. 1924. »Meisls Gut« war der Arbeitstitel des Romans »Nachts unter der steinernen Brücke«.

[240] Vgl. TB 22. 4. 1924: »Besprechung mit Dr. Bermann und Levett wegen 1793«. Dr. Oswald Levett war für sechs Sprachen beeideter Gerichtsdolmetscher. Vgl. Jahrbuch der Wiener Gesellschaft. Hg. von Franz Planer. Wien 1928. S. 262. Zit. nach: Leo Perutz 1882 – 1957. Eine Ausstellung der Deutschen Bibliothek Frankfurt am Main. S. 182.

[241] Victor Hugo. Das Jahre der Guillotine. Bearbeitet von Leo Perutz und Oswald Levett. S. 5.

[242] Ebd. S. 6

[243] Ebd.

[244] Vgl. Leo Perutz 1882 – 1957. Eine Ausstellung der Deutschen Bibliothek Frankfurt am Main. S. 122f.

[245] Ebd. S. 127.

[246] Zit. nach: ebd. S. 124.

[247] Zit. nach: ebd. S. 125.

[248] Vgl. Brief von Leo Perutz an Lifczis vom 4. 2. 1945; DEA; Nachlaß Lifczis; I A 3.

[249] Ludwig Hirschfeld. Leo Perutz und Paul Frank ›Der Kosak und die Nachtigall‹. In: Neue Freie Presse Wien 1918 (15. 1.). Zit. nach: Leo Perutz 1882 – 1957. Eine Ausstellung der Deutschen Bibliothek Frankfurt am Main. S. 194.

[250] Das Prinzip dieser Verbote ist nicht ganz klar. Herausgenommen werden mußten alle Stellen, in denen ein Agent als B 27 angeredet wird und zusätzlich folgende Stelle: »Das hier sind sämtliche Ausgaben von ›Faust‹, die ich auftreiben konnte. Ja, ja. Das ist die Ausgabe, die ich bei Dschahid-Bey gesehen habe.« Vgl. Prüfkarte und Materialien des Bundesarchiv-Filmarchiv, Berlin.

[251] Materialien zum Film aus dem Österreichischen Filmarchiv, dem Bundesarchiv-Filmarchiv und der Stiftung Deutsche Kinemathek.

[252] Hartmut Binder (Hg.). Brennpunkt Berlin. S. 251. Vgl. auch TB 11. 9. 1924: »Er versprach mir 20.000 Goldmark für den Vorabdruck.«

[253] Vgl. TB 25. 7. 1927 und 19. 7. 1927.

[254] Vgl. TB 30. 7. 1927.

[255] Vgl. TB 22. 11. 1927.

[256] Vgl. TB 1. 12. 1927; 7. 12. 1927; 8. 12. 1927.

[257] Vgl. Hans Harald Müller. Leo Perutz. S. 54.

[258] Vgl. zu allen Angaben dieses Absatzes: Hans Harald Müller. Nachwort zu Leo Perutz. »Wohin rollst du, Äpfelchen?« S. 231.

[259] Leo Perutz 1882 – 1957. Eine Ausstellung der Deutschen Bibliothek Frankfurt am Main. S. 186f.

[260] Vgl. Einleitung.

[261] Die sehr detaillierten Schilderungen über Rußland verdankte Perutz wahrscheinlich den Erzählungen seines weißrussischen Freundes Fedja, der nach der Revolution fliehen mußte. Vgl. Interview mit Michaela Staples vom 11.- 14. 8. 1997. Die Aussage von Leonid Tschertkow, daß »Perutz während des Bürgerkrieges ein Jahr in Rußland als Kriegskorrespondent tätig« gewesen sei, läßt sich anhand von Perutz' Tagebüchern nicht bestätigen. Vgl. Leonid Tschertkow. Gustav Meyrink und Leo Perutz in Rußland. S. 294. Murayama Masato bezieht sich in seiner Aussage, Perutz sei zwischen 1925 und 1927 für längere Zeit in Rußland gewesen, auf die Ausführungen Tschertkows. Vgl. Murayama Masato. Leo Perutz. Die historischen Romane. S. 19.

[262] Ilse-Lore Worch. Die Geistesart der Zeit von der Jahrhundertwende bis 1944,

gespiegelt im Unterhaltungsroman der *Berliner Illustrierten Zeitung*. Zit. nach: Leo Perutz 1882 – 1957. Eine Ausstellung der Deutschen Bibliothek Frankfurt am Main. S. 189. Der Kunst-Verlag Leipzig erkundigte sich bei Perutz, ob der Titel des Romans geschützt sei, denn er wollte im Rahmen einer Hundepostkartenserie eine Karte mit einem Dackel, einem Apfel und dem Romantitel herausbringen. Vgl. DEA; Nachlaß Leo Perutz; I B 73. Auch Erich Ohser (= e. o. plauen) kannte wohl den Titel als ein geflügeltes Wort. In einer Karikatur untertitelt er eine Zeichnung mit den Worten »Wohin rollst du, Goebbelchen« Vgl. E. O. Plauen= Erich Ohser. Zeichnungen und Karikaturen. S. 10. Für diesen Hinweis danke ich Herrn Norbert Langer (Regensburg).

263 Annie Lifczis berichtet, daß Perutz' Arbeitszimmer immer dicht verqualmt war. Zit. nach: Murayama Masato. Leo Perutz. Die historischen Romane. S. 180. Perutz' Freund Steinsberg versorgte ihn häufig mit Zigaretten aus Südamerika. Die Rechnung vom 25. 7. 1926 weist folgende Posten auf:

100 Laurens	56.00
100 Muratti	36.00
140 Turmae	42.00
60 Matossian	25.20
60 Couronnen	26.40
Portorückstand	3.00
	188.60

Vgl. Brief von Steinsberg an Leo Perutz. DEA; Nachlaß Leo Perutz; I A 70.

264 Brief von Friedrich Reck-Malleczewen an Leo Perutz vom 15. 4. 1927; DEA; Nachlaß Leo Perutz; I A 73.

Anmerkungen Kap. 7

1 TB Bilanz 1931.

2 Vgl. Interview mit Michaela Staples vom 11.- 14. 8. 1997.

3 TB 8. 10. 1927. Die Vorwürfe hängen vermutlich mit der Ida bevorstehenden Operation zusammen. s. Anm. 5.

4 Vgl. TB 12.- 22. 10. 1927. Ida Perutz hatte ein Myom. Das von Anton Loew 1880 gegründete Sanatorium galt als Zentrum der chirurgischen Entwicklung.Vgl. Bertha Zuckerkandl.Österreich intim. S. 50.

5 Vgl. TB 18. 3. 1928.

6 Vgl. z. B. TB 7. 4. 1928.

7 TB 27. 5. 1928.

8 TB Bilanz August 1931.

9 Zeitungskopie ohne Angabe einer Quelle; Vorlage: Österreichische Nationalbibliothek.

10 TB 27. 6. 1928. Die Korallenketten hatte Richard A. Bermann den Kindern aus Ägypten mitgebracht. Weil Ida Perutz nicht wollte, daß ihre Kinder Schmuck tragen, ließ sie sie verschwinden. Vgl. Interview mit Michaela Staples vom 11.- 14. 8. 1997.

11 Vgl. 22. 6. 1928; 27. 6. 1928; 30. 6. 1928; 9. 10. 1928; 6. 6. 1929.

[12] Z.B. auch mit Richard Beer-Hofmann; vgl. TB 18. 5. 1929.
[13] Vgl. TB 4. 11. 1928.
[14] Vgl. TB 5. 3. 1929.
[15] Vgl. TB 18. 9. 1929 und 20. 8. 1929.
[16] Brief von Grete Perutz an Felicitas Washüttl vom 2. 2. 1965; DEA; Nachlaß Leo Perutz; I D 119.
[17] TB 5. 11. 1936.
[18] TB Notizen November 1936.
[19] Vgl. Interview mit Michaela Staples vom 11.- 14. 8. 1997.
[20] TB Notizen September 1932. Vgl. auch: Bilanz 2. 9. 1932: »Ich habe keinen Menschen und kaum Verkehr«.
[21] Vgl. z. B. TB 25. 1. 1942: »(...) Ich blieb allein, las den Winter 1927/28, um von Bär zu lesen. Wurde ganz unglücklich dabei.«
[22] Hans Oswald. Sittengeschichte der Inflation. S. 224.
[23] Matías Martínez. Doppelte Welten. S. 198.
[24] Leo Perutz. Herr erbarme dich meiner. S. 213f.
[25] Fred Perutz, Sohn von Paul Perutz, erinnert sich, daß sich Michaela in seiner Familie aufhielt, aber unbedingt nach Hause wollte. Vgl. Brief von Fred Perutz vom 29. 6. 1995.
[26] Alle Angaben stammen von Michaela Staples. Vgl. Brief vom 9. 6. 1995 und Interview vom 17. 6. 1995.
[27] Sie war die geschiedene Frau eines ungarischen Offiziers. Perutz' Tochter vermutet, daß sie sich erwartet hatte, Perutz werde sie heiraten.
[28] Vgl. Interview mit Michaela Staples vom 11.- 14. 8. 1997.
[29] Leo Perutz notierte am 3. 9. 1928: »Lore und Michaela mit Schultaschen ausgerückt. Wunderbares Bild.«
[30] Interview mit Felix Paz El vom 15. 4. 1996.
[31] TB 18. 3. 1928.
[32] Vgl. TB 16. 4. 1928.
[33] Vgl. TB 14. 5. 1928.
[34] Vgl. TB 23. 11. 1928; Die Besuchstermine waren laut Tagebucheintrag der 7. 7. 1928 und der 30. 8. 1928.
[35] Interview mit Felix Paz El vom 14. 6. 1995.
[36] Felix Paz El zit. nach: ZDF-Filmdokumentation von Peter Stephan Jungk. »Der Meister der Nacht«.
[37] Brief von Fred Perutz vom 29. 6. 1995.
[38] Vgl. z. B. TB 19. 10. 1928: »Mit Michaela und Lore einen Farbkasten kaufen gegangen. Auf dem Nachhauseweg entwickelten sie ein anarchistisches Programm. Gegen Geld, gegen Strafe, gegen Polizei.« oder TB 14. 7. 1928: »Lore: ›Ich weiß, wie ich's mit den Fliegen mach! Ich jag sie fort, das ist einfach, die sind nämlich scheu.‹«
[39] Vgl. Brief von Michaela Staples vom 9. 6. 1995 und Interview vom 17. 6. 1995.
[40] Brief von Michaela Staples vom 9. 6. 1995.
[41] TB Bilanz Jänner 1932.
[42] TB Bilanz 1937.
[43] Vgl. ZDF-Filmdokumentation von Peter Stephan Jungk. »Der Meister der Nacht«.
[44] Briefe von Leo Perutz an Michaela und Lore Perutz Sommer 1933 und 1934. (Briefe im Besitz von Michaela Staples).

45 Brief von Leo Perutz an Michaela und Lore Perutz von o. D. 1934. (Brief im Besitz von Michaela Staples).

46 Aber durchaus nicht immer. Leo Perutz notiert am 19. 6. 1934: »Dann Familientag bei Anny. Sehr nett, aber mir war nicht ganz gut (15 Marillenknödel!).«

47 Perutz' Bruder Paul hatte sich 1928 von seiner ersten Frau Liesl getrennt und spätestens 1934 Edith geheiratet.

48 Z. B. TB 4. 10. 1935.

49 TB 14. 12. 1935.

50 TB 26. 3. 1930.

51 TB 3. 2. 1927.

52 Vgl. TB 21. 12. 1927.

53 Die monatliche Rente wurde laut Tagebuch vom 6. 4. 1925 von 500 auf 800 Schilling erhöht. Das entsprach etwa dem Gegenwert von 8 Millionen Kronen. Der Monatslohn eines Maurers betrug zum gleichen Zeitpunkt etwa 3 Millionen Kronen. Vgl. Reinhard Kamitz. Die österreichische Geld- und Währungspolitik von 1848 bis 1948. S. 121. Ferner: Hans Mayer (Hg.) Hundert Jahre österreichische Wirtschaftsentwicklung 1848 – 1948. S. 177.

54 Um wieviel die tatsächlichen Einkünfte höher waren, läßt sich nicht feststellen, weil sich einige Veröffentlichungen nicht in den Tagebüchern nachweisen lassen. Manchmal vermerkt Perutz auch nur, daß er etwas verkauft hat, ohne eine Summe zu nennen.

55 Perutz' Tochter Michaela glaubt sich zu erinnern, daß ihr Vater mit diesen Summen der Firma ausgeholfen hat, als sie sich in finanziellen Schwierigkeiten befand. Im Tagebuch finden sich darauf keine Hinweise.

56 TB 23. 12. 1930.

57 Vgl. TB 5. 10. 1929. Dieser Kauf war stark beeinflußt von seiner damaligen Freundin, Liesl Geiringer.

58 TB Bilanz 1937.

59 Vgl. TB 27. 4. 1937.

60 Vgl. z. B. TB 5. 1. 1937, 27. 4. 1937, 18. 6. 1937.

61 Vgl. Interview mit Michaela Staples vom 11.- 14. 8. 1997.

62 Vgl. TB. 20. 3. 1935.

63 Vgl. TB 8. 10. 1935; 20. 1. 1937; 3. 3. 1937; 12. 10. 1937; 18. 10. 1937; 28. 12. 1937.

64 TB 15. 9. 1933; vgl. auch z. B. 4. 1. 1935; 30. 8. 1935; 28. 1. 1936.

65 TB 30. 10. 1933.

66 Vgl. TB 5. 11. 1935.

67 TB 12. 2. 1937.

68 TB 9 / 35 Notizen; 3 / 36 Notizen; 11. 12. 1936.

69 Vgl. TB 20. 11. 1929. Es handelt sich vermutlich um einen Teil der Briefmarkensammlung.

70 TB Bilanz Sylvester 1930 / 31.

71 TB 23. 12. 1920.

72 TB 5. 1. 1931.

73 Vgl. z. B. TB 22. 6. 1935; 18. 6. 1937; 9. 12. 1937.

74 TB 9. 10. 1935.

75 Vgl. TB 10. 10. 1935.

76 TB 23. 12. 1930; 18. 5. 1932; 2. 9. 1932.

77 TB Bilanz Ostern 1931.

[78] Vgl. TB 9. 1. 1935; 22. 1. 1935.
[79] TB 7. 11. 1936.
[80] Vgl. TB Ende 1936 unter TB 1937.
[81] Alle Zitate TB 22. 12. 1937.
[82] TB 22. 12. 1937.
[83] TB 23. 12. 1937.
[84] TB 20. 4. 1929: »Reisegesellschaft: Kurt Blauenstein, Frl. Vogel, Erika Veith, ›Kota‹ (Erna Hardt), Margarethe Kaufmann, Edith P. und Paul.«
[85] Über Weinheber notierte er z. B.: »ich hatte um 1/2 4 genug« (TB 23. 10. 1934) und »sein Ruhm steigt ihm zu Kopf« (TB 24. 10. 1936).
[86] Perutz traf Ernst Toller 1932 in St. Wolfgang mehrere Male. Er notierte am 21. 8. 1932: »Mit Toller über Pazifismus. Er ist langweilig und würdevoll.«
[87] Alexander Lernet-Holenia (1897 – 1976) lebte ab dem Ersten Weltkrieg als freier Schriftsteller in Wien.
[88] Annie Lifczis. Zit. nach: Roman Rocek. Mittlerin zwischen den Welten – Anna Lifezis (Lifczis). S. 16.
[89] TB 13. 8. 1932.
[90] Zu seiner zweiten Frau pflegte Perutz zu sagen: »(...) ich möchte gerne Lernet 100 mal abschreiben lassen, wenn mir nichts einfällt, soll ich nichts schreiben.« Brief von Grete Perutz an Lambert Binder vom 6. 7. 1965. Zit. nach: Murayama Masato. Leo Perutz. Die historischen Romane. Anhang.
[91] Ebenso wie dem Schriftsteller Urach Würtemberg, der Leo Perutz für einen Romanstoff dankt. Vgl. DEA; Nachlaß Leo Perutz; I A 98.
[92] Leo Perutz 1882 – 1957. Eine Ausstellung der Deutschen Bibliothek Frankfurt am Main. S. 209.
[93] Vgl. TB 2. 5. 1935: »Dann Lernet, er verkauft ›Jo‹, an dem ich mit 45 % beteiligt bin, für den Film.«
[94] Roman Rocek. Mittlerin zwischen den Welten – Anna Lifezis (Lifczis). S. 13.
[95] Vgl. Roman Rocek. Die neun Leben des Alexander Lernet-Holenia. S. 192ff.
[96] Bermann bereiste von 1928 bis 1938 unter anderem folgende Länder und hielt sich dort meist viele Wochen auf: Amerika, Ägypten, England, Westafrika, Kanada, Brasilien, die libysche Wüste, Palästina; vgl. Richard A. Bermann alias Arnold Höllriegel. Österreicher – Demokrat – Weltbürger. S. 234, 269, 355.
[97] Brief von Rudolf Steinsberg an Leo Perutz vom 9. 4. 1928; DEA; Nachlaß Leo Perutz; I A 90.
[98] Brief von Friedrich Reck-Malleczewen vom 10. 7. 1928; DEA; Nachlaß Leo Perutz; I A 73.
[99] TB 19. 9. 1928; auch 29. 5. 1929.
[100] TB 24. 11. 1928.
[101] Die rechtlichen Möglichkeiten eines solchen Verfahrens sind unklar.
[102] Brief von Leo Perutz an Friedrich Reck-Malleczewen vom 21. 1. 1929; DEA; Nachlaß Leo Perutz; I C 26.
[103] Brief von Friedrich Reck-Malleczewen vom 6. 4. 1929; DEA; Nachlaß Leo Perutz; I A 73. Perutz' Brief befindet sich nicht im DEA. Möglicherweise ist er im nicht zugänglichen Nachlaß Recks enthalten.
[104] Er schickte ihn an die *Vossische Zeitung*, dort wurde er zwar mit Dank angenommen, aber nicht gedruckt. Vgl. Leo Perutz 1882 – 1957. Eine Ausstellung der Deutschen Bibliothek Frankfurt am Main. S. 204.

105 Brief von Friedrich Reck-Malleczewen vom 21. 11. 1936; DEA; Nachlaß Leo Perutz; I A 73.
106 Ebd. Gemeint ist die Frau des Schriftstellers Bruno Brehm, den Reck über Perutz kennengelernt hatte.
107 Vgl. TB 8. 5. 1929: »Ein Dr. Liftschitz und Frau, sehr an mich attachiert.«
108 Vgl. Leo Perutz 1882 – 1957. Eine Ausstellung der Deutschen Bibliothek Frankfurt am Main. S. 319.
109 Annie Lifczis zit. nach: Leo Perutz 1882 – 1957. Eine Ausstellung der Deutschen Bibliothek Frankfurt am Main. S. 317.
110 TB 11. 9. 1930. Noch am 17. 3. 1930 hatte Perutz notiert: »Anny L. bei mir. Geküßt und alles mögliche.«
111 TB 28. 8. 1931.
112 Laut Tagebuch traf Leo Perutz am 20. 1. 1935 »auf einer netten Gesellschaft Alban Berg«, am 19. 5. 1935 Joseph Roth.
113 Vgl. TB 20. 5. 1932.
114 TB Bilanz Ostern 1931.
115 Entfallen.
116 Es war der 7. oder 8. März. Quelle: Österreichische Nationalbibliothek.
117 Vgl. TB 8. 3. 1931: »Ich war verzweifelt, ließ Sperber kommen, er war ebenso verzweifelt – (...) er hat Witze gemacht und ich bin blamiert.«
118 Vgl. z. B. TB Bilanz 1936; in TB 1937.
119 TB Bilanz 1937.
120 Erinnerungen von Annie Lifczis. Zit. nach: Murayama Masato. Leo Perutz. Die historischen Romane. S. 181.
121 Ebd.
122 TB 24. 9. 1931.
123 Vgl. TB Sylvester 1930 unter TB 1929.
124 Magdalena Salgus entwarf die Exlibris für Perutz' Töchter. Vgl. Interview mit Michaela Staples vom 11.- 14. 8. 1997.
125 TB 5. 9. 1932.
126 TB 16. 2. 1934.
127 TB 4. 5. 1934.
128 Interview mit Gitta Koch, einer Nichte von Grete Humburger, vom 9. 9. 1997.
129 TB Bilanz 1934 in TB 1935.
130 TB 19. 2. 1935.
131 TB 16. 6. 1935.
132 TB 9. 9 1935.
133 Vgl. TB 19. 12. 1935: Leo Perutz wehrt sich dagegen, Gretls Schwester einzuladen.
134 Alle Angaben dieses Absatzes entstammen dem Interview mit Gitta Koch vom 9. 9. 1997.
135 Liesl überlebte die NS-Zeit in Wien. Die Ehe war eine tolerierte Mischehe; sie wurde lediglich zur Zwangsarbeit verpflichtet. Vgl. Interview mit Gitta Koch vom 9. 9. 1997.
136 Vgl. ebd.
137 Interview mit Felix Paz El vom 15. 4. 1996 und mit Michaela Staples vom 14. 12. 1995.
138 Vgl. z. B. TB 19. 12. 1935.
139 Vgl. Interview mit Felix Paz El vom 15. 4. 1996: »Sie war ein riesiger Hypo-

chonder. Als sie einmal ernstlich krank war, hat ihr niemand geglaubt, da hat sie Krebs gehabt.«

[140] Interview mit Michaela Staples vom 14. 12. 1995.

[141] Interview mit Felix Paz El vom 15. 4. 1996.

[142] TB 3. 5. 1935.

[143] Vgl. TB 6. 5. 1935.

[144] Interview mit Michaela Staples vom 14. 12. 1995.

[145] TB 6. 10. 1935.

[146] TB 4. 10. 1935.

[147] Vgl. TB 10. 10. 1935.

[148] TB 20. 12. 1935.

[149] TB 28. 10. 1937.

[150] TB Bilanz Ende 1936 in TB 1937.

[151] Traum und Wirklichkeit. Wien 1870 – 1930. S. 691.

[152] Vgl. Wien 1870 – 1930. Traum und Wirklichkeit. S. 274.

[153] Vgl. Hellmut Andics. Österreichische Geschichte von der Gründung des Kaiserstaates bis zur Gegenwart in 4 Bänden. Wien, München, Zürich 1974. Hier Band 3: Den Staat, den keiner wollte. S. 167.

[154] Traum und Wirklichkeit. Wien 1870 – 1930. S. 692.

[155] Vgl. Hellmut Andics. Österreichische Geschichte von der Gründung des Kaiserstaates bis zur Gegenwart in 4 Bänden. Hier Band 3: Der Staat, den keiner wollte. S. 189.

[156] Traum und Wirklichkeit. Wien 1870 – 1930. S. 696.

[157] Vgl. Hellmut Andics. Österreichische Geschichte von der Gründung des Kaiserstaates bis zur Gegenwart in 4 Bänden. Hier Band 3: Der Staat, den keiner wollte. S. 122 – 124.

[158] Vgl. G. E. R. Gedye. Als die Bastionen fielen. S. 23.

[159] Ebd. S. 24. Die Heimwehren waren »paramilitär. Verbände des östr. Bauern- und Bürgertums 1918 – 36; entstanden aus den Grenz- und Nationalitätenkämpfen nach Ende des 1. Weltkriegs und entwickelten sich nach dem Brand des Wiener Justizpalastes 1927 zu einer polit. Kampfbewegung; (...) 1930 an der Reg. beteiligt; unter Dollfuß zu Reg.aufgaben herangezogen; beteiligten sich an der Niederwerfung des sozialdemokrat. Republikan. Schutzbundes während der Februarunruhen 1934 und des NS-Putsches am 25. Juli 1934. 1936 verboten gingen in der Vaterländ. Front auf.« Meyers Großes Taschenlexikon in 24. Bd. Bd. 9. S. 256.

[160] Vgl. G. E. R. Gedye . Als die Bastionen fielen. S. 28.

[161] Ebd. S. 29.

[162] Vgl. ebd. S. 47.

[163] Vgl. ebd. S. 44.

[164] Vgl. Hellmut Andics. Österreichische Geschichte von der Gründung des Kaiserstaates bis zur Gegenwart in 4 Bänden. Hier Band 3: Der Staat, den keiner wollte. S. 195

[165] Vgl. G. E. R. Gedye. Als die Bastionen fielen. S. 97.

[166] Vgl. Hellmut Andics. Österreichische Geschichte von der Gründung des Kaiserstaates bis zur Gegenwart in 4 Bänden. Hier Band 3: Der Staat, den keiner wollte. S. 198.

[167] Zit. nach: Richard A. Bermann alias Arnold Höllriegel. Österreicher – Demokrat – Weltbürger. S. 300.

[168] Vgl. ebd. S. 301.
[169] Vgl. Hellmut Andics. Österreichische Geschichte von der Gründung des Kaiserstaates bis zur Gegenwart in 4 Bänden. Hier Band 3: Der Staat, den keiner wollte. S. 195.
[170] Vgl. Studia Judaica Austraica Bd. V. Der gelbe Stern in Österreich. S. 11.
[171] Vgl. ebd. S. 14.
[172] Vgl. ebd. S. 13.
[173] Michael John, Albert Lichtblau. Schmelztiegel Wien – Einst und Jetzt. S. 296.
[174] Vgl. Studia Judaica Austraica Bd. V. Der gelbe Stern in Österreich. S. 11 – 13.
[175] Vgl. G. E. R. Gedye. Als die Bastionen fielen. S. 119.
[176] Richard A. Bermann. Dollfuß Ermordung 25. 7. 1934. DEA; Nachlaß Richard A. Bermann; III C 38.
[177] Vgl. Hellmut Andics. Österreichische Geschichte von der Gründung des Kaiserstaates bis zur Gegenwart in 4 Bänden. Hier Band 3: Der Staat, den keiner wollte. S. 218. Leo Perutz vermerkte am 25. 7. 1934: »Abends im Radio die Nachricht, daß Dollfuß ermordet ist.«
[178] Vgl. TB 9. 11. 1930.
[179] Brief von Leo Perutz an Michaela Perutz vom 26. 7. 1934. (Brief im Besitz von Michaela Staples).
[180] Vgl. Hellmut Andics. Österreichische Geschichte von der Gründung des Kaiserstaates bis zur Gegenwart in 4 Bänden. Hier Band 3: Der Staat, den keiner wollte. S. 221.
[181] Zit. nach: Richard A. Bermann alias Arnold Höllriegel. Österreicher – Demokrat – Weltbürger. S. 303f.
[182] Außerdem erhoffte er ein Erstarken des Legitimismus. Vgl. Hellmut Andics. Österreichische Geschichte von der Gründung des Kaiserstaates bis zur Gegenwart in 4 Bänden. Hier Band 3: Der Staat, den keiner wollte. S. 235.
[183] Vgl. G. E. R. Gedye. Als die Bastionen fielen. S. 189f..
[184] Vgl. TB 7. 3. 1936.
[185] TB 7. 7. 1936.
[186] Vgl. TB 18. 11. 1936.
[187] Emil Sommer (1869 – 1946) war 1923 als jüdischer Offizier in den Ruhestand entlassen worden, später wurde er zum Generalmajor befördert. Vgl. Erwin A. Schmidl. Juden in der k. (u.) k. Armee 1788 – 1918. S. 89.
[188] Jüdische Front. Offizielles Organ des Bundes Jüdischer Frontsoldaten Österreichs. 1. Jg. Nr. 1 (Wien). 29. 12. 1932.
[189] Ebd. 2. Jg. Nr. 12 (Wien). 31. 10. 1933.
[190] Vgl. ebd. 2. 4. 1933.
[191] Vgl. ebd. 2. Jg. Nr. 12 (Wien). 31. 10. 1933.
[192] Vgl. Jüdische Front. Offizielles Organ des Bundes Jüdischer Frontsoldaten Österreichs. Verschiedene Ausgaben.
[193] Vgl. ebd. 3. Jg. Nr. 6 (Wien). 12. 4. 1934.
[194] Vgl. Beiblatt »Statuten der Vereinigung Legitimistische Jüdische Frontkämpfer« §2, §7 und §12; In: Amtsblatt aus dem Bundeskanzleramt vom Mai 1934 zum Gegenstand »Legitimistische jüdische Frontkämpfer«; Dokument im Österreichischen Staatsarchiv.
[195] In folgenden Monaten sind Beitragsmarken geklebt : 1934: 4 – 12; 1935 1 – 8; 10 – 11; 1936 7 – 10. Vgl. DEA; Nachlaß Leo Perutz; II B b 12. Am 14. 3. 1935

las Perutz vor einer Versammlung der Legitimisten seine »Ghettolegende« vor. Vgl. TB 14. 3. 1935.

[196] TB 7. 3. 1938.

[197] Brief von Leo Perutz an Richard A. Bermann vom 11. 9. 1939. DEA; Nachlaß Bermann; I C 6a.

[198] Perutz bekam dafür 6000 RM. Vgl. TB 6. 2. 1933.

[199] Vgl. Leo Perutz 1882–1957. Eine Ausstellung der Deutschen Bibliothek Frankfurt am Main. S. 215.

[200] Murray G. Hall. Der Paul Zsolnay-Verlag. S. 350f.

[201] Der Ausstellungskatalog (Leo Perutz 1882 – 1957. Eine Ausstellung der Deutschen Bibliothek Frankfurt am Main) vermerkt nur eine in Deutschland erschienene Rezension. Vgl. S. 216f.

[202] Leo Perutz 1882 – 1957. Eine Ausstellung der Deutschen Bibliothek Frankfurt am Main. S. 216. »M. G. Br.« ist die Abkürzung für Muttergottesbrand.

[203] »Muttergottesbrand«, war der Arbeitstitel für St. Petri-Schnee. »Muttergottesbrand« und »St. Petri-Schnee« sind zwei verschiedene Namen für eine Getreidekrankheit, die durch den Mutterkornpilz ausgelöst wird. Genaueres bei der Besprechung des Buches.

[204] TB Bilanz Jänner 1933.

[205] TB Notizen nach dem 28. 4. 1931.

[206] Vgl. TB 5. 2. 1932: »Las Bücher für den M. G. Br.«

[207] Vgl. TB 29. 8. 1932 und 31. 8. 1932.

[208] In einem Lehrbuch der Botanik heißt es über den Pilz: »Der Mutterkornpilz (...) wächst parasitisch in jungen Fruchtknoten von Gräsern. (...) Das Myzel geht nach Aufzehrung des Fruchtknotengewebes in ein Sclerotium über (...). Die außen schwarzen, aus den Spelzen hervorragenden harten Sclerotien werden Mutterkorn genannt. (...) (Sie) enthalten giftige Alkaloide (Ergotamin, Ergotoxin), die früher bei Verwendung infizierten Getreides gefürchtete Vergiftungserscheinungen (›Kribbelkrankheit‹; ›Heiliges Feuer‹) verursachen konnten.« Eduard Straßburger / Fritz Noll / Heinrich Schenck / A. F. Wilhelm Schimper. Lehrbuch der Botanik für Hochschulen. 32. Auflage. S. 661f.

[209] Vgl. Albert Hofmann. Die Mutterkornalkaloide. S. 8.

[210] Die erste derartige Beschreibung stammt aus dem Kräuterbuch des Arztes Adam Lonitzer aus dem Jahre 1582. Vgl. Albert Hofmann. Die Mutterkornalkaloide. S. 10f.

[211] Vgl. ebd. S. 14.

[212] Vgl. John Cashman. LSD. Die Wunderdroge. S. 36.

[213] Vgl. 50 years of LSD. S. 8.

[214] Vgl. Albert Hofmann. Die Mutterkornalkaloide. S. 16.

[215] Laut Tagebuch schickte Perutz das Buch am 13. 1. 1933 an den Verlag. Der Tip für den Schluß des Buches stammte nach seinen Angaben von Paul Frank. Vgl. TB 28. 6. 1932: »Nachher zu Frank (...) Erzählte ihm den M. G. Br.. Er gab mir einen guten Tip für den Schluß (Frau des Chefarztes)«.

[216] Leo Perutz. St. Petri-Schnee. S. 7.

[217] Ebd. S. 33.

[218] Ebd. S. 117

[219] Ebd. S. 154.

[220] Ebd. S. 158.

[221] Vgl. Leo Perutz 1882 – 1957. Eine Ausstellung der Deutschen Bibliothek Frankfurt am Main. S. 216 – 218. Herbert Scheffler geht in seiner Rezension in der Zeitschrift *Die Literatur* (Stuttgart, Berlin. 36 (1933/ 1934), Nr. 2 (Dezember 1933), S. 114) davon aus, daß Amberg die Ereignisse in Morwede real erlebt hat und glaubt, daß er nun »im Krankenhaus von Osnabrück Zeit hat, dem spukhaften Ablauf der Geschehnisse gehörig nachzudenken.« Blanche Kübeck dagegen deutet schon im Titel der Rezension »Ein phantastischer Roman« in der *Neuen Freie Presse* (Wien 1933, 24832 (29.10.), Literaturblatt) an, welche Version für wahr gehalten wird: »Der junge Mediziner Doktor Friedrich Amberg (...) erleidet (...) einen schweren Autounfall. Im Krankenhaus von Osnabrück träumt er die Geschichte, die den Inhalt des vorliegenden Romans bildet.«

[222] Leo Perutz. St. Petri-Schnee. S. 165.

[223] Ebd. S. 174.

[224] Ebd. S. 164.

[225] Ebd. S. 70.

[226] Ebd. S. 71.

[227] Ebd. S. 174.

[228] Ebd. S. 12.

[229] Ebd. 1. Seite.

[230] Ebd. S. 12.

[231] Für den Zsolnay-Verlag galt 1935 eine Liste, die ein Verbot sämtlicher Schriften der folgenden Autoren des Verlags aussprach: Shalom Asch, Roul Auernheimer, Max Brod, Kasimir Edschmid, Theodor Kramer, Heinrich Mann, Felix Salten, Arthur Schnitzler, Friedrich Torberg, Franz Werfel. Vgl. Murray G. Hall. Der Paul Zsolnay-Verlag. S. 392.

[232] Ebd. S. 355.

[233] TB 19. 10. 1936.

[234] In Übersetzungen erschien »Der schwedische Reiter« 1937 in Ungarn und Schweden, 1938 in der Tschechoslowakei, Norwegen und den Niederlanden. Vgl. Leo Perutz 1882 – 1957. Eine Ausstellung der Deutschen Bibliothek Frankfurt am Main. S. 241.

[235] Vgl. Brief von Grete Perutz an Felicitas Washüttl vom 20. 3. 1964. DEA; Nachlaß Leo Perutz; I D 119.

[236] TB 16./ 17. 5. 1928.

[237] TB 10. 9. 1928.

[238] Am 29. 5. 1931 notierte Perutz: »Vorher kam Dr. Brehm und gab mir das fehlende Wort für den Schwedischen Reiter (Gottes Raum und Diebs Lichter).«

[239] Vgl. TB 24. 6. 1936.

[240] Leo Perutz. Der schwedische Reiter. S. 16.

[241] Ebd.

[242] Ebd. S. 51.

[243] Ebd. S. 73.

[244] Ebd. S. 193.

[245] Ebd. S. 223.

[246] Ebd. S. 58.

[247] Vgl. ebd. S. 50.

[248] Ebd. S. 81.

[249] Vgl. ebd. S. 82 – 86.

[250] Vgl. ebd. S. 113f.

[251] Ebd. S. 174.
[252] Ebd.
[253] Ebd. S. 26.
[254] Ebd.
[255] Hans Harald Müller. Nachwort zu: Der schwedische Reiter. S. 244.
[256] Leo Perutz. Der schwedische Reiter. S. 143.
[257] Ebd. S. 146.
[258] Ebd. S. 148.
[259] Ebd. S. 147.
[260] Die Titelnovelle »Herr erbarme dich meiner« war einmal veröffentlicht worden, »Dienstag, 11. Oktober 1916« fünfmal, »Der Mond lacht« dreimal, »Das Gasthaus zur Kartäsche« zweimal, »Die Geburt des Antchrist« einmal, »Nur ein Druck auf den Knopf« einmal, »Der Tag ohne Abend« dreimal, »Gespräch mit einem Soldaten« viermal. Vgl. Hans Harald Müller, Wilhelm Schernus. Leo Perutz. Eine Bibliographie.
[261] Leo Perutz. Herr erbarme dich meiner. S. 156.
[262] Vgl. TB 17. 4. 1929.
[263] Vgl. TB 5. 4. 1930: »Nachmittag bei Anny L. Ihr Mann wollte das Szenarium der Fahrt nach Preßburg machen.«
[264] Vgl. TB 29. 5. 1930.
[265] Vgl. TB 18. 4. 1930: »Dann Besprechung mit Hans Adler. Das Stück gefällt ihm.« oder TB 7. 7. 1930: »Abends H. Adler bei mir, das Stück durchkorrigiert.«
[266] Leo Perutz 1882 – 1957. Eine Ausstellung der Deutschen Bibliothek Frankfurt am Main. S. 220.
[267] Moritz Scheyer. Die Reise nach Preßburg. In: *Neues Wiener Tagblatt* 1930 (6.12.). Zit. nach: Leo Perutz 1882 – 1957. Eine Ausstellung der Deutschen Bibliothek Frankfurt am Main. S. 221f.
[268] Lediglich das *Neue Wiener Journal* schrieb: »Die Reise nach Preßburg ist ein sogenannter Reißer und dürfte ein Schlager werden.« Vgl. DEA; Nachlaß Leo Perutz; IV C 6.
[269] *Neues Wiener Extrablatt*; o. D.; DEA; Nachlaß Leo Perutz; IV C 6; Konvolut der Rezensionen.
[270] *Die Reichspost*; o. D.; DEA; Nachlaß Leo Perutz; IV C 6; Konvolut der Rezensionen.
[271] Ludwig Ullmann. Die Reise nach Preßburg. In: *Wiener Allgemeine Zeitung* 51 (1930). 15756 (6.19.). S. 5. Zit. nach: Leo Perutz 1882 – 1957. Eine Ausstellung der Deutschen Bibliothek Frankfurt am Main. S. 223.
[272] Vgl. Leo Perutz 1882 – 1957. Eine Ausstellung der Deutschen Bibliothek Frankfurt am Main. S. 224.
[273] Perutz gibt in seinem TB am 24. 3. 1931 an: »(...) erzählte ihr Grazina lügt, sagte, das Modell sei Gerty.« Vermutlich meint Perutz seine in dieser Zeit gute Freundin Gerty Kelemen. Inwiefern sie ihn an Grazina erinnert, erwähnt er nicht.
[274] Dem Vertrag mit Georg Marton ging ein Streit voraus. Leo Perutz behauptet in seinem Tagebuch, Marton habe Korrespondenzen verschwinden lassen, um den Preis zu drücken. Erst als Marton bereit war, das Angebot wesentlich zu erhöhen, akzeptierte Perutz. Vgl. TB 26./ 27. 3. 1934.
[275] Vgl. Brief von Hugo Lifczis an Leo Perutz vom 4. 7. 1947; DEA; Nachlaß Leo Perutz; I B 55.

[276] Vgl. Brief von Hugo Lifczis an Leo Perutz vom 7. 10. 1947; DEA; Nachlaß Leo Perutz; I B 55.
[277] Brief des Atrium Bühnenverlags an Leo Perutz vom 18. 2. 1957. DEA; Nachlaß Leo Perutz; I B 7. Im Nachlaß des amerikanischen Theateragenten Edmont Pauker (1888 – 1962) befand sich ein Typoskript der Komödie »Warum glaubst du mir nicht?« (vgl. DEA; Nachlaß Edmont Pauker EB 90/36; A 62). Perutz hatte es ihm möglicherweise schon 1936 zusammen mit dem Manuskript »Morgen ist ein Feiertag« übergeben. Im TB findet sich am 8. 1. 1936 die Notiz: »Vormittag bei Horch (Zsolnay). Pauker war dort (ein arroganter Zwerg) wegen ›Morgen ist ein Feiertag‹.«
[278] Vgl. TB Notizen nach dem 20. 10. 1934. Als Autoren des im Zsolnay-Verlag erschienenen Stückes wurden nur Leo Perutz und Hans Adler genannt.
[279] Richard Wiener. Kalender als Schicksalsmacht. ›Morgen ist ein Feiertag‹ von Leo Perutz und Hans Adler. Zit. nach: Leo Perutz 1882 – 1957. Eine Ausstellung der Deutschen Bibliothek Frankfurt am Main. S. 227
[280] Ebd. S. 228.
[281] DEA; Nachlaß Leo Perutz; IV C 1. Sammlung von Theaterkritiken.
[282] Vgl. TB 24. 4. 1937.
[283] Vgl. TB 8. 11. 1937.
[284] Brief von Joseph Schildkraut an Leo Perutz vom 30. 6. 1935; DEA; Nachlaß Leo Perutz; I A 81.
[285] Ebd.. Hervorhebungen im Original.
[286] Vgl. Leo Perutz 1882 – 1957. Eine Ausstellung der Deutschen Bibliothek Frankfurt am Main. S. 232.
[287] Ebd.
[288] TB 13. 2. 1932; 6. 10. 1937.
[289] TB 8. 10. 1937.
[290] TB 4. 3. 1920.
[291] Vgl. TB 7. 3. 1920.
[292] Vgl. TB 7. 5. 1920.
[293] TB 7. 1. 1923.
[294] Friedrich Wilhelm Murnau (1888- 1931) gehörte in dieser Zeit sicher zu den bedeutendsten Regisseuren. Er »schuf mit ›Nosferatu‹ (1922), ›Der letzte Mann‹ (1924) und ›Faust‹ (1926) zusammen mit dem Szenaristen Carl Mayer subtile Filmdramen.« Funkkolleg Jahrhundertwende 1880-1930. Die Entstehung der modernen Gesellschaft. Studienbegleitbrief 9. S. 15.
[295] Vgl. TB 31. 8. 1925.
[296] Vgl. TB 5. 1. 1926.
[297] Vgl. TB 8. 10. 1927.
[298] Vgl. TB 12. 12. 1927.
[299] Brief der Horus-Filmgesellschaft an Leo Perutz vom 1. 3. 1935. DEA; Nachlaß Leo Perutz; I B 41.
[300] Vgl. TB 26. 2. 1935.
[301] Vgl. TB 16. 3. 1935.
[302] Vgl. Archiv des deutschen Instituts für Filmkunde in Frankfurt am Main.
[303] Vgl. Materialien des österreichischen Filmarchivs, Wien.
[304] TB 1. 5. 1935.
[305] Vgl. TB 30. 11. 1935 und 11. 12. 1935.
[306] Vgl. TB März 1936.

[307] Vgl. TB 23. 9. 1935.
[308] Vgl. TB 15. 9. 1935.
[309] Leo Perutz. Das Haus der Gestrandeten. Typoskript S. 29. Vorlage: Österreichische Nationalbibliothek.
[310] Vgl. z. B. Arthur Holitscher. Amerika. Heute und Morgen. Reiseerlebnisse. Berlin 1919; Egon Erwin Kisch. Paradies Amerika; Wilhelm von Polenz. Amerika heute und morgen. Berlin 1904.
[311] DEA; Nachlaß Richard A. Bermann; III B 3.
[312] Arnold Höllriegel. Hollywood Bilderbuch. S. 12.
[313] Ebd. S. 19.
[314] Ebd. S. 115.
[315] Brief von Richard A. Bermann an Leo Perutz vom 8. 11. 1926. DEA; Nachlaß Leo Perutz; I A 12.
[316] Brief von Leo Perutz an Joseph Schildkraut vom 3. 6. 1935. DEA; Nachlaß Leo Perutz; I C 27.

Anmerkungen Kap. 8

[1] TB 24. 6. 1938.
[2] Hellmut Andics. Österreichische Geschichte von der Gründung des Kaiserstaates bis zur Gegenwart in vier Bänden. Hier Bd. 3. Der Staat, den keiner wollte. S. 242.
[3] Vgl. G. E. R. Gedye. Als die Bastionen fielen. S. 188 – 190.
[4] Vgl. ebd. S. 210.
[5] Vgl. ebd. S. 227.
[6] Vgl. ebd. S. 246 – 250.
[7] Vgl. TB 13. 2. 1938: »Den ganzen Tag ohne Nachrichten. Pessimismus in Wien« und TB 15. 2. 1938: »Nichts in den Wiener Blättern.«
[8] Vgl. TB 17. 2. 1938: »Deprimiert, denke an Auswanderung.«
[9] G. E. R. Gedye. Als die Bastionen fielen. S. 269
[10] Wien 1938. Historisches Museum der Stadt Wien. S. 286ff.
[11] G. E. R. Gedye. Als die Bastionen fielen. S. 281f.
[12] Vgl. ebd. S. 284.
[13] Ebd. S. 287.
[14] Ebd. S. 288.
[15] Bermann war zu dieser Zeit für den Guild for German Cultural Freedom tätig. Er hatte Anfang 1938 von der amerikanischen Zentrale eine größere Summe angefordert, um alle österreichischen Stipendiaten aus Österreich herausbringen zu können. Er mußte auf das Geld zu lange warten und konnte daher erst spät fliehen. Vgl. Hubertus Prinz zu Löwenstein und Walter Zadek. Die Geschichte eines literarischen Preisausschreibens. S. 148.
[16] Vgl. G. E. R. Gedye. Als die Bastionen fielen. S. 289. Ferner: Richard A. Bermann »Meine Flucht aus Ö«. In: Richard A. Bermann alias Arnold Höllriegel. Österreicher – Demokrat – Weltbürger. S. 378 – 384. Leo Perutz notierte am 1. 5. 1938 in sein Tagebuch: »R. A. B. in Prag«.
[17] Gedye verlor schließlich sogar seine Anstellung. Vgl. hierzu: Hellmut Andics. Die Juden in Wien. S. 33.

[18] G. E. R. Gedye. Als die Bastionen fielen. S. 294.
[19] Ebd. S. 296.
[20] G. E. R. Gedye. Als die Bastionen fielen. S. 296f.
[21] Joachim Riedl (Hg.). Versunkene Welt. Wien 1984. S. 165.
[22] Leo Perutz 1882 – 1957. Eine Ausstellung der Deutschen Bibliothek Frankfurt am Main. S. 244.
[23] Vgl. Studia Judaica Austraica. Bd. V. Der gelbe Stern in Österreich. S. 115f.
[24] Vgl. Wien 1938. Historisches Museum der Stadt Wien. S. 292f.
[25] Von März bis Mai 1938 wurden in Wien folgende Selbstmorde registriert. In Klammern die Vergleichszahlen des Jahres 1937. März: 79 (3); April: 62 (7); Mai: 62 (9). Vgl. Felix Czeike (Hg.). Forschungen und Beiträge zur Wiener Stadtgeschichte 2. S. 177.
[26] Vgl. Studia Judaica Austraica. Bd. V. Der gelbe Stern in Österreich. S. 124.
[27] Nach Perutz' Tagebuchaufzeichnungen verabschiedete er sich von seinem Bruder Paul am 9. 4. 1938 (Vgl. Anhang des Tagebuches 1938); am 21. 4. notierte er, daß Paul in Berlin sei. Sein Bruder Hans war bis zum 23. 4. 1938 in Wien.
[28] Vgl. Brief von Fred Perutz vom 29. 6. 1995.
[29] Vgl. TB 8. 5. 1938: »Die Villen meiner Brüder sind von der Gestapo beschlagnahmt.«
[30] Leo Perutz' Neffe Fred erreichte nach dem Krieg die Rückgabe der Häuser an die Familie. Pauls Haus wurde verkauft, Hans schenkte sein Haus dem Israelischen Staat, der es eine Zeitlang als Botschaftsgebäude nutzte. Vgl. Brief von Fred Perutz vom 29. 6. 1995.
[31] Vgl. Brief von Michaela Staples vom 9. 6. 1995. Möglicherweise bezieht sich Perutz' Tagebuchnotiz vom 18. 4. 1938 auf dieses Ereignis. »Um 7 Uhr beim Nachhausegehen winkte mich ein SS zum Posten. Mein K.Tr. + Legit. wirkte sich aus.« Ein ähnlicher Vorfall ist am 25. 4. 1938 vermerkt, der aber nicht vollständig entziffert werden konnte: »Vormittag ein SA: ›Entschuldigen Sie, sind Sie Jude?‹ ›(?)‹ ›Danke, das genügt.‹«
[32] Vgl. TB 10. 5. 1938.
[33] Vgl. Interview mit Michaela Staples vom 11.- 14. 8. 1997.
[34] Vgl. ebd.
[35] Bruno Brehm hatte sich von Anfang an für die Nationalsozialisten engagiert. Bereits 1932 hatte er einen Aufruf der »geistig Schaffenden Österreichs« gegen die österreichische Regierung unterzeichnet, die sich im Vertrag von Lausanne gegen einen Anschluß Österreichs aussprach. Die Unterzeichnenden sahen darin eine »Bedrohung der kulturellen Einheit des deutschen Volkes« und eine »Entfremdung zwischen Deutschland und Deutschösterreich«. Vgl. Murray G. Hall. Der Paul Zsolnay Verlag. S. 401.
[36] TB 30. 4. 1938.
[37] Joachim Riedl (Hg.). Versunkene Welt. S. 165. In kürzester Zeit wurden aus Österreich 50.000 Juden herausgebracht, während aus Deutschland im gleichen Zeitraum nur etwa 19.000 emigrierten. Vgl. ebd. S. 166.
[38] Hanna Arendt. Eichmann in Jerusalem. S. 53.
[39] Ebd. S. 72.
[40] Vgl. Joachim Riedl (Hg.). Versunkene Welt. S. 166.
[41] Eine wichtige Hilfe für die Einwanderung vermögender deutscher Juden nach Palästina war das von der zionistischen Vereinigung für Deutschland mit dem Reichswirtschaftsministerium ausgehandelte Haavara-Transfer-Abkommen.

Deutschland konnte so erreichen, daß viele Juden auswanderten, ohne deutsche Devisen zu beanspruchen. Gleichzeitig wurde mit dem Transfer-Abkommen der von der jüdischen Seite nach der Machtergreifung verhängte Boykott deutscher Waren umgangen. Auswanderungswillige konnten Geld auf Sonderkonten verschiedener Treuhandgesellschaften in Palästina einzahlen. Diese Treuhandgesellschaften verwendeten das Geld, um damit die Einfuhr deutscher Waren nach Palästina zu bezahlen. Traf der Einwanderer in Palästina ein, wurde ihm der Gegenwert aus dem Verkauf der deutschen Waren ausgezahlt. Der Transfererlös, der nur anfangs bei 100% lag, sich aber bis 1938 auf etwa 32% verringerte, ermöglichte es, dennoch wenigstens einen Teil des heimischen Vermögens zu retten. Daneben trug er ganz wesentlich zum israelischen Wirtschaftswunder bei, von dem letztendlich auch die österreichischen Einwanderer profitierten, für die das Haavara-Abkommen nicht mehr galt. Vgl. Werner Feilchenfeld / Dolf Michaelis / Ludwig Pinner. Haavara-Transfer nach Palästina und Einwanderung deutscher Juden 1933 – 1939. S. 76.

42 Hanna Arendt. Eichmann in Jerusalem. S. 74.

43 Im Mai 1938 bemühte sich Leo Perutz über den Abgeordneten seines früheren Ferienortes in der Bretagne um die Einreiseerlaubnis nach Frankreich. Vgl. Leo Perutz 1882 – 1957. Eine Ausstellung der Deutschen Bibliothek Frankfurt am Main. S. 246.

44 Vgl. Interview mit Michaela Staples vom 11.- 14. 8. 1997.

45 Zit. nach: Leo Perutz 1882 – 1957. Eine Ausstellung der Deutschen Bibliothek Frankfurt am Main. S. 244.

46 Vgl. TB 21. 2. 1938; 2. 3. 1938; 11. 5. 1938.

47 Er betrieb die Ausreise nach Palästina keineswegs schon ab April 1938 konsequent, wie der Ausstellungskatalog (Leo Perutz 1882 – 1957. Eine Ausstellung der Deutschen Bibliothek Frankfurt am Main. S. 244) behauptet. Die dort als Beleg erwähnte Hebräischlehrerin, die Perutz angeblich für seine Kinder engagierte, wird in der von Frau Ute Sarnau erstellten Transkription von Perutz' TB am 5. 5. 1938 erwähnt. («Nachmittag die neue Hebräisch (evtl. Lehrerin) für die Kinder bei uns.«) Das Wort ist jedoch nicht eindeutig zu entziffern. Möglicherweise handelt es sich um einen Lesefehler. Michaela Staples beteuert, nie Hebräischunterricht gehabt oder eine Hebräischlehrerin gesehen zu haben. Vgl. Interview mit Michaela Staples vom 11.- 14. 8. 1997.

48 Perutz vermerkte am 1. 6. 1938 in seinem TB, daß er im englischen Konsulat bevorzugt behandelt wurde, weil die zuständige Beamtin seinen Bruder Hans kannte.

49 Vgl. TB 14. 6. 1938; 15. 6. 1938; 27. 5. 1938.

50 Vgl. TB 19. 5. 1938.

51 Vgl. TB 25. 5. 1938; 9. 6. 1938; 6. 7. 1938.

52 Vgl. TB 1. 6. 1938 und 21. 6. 1938.

53 Vgl. TB 3. 6. 1938.

54 Vgl. Interview mit Michaela Staples vom 11.- 14. 8. 1997.

55 Leo Perutz. Mainacht in Wien. S. 68.

56 Ebd. S. 69.

57 Ebd. S. 70.

58 Ebd. S. 77.

59 Ebd.

60 Liesl emigrierte in die USA.

[61] Vgl. TB 5. 6. 1938; 17. 6. 1938; 13. 6. 1938; 14. 6. 1938; 5. 7. 1938.
[62] Vgl. TB Juni und Juli 1938.
[63] Alle weiteren Angaben zum mitgenommenen Inventar entstammen dem Interview mit Michaela Staples vom 11. – 14. 8. 1997.
[64] Der Leuchter aus Perutz' Wohnzimmer hängt noch heute in seiner alten Wohnung in der Porzellangasse. Seine Tochter erkannte ihn auf Photos sofort wieder.
[65] Vgl. TB 1. 3. 1938.
[66] Vgl. Brief von Leo Perutz an Gerty Kelemen vom 21. 11. 1945. DEA, Nachlaß Leo Perutz I C 13b.
[67] Für die Recherchen in dieser Sache danke ich sehr herzlich Herrn Univ.-Prof. Dr. Günther Dembski, dem Direktor des Münzkabinetts im Kunsthistorischen Museum in Wien.
[68] Vgl. Brief von Herrn Prof. Dr. Günther Dembski vom 14. 6. 1995.
[69] Perutz verzeichnet in diesem Notizbuch, nach den Prägeorten gegliedert, Art und Alter der Münzen sowie den Einkaufspreis.
[70] Vgl. TB 18. 6. 1938.
[71] TB 9. 7. 1938.
[72] Vgl. TB 6. 7. 1938 und 7. 7. 1938.
[73] Evelyn Lacina. Emigration 1933 – 1945. S. 171.
[74] Vgl. Interview mit Michaela Staples vom 11.- 14. 8. 1997.
[75] Brief von Leo Perutz an Lifczis vom 1. 8. 1938; DEA; Nachlaß Lifczis; I A 3.
[76] Vgl. ebd.
[77] Brief von Leo Perutz an Lifczis vom 6. 11. 1938; DEA; Nachlaß Lifczis; I A 3.
[78] Brief von Leo Perutz an Lifczis vom 5. 8. 1938; DEA; Nachlaß Lifczis; I A 3.
[79] Brief von Leo Perutz an Lifczis vom 1. 8. 1938; DEA; Nachlaß Lifczis; I A 3.
[80] Ebd.
[81] Vgl. TB 24. 8. 1938.
[82] Brief von Michaela Staples vom 9. 6. 1995.
[83] Vgl. Photo. Die Speisekarte befindet sich heute im Besitz von Michaela Staples.
[84] Zit. nach: Leo Perutz 1882 – 1957. Eine Ausstellung der Deutschen Bibliothek Frankfurt am Main. S. 253.
[85] Alija ist ein hebräischer Begriff, der soviel wie »Heimkehr« bedeutet.
[86] Vgl. Yvav Gelber / Walter Goldstein. Emigration deutschsprachiger Ingenieure nach Palästina 1933 – 1945. Düsseldorf 1988. S. 44.
[87] Ebd. S. 45.
[88] Gerda Luft. Heimkehr ins Unbekannte. S. 77. Vgl. auch: Shlomo Erel. Neue Wurzeln. S. 22f. Waren die Väter der Emigranten noch zu 80 % Kaufleute, so konnten nur 2 % der Söhne diesen Beruf ausüben; 57 % der Jungen waren Handwerker und Arbeiter, in der Vätergeneration waren dies nur 8 %. Vgl. hierzu: Yvav Gelber / Walter Goldstein. Emigration deutschsprachiger Ingenieure nach Palästina 1933 – 1945. S. 42.
[89] Henrietta Szold, eine schon 1920 eingewanderte Jüdin sammelte 12.000 Pfund, ägyptische Juden 15.000 Pfund. Vgl. hierzu: Gerda Luft. Heimkehr ins Unbekannte. S. 41f.
[90] Vgl. Paul A. Alsberg. Zur Geschichte der Organisation der mitteleuropäischen Einwanderer in Israel. S. 11 – 19.
[91] Chamsin: heißer Wüstenwind, der gesundheitliche Probleme verursacht.

[92] Vgl. HOG Bordmerkblätter für die Ankunft in Palästina. Sommerausgabe und Herbstausgabe 1935. Die Ausgabe von 1938 ließ sich weder in den Archiven in Deutschland noch im Archiv der HOG in Israel auftreiben. Einsehen konnte ich verschiedene Ausgaben des Bordmerkblatts von 1935, 1936 und 1939, die sich in Aufbau und Inhalt weitgehend gleichen und nur jeweils aktualisiert wurden.

[93] Vgl. Gerda Luft. Heimkehr ins Unbekannte. S. 32.

[94] Ebd.

[95] Ebd. S. 65f.

[96] Vgl. ebd. S. 39.

[97] Vgl. Werner Feilchenfeld / Dolf Michaelis / Ludwig Pinner. Haavara-Transfer nach Palästina und Einwanderung deutscher Juden 1933-1939. S. 96.

[98] Yvav Gelber / Walter Goldstein. Emigration deutschsprachiger Ingenieure nach Palästina 1933-1945. S. 78.

[99] Vgl. Gerda Luft. Heimkehr ins Unbekannte. S. 65.

[100] Der Stromverbrauch stieg von 1935 bis 1944 von 53,7 Mio kWh auf 184 Mio kWh. Vgl. Yvav Gelber / Walter Goldstein. Emigration deutschsprachiger Ingenieure nach Palästina 1933-1945. S. 80.

[101] Vgl. Gerda Luft. Heimkehr ins Unbekannte. S. 32. Dies zeigte sich auch deutlich an den Wohnverhältnissen. 1936 lebte etwa die Hälfte der Neueinwanderer zur Untermiete; fast alle, die eine eigene Wohnung hatten, mußten untervermieten, um den teueren Mietzins aufbringen zu können. Vgl. ebd. S. 62.

[102] Jürgen Serke zufolge wurde diese Sammlung am Hafen angeblich konfisziert (Vgl. Jürgen Serke Böhmische Dörfer. S. 273). Michaela Staples konnte dies nicht bestätigen. Sie erinnert sich, daß die Schwertgriffe auch in Tel Aviv im Besitz der Familie waren. (Vgl. Interview mit Michaela Staples vom 11.- 14. 8. 1997).

[103] Noch in Haifa traf Perutz Otto Lifczis, den Bruder seines Freundes Hugo Lifczis. Vgl. TB 15. 9. 1938.

[104] Vgl. Interview mit Michaela Staples vom 11.- 14. 8. 1997.

[105] Brief von Leo Perutz an Lifczis vom 6. 11. 1938; DEA; Nachlaß Lifczis; I A 3.

[106] Vgl. TB 16. 9. 1938.

[107] Vgl. Brief von Leo Perutz an Lifczis vom 6. 11. 1938; DEA; Nachlaß Lifczis; I A 3.

[108] Ebd.

[109] Interviews mit Michaela Staples vom 17. 6. 1995 und vom 11.- 14. 8. 1997.

[110] Am 27. Oktober 1938 übernachtete die Familie erstmals in der neuen Wohnung. Vgl. TB dieses Tages.

[111] Brief von Leo Perutz an Lifczis vom 6. 11. 1938; DEA; Nachlaß Lifczis; I A 3.

[112] Brief von Michaela Staples vom 9. 6. 95 und Interview mit Michaela Staples vom 11.- 14. 8. 1997. Vgl. dazu auch Interview mit Felix Paz El vom 15. 4. 1996: »In einem Zimmer hat mein Vater geschlafen, in einem Zimmer hat meine Mutter geschlafen, in einem Zimmer haben meine Schwestern geschlafen; ein Zimmer war das Gäste- und Arbeitszimmer meines Vaters, da habe ich nachts geschlafen.«

[113] Brief von Leo Perutz an Lifczis vom 6. 11. 1938; DEA; Nachlaß Lifczis; I A 3.

[114] Evelyn Lacina. Emigration 1933 – 1945. S. 120.

[115] Brief von Leo Perutz an Lifczis vom 6. 11. 1938; DEA; Nachlaß Lifczis; I A 3.

Anmerkungen Kap. 9

1 Brief von Leo Perutz an Lifczis vom 23. 2. 1939 ; DEA, Nachlaß Lifczis; I A 3.

2 Bereits 1933 gab es in Tel Aviv folgende Industrien: Bauindustrie, Maschinenfabrikation, Elektrizitätswerk, Baumaterialfabriken, Möbelfabriken, Schuhindustrie, Textilindustrie, Handtaschen- und Kofferfabriken, Touristenartikel, Schokoladen- und Bonbonindustrie, Orangenfruchtsaftfabrikation, Molkerei, Druckerei, Tabakindustrie, Kartonagenindustrie. Vgl. Herrmann Hugo. Palästina. S. 117.

3 Vgl. Joachim Schlör. Tel Aviv. S. 179. Die Messe war erstmals 1924 abgehalten worden.

4 Gabriele Tergit. Im Schnellzug nach Haifa. S. 65.

5 1945 betrug der Anteil der erwachsenen Einwohner Tel Avivs, die in einem anderen Land geboren waren, 85 Prozent. Vgl. Joachim Schlör. Tel Aviv. S. 132.

6 Wolfgang von Weisl zit. nach: Joachim Schlör. Tel Aviv. S. 79.

7 Joachim Schlör. Tel Aviv. S. 232.

8 Vgl. Herrmann Hugo. Palästina. S. 118.

9 Vgl. Joachim Schlör. Tel Aviv. S. 289. Perutz' Tagebuch zeigt, daß er in mehreren Leihbibliotheken abonniert war. Er las viel. Folgende Titel oder Autoren sind in seinem TB erwähnt: J. London: Schienenstrang; Kennedy: Die treue Nymphe; S. Kohn: Geschichten aus dem Ghetto; Toulouse Lautrec: Moulin rouge; Dürrenmatt: Besuch der alten Dame; Robert Nathan: Portrait of Jenny; John Günther: So sehe ich Europa; Brett-Young: Ein Mann im Haus; Norah Loft: Wildes Blut; Nora Shiber: Nacht über Frankreich; Fallada: Der Säufer; Fontane: Stine, Irrungen und Wirrungen, Frau Jenny Treibel, Poggenpohl; Franz Molnar: Farewell my heart; Camptor Mackenzil: The monarch of the Golem; Richard Mason: Denn der Wind kann nicht lesen; Karl Kraus: Die Fackel; Hauff. Novellen; Nestroy; C. F. Meyer; Shakespeare; Stifter; Altenberg; E. T. A. Hoffmann; Heine.

10 Ernst Loewy zit. nach: Joachim Schlör. Tel Aviv. S. 289.

11 Joachim Schlör. Tel Aviv. S. 266.

12 Ebd. S. 243.

13 Gabriele Tergit. Im Schnellzug nach Haifa. S. 59.

14 Herrmann Hugo. Palästina. S. 318.

15 Joachim Schlör. Tel Aviv. S. 245.

16 Herrmann Hugo. Palästina. S. 318.

17 Kupferberg zit. nach: Joachim Schlör. Tel Aviv. S. 137.

18 Vgl. Joachim Schlör. Tel Aviv. S. 136f.

19 Interview mit Michaela Staples vom 11.- 14. 8. 1997.

20 Vgl. z. B. TB 19. 10. 1946.

21 Interview mit Michaela Staples vom 11.- 14. 8. 1997.

22 Brief von Leo Perutz an Lifczis vom 6. 11. 1938; DEA, Nachlaß Lifczis; I A 3.

23 Brief von Leo Perutz an Michaela Staples vom 22. 12. 1951. (Brief im Besitz von Michaela Staples).

24 Gabriele Tergit. Im Schnellzug nach Haifa. S. 17.

25 Ebd. S. 18.

[26] Vgl. Brief von Leo Perutz an Gerty Kelemen vom 20. 6. 1947; DEA, Nachlaß Leo Perutz; I C 13 b.
[27] Brief von Leo Perutz an Lifczis vom 2. 6. 1941; DEA, Nachlaß Lifczis; I A 3.
[28] Der Mieterschutz schrieb einen einmal für eine Wohnung vereinbarten Mietpreis fest. Tauschte man die Wohnung, so mußte man sich auf einen weit höheren Preis für eine gleichwertige Wohnung einstellen. Vgl. Interview mit Michaela Staples vom 11.- 14. 8. 1997.
[29] Brief von Leo Perutz an Paul Perutz vom 2. 9. 1946. (Brief im Besitz von Michaela Staples).
[30] Belegt ist ein Wohnungstausch mit Familie Stolzer; vgl. DEA, Nachlaß Leo Perutz; I A 92, und ein Wohnungstausch mit der Familie Ben-Chorin, vgl. Interview mit Felix Paz El vom 14. 6. 1996.
[31] Brief von Leo Perutz an Otto Schmöle. Zit. nach: Leo Perutz 1882 – 1957. Eine Ausstellung der Deutschen Bibliothek Frankfurt am Main. S. 333f.
[32] Gabriele Tergit. Im Schnellzug nach Haifa. S. 27.
[33] Gabriele Tergit spricht vom armenischen, christlichen, mohammedanischen und jüdischen Viertel.
[34] Brief von Leo Perutz an Paul Perutz vom 14. 9. 1945. DEA Nachlaß Lifczis; I C 1.
[35] Brief von Leo Perutz an Gerty Kelemen vom 20. 6. 1947; DEA, Nachlaß Leo Perutz I C 13 b.
[36] Brief von Leo Perutz an Paul Perutz vom 2. 9. 1946. (Brief im Besitz von Michaela Staples).
[37] TB Bilanz 1940.
[38] Brief von Leo Perutz an Gerty Kelemen von 1945 (o. D.); DEA, Nachlaß Leo Perutz I C 13 b.
[39] Brief von Leo Perutz an Gerty Kelemen vom 27. 2. 1946; DEA, Nachlaß Leo Perutz I C 13 b.
[40] Name des Antiquitätenhändlers.
[41] Brief von Leo Perutz an Lore Perutz vom 5. 10. 1945. (Brief im Besitz von Michaela Staples).
[42] Brief von Leo Perutz an Lore Perutz vom 18. 10. 1945. (Brief im Besitz von Michaela Staples).
[43] Interview mit Felix Paz El vom 15. 4. 1996. Perutz' Tagebuchaufzeichnungen bestätigen diese Aussage.
[44] Vgl. TB 17. 4. 1952.
[45] TB 3. 4. 1957.
[46] TB Rückblick 1939.
[47] TB Aussichten auf 1939.
[48] Vgl. TB 31. 10. 1939.
[49] Vgl. TB 23. 11. 1939.
[50] Schon 1945 hielt sich Perutz für mindestens drei Monate in Italien auf. Vgl. Karte von Leo Perutz an Gerty Kelemen von 1945. DEA; Nachlaß Leo Perutz; I C 13 b. 1947 reist er zur Hochzeit seiner Tochter Michaela nach Mailand. Vgl. Brita Eckert. »...daß mein Herz mich unaufhörlich nach Wien treibt...« Die vergeblichen Rückkehrversuche des Leo Perutz. S. 35.
[51] Schriftliche Aussage von Lore Perutz. In: Sammlung von Anträgen und Schriftwechseln des »Fonds zur Hilfeleistung an politisch Verfolgte, die ihren Wohn-

sitz und ständigen Aufenthalt im Ausland haben«. Leo Perutz hat an diesen Fond am 15. Mai 1957 einen Antrag gestellt, der nach seinem Tod von seiner Frau Grete weiterverfolgt und der schließlich bewilligt wurde. Vorlage: Österreichisches Staatsarchiv.

52 Vgl. TB 22. 11. 1939; 18. 2. 1940; 26. 2. 1940.

53 Vgl. TB 30. 6. 1940.

54 Vgl. Gerda Luft. Heimkehr ins Unbekannte. S. 48.

55 Vgl. TB 4. 2. 1941: 157 Pfund; 20. 6. 1941: 130 Pfund.

56 Brief von Leo Perutz an Lore Perutz vom 18. 5. 1945. (Brief im Besitz von Michaela Staples).

57 Interview mit Michaela Staples vom 11.- 14. 8. 1997.

58 Brief von Leo Perutz an Gerty Kelemen vom 24. 2. 1955. DEA; Nachlaß Leo Perutz; I C 13 b.

59 Es gab daher auch relativ häufig Kompetenzstreitigkeiten zwischen den Beteiligten.

60 Vgl. Interview mit Michaela Staples vom 11.- 14. 8. 1997.

61 Brief von Leo Perutz an Paul Perutz vom 15. 8. 1945. (Brief im Besitz von Michaela Staples).

62 Perutz erwähnt dies unzählige Male in seinem TB. Auch seine Briefe an Michaela Staples enthalten häufig die Formel: »Grete kann nicht selbst schreiben, sie hat Migräne.«

63 Vgl. z. B. TB 20. 1. 1941 oder 17. 3. 1941.

64 Vgl. z. B. TB 5. 7. 1943: »Gretl sagte mir bei der Jause ganz ernsthaft, sie sei blind gewesen, als sie mich geheiratet habe.«

65 Vgl. z. B. 17. 5. 1946.

66 Vgl. TB 10. 3. 1942.

67 Vgl. Zusammenfassung TB 1946.

68 Vgl. TB 25. 12. 1941: »(...) Einen Plan gemacht. Zuerst den Zahntechniker gesucht (...). Er flickte es mir in ein paar Stunden zurecht. Dann Gretl gesagt, ich muß abends nach Jerusalem (...). Ich nahm mir um 20 P. ein Zimmer, brachte dem Zahnarzt um 6 h mein Gebiß, ging auf mein Zimmer, las bis 10 Uhr. Wachte um 7 Uhr auf, ging um 11 h ins Café Weiss, las die Zeitung und holte um 12 Uhr mein Gebiß (...). Großartig eingerichtet und ausgeführt.«

69 Vgl. Widmung in »Nachts unter der steinernen Brücke«. Perutz schrieb am 12. 1. 1954 an Hans Reimann über seine Frau: »Sie ist der gute Kamerad G. P., dem ich das Buch gewidmet habe.« Original im Schiller National Museum. Deutsches Literaturarchiv. Kopie im DEA, Nachlaß Leo Perutz.

70 Nach Perutz' Tod versuchte Grete in einem umfangreichen Briefwechsel und zahllosen persönlichen Besuchen, Verleger für Perutz' Werke zu finden.

71 Interview mit Michaela Staples vom 11.- 14. 8. 1997.

72 Brief von Leo Perutz an Paul und Edith Perutz vom 26. 6. 1941. Zit. nach: Leo Perutz 1882 – 1957. Eine Ausstellung der Deutschen Bibliothek Frankfurt am Main. S. 281f. Gretes Mutter war in Griechenland gestorben. Vgl. TB 4. 4. 1941.

73 Diese Eigenschaften traten nicht nur innerhalb der Familie zutage. Herr Humburger beleidigte auch Menschen außerhalb der Familie, was Leo Perutz sehr wütend wieder in Ordnung zu bringen versuchte. Vgl. TB 8. 6. 1941: »Mittag beleidigte mein Ziegenbock einen Bankbeamten, er hatte ihn um Drachmen betrügen wollen.« Der Bankbeamte wurde entlassen, Leo Perutz begab

sich in die Bank und konnte am 10. 6. 1941 vermerken: »Die Entlassung des Herrn Elenbogen ist zurückgezogen.«

74 Vgl. TB 9. 7. 1941.

75 Vgl. Interview mit Gretes Nichte, Frau Gitta Koch, vom 9. 9. 1997.

76 Vgl. TB 8. 4. 1943.

77 Brief von Leo Perutz an Lifczis vom 20. 4. 1943; DEA, Nachlaß Lifczis; I A 3.

78 »Ich wollte Biochemie studieren, mein Vater wollte Medizin.« Interview mit Michaela Staples vom 11.- 14. 8. 1997.

79 Ebd.

80 Brief von Leo Perutz an Lore Perutz vom 20. 6. 1943. (Brief im Besitz von Michaela Staples).

81 TB 2. 2. 1941.

82 Vgl. Brief von Leo Perutz an Paul Perutz vom 15. 5. 1947. (Brief im Besitz von Michaela Staples).

83 Vgl. Brief von Leo Perutz an Paul Perutz vom 5. 8. 1947. (Brief im Besitz von Michaela Staples).

84 Brief von Leo Perutz an Michaela Staples vom 12. 8. 1954. (Brief im Besitz von Michaela Staples).

85 Am 23. 6. 1956 notierte Leo Perutz: »Leider großen Krach, einer zu Mittag mit Gretl, weil ich ihr nicht sagen wollte, wieviel Geld ich in England habe.«

86 Interview mit Michaela Staples vom 11.- 14. 8. 1997.

87 Vgl. Interview mit Gretes Nichte, Frau Gitta Koch, vom 9. 9. 1997.

88 Vgl. Brief von Leo Perutz an Paul Perutz vom 24. 5. 1946; (Brief im Besitz von Michaela Staples).

89 Interview mit Felix Paz El vom 14. 6. 1995.

90 Brief von Leo Perutz an Hugo und Annie Lifczis vom 17. 8. 1939; DEA; Nachlaß Lifczis; I A 3. Felix Paz El behauptet, sein Vater hätte außer »Shalom« nichts auf Ivrith gekonnt.

91 Brief von Leo Perutz an Paul Perutz vom 13. 12. 1948. (Brief im Besitz von Michaela Staples).

92 Vgl. TB 20. 10. 1946.

93 Vgl. Brief von Leo Perutz an Paul Perutz vom 15. 8. 1945. (Brief im Besitz von Michaela Staples).

94 Vgl. TB 28. 2. 1946.

95 Brief von Leo Perutz an Paul Perutz vom 7. 5. 1946. (Brief im Besitz von Michaela Staples).

96 Brief von Leo Perutz an Paul Perutz vom 17. 3. 1946; (Brief im Besitz von Michaela Staples).

97 Brief von Leo Perutz an Paul Perutz vom 4. 5. 1943. (Brief im Besitz von Michaela Staples).

98 Brief von Leo Perutz an Paul Perutz vom 24. 5. 1946. (Brief im Besitz von Michaela Staples).

99 Brief von Leo Perutz an Paul Perutz vom 22. 6. o. J.. (Brief im Besitz von Michaela Staples).

100 Interview mit Felix Paz El vom 15. 4. 1996.

101 Vgl. Brief von Leo Perutz an Paul Perutz vom 1. 6. 1947 und vom 3.11.1947. (Briefe im Besitz von Michaela Staples).

102 TB 28. 1. 1956.

103 Interview mit Felix Paz El vom 15. 4. 1996.

[104] Brief von Leo Perutz an Paul Perutz vom 22. 2. 1943. (Brief im Besitz von Michaela Staples).
[105] Brief von Leo Perutz an Gerty Kelemen vom 21. 11. 1945. DEA; Nachlaß Leo Perutz; I C 13 b.
[106] Vgl. TB 2. 4. 1946; 3. 4. 1946; 6. 4. 1946.
[107] Interview mit Michaela Staples vom 11.- 14. 8. 1997.
[108] TB 22. 6. 1956: »Hans. (...) Er sagte – mit deutlicher Anspielung auf mich – daß in jeder Familie (?), meinem Faulenzen. Ich holte meine Bücher und fragte, ob er das faulenzen nenne.«
[109] Vgl. TB 1. 4. 1955.
[110] Interview mit Michaela Staples vom 11.- 14. 8. 1997.
[111] Vgl. Interview mit Felix Paz El vom 15. 4. 1996.
[112] Brief von Leo Perutz an Josef Kalmer vom 14. 5. 1957. DEA; Nachlaß Leo Perutz; I C 13 a.
[113] Brief von Leo Perutz an Richard A. Bermann vom 12. 1. 1939. DEA; Nachlaß Bermann; I C 6a.
[114] Kleinere Briefwechsel gibt es unter anderem mit Richard Beer-Hofmann, Richard Charmantz, Josef Than, Franz Werfel, Alma Mahler-Werfel, Annie Zsolnay. Vgl. DEA; Nachlaß Leo Perutz.
[115] Brief von Leo Perutz an Lifczis vom 31. 5. 1939. DEA; Nachlaß Lifczis; I A 3.
[116] TB 22. 10. 1939.
[117] In: Richard A. Bermann alias Arnold Höllriegel. Österreicher – Demokrat – Weltbürger. S. 415 – 418.
[118] Ebd. S. 418.
[119] Sie war die Frau von Richard Beer-Hofmann. Perutz hatte beiden 1939 Hilfe bei einer Einreise nach Palästina angeboten.
[120] Leo Perutz 1882 – 1957. Eine Ausstellung der Deutschen Bibliothek Frankfurt am Main. S. 297f.
[121] Vgl. TB 18. 10. 1940. Perutz erfuhr von Weiß' Tod aus der Zeitung, kannte aber die Umstände nicht.
[122] Brief von Leo Perutz an Gerty Kelemen vom 10. 11. 1945. DEA; Nachlaß Leo Perutz; I C 13 b.
[123] Brief von Leo Perutz an Joseph Than vom 6. 1. 1942. DEA; Nachlaß Leo Perutz; I C 28.
[124] Interview mit Michaela Staples vom 11.- 14. 8. 1997.
[125] Vgl. TB 4. 7. 1941 oder 9. 7. 1941.
[126] Brief von Leo Perutz an Lifczis vom 14. 5. 1955. DEA; Nachlaß Lifczis; I A 3.
[127] Vgl. TB 11. 2. 1928 und 12. 2. 1928.
[128] Vgl. Sigmund Freud. Arnold Zweig. Briefwechsel.
[129] Vgl. Manuel Wiznitzer. Arnold Zweig. S. 61.
[130] Vgl. Brief von Arnold Zweig an Leo Perutz. Zit. nach: Leo Perutz 1882 – 1957. Eine Ausstellung der Deutschen Bibliothek Frankfurt am Main. S. 290f.
[131] Vgl. TB 27. 7. 1941.
[132] Vgl. Walter Zadek. Sie flohen vor dem Hakenkreuz. S. 140.
[133] Vgl. ZDF-Filmdokumentation von Peter Stephan Jungk. »Der Meister der Nacht«.
[134] TB o. D. nach April 1914.
[135] Brief von Leo Perutz an Paul Perutz vom 14. 5. 1949. (Brief im Besitz von Michaela Staples).

[136] Brief von Leo Perutz an Richard A. Bermann vom 20. 4. 1939. DEA; Nachlaß Bermann; I C 6a.
[137] Brief von Leo Perutz an Lifczis im Mai 1945. Zit. nach: Hans Harald Müller. Leo Perutz. S. 83f.
[138] Max Brod. Der Prager Kreis. S. 223.
[139] Vgl. Brief von Leo Perutz an Otto Schmöle vom 29. 7. 1946. Zit. nach: Leo Perutz 1882 – 1957. Eine Ausstellung der Deutschen Bibliothek Frankfurt am Main. S. 333f.
[140] Brief von Leo Perutz an Lifczis vom 23. 2. 1939. DEA; Nachlaß Lifczis; I A 3.
[141] Vgl. Brief von Leo Perutz an Lifczis vom 15. 4. 1947. DEA; Nachlaß Lifczis; I A 3.
[142] Vgl. z. B. TB 26. 1. 1956; 10. 4. 1956; 29. 4. 1956.
[143] Statt Grete zur Rede zu stellen, weil sie häufig einen falschen Aufenthaltsort angab, notierte Perutz: »Was soll ich alternder Mann denn machen.« Vgl. TB 1946 Zusammenfassung von Ute Sarnau.
[144] Interview mit Michaela Staples vom 11.- 14. 8. 1997.
[145] Vgl. Brief von Leo Perutz an Lifczis vom 17. 3. 1944. DEA; Nachlaß Lifczis; I A 3.
[146] Vgl. Josef Finkenstein. Die Welt eines Romanschriftstellers. DEA; Nachlaß Leo Perutz; IV E 1.
[147] Michaela Staples erzählt, daß Perutz eigens auf den Markt ging, um Abfallfleisch für diese Katzen zu kaufen.
[148] TB Rückblick 1955.
[149] TB 31. 12. 1941; vgl. auch TB 14. 6. 1946: »Gott vergelte es ihm«, TB Notes 1955: »Lieber Gott, hilf uns aus allen Schwierigkeiten.« oder TB 10. 1. 1946: »Gott segne Hans.«
[150] Brief von Leo Perutz an Richard A. Bermann vom 12. 1. 1939. DEA; Nachlaß Bermann; I C 6a.
[151] DEA; Nachlaß Leo Perutz; II D 6.
[152] Brief von Leo Perutz an Richard A. Bermann vom 20. 4. 1939. DEA; Nachlaß Bermann; I C 6a.
[153] Die Jahrgänge 1944 – 1945 existieren nicht.
[154] Eine einzige Stelle in Perutz' TB könnte darauf hindeuten, daß Perutz über die Vorgänge in Polen Bescheid wußte. Er notierte am 20. 12. 1942: »Vormittag mit Gretl und Fella (Freundin von Gretl; Anm. d. Verf.) bei Frau Zellermayer, die nach ihrem Vater (?). Streit mit Fella (weil ich sie anstieß, da sie von den Juden in Polen zu sprechen begann).«
[155] Vgl. Interview mit Michaela Staples vom 17. 6. 1995.
[156] Vgl. Brief von Leo Perutz an Gerty Kelemen o. D. 1945. DEA; Nachlaß Leo Perutz; I C 13b.
[157] Brief von Gerty Kelemen an Leo Perutz vom 8. 11. 1945. DEA; Nachlaß Leo Perutz; I A 43.
[158] Vgl. TB 15. 3. 1939 beim Einmarsch der deutschen Truppen in die Tschechoslowakei.
[159] Am 20. 4. 1939 schrieb Perutz an Bermann: »Zunächst meine herzlichen Glückwünsche zu Hitlers letztem Geburtstag, den wir heute feiern.« DEA; Nachlaß Bermann; I C 6a.
[160] Jozef Beck, polnischer Außenminister.
[161] Georges Bonnet, französischer Außenminister.

[162] Brief von Leo Perutz an Richard A. Bermann vom 20. 4. 1939. DEA; Nachlaß Bermann; I C 6a.
[163] Brief von Leo Perutz an Richard A. Bermann vom 12. 1. 1939. DEA; Nachlaß Bermann; I C 6a.
[164] Ebd.
[165] TB 20. 5. 1940.
[166] TB 21. 5. 1940.
[167] Vgl. Manuel Wiznitzer. Arnold Zweig. S. 91.
[168] Vgl. TB 24. 7. 1940.
[169] TB 17. 1. 1941.
[170] Vgl. TB 16. 4. 1941: »Die Deutschen bedrohen uns vom Balkan und von Lybien her und aus der Luft.
[171] Brief von Leo Perutz an Paul Perutz vom 26. 6. 1941. DEA; Nachlaß Lifczis; I C 1.
[172] Interview mit Michaela Staples vom 11.- 14. 8. 1997.
[173] Alice Schwarz-Gardos. Arnold Zweig und Max Brod. S. 133.
[174] Rudolf Hirsch zit. nach: Joachim Schlör. Tel Aviv. S. 302.
[175] Brief von Leo Perutz an Lifczis vom 17. 3. 1944. DEA; Nachlaß Lifczis; I A 3.
[176] Brief von Leo Perutz an Paul Perutz vom 14. 5. 1945. DEA; Nachlaß Leo Perutz; I C 25.
[177] Brief von Leo Perutz an Richard A. Bermann vom 15. 5. 1939. DEA; Nachlaß Bermann; I C 6a.
[178] Brief von Leo Perutz an Lifczis vom 17. 8. 1939. DEA; Nachlaß Lifczis; I A 3.
[179] Vgl. Leo Perutz 1882 – 1957. Eine Ausstellung der Deutschen Bibliothek Frankfurt am Main. S. 276.
[180] Vgl. TB 12. 4. 1934.
[181] Vgl. TB 29. 12. 1937.
[182] TB 19. 1. 1938.
[183] Brief von Leo Perutz an Lifczis vom 1. 1. 1939. DEA; Nachlaß Lifczis; I A 3. Am 22. 1. 1938 erwähnte Perutz in seinem Tagebuch, daß er die »Mayflower Bücher« von Sinclair Lewis lese.
[184] Brief von Leo Perutz an Richard A. Bermann vom 12 .1. 1939. DEA; Nachlaß Bermann; I C 6a.
[185] Perutz schrieb an ihnen vom 21. 9. 1939 bis zum 21. 1. 1940.
[186] Mayflower-Manuskript. DEA; Nachlaß Leo Perutz; Manuskripte.
[187] Vgl. TB 21. 7. 1940.
[188] Nur zwei dieser erwähnten vier Kapitel sind im Nachlaß erhalten.
[189] Brief von Leo Perutz an Lifczis vom 15. 4. 1945. DEA; Nachlaß Lifczis; I A 3.
[190] So sollte Perutz z. B. bei der Beschreibung der Marktbuden, »in denen tagsüber *Hornlöffel, Messer, Zinkessel und Bänder* feilgeboten wurden« den markierten Teil durch die Begriffe »aller Hausrat« ersetzen; statt den Soldaten »*in französischen Wirren und in Ungarn gegen die Türken mit Ehren*« kämpfen zu lassen, sollte er ihn dies nur »weit in der Welt« tun lassen, usf. Vgl. Mayflower-Manskript. DEA; Nachlaß Leo Perutz; Manuskripte.
[191] Brief von Leo Perutz an Bruno Brehm. Zit. nach: Hans Harald Müller. Leo Perutz. S. 82.
[192] Darunter Arthur Schnitzler, Franz Werfel, Josef Roth, Franz Kafka, Max Brod, Alexander Lernet-Holenia, Ernst Lothar, Vicky Baum, Gina Kaus, Sigmund

Freud, Anton Wildgans, Carl Zuckmayer, Hans Adler, Paul Frank, Ludwig Hirschfeld. Vgl. Leo Perutz 1882 – 1957. Eine Ausstellung der Deutschen Bibliothek Frankfurt am Main. S. 319.

[193] Brief von Leo Perutz an Lifczis vom 23. 2. 1939. DEA; Nachlaß Lifczis; I A 3.

[194] Vicky Baum (geb. 24. 1. 1888 in Wien) war von 1926 an Verlagsredakteurin bei Ullstein. Nach ihrer Emigration nach Hollywood widmete sie sich dem Film. Sie starb 1960 in Hollywood. Vgl. Kindlers Literaturgeschichte der Gegenwart. Die zeitgenössische Literatur Österreichs. S. 704.

[195] Brief von Leo Perutz an Lifczis vom 28. 7. 1946. DEA; Nachlaß Lifczis; I A 3.

[196] Vgl. Leo Perutz 1882 – 1957. Eine Ausstellung der Deutschen Bibliothek Frankfurt am Main. S. 328.

[197] Brief von Hugo Lifczis an Grete und Leo Perutz vom 19. 10. 1941. DEA; Nachlaß Leo Perutz; I B 55.

[198] Brief von Leo Perutz an Richard A. Bermann vom 20. 2. 1939. DEA; Nachlaß Bermann; I C 6a.

[199] Am 23. 1. 1939 notierte er: »Den Plan für den Code gemacht: 4a + 3b + 2(c+d) + e = 25 N«.

[200] Vgl. TB 13. 8. 1939: »Mein Versuch hyperharmonische Reihen Summe durch Fournier-Reihen zu lösen, ergibt nur Resultate der geraden Reihe. Für ungerade ergibt sich aus den Fournier'schen Reihen keine Lösung.«

[201] Vgl. Brief von Leo Perutz an Richard A. Bermann vom 11. 9. 1939. DEA; Nachlaß Bermann; I C 6a.

[202] Brief von Leo Perutz an Lifczis vom 26. 8. 1942. DEA; Nachlaß Lifczis; I A 3.

[203] Die Suche nach dem Buch blieb bislang erfolglos.

[204] Vgl. Brief von Hugo Lifczis an Leo Perutz vom 24. 11. 1942. Zit. nach: Leo Perutz 1882 – 1957. Eine Ausstellung der Deutschen Bibliothek Frankfurt am Main. S. 324.

[205] TB 11. 10. 1943. Vgl. hierzu auch TB 23. 9. 1943: »Ich warte mit Sehnsucht auf das Geld für das Bridgebuch, das nicht kommen will.«

[206] Vgl. Brief von Simon Wurzburger vom 19. 5. 1996, einem Arbeitskollegen von Leo Perutz in der »Menorah«.

[207] Vgl. Brief von Leo Perutz an Paul Perutz vom 13. 12. 1948. (Brief im Besitz von Michaela Staples).

[208] Brief von Leo Perutz an Paul Perutz vom 26. 11. 1949. (Brief im Besitz von Michaela Staples).

[209] Vgl. z. B. TB 25. 5. 1951: »Das Geld von der Men. noch immer nicht bekommen.«

[210] Vgl. z. B.TB 5. 11. 1951.

[211] Brief von Leo Perutz an Gerty Kelemen vom 14. 3. 1955. DEA; Nachlaß Leo Perutz; I C 13 b.

[212] Brief von Simon Wurzburger vom 19. 5. 1996.

[213] Interview mit Felix Paz El vom 14. 6. 1995.

[214] Anhang TB 57. Seine Frau Grete gibt das jährliche Einkommen 1954/55 mit 883 Pfund, 1955/56 mit 1171 Pfund, 1956/57 mit 1711 Pfund an. Geht man davon aus, daß Perutz ca. 9 Monate im Jahr bezahlt wurde, so bekam er in diesen Jahren monatlich zwischen 98 und 190 Pfund. Vgl. Sammlung von Anträgen und Schriftstücken des »Fonds zur Hilfeleistung an politisch Verfolgte, die ihren ständigen Aufenthalt im Ausland haben«.

Anmerkungen Kap. 10

1 Brief von Leo Perutz an Bruno Brehm vom 27. 10. 1946. Zit. nach: Bruno Brehm. Zwischen Omarmoschee und Kahlenberg. S. 365. Der Kahlenberg ist ein Berg bei Wien, die Omarmoschee eine bekannte Moschee in Jerusalem.
2 TB 20. 9. 1940; Perutz hatte in der Schule keinen Englischunterricht gehabt, versuchte aber seit dem Ersten Weltkrieg, die Sprache zu erlernen.
3 Brief von Leo Perutz an Gerty Kelemen vom 21. 11. 1945. DEA; Nachlaß Leo Perutz; I C 13 b.
4 Manuel Wiznitzer. Arnold Zweig. S. 147.
5 Vgl. Haim Hillel Ben-Sasson (Hg.). Geschichte des jüdischen Volkes von den Anfängen bis zur Gegenwart. S. 1297.
6 Brief von Leo Perutz an Richard A. Bermann vom 11. 9. 1939. DEA; Nachlaß Bermann; I C 6a.
7 Manuel Wiznitzer. Arnold Zweig. S. 149.
8 Ebd.
9 Brief von Leo Perutz an Paul Perutz vom 17. 5. 1949. (Brief im Besitz von Michaela Staples).
10 Brief von Leo Perutz an Paul Perutz vom 13. 12. 1948. (Brief im Besitz von Michaela Staples).
11 Brief von Leo Perutz an Gerty Kelmen vom 25. 8. 1948. DEA; Nachlaß Leo Perutz; I C 13 b.
12 Brief von Leo Perutz an Lifczis vom 17. 5. 1950. DEA; Nachlaß Lifczis; I A 3. Braila ist eine Stadt in Rumänien.
13 Ebd.
14 Ebd.
15 Brief von Leo Perutz an Lifczis vom 2. 10. 1948. DEA; Nachlaß Lifczis; I A 3.
16 Vgl. Brief von Leo Perutz an Paul Perutz vom 17. 5. 1949. (Brief im Besitz von Michaela Staples): »(...) mir tut es leid, dass ich nicht so klug war wie Gretls Vater, der sich im Frühjahr `47 repatriieren liess. Als Du es mir vor einem Jahr vorschlugst, war es schon zu spät, sie liessen niemanden mehr hinaus.«
17 Brief von Leo Perutz an Gerty Kelmen vom 3. 2. 1949. DEA; Nachlaß Leo Perutz; I C 13 b.
18 In den 50er Jahren verdoppelte sich die jüdische Bevölkerung. Vgl. Haim Hillel Ben-Sasson (Hg.). Geschichte des jüdischen Volkes von den Anfängen bis zur Gegenwart. S. 1321.
19 Vgl. Brief von Leo Perutz an Paul Perutz vom 27. 8. 1948. (Brief im Besitz von Michaela Staples).
20 Brief von Leo Perutz an Paul Perutz vom 17. 5. 1949. (Brief im Besitz von Michaela Staples).
21 Vgl. Brief von Leo Perutz an Gerty Kelmen vom 20. 4. 1951. DEA; Nachlaß Leo Perutz; I C 13 b.
22 Brief von Leo Perutz an Lifczis vom 29. 8. 1951. DEA; Nachlaß Lifczis; I A 3.
23 Brief von Leo Perutz an Lifczis vom 10. 12. 1950. DEA; Nachlaß Lifczis; I A 3.
24 TB 6. 1. 1952
25 Brief von Leo Perutz an Gerty Kelmen vom 10. 12. 1950. DEA; Nachlaß Leo Perutz; I C 13 b.

[26] Brief von Leo Perutz an Michaela Staples vom 22. 12. 1951. (Brief im Besitz von Michaela Staples).
[27] Brief von Leo Perutz an Hans Reimann vom 12. 1. 1954. Zit. nach: Leo Perutz 1882 – 1957. Eine Ausstellung der Deutschen Bibliothek Frankfurt am Main. S. 348.
[28] Zum Teil zog Perutz es vor, die deutlichen Worte in jenen Briefen zu schreiben, die er aus Österreich schickte. So schrieb er beispielsweise dem Ehepaar Lifczis die Tatsache, daß er 75% seiner Honorare an den Staat zahlen müsse, aus dem Salzkammergut. s. Anm. 22.
[29] So z. B. 1949, 1950, 1952. Vgl. Brief von Leo Perutz an Gerty Kelmen vom 3. 2. 1949. DEA; Nachlaß Leo Perutz; I C 13 b. Daneben: TB Juni 1951, TB 23. 4. 1952.
[30] Brief von Leo Perutz an Michaela Staples vom 18. 4. 1951. (Brief im Besitz von Michaela Staples).
[31] Brief von Leo Perutz an Lifczis vom 2. 7. 1951. DEA; Nachlaß Lifczis; I A 3.
[32] Vgl. TB 15. 2. 1952 und 4. 7. 1952. Am 15. 2. 1952 notierte Perutz: »ich werde österreichischer Staatsbürger, es kostet mich nur 8800 L (=Pfund; Anm. d. Verf.).«
[33] Brief von Leo Perutz an Gerty Kelmen vom 20. 12. 1950. DEA; Nachlaß Leo Perutz; I C 13 b.
[34] Der Botschafter Israels in Deutschland, Avi Primor, berichtet, daß in den fünfziger Jahren in seinem Paß vermerkt war: »Gültig für alle Länder (...) mit Ausnahme Deutschlands.« Gabriele von Arnim. Seinen ersten Deutschen traf er in Afrika. SZ Nr 235 vom 13.10.1997. S. 10.
[35] Brief von Leo Perutz an Lifczis vom 25. 10. 1954. DEA; Nachlaß Lifczis; I A 3. Es ist nicht bekannt, ob dieser Prozeß stattgefunden hat.
[36] Brief von Leo Perutz an Paul Wiegler. Zit. nach: Hans Harald Müller. Leo Perutz. S. 90.
[37] Vgl. Leo Perutz 1882 – 1957. Eine Ausstellung der Deutschen Bibliothek Frankfurt am Main. S. 339.
[38] Vgl. Brief von Leo Perutz an Charles de Gaulle vom 1. 10. 1945. DEA; Nachlaß Leo Perutz; I C 10.
[39] Vgl. von Leo Perutz an Otto Schmöle vom 29. 7. 1946. Zit. nach: Leo Perutz 1882 – 1957. Eine Ausstellung der Deutschen Bibliothek Frankfurt am Main. S. 333f.
[40] Vgl. Johannes Sachslehner. Führerwort und Führerblick. S. 30 – 32.
[41] Vgl. ebd. S. 43f.
[42] Vgl. ebd. S. 61.
[43] Vgl. ebd. S. 52.
[44] Vgl. Kap 8, Anm. 35.
[45] Interview mit Michaela Staples vom 11.- 14. 8. 1997.
[46] Vgl. Friedrich Torberg. Die Tante Jolesch oder Der Untergang des Abendlandes in Anekdoten. S. 141.
[47] Vgl. Brief von Leo Perutz an Lifczis vom 15. 4. 1947. DEA; Nachlaß Lifczis; I A 3.
[48] Brief von Leo Perutz an Lifczis vom 4. 1. 1947. DEA; Nachlaß Lifczis; I A 3.
[49] Brief von Leo Perutz an Lifczis vom 15. 4. 1947. DEA; Nachlaß Lifczis; I A 3. Der Prozeß gegen Jelusich endete mit einem Freispruch, was Perutz für einen

Justizirrtum hielt. (Vgl. Brief von Leo Perutz an Lifczis vom 12. 1. 1947. DEA; Nachlaß Lifczis; I A 3.) Die Urteilsbegründung ist aus heutiger Sicht ein Skandal. Jelusich wurde freigesprochen, da das Amt eines »Kulturreferenten« in jener Zeit gar nicht bestanden haben könne. Für Kultur sei da kein Platz gewesen und der Angeklagte hätte daher nicht einmal die Möglichkeit gehabt, sich als Kulturreferent zu betätigen. Der Wiederaufnahme des Verfahrens entzog sich Jelusich zunächst durch Flucht, stellte sich 1947 aber freiwillig. 1948 wurde er aus gesundheitlichen Gründen freigelassen, 1949 wurde das Verfahren eingestellt. Vgl. Johannes Sachslehner. Führerwort und Führerblick. S. 79.

50 U. a. Richard Charmatz, Hans Hofmann-Montanus, Maria Meier, Bruno Prochaska.

51 Vgl. TB 31. 8. 1952.

52 Brief von Leo Perutz an Gerty Kelemen vom 27. 8. 1951. DEA; Nachlaß Leo Perutz; I C 13 b.

53 Hilde Spiel. Welche Welt ist meine Welt? Erinnerungen 1946 – 1989. München, Leipzig 1990. S. 172f. Unverständnis über Perutz' Standpunkt äußerte auch Hans Hofmann-Montanus in einem Brief vom 15. 4. 1947. Vgl.: Leo Perutz 1882 – 1957. Eine Ausstellung der Deutschen Bibliothek Frankfurt am Main. S. 344.

54 Brief Grete Perutz an Felizitas Washüttl vom 20. 3. 1964. DEA; Nachlaß Leo Perutz; I D 119.

55 TB 19. 6. 1940.

56 Gina Kaus. Von Wien nach Hollywood. S. 148. Vgl. hierzu auch Herrmann Broch: »Ich habe das Gefühl, daß ich zehnmal besser arbeiten würde, wenn ich wieder einen richtigen Berg sehen könnte«. (Zit. nach: Wolfgang Kos / Elke Krasny (Hg.). Schreibtisch mit Aussicht. S. 221), oder Friedrich Torberg: »Du ahnst gar nicht, wie sehr ich Dich um die drei Zauber-Wochen in St. Wolfgang beneide.« (Zit. nach: ebd. S. 224).

57 Friedrich Wiener. Leo Perutz und der Wolfgangsee. S. 23.

58 Vgl. Brief von Dr. Peter Pfarl vom 13. 5. 1997.

59 Brief von Leo Perutz an Michaela Staples vom 1. 9. 1950. (Brief im Besitz von Michaela Staples).

60 Brief von Leo Perutz an Michaela Staples vom 24. 8. 1955. (Brief im Besitz von Michaela Staples).

61 Brief von Leo Perutz an Michaela Staples vom 1. 9. 1950. (Brief im Besitz von Michaela Staples).

62 Ebd.

63 Vgl. Eintragung im Gästebuch von Hilde Spiel. Zit. nach: Friedrich Wiener. Wanderer zwischen zwei Welten. S. 6f. Franz Czokor, der im Zsolnay-Verlag Lyrik und Prosa veröffentlicht hatte, dürfte ebenfalls ein alter Bekannter von Perutz gewesen sein.

64 Vgl. Brief von Friedrich Wiener vom 14. 5. 1997.

65 Vgl. Brief von Dr. Peter Pfarl vom 13. 5. 1997. Das Gästebuch der Weinstube, das sich im Besitz von Frau Anna Furian befindet, zeigt, daß hier viele der damals bekannten Künstler, wie Hans Moser, Marika Röck, Emil Jannings u. v. m. verkehrten. Einträge von Lernet-Holenia finden sich häufig, Leo Perutz selbst ist nicht verzeichnet. Frau Furian erinnert sich aber an Perutz' Besuche.

66 Brief von Leo Perutz an Bruno Brehm vom 27. 10. 1946. Zit. nach: Bruno Brehm. Zwischen Kahlenberg und Omarmoschee. S. 365.

[67] Brief von Leo Perutz an Gerty Kelmen vom 8. 12. 1948. DEA; Nachlaß Leo Perutz; I C 13 b.

[68] Als Stammcafé wählte er nun das Café Museum. Vgl. Grete Perutz. Lebensabriß. (Dokument im Besitz von Michaela Staples).

[69] Brief von Leo Perutz an Michaela Staples vom 30. 9. 1951. (Brief im Besitz von Michaela Staples).

[70] Brief von Leo Perutz an Lifczis vom 25. 10. 1954. DEA; Nachlaß Lifczis; I A 3.

[71] Diese Erscheinung ist typisch für viele deutschsprachige, in Israel lebende Schriftsteller. Ben-Chorin schrieb in seinem 1937 entstandenen Gedicht »München«: »Immer ragst du mir in meine Träume / Meiner Jugend vielgeliebte Stadt, / Die so rauschende Kastanienbäume / Und das Licht des nahen Südens hat. / / (...) Aber deine Mauern ruhn in mir. / In den Nächten baue ich dich neu, / Durch die nie verschloßne Träume-Tür / Darf ich dich betreten ohne Scheu. / / Es geschieht nun, daß ich ungehindert / Von Jerusalem nach Schwabing geh .../ Tausend Meilen sind zum Sprung vermindert / Tel Aviv liegt nah am Tegernsee.« Zit. nach: Alice Schwarz-Gardos. Heimat ist anderswo. S. 61.

[72] Brief von Leo Perutz an Lifczis vom 15. 3. 1951. Zit. nach: Leo Perutz 1882 – 1957. Eine Ausstellung der Deutschen Bibliothek Frankfurt am Main. S. 367.

[73] Leo Perutz. Nachts unter der steinernen Brücke. S. 263.

[74] Ders.. Legende aus dem Ghetto. In: Der neue Merkur. Jg. 8 (1924/25) S. 247 – 256.

[75] Vgl. TB 17. 4. 1929: »Vormittag mit Liesl G. im Matsch.-Hof. Erzählte ihr Meisls Gut«.

[76] TB 16. 6. 1936.

[77] TB 16. 7. 1936.

[78] TB 4. 5. 1937.

[79] Brief von Leo Perutz an Lifczis vom 15. 3. 1951. Zit nach: Leo Perutz 1882 – 1957. Eine Ausstellung der Deutschen Bibliothek Frankfurt am Main. S. 367.

[80] Brief von Leo Perutz an Gerty Kelmen vom 25. 8. 1945. DEA; Nachlaß Leo Perutz; I C 13b. Das Buch entstand in drei großen Schüben: 1943 entstanden die Kapitel 2 – 7, 1946 die Kapitel 8 – 11, 1951 die Kapitel 12 – 14 und der Epilog. Vgl. TB.

[81] Vgl. TB 2. 2. 1941.

[82] Vgl. TB 12. 3. 1951. Vermutlich handelt es sich um Samuel Kohn. Prager Ghettobilder. Leipzig 1884, eine Sammlung von Erzählungen, die die seltsame Atmosphäre des Judenghettos im 18. Jahrhundert mit ihren wundersamen Bewohnern, ihren Gewohnheiten und Geschichten festhält.

[83] So läßt Leo Perutz im Kapitel »Der Heinrich aus der Hölle« den Vater Twaroch sagen: »(...) hier in der Bottic-Gegend taugen die Weiber alle nichts. Wenn ich mir wieder eine nehme, dann will ich sie mir von weither holen, aus fremden Gegenden, aus Michele oder aus *Jessenitz*.« Perutz schrieb dazu an seinen Bruder: »Ich konnte den verspielten Drang nicht unterdrücken, in diese Geschichte *Jessenitz* hineinzubringen, den Herkunftsort von Anton Back, den Ort, an dem Du und ich als Buben mit Backs jüngeren Brüdern Spacek gespielt haben.« Brief von Leo Perutz an Paul Perutz vom 12. 10. 1943. (Brief im Besitz von Michaela Staples).

[84] Brief von Leo Perutz an Paul Perutz vom 12. 10. 1943. (Brief im Besitz von Michaela Staples).

[85] Vgl. TB 14. 12. 1946: »Traum von der Suche nach Prager Ghetto«.

[86] Leo Perutz in einem Interview mit Josef Finkelstein. Josef Finkelstein. Die Welt eines Romanschriftstellers. S. 5. DEA; Nachlaß Leo Perutz; IV E 1.
[87] Vgl. Leo Perutz. Nachts unter der steinernen Brücke. S. 84 und 208.
[88] Die Hausangestellten, die anläßlich seiner Geburt die Wehmutter holen sollten, entdeckten im Judenviertel einen Christen, der ein totes Christenkind im Ghetto ablagern wollte, um die Juden eines Ritualmordes zu beschuldigen. Durch die rechtzeitige Entdeckung konnte dies verhindert werden. Vgl. Eduard Petiska. Der Golem. S. 27 – 32.
[89] Vgl. ebd. S. 33 – 36.
[90] Ignat Herrmann / Jos Teige / Zikmund Winter. Das Prager Ghetto. S. 39f.
[91] Hartmut Binder. Kafka-Handbuch Bd. 1. Der Mensch und seine Zeit. S. 49.
[92] Leo Perutz. Nachts unter der steinernen Brücke. Epilog, S. 261.
[93] Ignat Herrmann / Jos Teige / Zikmund Winter. Das Prager Ghetto. S. 95 und 102.
[94] Vgl. ebd. S. 37 und 84.
[95] Vgl. J. Lion / J. Lukas. Das Prager Ghetto. S. 74f.
[96] Vgl. Ignat Herrmann / Jos Teige / Zikmund Winter. Das Prager Ghetto. S. 59.
[97] Die Eigentumsverhältnisse eines Teils b im Haus 140 gestalteten sich z. B. wie folgt: »Es enthielt im Erdgeschoß eine Kammer, im ersten Stock eine Diele mit Klosett, Küche und drei Zimmern mit Anteil an Hausgang und Stiegen in den ersten Stock – und gehörte nach den Grundbucheintragungen aus dem Jahre 1903 neunundzwanzig Mitbesitzern, von denen sechsundzwanzig verschollen waren.« Vgl. Wilma Iggers (Hg.). Die Juden in Böhmen und Mähren. S. 300.
[98] J. Lion / J. Lukas. Das Prager Ghetto. S. 78.
[99] Pleticha Heinrich (Hg.). Reise Textbuch Prag. S. 141.
[100] Vgl. J. Lion / J. Lukas. Das Prager Ghetto. S. 79.
[101] Vgl. Deutsche Zeitung Bohemia vom 30. 12. 1893. Ferner: Hartmut Binder. Kafka-Handbuch Bd. 1. Der Mensch und seine Zeit. S. 58.
[102] Vgl. Deutsche Zeitung Bohemia vom 23. 1. 1894 oder Prager Tagblatt vom 5. 4. 1893.
[103] Leo Perutz. Nachts unter der steinernen Brücke. S. 262.
[104] Zit. nach: Hans Harald Müller. Nachwort zu »Nachts unter der steinernen Brücke«. S. 277.
[105] Leo Perutz. Nachts unter der steinernen Brücke. S. 258.
[106] Ebd. S. 258f.
[107] Ebd. S. 23.
[108] Michael Mandelartz. Poetik und Historik. S. 168.
[109] Leo Perutz. Nachts unter der steinernen Brücke. S. 22.
[110] Ebd. S. 259.
[111] Ebd. S. 260.
[112] Ebd. S. 29.
[113] Ebd. S. 36f.
[114] Vgl. ebd. S. 261.
[115] TB 1. 6. 1943.
[116] Leo Perutz. Nachts unter der steinernen Brücke. S. 63.
[117] Ebd.
[118] Ebd.
[119] Ebd. S. 266f.

[120] Vgl. Brief von Leo Perutz an Lifczis im März 1951. Zit. nach: Hans Harald Müller. Leo Perutz. S. 80.

[121] Brief von Heinemann und Zsolnay an Leo Perutz vom 5. 7. 1951. DEA; Nachlaß Leo Perutz; I B 35. Ähnliches schrieb Paul Zsolnay auch an Alma Mahler-Werfel, die ihre Memoiren veröffentlichen wollte. Er hielt eine Publikation für ungünstig wegen der »häufigen und für das Buch wesentlichen Ausführungen über rassenpolitische Probleme (...). Du kannst vielleicht von Amerika aus nicht beurteilen, wie überempfindlich der Kontinent und insbesondere der deutsche Sprachraum in dieser Beziehung ist.« Murray G. Hall. Der Paul Zsolnay Verlag. S. 21.

[122] Brief von Leo Perutz an Lifczis vom 2. 7. 1951. DEA; Nachlaß Lifczis; I A 3.

[123] Vgl. Leo Perutz 1882 – 1957. Eine Ausstellung der Deutschen Bibliothek Frankfurt am Main. S. 372.

[124] Brief von Leo Perutz an Hans Reimann vom 12. 1. 1954. Zit. nach: Leo Perutz 1882 – 1957. Eine Ausstellung der Deutschen Bibliothek Frankfurt am Main. S. 374f.

[125] Friedrich Torberg. Ein echter Erzähler. Leo Perutz: »Nachts unter der steinernen Brücke«. In: Die Presse. Wien 15. 8. 1953. Zit. nach: Leo Perutz 1882 – 1957. Eine Ausstellung der Deutschen Bibliothek Frankfurt am Main. S. 376.

[126] Vgl. ebd.

[127] Vgl. Das alte Prag. In: Die Gegenwart. Frankfurt a. M. (1953), 13 (20. 6.). Zit. nach: Leo Perutz 1882 – 1957. Eine Ausstellung der Deutschen Bibliothek Frankfurt am Main. S. 377.

[128] Vgl. Friedrich Sieburg. Der Erzähler muß frei sein. In: FAZ für Deutschland 1958, 27 (1. 2.). Zit. nach: ebd. S. 378f.

[129] Brief von Paul Frank an Leo Perutz vom 15. 7. 1953. DEA; Nachlaß Leo Perutz; I A 24.

[130] Brief von Bruno Prochaska an Leo Perutz vom 19. 7. 1953. DEA; Nachlaß Leo Perutz; I A 71.

[131] Vgl. TB 3. 12. 1956.

[132] Zit. nach: Leo Perutz 1882 – 1957. Eine Ausstellung der Deutschen Bibliothek Frankfurt am Main. S. 385.

[133] Brief von Leo Perutz an Lore und Felix Perutz vom 6. Juli 1957. DEA; Nachlaß Leo Perutz; I C 24. Vgl. auch TB 4. 7. 1957: »Das Buch ist beendet.«

[134] In einer Nachbemerkung schrieb Alexander Lernet-Holenia hierzu: »Nach des Dichters Tod bin ich gebeten worden, das fertiggeschriebene Manuskript durchzusehen und für den Druck bereitzustellen.«

[135] TB 7. 7. 1937.

[136] Vgl. Josef Finkelstein. Die Welt eines Romanschriftstellers. S. 5. DEA; Nachlaß Leo Perutz; IV E: »Das Glück war mir hold – sagte Leo Perutz. Die Notizbücher von Leonardo da Vinci, die ich vergeblich in ganz Europa suchte, fand ich in einer Tel Aviver Buchhandlung.« Dieses Buch befindet sich laut Aussage von Perutz' Sohn bei Professor Hans Harald Müller, Hamburg.

[137] Vasari schreibt: »Die Brüder beklagten sich beim Herzog darüber, welcher Leonardo zu sich kommen ließ und ihn frug, warum er das Ende der Malerei so weit hinausschiebe. Leonardo antwortete, er wundere sich, dass Se. Gnaden sich darüber beklagten, denn es vergehe kein Tag, wo er nicht wenigstens zwei Stunden darauf verwende. (...) Die Mönche entgegneten: ›Herr, es ist nur noch

der Kopf des Judas zu vollenden (...), aber es ist bereits ein ganzes Jahr, dass er keine Hand daran gelegt hat.‹ (...) Leonardo erwiderte: ›Was verstehen diese Brüder vom Malen. Es ist die Wahrheit, dass ich nicht dort gewesen bin (...). Herr, es bleibt mir noch der Kopf des Judas zu vollenden, der jener grosse Verräter gewesen ist und deshalb mit einem Antlitz gemalt werden muss, wie es solcher Bosheit zukommt. Und obgleich ich hier viele hätte haben können unter denen, die mich anklagen, welche sich vortrefflich zu einem Judas geeignet hätten, so ist es nun bereits ein Jahr, dass ich um sie nicht zu beschämen, täglich am Morgen und Abend in die Vorstädte gegangen bin, wo das niedere und zum Theil das Verbrechervolk wohnt, nur allein, um zu sehen, ob sich nicht ein Gesicht fände, das mir zu dem Porträt jenes Bösewichts dienen könnte. Bis jetzt habe ich es nicht finden können; (...)‹ Darnach passirte (sic) es ihm, dass zufällig ihm eines Tages jemand begegnete, der ein Gesicht hatte, wie es seinen Ansichten entsprach.« Zit. nach: Murayama Masato. Leo Perutz. Die historischen Romane. S. 165f.

138 Leo Perutz. Der Judas des Leonardo. S. 8.

139 Ebd. S. 18. Das Motiv eines nicht vollendeten Bildes taucht bereits in Perutz' früher Novelle »Van der Goes« auf. Hier sucht ein Maler den Kopf eines an einem religiösen Wahn gestorbenen Menschen. Er findet ihn in der Erinnerung an einen toten Freund. DEA; Nachlaß Leo Perutz; Manuskripte.

140 Leo Perutz. Der Judas des Leonardo. S. 19.

141 Ebd. S. 21.

142 Doron Rabinovici. Wohin oder Der Preis der Nacht. Vgl. auch: Salcia Landmann. Jiddisch. Berlin 1997. S. 149: b'heime: Vieh, dummer, beschränkter Mensch.

143 Ebd. S. 159f.

144 Ebd. S. 186.

145 Ebd. S. 186f.

146 Ebd. S. 188ff.

147 Ebd. S. 193.

148 Ebd. S. 190.

149 Ebd. S. 201.

150 Vgl. hierzu Murayama Masato. Leo Perutz. Die historischen Romane. S. 175. Ferner: Michael Maar. Gespaltene Würfel und die Welt als Traum. S. 123f.

151 Vgl. ebd. S. 201.

152 Leo Perutz. Der Judas des Leonardo. S. 24.

153 Brief von Leo Perutz an Michaela Staples o. D. (1951). (Brief im Besitz von Michaela Staples). Die Presse hatte 1950 und 1951 davon Notiz genommen, daß sich Leo Perutz in Wien aufhielt. Vgl. Leo Perutz 1882 – 1957. Eine Ausstellung der Deutschen Bibliothek Frankfurt am Main. S. 360 und 363. Nach einer gutbesuchten Lesung hatte Perutz sich große Hoffnungen gemacht. Er schrieb an Michaela: »(...) ich habe ein bißchen von meinem einstigen Ruhm zurückerobert. Meine Vorlesung (aus Meisls Gut) war so voll, dass viele Leute stehen mussten. Ich habe seither auch im Radio eine Geschichte vorgelesen u. zw. ins Magnetophon.« Brief von Leo Perutz an Michaela Staples vom 2. 10. 1951. (Brief im Besitz von Michaela Staples).

154 Vgl. TB 3. 1. 1946.

155 TB 10. 1. 1946. Die eigenartige sprachliche Form des Telegramms konnte nicht aufgeklärt werden.

[156] Brief von Leo Perutz an Lifczis vom 20. 4. 1943. DEA; Nachlaß Lifczis; I A 3.
[157] Brief von Leo Perutz an Bruno Brehm vom 22. 1. 1947. Zit. nach: Bruno Brehm. Zwischen Omarmoschee und Kahlenberg. S. 366.
[158] Vgl. Hans Harald Müller. »Ich bin für Europa ein forgotten writer« S. 328. Ferner: Ders. Leo Perutz. S. 85f.
[159] Vgl. Brita Eckert. »...daß mich mein Herz unaufhörlich nach Wien treibt...« S. 38.
[160] Vgl. Leo Perutz 1882 – 1957. Eine Ausstellung der Deutschen Bibliothek Frankfurt am Main. S. 350f.
[161] Brief von Ernst Molden an Leo Perutz vom 15. 2. 1947; DEA; Nachlaß Leo Perutz; I B 83.
[162] Brief von Leo Perutz an Otto Schmöle vom 29. 7. 1946. Zit. nach: Leo Perutz 1882 – 1957. Eine Ausstellung der Deutschen Bibliothek Frankfurt am Main. S. 333f.
[163] Brief von Leo Perutz an Josef Stummvoll vom 12. 1. 1956. Zit. nach: Leo Perutz 1882 – 1957. Eine Ausstellung der Deutschen Bibliothek Frankfurt am Main. S. 395.
[164] Vgl. Brita Eckert. »... bis die deutsche Seele sich Werken jüdischen Geistesguts wieder eröffnet...«. S. 180.
[165] Zit. nach: Hans Harald Müller. Leo Perutz. S. 7.
[166] 1960 »Der Marques de Bolibar« Zsolnay-Verlag, 1963 »Der Marques de Bolibar« Kindler-Verlag; 1966 »Der Judas des Leonardo« Kindler-Verlag; 1968 »Der schwedische Reiter« Kindler-Verlag; 1975 »Der Meister des jüngste Tages« Zsolnay-Verlag; 1975 »Nachts unter der steinernen Brücke« Zsolnay-Verlag; 1978 »Die dritte Kugel« Zsolnay-Verlag; 1978 »Zwischen neun und neun« Zsolnay-Verlag; 1980 »Der schwedische Reiter« Zsolnay-Verlag; »Der Meister des jüngste Tages«, »Nachts unter der steinernen Brücke«, und »Zwischen neun und neun« erschienen ab 1977 im dtv-Verlag. Vgl. Leo Perutz 1882 – 1957. Eine Ausstellung der Deutschen Bibliothek Frankfurt am Main. S. 414ff.
[167] Vgl. TB 17. 11. 1935: »Früh rief Dr. Klinger an, ich habe 4 1/2 % Zucker. Sehr unglücklich, faßte mich aber schnell.«
[168] Vgl. Interview mit Felix Paz El vom 15. 4. 1996. In einem Brief an Paul Perutz schildert Leo Perutz die von ihm einzuhaltende Diät (Brief von Leo Perutz an Paul Perutz vom 17. 5. 1949. Brief im Besitz von Michaela Staples.), in einem anderen bedankt er sich für die Zusendung eines »Automatic-Injektors« (Brief von Leo Perutz an Paul Perutz o. D.. Brief im Besitz von Michaela Staples).
[169] Vgl. Interview mit Felix Paz El vom 15. 4. 1996.
[170] Vgl. z. B. TB 3. 7. 1956.
[171] TB 1. 1. 1957 im Anhang von TB 1957.
[172] Vgl. TB 1957.
[173] Vgl. TB Juli und August 1957.
[174] Vgl. Friedrich Wiener. Leo Perutz zum Gedenken: Meister des Phantastischen.
[175] Bruno Brehm. Zwischen Omarmoschee und Kahlenberg. S. 368.
[176] Doron Rabinovici. Wohin oder Der Preis der Nacht. S. 3.
[177] Brief von Leo Perutz an Gerty Kelemen o. D. 1945; DEA; Nachlaß Leo Perutz I C 13 b.
[178] Brief von Gerty Kelemen an Leo Perutz vom 8. 11. 1945. DEA; Nachlaß Leo Perutz I A 43.

[179] Elias Canetti. Die gerettete Zunge (1977); Die Fackel im Ohr (1980); Das Augenspiel (1985).
[180] Manès Sperber. Die Wasserträger Gottes (1974); Die vergebliche Warnung (1975); Bis man mir Scherben auf die Augen legt (1977).
[181] Imre Kertész. Roman eines Schicksallosen. Berlin 1996. (Originalausgabe: Budapest 1975).
[182] Z. B.: Walter Schwarz. Späte Frucht (1981); Nahum Goldmann. Mein Leben als deutscher Jude (1983); Hans J. Thalberg. Von der Kunst, Österreicher zu sein (1984); Erich Fried. In Angst und Tod (1983). Zit. nach: Dagmar C. G. Lorenz. Verfolgung bis zum Massenmord.
[183] Z. B: Elie Wiesel. Alle Flüsse fließen ins Meer (1995); Leon Zelman. Ein Leben nach dem Überleben (1995).
[184] Vgl. hierzu grundsätzlich: Dagmar C. G. Lorenz. Verfolgung bis zum Massenmord. Holocaust-Diskurse in deutscher Sprache aus der Sicht der Verfolgten. New York u. a. 1992.
[185] Ebd. S. 29.
[186] Ebd. S. 7.
[187] Vgl. z. B. Desider Stern. Werke von Autoren jüdischer Herkunft in deutscher Sprache. Eine Bio-Bibliographie. München [2] 1969.
[188] Vgl. Soma Morgenstern. Alban Berg und seine Idole. S.378.
[189] Soma Morgenstern. Zit. nach: Ingolf Schulte. Nachwort des Herausgebers. In: Soma Morgenstern. Die Blutsäule. S. 182.
[190] Soma Morgenstern. Motivienbericht zu diesem Buch. In: Ders.. Die Blutsäule. S. 7.
[191] Ders.. In einer anderen Zeit. S. 355.
[192] Ders.. Die Blutsäule. S. 10f.
[193] Ders.. Zit. nach Ingolf Schulte. Nachwort des Herausgebers. In: Soma Morgenstern. Die Blutsäule. S. 179.
[194] Vgl. ebd..

Quellen und Danksagung

Der größte Teil von Perutz' Nachlaß befindet sich im Deutschen Exilarchiv in Frankfurt, das mit der Herausgabe des Ausstellungskatalogs »Leo Perutz 1882 – 1957« auch Dokumente aus anderen Archiven zugänglich macht. Zudem waren kleinere Bestände von Briefen und Manuskripten aus der Österreichischen Nationalbibliothek, dem Literaturarchiv in Marbach, dem Leo-Baeck-Institut in New York und aus Filmarchiven auszuwerten. Eine große Anzahl von Privatbriefen stellte mir Perutz' Tochter, Michaela Staples, zur Verfügung. Eine wesentliche Informationsquelle waren die von Perutz geführten Tagebuchaufzeichnungen aus den Jahren 1909 bis 1957, deren Einsicht mir Perutz' Erben erlaubten. Die Tagebücher befinden sich mittlerweile im Deutschen Exilarchiv, ebenso wie umfangreiche Transkriptionen der in Gabelsberger Kurzschrift abgefaßten Originale. Die Tagebücher umfassen für jeden Tag nur wenige Zeilen, für die Perutz die Spalten kleiner Taschenkalender verwendete. Die transkribierten Auszüge dieser Tagebücher, die etwa zwei Drittel des Bestandes umfassen, stammen von Frau Ute Sarnau (Berlin). Die vorliegende Biographie stützt sich wesentlich auf ihre verdienstvolle, äußerst mühsame Arbeit, die sie mich 1996 einsehen ließ. Ihr sei an dieser Stelle ganz herzlich gedankt. Ein Teil der Tagebücher wurde von mir selbst übertragen.[1]

Wesentliche Dokumente über Perutz' Lebensweg fanden sich im Archiv der Hauptstadt Prag, im staatlichen Zentralarchiv in Prag, im Staatsgebietsarchiv in Prag, im Archiv des Wiener Münzkabinetts, im Archiv des ehemaligen Erzherzog-Rainer-Gymnasiums in Wien, im österreichischen Staatsarchiv in Wien, im Kriegsarchiv Wien, den Archiven der Universi-

[1] Frau Sarnau übertrug die Tagbücher nach bestimmten inhaltlichen Vorgaben. Manche Jahrgänge sind bis auf Leseunklarheiten und kleinere Auslassungen beinahe vollständig, andere eleminieren alle privaten Aufzeichnungen und geben nur die Äußerungen wieder, die das literarische Schaffen betreffen. Meine eigenen Übertragungen erstrecken sich im Wesentlichen auf diese Lücken.

tät Wien und der Technischen Universität Wien, dem Archiv des Irgun Olej Merkas Europa in Tel Aviv, in diversen Filmarchiven und im Privatbesitz von Perutz' Tochter.
Eine große Hilfe waren mir Interviews mit Perutz' Kindern Michaela Staples (London) und Felix Paz El (Tel Aviv), Auskünfte von Perutz' Nichten und Neffen Fred Perutz (Santa Barbara), Ulrich Furst (Sherman Oaks), Helen Easton (Rockville Centre), Susie Wodak (Tel Aviv), von einer Nichte seiner zweiten Frau Grete, Gitta Koch (Wien), Gespräche mit seinem Arbeitskollegen, Simon Wurzburger und mit Perutz' Bekannten in St. Wolfgang.

Danken möchte ich in besonderer Weise den Kindern von Leo Perutz, die mich stets überaus hilfsbereit und liebenswürdig und mit großer Offenheit und Geduld bei meinen Recherchen unterstützt haben. Auch die Mitarbeiterinnen des Deutschen Exilarchivs seien besonders erwähnt.

Zu Dank verpflichtet bin ich ferner folgenden Institutionen:

Alte Synagoge (Essen); Anker-Versicherung (Wien); Archiv der Polizeidirektion (Wien); Archiv des Irgun Olej Merkas Europa (Tel Aviv); Archiv Hlavniho Města Prahy (Prag); Archiv University Karlovy (Prag); Assicurazioni Generali (Triest und Wien); Bayerische Staatsbibliothek; Bibliothek der Friedrich-Ebert-Stiftung; Buchverlage Ullstein Langen Müller (München); Bundesarchiv, Filmarchiv (Berlin); Bundeshandelsakademie und Bundeshandelsschule Wien; Bundespolizeidirektion Wien; Central Archives for the history of the Jewish People (Jerusalem); Collegium Carolinum (München); Deutsche Film- und Fersehakademie (Berlin); Deutsches Institut für Filmkunde (Frankfurt am Main); Deutsches Rundfunkarchiv (Frankfurt am Main); Filminstitut Wien; Filmstadt Wien; Friedrich-Wilhelm-Murnau-Stiftung (Wiesbaden); Germania Judaica (Köln); Handelsakademie der Wiener Kaufmannschaft (Wien); Hanser Verlag (München); Hochschule für jüdische Studien (Heidelberg); Infocentrum Cesky Krumlov (Krummau); Institut für Auslandsbeziehungen (Stuttgart); Institut für die Geschichte der deutschen Juden (Hamburg); Institut für Versicherungswirtschaft (Wien); Institut für Zivilrecht (Wien); Ischler Heimatverein (Bad Ischl); Jüdisches Museum (Prag); Jüdisches Museum der Stadt Wien; Kurdirektion Bad Ischl; Leo Baeck Institute (New York, London, Jerusalem); Marktgemeinde St. Wolfgang; Monacensis (München); New York Public Library; Moses-Mendelssohn-Zentrum (Potsdam); ORF Historisches Archiv (Wien); ORF Hörfunkinstanz (Wien); Österreichische Akademie der Wissenschaften, Phonogrammarchiv (Wien); Österreichische Exilbibliothek (Wien); Österreichische Nationalbibliothek (Wien); Österreichische Phonothek (Wien); Österreichisches Filmarchiv (Wien); Österreichisches Staatsarchiv, Archiv der Republik (Wien); Österreichisches Staatsarchiv, Kriegsarchiv (Wien); Pasinger Archiv (München); Schiller Nationalmuseum; Deutsches Literaturarchiv (Marbach am Neckar); Staatsbibliothek Bamberg; Staatsbibliothek Berlin, Handschriftenabteilung; Statni okresni archiv v Teplicich (Teplitz); Stiftung Deutsche Kinemathek (Berlin); Stiftung Dokumen-tationsarchiv des österreichischen Widerstandes; Sudetendeutsches Archiv (München); Universitätsbibliothek Erlangen – Nürnberg, Hand-schriftenabteilung; Vereinigte Altösterreichische Militärstiftungen (Wien); Wiener Eislauf Verein; Wiener Stadt- und Landesarchiv; Wiener Stadt- und Landesbibliothek; Wissenschaftliche Bibliothek im Sudetendeutschen Haus (München); ZDF (Mainz); Zentralarchiv zur Erforschung der Geschichte der Juden in Deutschland (Heidelberg); Zsolnay-Verlag (Wien).

Auf meine Fragen antworteten mir in entgegenkommender Weise:
Dr. Andreas Angersdorfer (Regensburg); Margit Bachler-Rix (St. Wolfgang); Alfred Breyer (Wien); Schalom Ben-Chorin (Jerusalem); Hieronymus Graf Clary (Frankfurt); Prof. Dr. Günther Dembski (Wien); Prof. Dr. Eberhard Dünningner (Regensburg); Dr. Helene Fischer (Karlsruhe); Anna Furian (St. Wolfgang); Prof. Dr. Hans Heinz Hahnl (Wien); Thomas Hasselwander (München); Christoph Heinz (Regensburg); Prof. Dr. Alphons Kappeler (Zug, Schweiz); Prof. Dr. Rudolf Kropf (Wien); Peter Ulrich Lehner (Wien); Prof. Dr. Hans Lemberg (Marburg); Ruth Medhat (St. Wolfgang); Prof. Dr. Hans Harald Müller (Hamburg); Gustav Otruba (Wien); Dr. Peter Pfarl (Bad Ischl); Dr. Gerhard Pohl (Linz); Alexander W. Rauscher-Nachwalger (Wien); Jozsef Ruppert (Rom); Georg P. Salzmann (Gräfelfing); Dr. Hans Dieter Schäfer (Regensburg); Alice Schwarz-Gardos (Tel Aviv); Dr. Joachim Schlör (Potsdam); Karl Sigmund (Wien); Prof. Dr. Stanislav Sousedik (Prag); Dr. Reinhard Tghart (Marbach am Neckar); Marietta Torberg (Wien); Friedrich Wiener (Bad Ischl); Simon Wurzburger (Tel Aviv).

Literaturverzeichnis

100 Jahre Erste Allgemeine, 150 Jahre Generali. Wien 1981.
100 Jahre Wiener Eislaufverein. Wien 1967.
50 years of LSD. Current status and perspectives of halluzinogenes. A symposium of the Swiss Academy of Medical Science. Lugano 1994.
Adorno, Theodor W.. Blochs Spuren. In: Ders.. Noten zur Literatur. Frankfurt am Main 1981. S. 233 – 250.
Alsberg, Paul A.. Zur Geschichte der Organisation der mitteleuropäischen Einwanderer in Israel. In: Bahagon Shmuel (Hg.). Recht und Wahrheit bringen Frieden. Festschrift aus Israel für Niels Hansen. Gerlingen 1994. S. 11 – 21.
Andics, Hellmut. Die Juden in Wien. München u. a. 1988.
Andics, Hellmut. Österreichische Geschichte von der Gründung des Kaiserstaates bis zur Gegenwart in vier Bänden. Wien, München, Zürich 1974.
Ara, Angelo / Magris, Claudio. Triest. Eine literarische Hauptstadt in Mitteleuropa. München, Wien 1987.
Arendt, Hanna. Eichmann in Jerusalem. Ein Bericht von der Banalität des Bösen. München[9] 1995.
Arnim, Gabriele von. Seinen ersten Deutschen traf er in Afrika. In: SZ Nr. 235 vom 13. 10. 1997. S. 10.
Bahr, Hermann. Dalmatinische Reise. Berlin 1912.
Bahr, Hermann. Die Moderne. In: Wunberg Gotthart. Die Wiener Moderne. Stuttgart 1981. S. 189 – 191.
Bahr, Hermann. Kriegssegen. München 1915.
Baleanu, Avram Andrei. Der Ewige Jude. In: Schöps Julius / Schlör Joachim. Antisemitismus. Vorurteile und Mythen. Frankfurt am Main o.J.. S. 96 – 103.
Basilio, Francesco. Le Assicurazioni Marittime a Trieste. Triest 1911.
Beer-Hofmann, Richard. Der Tod Georgs. Werke Bd. 3. Paderborn 1994.
Ben-Chorin, Schalom. Das Haus mit den zwei Fenstern. Erinnerungen

an Leo Perutz. In: Bahagon Shmuel (Hg.). Recht und Wahrheit bringen Frieden. Festschrift aus Israel für Niels Hansen. Gerlingen 1994. S. 56 – 63.
Ben-Sasson, Haim Hillel (Hg.). Geschichte des jüdischen Volkes von den Anfängen bis zur Gegenwart. München 1995.
Berg, Jan. »Der Beute-Gestus«. Dokumentarische Exotik im Film. In: Koebner Thomas / Pickenrodt Gerhard (Hg.). Die andere Welt. Studien zum Exotismus. Frankfurt am Main 1987. S. 345 – 355.
Berg, Stephan. Schlimme Zeiten, böse Räume. Zeit- und Raumstruktur in der phantastischen Literatur des 20. Jahrhunderts. Stuttgart 1991.
Bermann, Richard A.. Lebenserinnerungen. In: Richard A. Bermann alias Arnold Höllriegel: Österreicher – Demokrat – Weltbürger. Eine Ausstellung des Deutschen Exilarchivs 1933 – 1945 / Die Deutsche Bibliothek, Frankfurt am Main. Begleitbuch Hans Harald Müller und Brita Eckert. (= Sonderveröffentlichung der Deutschen Bibliothek Nr. 22). München, New York, London, Paris 1995. S. 5 ff.
Berner, Peter / Brix Emil / Mantl Wolfgang (Hg.). Wien um 1900. Aufbruch in die Moderne. München 1986.
Binder, Hartmut (Hg.). Brennpunkt Berlin. Prager Schriftsteller in der deutschen Metropole. Bonn 1995.
Binder, Hartmut (Hg.). Kafka Handbuch. Bd. 1: Der Mensch und seine Zeit. Stuttgart 1979.
Binder, Hartmut. Kafka. Ein Leben in Prag. München 1982.
Binder, Hartmut. Literaturreisen. Prag. Wege, Orte, Texte. Stuttgart, Dresden 1991.
Bloch, Iwan. Sexualleben unserer Zeit in seinen Beziehungen zur modernen Kultur. Berlin 1909.
Botz, Gerhard / Oxaal, Ivar / Pollak, Michael (Hg.). Eine zerstörte Kultur. Jüdisches Leben und Antisemitismus in Wien seit dem 19. Jahrhundert. Buchloe 1990.
Brehm, Bruno. Zwischen Omarmoschee und Kahlenberg. Leo Perutz zum Gedächtnis. In: Neues Abendland. München 12 (1957), 4, S. 365 – 368.
Brix, Emil / Werkner Patrick (Hg.). Die Wiener Moderne. Ergebnisse eines Forschungsgespräches der Arbeitsgemeinschaft Wien um 1900 zum Thema ›Aktualität und Moderne‹. München 1990.
Brod, Max. Der Prager Kreis. Stuttgart 1966.
Buch, Hans Christoph. Die Nähe und die Ferne. Frankfurt am Main 1991.
Bunzel, Julius (Hg.). Geldentwertung und Stabilisierung in ihren Einflüssen auf die soziale Entwicklung in Österreich. (= Schriften des Vereins für Sozialpolitik. Bd. 1969). München, Leipzig 1925.

Canetti, Elias. Augenspiel. München 1985.
Canetti, Elias. Die Fackel im Ohr. München 1980.
Canetti, Elias. Die gerettete Zunge. München 1977.
Carsten, F. L.. Die österreichische Republik im Spiegel zeitgenössischer Quellen. Wien, Köln, Graz 1988.
Cashman, John. LSD. Die Wunderdroge. Frankfurt am Main, Berlin 1966.
Cohen, Gary. Deutsche, Juden und Tschechen in Prag: das Sozialleben des Alltags 1890 – 1914. In: Maurice Godé, Jacques LeRider, François Mayer (Hg.). Allemands, Juifs et Tchèques a Prague. Deutsche, Juden und Tschechen in Prag 1890 – 1924. Montpellier 1996. S. 55 – 69.
Cothran, Bettina F.. Der »Einbruch der E. T. A. Hoffmannschen Welt« in dem Werk von Leo Perutz. In: Mitteilungen der E. T. A. Hoffmann Gesellschaft e. V. 36. Heft (1990) S. 36 – 47.
Czeike, Felix (Hg.). Forschungen und Beiträge zur Wiener Stadtgeschichte 2. Wien 1938. (= Sonderreihe der Wiener Geschichtsblätter. Verein für Geschichte der Stadt Wien). Wien 1978.
Demetz, Peter. Alt-Prager-Geschichten. Frankfurt am Main 1982.
Der Anker. Allgemeine Versicherungsgesellschaft. Schrift zum 125-jährigen Bestehen der Gesellschaft. Wien 1988.
Die Muskete. Humoristische Wochenschrift (Wien). Bd VI, Nr. 134 vom 23. April 1908.
Diersch, Manfred. Empiriokritizismus und Impressionismus. Über Beziehungen zwischen Philosophie, Ästhetik und Literatur in Wien um 1900. Berlin 1977.
Dobrovic, Milan. Veruntreute Geschichten. Wien, Hamburg 1985.
Eckert, Brita. »... bis die deutsche Seele sich Werken jüdischen Geistesgutes wieder öffnet...«. Die mühsame Rückkehr des Leo Perutz in den deutschsprachigen Literaturbetrieb nach 1945. In: »Wir trugen den Zettelkasten mit den Steckbriefen unserer Freunde«. Acta-Band zum Symposion »Beiträge jüdischer Autoren zur deutschen Literatur seit 1945«. Hg. von Jens Stüben und Winfried Woesler. Darmstadt 1994.
Eckert, Brita. »... daß mich ›mein Herz‹ unaufhörlich ›nach Wien treibt‹ ...«. Die vergeblichen Rückkehrversuche des Leo Perutz. In: Koebner Thomas / Rotemund Erwin (Hg.). Rückkehr aus dem Exil. Emigranten aus dem Dritten Reich in Deutschland nach 1945. Essays zu Ehren von Ernst Loewy. Marburg 1990. S. 31 – 42.
Ehalt, Hubert Ch. / Heiß Gernot / Stekl Hannes (Hg.). Glücklich ist, wer vergißt ...? Das andere Wien um 1900. Wien, Köln, Graz 1986.
Eichner, Hans. Leo Perutz, Meister des Erzählens. In: The German Quarterly 67 (1994). S. 493 – 499.

Erel, Schlomo. Neue Wurzeln. 50 Jahre Emigration deutschsprachiger Juden in Israel. Gerlingen 1983.
Feilchenfeld, Werner / Michaelis, Dolf / Pinner, Ludwig. Haavara-Transfer nach Palästina und Einwanderung deutscher Juden 1933 – 1939. Tübingen 1972.
Finkelstein, Josef. Die Welt eines Romanschriftstellers. Ein Besuch bei Leo Perutz. In: Yedioth Hayom. Tel Aviv, Jerusalem, Haifa. 25. 3. 1955. S. 5.
Forster, Rudolf. Das Spiel mein Leben. Berlin 1967.
Fraenkel, Josef (Hg.). The Jews of Austria. Essays on their Life, History and Destruction. London 1967.
Frei, Bruno. Jüdisches Elend in Wien. Wien, Berlin 1920.
Freud, Sigmund. Arnold Zweig. Briefwechsel. Frankfurt am Main 1968.
Funkkolleg Jahrhundertwende 1880 – 1930. Die Entstehung der modernen Gesellschaft. Studienbegleitbriefe. Weinheim, Basel 1989.
Gedye, G. E. R.. Als die Bastionen fielen. Die Errichtung der Dollfuß-Diktatur und Hitlers Einmarsch in Österreich und den Sudeten. Eine Reportage über die Jahre 1927 bis 1938. Wien 1981.
Geißler, Rolf. Zur Lesart des magischen Prag (Perutz, Meyrink, Kafka). In: Literatur für Leser (1989). S. 159 – 178.
Gelber, Yvav / Goldstein, Walter. Emigration deutschsprachiger Ingenieure nach Palästina 1933 – 1945. Düsseldorf 1988.
Geschäftsstelle des Städtewerkes »Das neue Wien«. Das neue Wien. Bd. III. Wien 1927.
Giebisch, Hans / Gugitz, Gustav. Bio-Bibliographisches Literaturlexikon Österreichs. Wien 1964.
Gömöri, Eugen. Das Problem der Todesstrafe (Enquete über die Todesstrafe). Schaan (Liechtenstein) 1931.
Grimm, Reinhold / Hermand, Jost (Hg.). Vom Anderen und vom Selbst. Beiträge zu Fragen der Biographie und Autobiographie. Königstein 1982.
Haas, Hans / Hoffmann, Robert / Luger, Kurt (Hg.). Weltbühne und Naturkulisse. Zwei Jahrhunderte Salzburg-Tourismus. Salzburg 1994.
Haas, Willy. Die literarische Welt. Erinnerungen. Müchen 1957.
Hahnl, Hans Heinz. Vergessene Literaten. Fünfzig österreichische Lebensschicksale. Wien 1984.
Hall, Hans. Der sechste internationale Versicherungskongreß. In: Neue Freie Presse (Wien). Nr. 16103 vom 21. Juni 1910. S. 9.
Hall, Hans. Staatsrente und Assekuranz. In: Neue Freie Presse (Wien). Nr 16463 vom 23. Juni 1910. S. 12 – 19.

Hall, Murray G.. Der Paul Zsolnay Verlag. Von der Verlagsgründung bis zur Rückkehr aus dem Exil. Tübingen 1994.
Hausegger, Barbara. Triest, citta musicalissima. In: Cornelia Szabo-Knotik. Wien – Triest um 1900. Zwei Städte – eine Kultur. Wien 1993. S. 165 – 172.
Herrmann, Hugo. Palästina. Wie es wirklich ist. Wien, Leipzig 1933.
Hey'l, Bettina. Geschichtsdenken und literarische Moderne. Zum historischen Roman in der Zeit der Weimarer Republik. Tübingen 1994.
Hoffmann, Ludwig (Hg.). Exil in der Tschechoslowakei, in Großbritannien, Skandinavien und in Palästina. Leipzig 1980.
Hofmann, Albert. Die Mutterkornalkaloide. Stuttgart 1964.
Hofmann, Fritz u. a. (Hg.). Servus Kisch. Berlin, Weimar 1985.
Hofmannsthal, Hugo von. Ein Brief. In: Gotthart Wunberg. Die Wiener Moderne. Stuttgart 1981. S. 431 – 444.
Holitscher, Arthur. Amerika. Heute und Morgen. Reiseerlebnisse. Berlin 1919.
Höllriegel, Arnold. Die letzte Fahrt des K.-P.-Q.. In: Der Sonntag Nr. 33. Beilage des Wiener Tag Jg. 13. Nr. 4098 (11. 11. 1934). S. 4 – 5.
Höllriegel, Arnold. Amerika-Bilderbuch. Unveröffentl. Typoskript.
Höllriegel, Arnold. Hollywood Bilderbuch. Leipzig, Wien 1927.
Höllriegel, Arnold. Leo Perutz. In: Richard A. Bermann alias Arnold Höllriegel: Österreicher – Demokrat – Weltbürger. Eine Ausstellung des Deutschen Exilarchivs 1933 – 1945 / Die Deutsche Bibliothek, Frankfurt am Main. Begleitbuch Hans Harald Müller und Brita Eckert. (= Sonderveröffentlichung der Deutschen Bibliiothek Nr. 22). München, New York, London, Paris 1995.
Horvath, Michael. Tarock und Trivialliteratur. Vom verkannten Romancier Leo Perutz. In: Buchkultur (Wien) Heft 5/1/90. S. 28 f.
Hugo, Victor. Das Jahr der Guillotine. Bearbeitet von Leo Perutz und Oswald Levett. Berlin 1925.
Iggers, Wilma (Hg.). Die Juden in Böhmen und Mähren. München 1986.
Ignat, Herrmann / Teige, Jos / Winter, Zikmund. Das Prager Ghetto. Prag 1903.
Jähnl, Wilhelm (Hg.). Vorschriften für die technische Hochschule Österreichs. Wien 1916.
Jaffé, Carbonell Veronica. Leo Perutz. Ein Autor deutschsprachiger phantastischer Literatur zu Beginn des 20. Jahrhunderts. München 1986.
Janik, Allan / Toulmin Stephen. Wittgensteins Wien. München, Wien 1984.
Japp, Uwe. Logik des Wunderbaren. Leo Perutz' Roman »Der Meister des jüngsten Tages«. In: Frankfurter Rundschau vom 20. 1. 1976.

Johann, Ernst (Hg.). Innenansichten eines Krieges. Bilder, Briefe, Dokumente. 1914 – 1918. Frankfurt am Main 1968.
John, Michael / Lichtblau, Albert. Schmelztiegel Wien – Einst und Jetzt. Zur Geschichte und Gegenwart von Zuwanderung und Minderheiten. Wien, Köln 1990.
Jungk, Peter Stephan. Der Meister der Nacht. Filmdokumentation des ZDF über Leo Perutz.
Jungk, Peter Stephan. Franz Werfel. Eine Lebensgeschichte. Frankfurt am Main 1987.
Kadrnoska, Franz (Hg.). Aufbruch und Untergang. Österreichische Kultur zwischen 1918 und 1938. Wien, München, Zürich 1981.
Kafka, Franz. Die Tagebücher 1910 – 1923. Hg. von Max Brod. Frankfurt am Main 1973.
Kappeler, Alphons. Ein Fall von »Pseudologia phantastica« in der deutschen Literatur. Friedrich Reck-Malleczewen. Göppingen 1975.
Kaus, Gina. Von Wien nach Hollywood. Frankfurt am Main 1990.
Kebir, Sabine. Ich fragte nicht nach meinem Anteil. Elisabeth Hauptmanns Arbeit mit Bertolt Brecht. Berlin 1997.
Kertész, Imre. Roman eines Schicksallosen. Berlin 1996.
Kesner, Ladislav / Pohanka, Reinhard. Das alte Prag zur Zeit Kaiser Franz Josephs. Wien 1990.
Kindlers Literaturgeschichte der Gegenwart. Die zeitgenössische Literatur Österreichs. Hg. von Hilde Spiel. München 1976.
Kisch, Egon Erwin. Die Abenteuer in Prag. Bd. 1. Berlin 1992.
Kisch, Egon Erwin. Wiener Erzähler. In: Mein Leben für die Zeitung. 1906 – 1925. Gesammelte Werke Bd. 9. Berlin, Weimar ^{2}1993. S. 372 – 374.
Klezl, Felix. Die Preisentwicklung wichtiger Lebensmittel und Bedarfsartikel in Wien in der Zeit vom Juli 1914 bis Dezember 1920. In: Statistische Monatsschrift hg. von der statistischen Zentralkommission. 3. Folge. III. Jahrgang. Heft 1 – 3. Wien 1921. S. 1 – 16.
Klezl, Felix. Der Generalindex für die Verteuerung der wichtigsten Lebensmittel in Wien von Juli 1914 bis Ende Dezember 1920. In: Statistische Monatsschrift hg. von der statistischen Zentralkommission. 3. Folge. III. Jahrgang. Heft 1 – 3. Wien 1921. S. 17 – 34.
Koebner, Thomas / Pickenrodt, Gerhard (Hg.). Die andere Welt. Studien zum Exotismus. Frankfurt am Main 1987.
Koebner, Thomas / Rothemund, Erwin (Hg.). Rückkehr aus dem Exil. Emigranten aus dem Dritten Reich in Deutschland nach 1945. Essays zu Ehren von Ernst Loewy. Marburg 1990.

Kohn, Samuel. Prager Ghettobilder. Leipzig 1884.
König, Eduard. Ahasver, »der ewige Jude«. Gütersloh 1907.
Kos, Wolfgang / Krasny, Elke (Hg.). Schreibtisch mit Aussicht. Österreichische Schriftsteller auf Sommerfrische. Wien 1995.
Kraus, Karl. Aus dem Dschungel der Preßfreiheit. In: Die Fackel 726 – 729 Mai 1926. S. 10 – 22.
Kraus, Karl. Blut und Schmutz. In: Die Fackel 778 – 780 Mai 1928. S. 9 – 34.
Kraus, Karl. Das technoromantische Abenteuer. In: Die Fackel 474-483. Mai 1918.
Kraus, Karl. Der oberste Gerichtshof über die Schwierigkeit, den Castiglioni auch nur als Zeugen zu fangen. In: Die Fackel 751 – 756 Februar 1927. S. 5 f.
Kraus, Karl. Nebeneinander im Neuen Wiener Journal. In: Die Fackel 781 – 786 Anfang Juni 1928. S. 127 f.
Kraus, Karl. Der Nichtgenannte. In: Die Fackel 726 – 729 Mai 1926. S. 1 – 9.
Kraus, Karl. Die letzten Tage der Menschheit. Frankfurt am Main 1986.
Kraus, Karl. Die Nase der Kleopatra. In: Die Fackel 726 – 729 Mai 1926. S. 45.
Kraus, Karl. In dieser großen Zeit. In: Die Fackel Nr. 404 (5. Dezember 1914).
Kren, Jan. Die Konfliktgemeinschaft. Tschechen und Deutsche 1780 – 1918. München 1996.
Kreuzer, Helmut / Helmes, Günter (Hg.). Expressionismus, Aktivismus, Exotismus. Studien zum literarischen Werk Robert Müllers (1887 – 1924). Göttingen 1981.
Krolop, Kurt / Zimmermann, Hans Dieter. Kafka und Prag. Colloquium im Goethe-Institut Prag 14. – 17. 11. 1992. Berlin, New York 1994.
Kühle, Heinrich. Staat und Todesstrafe. Münster 1934.
Kunst und Volk. Mitteilungen des Vereins Sozialdemokratische Kunststelle. III. Jg. Heft 3 (November 1928).
Lacina, Evelyn. Emigration 1933 – 1945. Beiträge zur Wirtschaftsgeschichte. Stuttgart 1982.
Landauer, Gustav. Palästina. München 1925.
Landmann, Salcia. Jiddisch. Berlin 1997.
Lehmanns Allgemeiner Wohnungsanzeiger nebst Handels- und Gewerbe-Adreßbuch für die Hauptstadt Wien. Diverse Jahrgänge.
Lektionskatalog, Studienpläne und Personalstand der Technischen Universität Wien für das Studienjahr 1906/1907. Wien 1906.

Leo Perutz 1882 – 1957. Eine Ausstellung der Deutsche Bibliothek Frankfurt am Main. Ausstellung und Katalog: Hans Harald Müller und Brita Eckert. (= Sonderveröffentlichung der Deutschen Bibliothek Nr. 17). Wien, Darmstadt 1989.
Lernet-Holenia, Alexander. Jo und der Herr zu Pferde. Berlin 1955.
Lion, J. / Lukas, J.. Das Prager Ghetto. Prag 1959.
Löwenstein, Hubertus Prinz zu / Zadek Walter. Die Geschichte eines literarischen Preisausschreibens. In: Zadek Walter (Hg.). Sie flohen vor dem Hakenkreuz. Reinbek bei Hamburg 1981. S. 145 – 150.
Lohrmann, Klaus (Hg.). 1000 Jahre österreichisches Judentum. Ausstellungskatalog. Eisenstadt 1982.
Lorenz, Dagmar C. G.. Verfolgung bis zum Massenmord. Holocaust-Diskurse in deutscher Sprache aus der Sicht der Verfolgten. New. York u.a. 1992.
Lücken in der Geschichte 1890 – 1938. Polemischer Geist Mitteleuropas – Deutsche, Juden, Tschechen. Ausstellungskatalog. o. O. 1994.
Lüth, Reinhard. Drommetenrot und Azurblau. Studien zur Affinität von Erzähltechnik und Phantastik in Romanen von Leo Perutz und Alexander Lernet-Holenia. Meitingen 1988.
Lüth, Reinhard. Im Dämmerlicht der Zeiten. Ein Porträt des phantastischen Erzählers Leo Perutz. In: Rottensteiner Franz (Hg.). Die dunkle Seite der Wirklichkeit. Aufsätze zur Phantastik. Frankfurt am Main 1987. S. 60 – 89.
Lüth, Reinhard. Leo Perutz und das Fin-de-Siécle. Zu den literarischen Anfängen des Romanautors Leo Perutz und ihren Wurzeln in der Wiener Literatur um 1900. In: Modern Austrian Literature 23 (1990) 1. S. 35 – 53.
Lützler, Paul Michael. Hermann Broch. Eine Biographie. Frankfurt am Main 1985.
Luft, Gerda. Heimkehr ins Unbekannte. Eine Darstellung der Einwanderung von Juden aus Deutschland nach Palästina vom Aufstieg Hitlers zur Macht bis zum Ausbruch des Zweiten Weltkrieges 1933 – 1939. Wuppertal 1977.
Luft, Robert. Nationale Utraquisten in Böhmen. Zur Problematik ›nationaler Zwischenstellungen‹ am Ende des 19. Jahrhunderts. In: Maurice Godé, Jacques LeRider, Francois Mayer (Hg.). Allemands, Juifs et Tchèques a Prague. Deutsche, Juden und Tschechen in Prag 1890 – 1924. Montpellier 1996. S. 37 – 51.
Maar, Michael. Gespaltene Würfel und die Welt als Traum. Zur Erinnerung an Leo Perutz. In: Ders. Die Feuer- und die Wasserprobe. Essays zur Literatur. Frankfurt am Main 1997. S. 111 – 124.

Mach, Ernst. Antimetaphysische Bemerkungen. In: Wunberg Gotthart (Hg.). Die Wiener Moderne. Stuttgart 1981. S. 137 – 145.
Mader, Hubert. Duellwesen und altösterreichisches Offiziersethos. Osnabrück 1983.
Maderegger, Sylvia. Die Juden im österreichischen Ständestaat 1934 – 1938. Wien, Salzburg o. J..
Mair, Sonja. Leo Perutz, ein mathematischer Denker. Versicherungskaufmann und Schriftsteller. In: Mitteilungen Wiener Städtische (Wien) Jg. 63, Nr.3 / 1988. S. 18 – 21.
Mandelartz, Michael. Poetik und Historik. Christliche und jüdische Geschichtstheologie in den historischen Romanen von Leo Perutz. Tübingen 1992.
Marzin, Florian F.. Die phantastische Literatur. Eine Gattungsstudie. Frankfurt am Main, Bern 1982.
Masato, Murayama. Leo Perutz. Die historischen Romane. Dissertation. Wien 1979.
Matzer, Michael / Horlacher Martina. Leo Perutz – Erzähler der exakten Phantasie. In: Flugasche Jg. 9 (1988) Nr. 25. S. 44 f.
Mayer, Hans. Außenseiter. Frankfurt am Main 1975.
Mayer, Hans (Hg.). Hundert Jahre österreichische Wirtschaftsentwicklung 1848 – 1948. Wien 1949.
Mayer, Horst Friedrich. Triest. Österreichs Tor zur Welt. In: Cornelia Szabo-Knotik. Wien – Triest um 1900. Zwei Städte – eine Kultur. Wien 1993. S. 1 – 16.
Melinz, Gerhard / Zimmermann, Susanne (Hg.). Wien – Prag – Budapest. Blütezeit der Habsburgermetropolen. Urbanisierung, Kommunalpolitik, gesellschaftliche Konflikte 1867 – 1918. Wien 1996.
Meister, Jan Christoph. Das paralogische Lesen von Identität – Leo Perutz' Roman »Die dritte Kugel«. In: Modern Austrian Literature 22 (1989) 1. S. 71 – 91.
Meyers Großes Taschenlexikon in 24 Bänden. Hg. und bearb. von der Lexikonredaktion d. Bibliographischen Instituts. Aktualisiserte Neuausgabe. Mannheim, Wien, Zürich 1983.
Meyers Konversationslexikon. Bd. 14. Leipzig, Wien 1897.
Miller, Bailey Helen / Nasatir, Abraham P.. Lateinamerika. (Kindlers Kulturgeschichte). München 1969.
Morgenstern, Soma. Alban Berg und seine Idole. Erinnerungen und Briefe. Berlin 1999.
Morgenstern, Soma. Die Blutsäule. Zeichen und Wunder am Sereth. Lüneburg 1997.

Morgenstern, Soma. In einer anderen Zeit. Jugendjahre in Ostgalizien. Lüneburg 1995.
Müller, Guido. Früher Wintersport. In: Haas, Hanns / Hoffmann, Robert / Luger, Kurt (Hg.). Weltbühne und Naturkulisse. Zwei Jahrhunderte Salzburg-Tourismus. Salzburg 1994. S. 76 – 80.
Müller, Hans-Harald. Auf der Litfaßsäule stand nur »Wohin?«... In: Rheinischer Merkur / Christ und Welt (Koblenz) Nr. 2 vom 9. 1. 1987. S. 15.
Müller, Hans-Harald. »Ich bin für Europa ein forgotten writer«. Zur Rezeption des Werkes von Leo Perutz in Deutschland und Österreich von 1945 bis 1960. In: Die Resonanz des Exils. Hg. von Dieter Sevin. Amsterdam, Atlanta 1992. S. 326 – 337.
Müller, Hans-Harald. Leo Perutz. München 1992.
Müller, Hans-Harald. Leo Perutz. Ein biographischer Essay. In: Leo Perutz. Herr, erbarme dich meiner. München 1993. S. 241 – 270.
Müller, Hans-Harald. Nachwort zu: Der Marques de Bolibar. In: Leo Perutz. Der Marques de Bolibar. München 1993. S. 239 – 271.
Müller, Hans-Harald. Nachwort zu: Der schwedische Reiter. In: Leo Perutz. Der schwedische Reiter. München 1993. S. 243 – 259.
Müller, Hans-Harald. Nachwort zu: Nachts unter der steinernen Brükke. In: Leo Perutz. Nachts unter der steinernen Brücke. Wien, Darmstadt 1988. S. 271 – 294.
Müller, Hans-Harald. Nachwort zu: St. Petri-Schnee. In: Leo Perutz. St. Petri-Schnee. Reinbek bei Hamburg 1989. S. 175 – 184.
Müller, Hans-Harald. Nachwort zu: Wohin rollst du, Äpfelchen? In: Leo Perutz. Wohin rollst du, Äpfelchen? Reinbek bei Hamburg 1989. S. 231 – 249.
Müller, Hans-Harald. So geht es einem, der allzuviele Vaterländer hat. Leo Perutz – Eine Skizze zu Leben und Werk. In: Prager deutschsprachige Literatur zur Zeit Kafkas. Hg. von der Österreichischen Franz-Kafka-Gesellschaft. Wien 1989. S. 118 – 126.
Müller, Hans-Harald / Schernus Wilhelm. Leo Perutz. Eine Bibliographie. Frankfurt am Main, Bern, New York, Paris 1991.
Müller-Michaelis, Harro. Geschichte zwischen Kairos und Katastrophe. Historische Romane im 20. Jahrhundert. Frankfurt am Main 1988.
Neck, Rudolph (Hg.). Österreich im Jahre 1918. Berichte und Dokumente. München 1968.
Neuhaus, Dietrich. Erinnerung und Schrecken. Die Einheit von Geschichte, Phantastik und Mathematik im Werk Leo Perutz'. Frankfurt am Main 1984.

Neuhaus, Dietrich. Im Hinterhof der Geschichte. Beobachtungen zum Werk Leo Perutz'. In: Phaicon 5 (1982) S. 41 – 69.
Neureuter, Hans Peter. Brecht in Finnland. Studien zu Leben und Werk. 1940 – 1941. Ungedrucktes Manuskript der Einleitung.
Niel, Alfred. Die k.u.k. Riviera. Graz, Wien, Köln 1981.
Österreichische Franz-Kafka-Gesellschaft (Hg.). Prager deutschsprachige Literatur zur Zeit Kafkas. Kafka Symposium 1989. Wien 1991.
Oswald, Heinz. Sittengeschichte der Inflation. Ein Kulturdokument aus den Jahren des Marksturzes. Berlin 1931.
Pawel, Ernst. Das Leben Franz Kafkas. München 1986.
Perutz, Felix. 100 Jahre Brüder Perutz. Wien 1962.
Perutz, Leo. Arabische Cafés. In: Ders.. Mainacht in Wien. Wien 1996. S. 178 – 183.
Perutz, Leo. Der Bruder des Leonardo. In: Ders.. Mainacht in Wien. Wien 1996. S. 122 – 128.
Perutz, Leo. Der Feldwebel Schramek. In: Ders.. Mainacht in Wien. Wien 1996. S. 93 – 114.
Perutz, Leo. Der Judas des Leonardo. Reinbek bei Hamburg 1991.
Perutz, Leo. Der letzte Kreuzzug. In: Kunst und Volk. Mitteilungen des Vereins »Sozialdemokratische Kunststelle« (Wien) Jg. 3 Nr. 3 (November 1928). S. 66 – 69.
Perutz, Leo. Der Marques de Bolibar. München 1993.
Perutz, Leo. Der schwedische Reiter. München 1993.
Perutz, Leo. Der Seigneur von Laroche-Bernard. Ein Romankapitel. In: Vossische Zeitung (Berlin). Das Unterhaltungsblatt der Vossischen Zeitung Nr. 202 vom 23. August 1925.
Perutz, Leo. Der Tod des Messer Lorenzo Bardi. In: Ders. Mainacht in Wien. Wien 1996. S. 115 – 121.
Perutz, Leo. Der Vogel Solitär. In: Ders.. Mainacht in Wien. Wien 1996. S. 7 – 56.
Perutz, Leo. Die dritte Kugel. München 1993.
Perutz, Leo. Die Hatz auf den Mond. In: Ders.. Mainacht in Wien. Wien 1996. S. 138 – 145.
Perutz, Leo. Fantasia in Kairouan. In: Ders.. Mainacht in Wien. Wien 1996. S. 171 – 177.
Perutz, Leo. Flammen auf San Domingo. Roman nach Victor Hugos ›Bug Jargal‹. Berlin 1929.
Perutz, Leo. Herr erbarme dich meiner. München 1993.
Perutz, Leo. Herr erbarme dich meiner. Novellen. Wien 1930.
Perutz, Leo. Karthago. In: Ders.. Mainacht in Wien. Wien 1996. S. 161 – 165.

Perutz, Leo. Klage auf einen Toten. Tel Aviv 1939. In: Richard A. Bermann alias Arnold Höllriegel: Österreicher – Demokrat – Weltbürger. Eine Ausstellung des Deutschen Exilarchivs 1933 – 1945 / Die Deutsche Bibliothek, Frankfurt am Main. Begleitbuch Hans Harald Müller und Brita Eckert. (= Sonderveröffentlichung der Deutschen Bibliothek Nr. 22). München, New York, London, Paris 1995. S. 415.

Perutz, Leo. Legende aus dem Ghetto. In: Der neue Merkur. Jg. 8 (1924 / 25) S. 247 – 256.

Perutz, Leo. Mainacht in Wien. Romanfragmente, Kleine Erzählprosa, Feuilletons. Wien 1996.

Perutz, Leo. Nachts unter der steinernen Brücke. Wien, Darmstadt 1988.

Perutz, Leo. Pour avoir bien servi. In: Ders.. Mainacht in Wien. Wien 1996. S. 129 – 137.

Perutz, Leo. Skizzen aus dem Südosten. In: Prager Tageblatt, Morgenausgabe 43 (1918), 106 (9.5.). S. 2.

Perutz, Leo. St. Petri-Schnee. Reinbek bei Hamburg 1989.

Perutz, Leo. Szenen aus der Ukraine. In: Deutsche Zeitung Bohemia. Prag 91 (1918), 136 (19.5.). S. 9 – 10.

Perutz, Leo. Turlupin. München 1993.

Perutz, Leo. Über Sterblichkeitsgewinn. In: Der Nationalökonom (Wien). 22. Jg. Nr. 34, 1. 12. 1909. S. 237 – 239.

Perutz, Leo. Zinsfußschwankungen und Dividendenquote. In: Österreichische Revue (Wien). 35. Jg 1910. S. 239 – 240, 246 – 247, 252 – 253.

Perutz, Leo. Zum Kapitel der Dividendenreserverechnungen. In: Mitteilungen des österreichisch-ungarischen Verbandes der Privat-Versicherungs-Anstalten (Wien) 5. Bd: 1910. S. 134 – 147.

Perutz, Leo. Zwischen neun und neun. München 1993.

Perutz, Leo / Frank Paul. Das Mangobaumwunder. München 1916.

Perutz, Leo / Frank Paul. Warum glaubst du mir nicht? Komödie in drei Akten. Wien 1935.

Petiska, Eduard. Der Golem. Jüdische Sagen und Märchen aus dem alten Prag. München 1987.

Petr, Pavel. Ghetto oder Intergration. Zu den Identitätsproblemen der Prager Schriftsteller. In: Röll Walter / Bayerndörfer Hans-Peter (Hg.). Auseinandersetzungen um jiddische Sprache und Literatur. Jüdische Komponenten in der deutschen Literatur – die Assimilationskontroverse. Tübingen 1986. S. 176 – 181.

Plauen, E. O. = Erich Oser. Zeichnungen und Karrikaturen. Ausstellungskatalog der Ostdeutschen Galerie Regensburg. Regensburg 1982.

Pleticha, Heinrich (Hg.). Reise Textbuch Prag. München 1988.

Probst, Johannes. Die Sage vom ewigen Juden in der neueren deutschen Literatur. Leipzig 1904.
Rabinovici, Doron. Wohin oder Der Preis der Nacht. Ein Nocturno für Leo Perutz. Unveröffentlichter Vortrag vom 27. 10. 1997 im Literaturhaus München.
Reif, Wolfgang. Zivilisationsflucht und literarische Wunschträume. Der exotische Roman im ersten Viertel des 20. Jahrhunderts. Stuttgart 1975.
Reimann, Hans. Mein blaues Wunder. München 1959.
Richard A. Bermann alias Arnold Höllriegel: Österreicher – Demokrat – Weltbürger. Eine Ausstellung des Deutschen Exilarchivs 1933 – 1945 / Die Deutsche Bibliothek, Frankfurt am Main. Begleitbuch Hans Harald Müller und Brita Eckert. (= Sonderveröffentlichung der Deutschen Bibliothek Nr. 22). München, New York, London, Paris 1995.
Riedl, Joachim (Hg.). Versunkene Welt. Wien 1984.
Roček, Roman. Die neun Leben des Alexander Lernet-Holenia. Wien 1997.
Roček, Roman. Mittlerin zwischen den Welten – Anna Lifezis (Lifczis). In: Zieharmonika. Literatur. Widerstand. Exil. Jg. 13. Nr. 1. Mai 1996. S. 12 – 17.
Romein, Jan. Die Biographie. Einführung in ihre Geschichte und ihre Problematik. Bern 1948.
Roth, Joseph. Ostjuden im Westen. In: Ders.. Das Journalistische Werk 1924 – 1928 (= Werke 2). Hg. von Klaus Westermann. Köln 1990. S. 828 – 839.
Rozenblit, Marsha L.. Die Juden Wiens 1867 – 1914. Wien, Köln, Graz 1989.
Rürup, Reinhard. Der Geist von 1914 in Deutschland. Kriegsbegeisterung und Ideologisierung des Krieges im Ersten Weltkrieg. In: Hüppauf Bernd (Hg.). Ansichten vom Krieg. Königstein 1984. S. 1 – 30.
Rundt, Arthur / Richard A. Bermann. Palästina. Ein Reisebuch. Leipzig, Wien, Zürich 1923.
Ruske, Norbert. Szenische Realität und historische Wirklichkeit. Eine Untersuchung zu Karl Kraus »Die letzten Tage der Menschheit«. Frankfurt am Main 1981.
Sachslehner, Johannes. Führerwort und Führerblick. Mirko Jelusich. Zur Strategie eines Bestsellerautors in den dreißiger Jahren. Königstein 1985.
Schadendorf, Mirjam. ›Lächerlich streng waren Kasteneinteilung und Kastenstolz‹. Die Prager Kulturszene zwischen Kaiserreich und Republik. In: Das Plateau. Die Zeitschrift im Radius-Verlag 40. 1. April 1997. S. 4 – 19.

Scheible, Hartmut. Literarischer Jugendstil in Wien. München, Zürich 1984.
Scheuer, Helmut. Biographie. Studien zur Funktion und zum Wandel einer literarischen Gattung vom 18. Jahrhundert bis zur Gegenwart. Stuttgart 1979.
Scheuer, Helmut. Biographie. Überlegungen zu einer Gattungsbeschreibung. In: Reinhold Grimm / Jost Hermand (Hg.). Vom Anderen und vom Selbst. Beiträge zu Fragen der Biographie und Autobiographie. Königstein 1982.
Schiffels, Walter. Geschichte(n) Erzählen. Über Geschichte, Funktionen und Formen historischen Erzählens. Kronberg 1975.
Schlenstedt, Dieter. Egon Erwin Kisch. Leben und Werk. Berlin 1985.
Schlör, Joachim. Tel Aviv. Vom Traum zur Stadt. Reise durch Kultur und Geschichte. Gerlingen 1996.
Schmid, Richard. Fakire und Fakirtum in Indien. Leipzig 1907.
Schmidl, Erwin A.. Juden in der k. (u.) k. Armee. 1788 – 1918. Eisenstadt 1989.
Schmidt-Dengler, Wendelin. Bedürfnis nach Geschichte. In: Franz Kadrnoska (Hg.). Aufbruch und Untergang. Österreichische Kultur zwischen 1918 und 1938. Wien, München, Zürich 1981. S. 393 – 407.
Schnitzler, Arthur. Dämmerseelen. Berlin 1908.
Schwadroneur, Excentriker, Polemiker und Opfer: Reck-Malleczewen. (Ohne Nennung des Autors). In: Ebert, Helmut / Hasselwander, Thomas (Hg.). Pasinger Archiv. Ausgabe 1992. o. O. 1992. S. 20 – 32.
Schwarz, Sandra. Verbannung als Lebensform. Koordinaten eines literarischen Exils in Franz Kafkas ›Trilogie der Einsamkeit‹. Tübingen 1996.
Schwarz-Gardos, Alice. Arnold Zweig und Max Brod. In: Dies (Hg.). Heimat ist anderswo. Deutsche Schriftsteller in Israel. Erzählungen und Gedichte. Freiburg 1983. S. 132 – 142.
Seibt, Ferdinand (Hg.). Die Juden in den böhmischen Ländern. München, Wien 1983.
Sell, Anne-Liese. Das metaphysisch-realistische Weltbild Jakob Wassermanns. Bern 1932.
Serke, Jürgen. Leo Perutz. Auf der Suche nach dem verschwundenen Schöpfungswort. In: Ders.. Böhmische Dörfer. Wanderungen durch eine verlassene literarische Landschaft. Wien, Hamburg 1987. S. 258 – 281.
Sigmund, Karl. Am oberen Ende der Strudelhofstiege. Mathematik und die Wiener Literaten. Unveröffentlichtes Manuskript.
Sigmund, Karl. Musil, Perutz, Broch. Wiener Literaten und ihre Neigung zur Mathematik. In: Züricher Zeitung vom 8./9. 3. 1997.

Sperber, Manès. Bis man mir Scherben auf die Augen legt. München 1977.
Sperber, Manès. Die vergebliche Warnung. Frankfurt 1993.
Sperber, Manès. Die Wasserträger Gottes. München 1978.
Spiel, Hilde. Welche Welt ist meine Welt. Erinnerungen 1946 – 1989. München, Leipzig 1990.
Spira, Leopold. Feindbild ›Jud‹. 100 Jahre politischer Antisemitismus in Wien. Wien, München 1981.
Strakosch-Graßmann, Gustav. Geschichte des österreichischen Unterrichtswesens. Wien 1905.
Straßburger, E. / Noll, F. / Schenk, H. / Schimper, A. F. W.. Lehrbuch der Botanik für Hochschulen. 32. Auflage, neu bearbeitet von Denffer, D. / Ziegler, H. / Ehrendorfer, F. / Bresinsky, A.. Stuttgart, New York 1983.
Streibel, Robert (Hg.). Eugenie Schwarzwald und ihr Kreis. Wien 1996.
Studia Judaica Austraica. Bd. V. Der gelbe Stern in Österreich. Katalog und Einführung zu einer Dokumentation. Eisenstadt 1977.
Suttner, Bernhard. Die Badenische Sprachenverordnung von 1897. Graz, Köln 1960.
Szabo-Knotik, Cornelia. Wien – Triest um 1900. Zwei Städte – eine Kultur. Wien 1993.
Tergit, Gabriele. Im Schnellzug nach Haifa. Berlin 1996.
Torberg, Friedrich. Die Tante Jolesch oder Der Untergang des Abendlandes in Anekdoten. München[4] 1978.
Torberg, Friedrich. Kaffeehaus war überall. München, Wien 1982.
Traum und Wirklichkeit. Wien 1870 – 1930. 93. Sonderausstellung des Historischen Museums der Stadt Wien. Ausstellungskatalog. Wien[2] 1985.
Tschertkow, Leonid. Gustav Meyrink und Leo Perutz in Rußland. In: Literatur und Kritik. Heft 95 (Juni 1975) S. 290 – 295.
Unser neuer Roman. (Ankündigung zum Abdruck des Romans Der Meister des jüngsten Tages). In: Deutsche Allgemeine Zeitung (Berlin) Jg. 61, Nr. 557 / 558 vom 21. 12. 1922.
Ve smetle tmy. Im Licht der Dunkelheit. Ohne Autor. Prag 1995
Villon, François. Das kleine und das große Testament. Hg. von Hausmann Frank-Rutger. Stuttgart 1988.
Wachmeier, Günther. Prag. Ein Kunst- und Reiseführer. Stuttgart, Berlin, Köln[5] 1990.
Wagenbach, Klaus. Franz Kafka in Selbstzeugnissen und Bilddokumenten. Reinbek bei Hamburg 1964.
Wagenbach, Klaus. Franz Kafka. Bilder aus seinem Leben. Berlin 1983.

Wagenbach, Klaus. Franz Kafka. Eine Biographie seiner Jugend 1883 – 1912. Bern 1958.
Wassermann, Jakob. Deutscher und Jude. Reden und Schriften 1904 – 1933. Heidelberg 1984.
Weigl, Hans (Hg.). Lokale Legenden. Wiener Kaffeehausliteratur. Wien 1991.
Weigl, Hans. Das Wiener Kaffeehaus. o.O. o.J.
Weinzierl, Erika / Skalnik, Kurt. Österreich 1918 – 1938. Graz, Köln, Wien 1983.
Wien 1870 – 1939. Traum und Wirklichkeit. Hg. vom Historischen Museum der Stadt Wien. Salzburg, Wien 1984.
Wien 1938. Historisches Museum der Stadt Wien. Katalog zur 110. Sonderausstellung. Wien 1988.
Wiener, Friedrich. Leo Perutz und der Wolfgangsee. Wanderer zwischen zwei Welten. In: Illustrierte Neue Welt (Wien). August / September 1987. Nr. 8 / 9. S. 23.
Wiener, Friedrich. Leo Perutz zum Gedenken: Meister des Phantastischen. In: Salzkammergut Zeitung Nr. 34; 85. / 91. Jg. 20. 8. 1987.
Wiener, Friedrich. Wanderer zwischen zwei Welten. In: Volksblatt-Magazin. 21. August 1987. S. 6 f.
Wiznitzer, Manuel. Arnold Zweig. Das Leben eines deutsch-jüdischen Schriftstellers. Königstein 1983.
Worbs, Michael. Nervenkunst. Literatur und Psychoanalyse im Wien der Jahrhundertwende. Frankfurt am Main 1983.
Wrede, Freiherr von, Alphons. Geschichte der k.u.k. Wehrmacht. 1. Band. Wien 1898.
Wünsch, Marianne. Wege der ›Person‹ und ihrer ›Selbstfindung›‹ in der phantastischen Literatur nach 1900. In: Pfister Manfred (Hg.). Die Modernisierung des Ich. Passau 1989. S. 168 – 178.
Zadek, Walter. Kein Utopia... Araber, Juden, Engländer in Palästina. Fotographien aus den Jahren 1935 – 1941. Hg. und ausgewählt von Hanno Loewy. Berlin 1986.
Zehetbauer, Ernst. Die »Einjährigen« in der alten Armee. Das Reserveoffiziersystem Österreich-Ungarns 1868 – 1914. Ungedruckte Diplomarbeit. Wien 1994.
Zeile, Christine. Friedrich Reck. Ein biographischer Essay. In: Friedrich Reck. Tagebuch eines Verzweifelten. Bonn 1981. S. 251 – 298.
Zelman, Leon. Ein Leben nach dem Überleben. Wien 1995.
Zuckerkandl, Bertha. Österreich intim. Frankfurt am Main, Berlin 1970.

Zeitungen

Das Prager Tageblatt
Deutsche Zeitung Bohemia
HOG Bordmerkblätter für die Ankunft in Palästina.
Jüdische Front. Offizielles Organ des Bundes Jüdischer Frontsoldaten Österreichs.
Die Muskete. Humoristische Wochenschrift (Wien).

Archivmaterial

Adressář Královského Hlavniho Města Prahy. Redakci Václava Lešera. Prag 1884 – 1901. (Adressverzeichnis, Prag).
Akte über die »Legitimistischen Jüdischen Frontkämpfer« (Österreichisches Staatsarchiv. Archiv der Republik, Wien).
Akte über Leo Perutz. Herabwürdigende Schreibweise. 1934. (Österreichisches Staatsarchiv. Archiv der Republik, Wien.)
Akte über Leo Perutz. Option für die österreichische Staatsbürgerschaft. 1921. (Österreichisches Staatsarchiv. Archiv der Republik, Wien.)
Archivmaterial zu Leo Perutz aus der Österreichischen Nationalbibliothek.
Breitmann Grete. Signale aus dem Jenseits. Zeitungsartikel vom 29. 3. 1931. (Österreichische Nationalbibliothek).
Briefe von Leo Perutz an Efraim Frisch (Leo Baeck Institute, New York).
Briefe von Leo Perutz an Hans Reimann (Schiller Nationalmuseum, Deutsches Literaturarchiv, Marbach am Neckar).
Briefe von Leo Perutz an Michaela Staples, Lore Perutz und Paul Perutz. (Im Besitz von Michaela Staples).
Briefe von Leo Perutz an Friedrich Torberg. (Zur Einsichtnahme überlassen von Frau Marietta Torberg, Wien).
Gästebuch des Hauses Furian, St. Wolfgang. (Zur Einsichtnahme überlassen von Frau Anna Furian).
Hauptkatalog des Erzherzog-Rainer-Gymnasiums. (Archiv des ehemaligen Erzherzog-Rainer-Gymnasiums, heute Gymnasiums in der Kleinen Sperlgasse in Wien)
Hauptkatalog des k.k. Neustädter deutschen Staats-Ober-Gymnasiums in Prag am Graben. (Vorlage: Hlavniho Města Prahy).
Jahresbericht des Erzherzog Rainer-Gymnasiums 1902. (Archiv der Universität Salzburg).

Jahresberichte des k.k. Neustädter deutschen Staats-Ober-Gymnasiums in Prag am Graben 1893 – 1898. (Vorlage: Hlavniho Města Prahy)
Materialien zu Perutz' Münzsammlung (Münzkabinett im Kunsthistorischen Museum, Wien).
Materialien zum Film »... nur ein Komödiant«. (Archiv des deutschen Instituts für Filmkunde, Frankfurt am Main und des Österreichischen Filmarchivs, Wien).
Materialien zum Film »Das Abenteuer des Dr. Kircheis«. (Archiv der Stiftung Deutsche Kinemathek, Berlin).
Materialien zum Film »Der Kosak und die Nachtigall«. (Bundesarchiv – Filmarchiv, Berlin; Österreichisches Filmarchiv, Wien; Stiftung Deutsche Kinemathek, Berlin; Deutsches Institut für Filmkunde, Frankfurt am Main).
Materialien zum Film »Der Marques de Bolibar« (Österreichisches Filmarchiv, Wien).
Materialien zum Film »Die Geburt des Antichrist«. (Österreichisches Filmarchiv, Wien).
Nachlaß Edmont Pauker in: Die Deutsche Bibliothek. Deutsches Exilarchiv 1933 – 1945. Frankfurt am Main.
Nachlaß Leo Perutz in: Die Deutsche Bibliothek. Deutsches Exilarchiv 1933 – 1945. Frankfurt am Main.
Nachlaß Lifczis in: Die Deutsche Bibliothek. Deutsches Exilarchiv 1933 – 1945. Frankfurt am Main.
Nachlaß Richard A. Bermann in: Die Deutsche Bibliothek. Deutsches Exilarchiv 1933 – 1945. Frankfurt am Main.
Nationale der Technischen Hochschule Wiens.
Perutz Grete. Biographischer Lebensabriß Leo Perutz. (Im Besitz von Michaela Staples; auch DEA II B a 4).
Perutz Leo / Than Joseph. Das Haus der Gestrandeten. Filmdrama. (Österreichische Nationalbibliothek).
Rechenschaftsberichte der Gesellschaft für Lebens- und Rentenversicherung »Der Anker« in Wien von 1908, 1909, 1913, 1914, 1918, 1921, 1922, 1923.
Reiss Karin. Leo Perutz. Manuskript für 1. Folge der Sendereihe »Phantastische Erzähler« (2. Fassung). Sender Freies Berlin. Februar 1989.
Sammlung von Anträgen und Schriftwechseln des »Fonds zur Hilfeleistung an politisch Verfolgte, die ihren Wohnsitz und ständigen Aufenthalt im Ausland haben. (Österreichisches Staatsarchiv).
Tagebücher von Leo Perutz (Deutsches Exilarchiv in Frankfurt am Main).
Transkriptionen der Tagebücher von Ute Sarnau, Berlin. (Deutsches Exilarchiv in Frankfurt am Main).

Verzeichnis der approbierten Abiturienten vom Jahre 1872 bis einschließlich Julitermin 1914 des Erzherzog-Rainer-Gymnasium, Wien. (Archiv des ehemaligen Erzherzog-Rainer-Gymnasiums, heute Gymnasiums in der Kleinen Sperlgasse in Wien).

Unveröffentlichte Manuskripte aus Perutz' Nachlaß (alle im DEA)

Die Galerie des Grafen Gollenheid
Die Tragödie der Hundert
Kann Schönheit sterben
Mayflower
Van der Goes
Von den traurigen Abenteuern des Herrn Guidotto

Interviews und Briefe

Brief der Friedrich-Wilhelm-Murnau-Stiftung, Wiesbaden vom 19.2.1997.
Brief des Magistrates der Stadt Wien, Wiener Stadt- und Landesarchiv vom 9. 1. 1997.
Brief des österreichischen Filmarchivs (Wien) vom 4. 2. 1997.
Brief des österreichischen Staatsarchivs, Kriegsarchiv vom 23. 11. 1996.
Briefe von Alfred Breyer vom 22. 3. 1995, 3. 4. 1995, 4. 4. 1995 und 28. 2. 1997.
Briefe von Prof. Dr. Günther Dembski (Kunsthistorisches Museum; Münzkabinett Wien) vom 14. 6. 1995 und 30. 9. 1997.
Brief von Helen Easton vom 14. 9. 1997.
Brief von Otto Fritsch an Alfred Breyer vom 7. 5. 1997.
Briefe von Ulrich Furst vom 25. 7. 1995 und 11. 12. 1996.
Briefe von Fred Perutz vom 29. 6. 1995, 6. 8. 1995 und 12. 4. 1996.
Brief von Dr. Peter Pfarl, St. Wolfgang vom 13. 5. 1997.
Brief von Gerhard Schlass an Alfred Breyer vom 27. 3. 1997.
Briefe von Michaela Staples vom 9. 6. 1995, 18. 6. 1995, 29. 12. 1995 und 17. 5. 1997.
Brief von Friedrich Wiener vom 14. 5. 1997.
Brief von Susi Wodak vom 11. 9. 1995.
Brief von Simon Wurzburger vom 19. 5. 1996.

Interview mit Gitta Koch vom 9. 9. 1997.
Interviews mit Felix Paz El vom 14. 6. 1995 und 15. 4. 1996.
Interviews mit Michaela Staples vom 17. 6. 1995, 14. 12. 1995, 17. 6. 1995, Dezember 1995, 11. – 14. 8. 1997.

Bildverzeichnis

Abkürzungsverzeichnis

DEA: Deutsche Bibliothek; Deutsches Exilarchiv 1933 – 1945; Frankfurt am Main.
TB: Tagebuchaufzeichnungen von Leo Perutz

Die Literatur wird in den Fußnoten in der Regel mit Kurztiteln angegeben. Die genauen bibliographischen Angaben finden sich im Literaturverzeichnis.

Namenregister

Werkregister